Jörg Weber

Manifest der okkulten Bewußtseinslehre

Genealogie der Moderne und Theokratie der Wissenschaft

disserta
Verlag

Weber, Jörg: Manifest der okkulten Bewußtseinslehre. Genealogie der Moderne und Theokratie der Wissenschaft, Hamburg, disserta Verlag, 2023

Buch-ISBN: 978-3-95935-618-3
PDF-eBook-ISBN: 978-3-95935-619-0
Druck/Herstellung: disserta Verlag, Hamburg, 2023
Covermotiv: © pixabay.com

Bibliografische Information der Deutschen Nationalbibliothek:
Die Deutsche Nationalbibliothek verzeichnet diese Publikation in der Deutschen Nationalbibliografie; detaillierte bibliografische Daten sind im Internet über http://dnb.d-nb.de abrufbar.

© disserta Verlag, Imprint der Bedey & Thoms Media GmbH
Hermannstal 119k, 22119 Hamburg
http://www.disserta-verlag.de, Hamburg 2023
Printed in Germany

Inhaltsverzeichnis

D a s B e w u s s t s e i n . — *Die Bewusstheit ist die letzte und späteste Entwicke-lung des Organischen und folglich auch das Unfertigste und Unkräftigste daran. Aus der Bewusstheit stammen unzählige Fehlgriffe, welche machen, dass ein Thier, ein Mensch zu Grunde geht, früher als es nöthig wäre, „über das Geschick“, wie Homer sagt. Wäre nicht der erhaltende Verband der Instincte so überaus viel mächtiger, diente er nicht im Ganzen als Regulator: an ihrem verkehrten Urtheilen und Phantasiren mit offenen Augen, an ihrer Ungründlichkeit und Leichtgläubigkeit, kurz eben an ihrer Bewusstheit müsste die Menschheit zu Grunde gehen: oder vielmehr, ohne jenes gäbe es diese längst nicht mehr! Bevor eine Function ausgebildet und reif ist, ist sie eine Gefahr des Organismus: gut, wenn sie so lange tüchtig tyrannisirt wird! So wird die Bewusstheit tüchtig tyrannisirt — und nicht am wenigsten von dem Stolze darauf! Man denkt, hier sei d e r K e r n des Menschen; sein Bleibendes, Ewiges, Letztes, Ur-sprünglichstes! Man hält die Bewusstheit für eine feste gegebene Grösse! Leugnet ihr Wachsthum, ihre Intermittenzen! Nimmt sie als „Einheit des Organismus“! — Diese lächerliche Ueberschätzung und Verkennung des Bewusstseins hat die grosse Nütz-lichkeit zur Folge, dass damit eine allzuschnelle Ausbildung desselben v e r h i n -d e r t worden ist. Weil die Menschen die Bewusstheit schon zu haben glaubten, haben sie sich wenig Mühe darum gegeben, sie zu erwerben — und auch jetzt noch steht es nicht anders! Es ist immer noch eine ganz neue und eben erst dem menschlichen Auge aufdämmernde, kaum noch deutlich erkennbare A u f g a b e , d a s W i s s e n s i c h e i n z u v e r l e i b e n und instinctiv zu machen, — eine Aufgabe, welche nur von Denen gesehen wird, die begriffen haben, dass bisher nur un-sere I r r t h ü m e r uns einverleibt waren und dass alle unsere Bewusstheit sich auf Irrthümer bezieht!*

Friedrich Nietzsche
Die Fröhliche Wissenschaft (Aph. 11)

Der Geist der Moderne
und die okkulte Genealogie des »laikalen Menschen«

Der limbale Untergang des selbstentäußerten Logos ist verbunden mit der Wesens-Schaffung seines *äonischen* Leibes, die im Limbus stattfindet. Durch diesen Bezug zum Limbus wird dieser Wesensschaffung eine äonische Raum- und Zeitstruktur zugeordnet. *Wichtig*: Diese Zuordnung betrifft nicht den Logos$\left\{{selbst \atop allein}\right\}$, sondern bezieht sich auf die kenotische Wesensstruktur des *untergehenden* »Verbum exinanitum ipsum«. Der Logos bereichert sich selbst durch seine limbale Wesensschaffung, die er auf den Limbus als den Ort dieser Wesensschaffung bezieht. Das in Bezug Setzen dieser Wesensschaffung auf den vom Logos durchwanderten limbalen Abgrund setzt diesen zugleich als den Ort dieser äonischen Leib-Wesentlich-Werdung. Der untergehende Logos erfährt an sich selbst die Bereicherung seines sich selbst Inne-Werdens im limbalen Nichts. *Das heißt*, er macht sich zum Reichtum *nicht für sich oder um seiner selbst willen*, sondern er macht den Limbus reich am Logos. Und diese limbale Leib-Wesentlich-Werdung begründet das innere Leben des limbalen Wesensgrundes, aus welchem die Äonen selbst hervorgehen. Denn diese sind Frucht des limbalen Unterganges des Logos in der $\left\{{Selbst \atop Reflektion}\right\}$ seiner göttlichen Kenose. Denn erst in der $\left\{{Selbst \atop Reflektion}\right\}$ des Logos eröffnet sich die Kenose als Form göttlichen Seins. Sie ist göttliche Seinsformation durch den Untergang des Logos im Nichts des limbalen Unbewußtseinsgrundes. Die Geburt des äonischen Leibes des »Verbum exinanitum ipsum«. Wir haben also eine wichtige Einsicht gewonnen, die, dass die Äonenlehre der antiken Gnosis zu beziehen ist auf die von mir dargelegte Lehre vom limbalen Unbewußtseinsgrund. Dieser Lehre kommt eine Schlüsselfunktion zu. Dies bedeutet demnach, dass man *ohne sie* die theologischen Systeme der antiken christlichen Gnosis *gar nicht verstehen kann*. Und durch diese kollektive Agnosie erst wird es dem *in die Geschichte der Menschheit eintretenden* kirchlichen Christentum möglich, die Systeme der Gnosis als „häretische Hirngespinste" zu diffamieren, wie es in der patristischen Literatur *de facto* geschehen ist.

   In dem Fehlen einer okkulten Lehre vom Unbewußten ist auch der Grund dafür zu suchen, dass in der christlichen Theologiegeschichte eine Engführung und Verkürzung stattgefunden hat, die man als latente Entkernung der Theologie selbst bezeichnen kann. Der Theologie wird zunächst die okkulte Kernkompetenz entzogen. Gleichzeitig läßt sich jedoch ein anderer, entgegengesetzer Vorgang an der Theologie erkennen. Das zu Verdrängende wird als neuer Kernbereich der Theologie in das Innere des Kanons der Theologie selbst abgespalten. Das Verdrängte wird also

durch diese Abspaltung zum Schein des Wesens der Theologie, der als die r a -
d i k a l s t e F o r m d e r V e r d r ä n g u n g d e r G n o s i s zu begreifen ist. Der
Same der Gnosis liegt der Theologie *u n b e w u ß t* zugrunde. Er wird von ihr im
Unbewußten verwahrt, und zwar als *unlösbares* Problem, das der Entstehung
eines kanonischen Offenbarungsbewußtseins von Grund auf im Wege steht,
da es die Unmöglichkeit eines Kanons von der Offenbarung schlechterdings
behauptet. Es ist diese Behauptung, die es zu leugnen gilt durch eine Theologie, die im eigentlichen Sinne des Wortes g a r k e i n e m e h r i s t. Denn diese
Theologie entbehrt ihres okkulten Lebenskerns. Dieser ist ihr nicht verloren
gegangen, aber er ist von ihr verdrängt und wird verwahrt im Abgrund des
Vergessens. Diese $\left\{ {Wesens \atop Selbst} \middle| Vergessenheit \right\}$ ist es, die es der Theologie schließ-
lich möglich macht, ›Häresien‹ zu bekämpfen mit dem Verweis auf das eigene
kanonische Offenbarungsbewußtsein, auf den eigenen alleinigen Besitz theologischer Wahrheit.

Ein Schlag, der vom okkulten Triebherzen gegen den Abgrund der Vergessenheit der Theologie geführt wird, so dass diese sich als die Theologie, *die
nicht sie selbst ist*, offenbart. Theologie wird selbst als $\boxed{Nicht - \acute{\alpha} - λήθεια}$ sichtbar und offenbar als λήθη, in der die limbale Vorgeschichte der göttlichen Ke-
nosis sang- und klanglos verschwindet. Offenbarung des Vergessenheits-We-
sens der Theologie als Grundlage der Theologie. Das Wesen der Theologie ist
ihr Unwesen als der Nicht-ἀ-λήθεια der »Offenbarung selbst« im Offenbarungsbewußtsein des Kanons. *Das heißt*, das, was ausgesagt werden kann über
die Theologie, ist ihre Selbstabspaltung in die $\boxed{Nicht - \acute{\alpha} - λήθεια}$ der Offenbarung selbst, die ein Bewußtsein von der Offenbarung ausbildet, das verhin-
dert, daß das verdrängte und vergessene o k k u l t e U r w e s e n d e r T h e o -
l o g i e s e l b s t z u r E r i n n e r u n g g e l a n g e n k a n n. Das Un-Wesen der
Theologie also will die *Nicht*-Wiedererinnerung, es muss d i e V e r g e s s e n -
h e i t w o l l e n. Die Erinnerung hingegen will, daß die Offenbarung der Leib-
Werdung des im limbalen Unbewußtsein untergehenden Logos o f f e n b a r
w e r d e.

Eine *doppelte* Abspaltung der Gnosis durch die Theologie, nämlich a) in-
tern und b) extern. Die externe (b) Abspaltung führt über den Willen zur Macht
a l s d e n W i l l e n z u r G e g e n o f f e n b a r u n g zum Begriff der rein säkularen
Vernunft. Der Wille zur „Entmythologisierung" der prophetischen Wissen-
schaft. Diese „Entmythologisierung" verstanden als Imperativ dieses Willens
selbst. Dagegen führt die interne (a) Abspaltung der Gnosis zu Folgendem: Die
vom Offenbarungskanon der Religion eingegrenzte und verschlungene Gnosis
wird durch diese ihre negative Spannung zum Kanon wesensbestimmt. Sie
muss in sich den Widerspruch überwinden, dem Kanon feindselig gegenüber-
zustehen, das heißt sie muss ihren wesensmäßigen Gegensatz zum kanonischen Offenbarungs-Bewußtsein leugnen wollen. Sie wird Projektion des Kanons, ohne diesen erfüllen zu können. Sie durchschaut die grundsätzliche

Nicht-Erfüllbarkeit eines kanonischen Bewußtseins von der Offenbarung. Sie ist in sich gebrochene Projektion des Kanons von der Offenbarung selbst. Sie erhält damit in sich das Vermögen eines in die Schwebe Versetzens der Projektion, welcher sie sich selbst verdankt. Die Schwebe ist das in sich Gebrochensein der Gnosis a l s e i n e r P r o j e k t i o n d e s k a n o n i s c h e n B e w u ß t s e i n s v o n d e r O f f e n b a r u n g. Die zum Vergessenheits-Abgrund des Kanons gewordene Gnosis besitzt in sich das Potential nicht nur umzuschlagen, sondern über sich selbst hinauszugehen, aber u n t e r d e r V o r a u s s e t z u n g e i n e s v o n a u ß e n a u f s i e t r e f f e n d e n A n t r i e b s z u r B e f r e i u n g.

Die doppelte Reflexion im Spiegel des »ens negationis«. Das e n s n e - g a t i o n i s ist nicht die Genesis selbst, denn diese bleibt in ihrem Wesen außen vor als *un-gegenwärtig*. Sie ist die Frage nach ihrem eigenen neuen Wesen. Und als diese Frage ist sie das e n s n e g a t i o n i s in und durch den Kanon von der Offenbarung, durch welchen wiederum sich das kirchliche Christentum definiert, — als Gehorsam, der gegründet ist auf dem Glauben, vor der Offenbarung selbst zu stehen, d i e s e r g e g e n ü b e r z u s t e h e n. Und Glaube *heißt* zu glauben, man stehe der Offenbarung selbst gegenüber und habe dadurch teil an dieser. Glaube als die Annahme, der Offenbarung selbst gegenübertreten zu können.

Die Ehrfurcht aus der Anwesenheits-Vermutung des Gläubigen. Frömmigkeit als Typus der Anwesenheits-Vermutung von Offenbarung. Bei genauer Betrachtung jedoch stellen wir fest, dass dieser Gläubigkeits-Habitus nichts mit der Offenbarung selbst zu tun hat, sondern einzig und allein gründet auf der okkulten Anwesenheit des »ens negationis« im Kanon der Offenbarung, welcher sich als Kult selbst manifestiert und auslebt. Die Verehrung gilt also nicht dem durch den Kanon Repräsentierten, sondern vielmehr dem in und durch den Kanon verborgen und in Verdrängung zurückgehaltenen e n s n e g a t i o n i s d e r O f f e n b a r u n g s e l b s t. Wir können den Vorgang der Verdrängung als eine spezielle Art der Geheimhaltung verstehen. Hier allerdings wird etwas geheimgehalten, d a s s i c h d e r e i g e n e n E r k e n n t n i s e n t z i e h t.

Das »e n s n e g a t i o n i s« ist abgetaucht in die Tiefen der Verdrängung durch den Offenbarungskanon der Theologie. Diese Tiefen der Verdrängung aber gehören nicht dem Kanon an, weil sie die Gründe der Entstehung des Kanons selbst enthalten. Diese Abgründe stehen in einem inneren Bezug zur Genesis des kanonischen Offenbarungsbewußtseins. Damit jedoch stehen sie zugleich in einer Urrelation zum »e n s n e g a t i o n i s« der Genesis. Der Abgrund der Verdrängung ist zu verstehen als negative Seinsformation des kanonischen Offenbarungsbewußtseins durch das »e n s n e g a t i o n i s« der Gnosis. Das »e n s n e g a t i o n i s« ist also *nicht* zu begreifen als Produkt einer

Verwerfung der Gnosis durch das kanonische Offenbarungsbewußtsein, sondern als das okkulte Agens seiner Bewußtseinsformation zum {*ens*|*negationis*} durch das kanonische Bewußtsein von der Offenbarung. Denn dieses weiß nicht, wer *bzw.* was es selbst ist, da es ja nicht das Agens der okkulten Handlung ist, durch die das kanonische Offenbarungsbewußtsein selbst zustande kommt. Der Kanon ist Ens der {Nicht|offenbar|machbarkeit} von Offenbarung selbst. Das nicht offenbar werden Lassen als {Nicht|offenbar|machbarkeit} der Offenbarung selbst zeichnet das Wesen des kanonischen Bewußtseins aus. Der Kanon ist das in sich stehende Nichts von der Offenbarung selbst. Wir sehen ein, dass der Kanon unmöglich das Agens und Subjekt der offenbarungsgeschichtlichen Wahrheit der Offenbarung selbst, *das heißt* Ursprung der bewußtseins-ontologischen Entwicklung der Offenbarung im Menschen selbst, sein kann. Denn eben dieses setzt die Wahrheit der Offenbarung selbst voraus, nämlich dass sie im Inneren des Menschen als Bewußtseins-Licht offenbar gewordener Offenbarung selbst durchbreche zu neuer Seinsformation. Die Gnosis bezeichnet die bewußtseins-ontogenetische Evolution der Offenbarung selbst als Seelenbild des äonischen Menschen. Das Untertauchen des {*ens*|*negationis*} in die Tiefen der Verdrängung des kanonischen Offenbarungsbewußtseins ist ein Akt der Heilsgeschichte. Denn das {*ens*|*negationis*} durchmisst das Nichts seiner Verdrängtheit und erfüllt es mit Sinn, welcher gerade dem kanonischen Offenbarungsbewußtsein unzugänglich ist und sich diesem entzieht.

Dieser Entzug ist die Wolke des Vergessens, zu der der Kanon sich verdichtet und damit zur Täuschung wird. Die Täuschung als r e l i g i ö s e s B e w u ß t s e i n , das sich als das Ens der {Nicht|offenbar|machbarkeit} der Offenbarung selbst verkennt, ja verkennen muss, um zu bestehen. Der Kanon muss sich deshalb ausgeben für die Offenbarung selbst, er muss zur äußersten Vermessenheit gehen, um sich verkörpern zu können. Denn dieser Leib ist die Vermessenheit der vollkommenen Täuschung über das verborgene Wesen der Offenbarung selbst. Wen aber täuscht der Kanon? Zunächst einmal sich selbst. Aber diese Selbsttäuschung ist in ihrer ungeheuren Vermessenheit zugleich der Leib, der die {Nicht|offenbar|machbarkeit} der Offenbarung selbst, die er selbst verkörpert, zugleich an sich selbst leugnet. Das Leib des kanonischen Bewußtseins ist demnach die Verdrängung jener {Nicht|offenbar|machbarkeit} von Offenbarung durch das Bewußtsein von der Offenbarung selbst.

Dieser Leib kann in dieser Welt sich nur manifestieren in Form einer kirchlichen Ordnung, die den Begriff der » H i e r a r c h i e « völlig neu auslegt und damit s i n n e n t l e e r t . Der Begriff der » H i e r a r c h i e « wird seines okkulten Sinnes, seiner ursprünglichen Semantik beraubt, so als sei dieser neue, vom kanonischen Bewußtsein entfaltete Sinn immer schon dagewesen, so als sei »Hierarchie« nie anders verstanden worden. Der Kanon leugnet also vehement, dass es je einen Wortsinn von »Hierarchie« gegeben habe, der nicht im

Einklang gestanden habe mit der Leibwerdung des Willens zur Macht in Form eines kanonischen Bewußtseins von der Offenbarung. Damit aber leugnet das kanonische Bewußtsein seine historischen Entstehungsgründe, es will seine *„Verewigung"*. Denn es erklärt sich zur Wahrheit der Offenbarung selbst.

Dagegen die Gnosis: Die Offenbarung muss sich im limbalen Triebherzen des verborgenen Menschen das göttliche Ebenbild wiederherstellen. Dieses göttliche Triebherz muss in den Tiefen limbaler Wiedererinnerung zur bewußtseins-ontogenetischen Evolution des äonischen Menschen i m   e i g e n e n   S e e l e n i n n e n l e b e n   vordringen. Denn ohne das limbale Triebherz gibt es keine Evolution des Menschen zum $\left\{\begin{matrix} offb \\ geschichtlichen \end{matrix} \middle| \begin{matrix} Bewußtseins \\ ICH \end{matrix} \right\}$.

Wir sehen: Das kanonische Bewußtsein von der Offenbarung ist nichts anderes als der Leib der {Nicht|offenbar|machbarkeit} der Offenbarung selbst, *das heißt* die Wolke der Vergessenheit, in welcher die Wahrheit von der Offenbarung selbst wohnt in Gestalt des {ens|negationis} der Gnosis.

Das {ens|negationis} erfährt eine Abspaltung durch die verdrängende Tätigkeit des kanonischen Bewußtseins. Aber diese Tätigkeit ist *f i k t i v*, unterliegt selbst der Täuschung, da der Kanon sich diese Tätigkeit nicht selbst zurechnen kann. Denn ihm fehlt das dazugehörige Bewußtsein. Es handelt sich um eine Scheintätigkeit, die der Kanon sich dennoch zuschreibt aufgrund seiner Vermessenheit. Es ist der Wille, der sich diese Tat der Verdrängung zuschreibt, zuschreiben muss, um Bewußtsein werden zu können. Aber das *wahre* Subjekt, dem wir bewußtseins-genealogisch die Tätigkeit der Verdrängung zuschreiben *müssen*, ist das {ens|negationis} der Gnosis, das verborgen dem Willen zur Leibwerdung des Kanons zugrunde liegt. Denn in dem {ens|negationis} allein wohnt der Ursprung der Ontogenese von Bewußtsein. Das   {ens|negationis}   bildet   den   Ursprungspunkt   aller $\left\{ bewußtseins \middle| \begin{matrix} ontologischen \\ ontogenetischen \end{matrix} \right\}$ Evolution der Offenbarung im limbalen Triebherzen, welches ist ὁ κρυπτὸς τῆς καρδίας ἄνθρωπος[1].

Die Perspektive der häresiologischen Polemik gegen die antike christliche Gnosis ergibt sich aus dem apriorischen Besitzanspruch auf die Offenbarung aufgrund eines kanonischen $\left\{ \begin{matrix} Offenbarungs \\ Bewußtseins \end{matrix} \right\}$. Aber diesen Besitz gälte es doch gerade auf dem Boden der bewußtseins-ontogenetischen Evolution des $\left\{ \begin{matrix} offb \\ geschichtlichen \end{matrix} \middle| \begin{matrix} Bewußtseins \\ ICH \end{matrix} \right\}$ im Innern des limbalen Triebherzens nachzuweisen. Die Wahrheit der Offenbarung ist nicht aus der geschöpflichen Determination   des   Menschen,   sondern   allein   aus   der $\left\{ \begin{matrix} schöpfungs \\ offenbarungs \end{matrix} \middle| geschichtlichen \right\}$ Wesensbestimmung des Menschen durch den Untergang des »Verbum exinanitum ipsum« in den Tiefen des limbalen

---

[1] 1. Petr. 3, 4.

Unbewußtseins zu erheben. Damit aber wird das Fleisch, die σάρξ, zum Prüfstein für die Rechtgläubigkeit des kanonischen Bewußtseins von der Offenbarung. Das »Fleisch« wird so zum Wahrheitskriterium für das kanonische Offenbarungsbewußtsein. Und es steht und fällt mit der kanonischen Auffassung vom »Fleisch« und von der Art seiner Annahme durch den Logos.

Der nervus probandi des kanonischen Offenbarungsbewußtseins, das mit der Gestaltwerdung des historischen Christentums zusammenfällt. Im kanonischen Bewußtsein stellt sich die Kirche als geschichtliche Größe eines Christentums dar, dessen Herz sich im Exil befindet. Es ist als {ens|negationis} des kanonischen Bewußtseins von der Offenbarung d e r   o k k u l t e   S i n n   d e r   G e s c h i c h t e   s e l b s t .

Anmerkung: Der Kanon zwingt die Theologie, sofern sie der Gnosis nahesteht, in das a b d i t u m   m e n t i s , das von dem kanonischen Offenbarungsbewußtsein verkannt bleibt. Die Unvereinbarkeit wird gar nicht empfunden, weil der Kanon das Verdrängte von sich abspaltet. Durch diese Abspaltung aber wandelt sich das Verdrängte für das kanonische Bewußtsein um in ein Depositum unerkannter Gnade, das wiederum die Absegnung durch das kanonische Bewußtsein erfährt. Mit der Verdrängung der Gnosis zum {ens|negationis}, das vom kanonischen Bewußtsein selbst verschlungen wird, entsteht ein Bewußtsein von der Offenbarung, das in Wahrheit *nicht* Eigentum des Kanons ist, sondern des {ens|negationis}. Dieses Phänomen ist als Abspaltung zu verstehen, die vom {ens|negationis} selbst vorgenommen wird. Das Bewußtsein, das der Kanon von der Offenbarung empfängt, ist eine Reflektion und Übertragung des sich abspaltenden {ens|negationis}. Dieser Vorgang bildet das Geheimnis, auf welchem die kanonische Idee einer »refutatio omnium haeresium« basiert. Die refutatio ist der Weg des Willens zur Erlangung eines kanonischen Bewußtseins von der Offenbarung selbst. Der Wille erfährt an sich die Formation eines Offenbarungsbewußtseins, die er ganz zu seiner machen kann. Es ist geradezu die Willens-Selbstformation als Leibwerdung eines kanonischen Bewußtseins von der Offenbarung selbst. Willens-Materialisation als Leibwerdung eines Bewußtseins von Offenbarung, das die $\begin{Bmatrix} Offenbar \\ Machbarkeit \end{Bmatrix}$ von Offenbarung selbst ausschließt.

Der Kanon als der apriorische Leib der {Nicht|offenbar|machbarkeit} von Offenbarung selbst. Diese Radikalität kanonischer Bewußtseins-Materialisation beschreibt das Wesen des Christentums als geschichtliche Größe, das dieser selbst verborgen bleiben muss. Die für die anti-gnostische ›Widerlegung‹ so unerlässliche Funktion einer theologischen Rede vom »Fleisch Christi«. Der ›refutatio‹ entgeht dabei jedoch das Entscheidende, und zwar dass die kanonische Bewußtseinsformation vom »Fleisch Christi« als allein vom {ens|negationis} selbst getätigt verstanden werden muss. Wie sonst könnten die Angriffe auf das {ens|negationis} der Gnosis ins Leere laufen? Das kanonische Bewußtsein von der Offenbarung konstruiert sich seine Wirklichkeit, welche außerhalb des limbalen Triebherzens selbst liegt, mit Hilfe von „*Widerlegungen*" — wir wollen es lieber und zutreffender V e r d r ä n g u n g e n nennen — des {*ens|negationis*} eines $\left\{ \begin{array}{c} Offenbar \\ Machbarkeits \end{array} \middle| Christentums \right\}$, das nur dem limbalen Triebherzen oder — mit den Worten des Apostels Petrus — dem κρυπτὸς τῆς καρδίας ἄνθρωπος zugänglich ist.

Das Bild, welches das {*ens|negationis*} vermittelt, ist zugleich verborgener Ursprungspunkt der kanonischen Bewußtseinsformation, die sich für das ›*Wesen des Christentums*‹ hält. Dieses besteht hier aufgrund der ›*refutatio*‹ als des morphologischen Prinzips des theologischen Willens. Die ›*refutatio omnium haeresium*‹ ist Urgestalt des theologischen Willens zur Macht. Sie ist der Weg des Willens zum angeblichen ›*Wesen des Christentums*‹. Es wird sofort klar, dass damit die Frage nach den okkulten Grundlagen des Wesens des Christentums von Grund auf ausgeklammert wird. Denn das Wesen des Christentums fordert ein Bewußtsein von der Offenbarung selbst, in dem die {*Nicht|offenbar|machbarkeit*} der Offenbarung selbst bereits durch das $\left\{ \begin{array}{c} Ich \\ N - Ichts \end{array} \middle| \begin{array}{c} Bw \\ Ich \end{array} \right\}$ ü b e r w u n d e n sein muss. Ein solches aber kann nur das okkulte Bewußtsein des limbalen Triebherzens von dem in ihm Fleisch gewordenen $\left\{ \begin{array}{c} Ich \\ N - Ichts \end{array} \middle| \begin{array}{c} Bw \\ Ich \end{array} \right\}$ des untergegangenen Logos sein. Denn das limbale Triebherz ist Prinzip der Materialisation, durch das der Logos im Wesensbild der äonischen Seelenstruktur des Menschen Fleisch *a n n e h m e n   k a n n*. Das limbale Triebherz umfasst *beides*, die Erschaffung des menschlichen Seelenbildes und die Fleisches-Annahme des Logos, die sich in den Äther des limbalen Triebherzens ergießt, um darin esoterische Wirklichkeit zu werden *a l s* anhypostatisches $\left\{ \begin{array}{c} Ich \\ N - Ichts \end{array} \middle| \begin{array}{c} Bw \\ Ich \end{array} \right\}$ des Mensch gewordenen Logos.

Das Bewußtsein von der Offenbarung selbst bleibt im kanonischen Offenbarungsglauben von diesem selbst *a u s g e s c h l o s s e n*. Es wird in die Ungedachtheit des Undenkbaren hinabgeführt. Somit erfährt der Abgrund des {*ens|negationis*} die ihm vom Willen zugedachte Bestimmung, Abbild der Rückbestätigung für die Bw-Formation des Kanons von der Offenbarung zu werden. Der Wille findet sich im Raume des Abgrundes wieder als in seiner durch sich selbst zu leistenden Begründung eines Kanons des Denkens, der über die Offenbarung selbst *v e r f ü g e n   z u   k ö n n e n   g l a u b t*. Diese imputative Imagination, welche zwischen dem {*ens|negationis*} und dem Willen zur kanonischen Bewußtseinsformation besteht, begründet das Fiktum eines Kanons von der Offenbarung, der sich anmaßt, das *wahre* Wesen des Christentums bestimmen zu können, und dies unter Ausschluß der Frage nach der limbalen Bewußtseins-Ontogenese der Offenbarung selbst im Triebherzen des äonischen Menschen. Der fiktive Charakter der kanonischen Bewußtseinsformation durch die ›refutatio‹, *das heißt* die Leugnung und Verdrängung des {*ens|negationis*}.

Die Abspaltung des {ens|negationis} in den Abgrund des Vergessens hat zur Folge, dass das {ens|negationis} sich nun in sich selbst aufspaltet in doppelter Spiegelung. Es wird a) zum ungewollten Grund für die Entstehung der kanonischen Bewußtseinsformation und b) zum Ursprung seines in ihm selbst durchbrechenden Keimes zur bewußtseins-ontogenetischen Evolution der Offenbarung selbst im Innern des limbalen Triebherzens. Dieses nämlich erschafft in seinem Tode den Keim zu seiner Wiedergeburt durch die okkulte Desinhabitation des anhypostatischen $\left\{ \begin{matrix} Ich \\ N-Ichts \end{matrix} \middle| \begin{matrix} Bw \\ Ich \end{matrix} \right\}$ des Logos im Triebherzensgrund des Seeleninnenlebens.

Nur durch den Tod des {ens|negationis}, das sich als das limbale Triebherz herausstellt, wird der Logos als das »Verbum exinanitum ipsum« dem entschlafenen Triebherzen zu eigen, um das {ens|negationis} als Leib des auferstandenen Erlösers an sich selbst zu verherrlichen. Es ist das Mysterium des limbalen Triebherzens, in dem Menschwerdung, Tod und Auferstehung des selbstentäußerten Logos geschehen müssen, um bezeugte Wirklichkeit der offenbar gewordenen Offenbarung selbst werden zu können.

All die Taten Jesu in der Welt seiner Menschwerdung, *das heißt* die Geschichte des Evangeliums, müssen im Lichte des aus dem Grabe des Vergessenheits-Abgrundes auferstandenen limbalen Triebherzens gesehen, geschaut und bezeugt werden, denn im Tode wird der göttliche Logos dem äonischen Seelengrund des Menschen selbst zu eigen, *das heißt* gegenwärtig als vom Triebherzen selbst bewußtseins-ontogenetisch hervorgebracht, geschaut und getragen. Denn indem das Triebherz sich des Logos annimmt durch das Eingehen des Logos in das ätherische Fleisch des selbstentäußerten limbalen Triebherzens, aufersteht der Logos im Fleische seiner göttlichen Kenose. Da ist keine Auferstehung, die nicht die des Triebherzens selbst wäre, an der dieses nicht teilhätte. Denn Logos und limbales Triebherz sind *eins*. Das limbale Triebherz als die okkulte Signatur der menschlichen Natur birgt das ganze Geheimnis des Christentums, das Mysterium von der Inkarnation Gottes in sich.

Doppelter Aspekt der Erschaffung des Menschen durch Gott. Das Geschöpf-Sein des Menschen muss dieser selbst überwinden, indem er in sich selbst zurückkehrt, sich in sich und auf sich selbst zurückbezieht. Dies geschieht nicht anders als durch den Anschein, das Fiktum des Anthropozentrismus. Die Moderne als Illusion, welcher sie selbst verfällt. Deshalb auch das gründliche Mißverstehen eines Werkes wie das Nietzsches. Die Zurückwendung des Menschen in sich selbst wird mißverstanden als eine Besinnung auf die Schaffung einer menschheitsgeschichtlichen Bewußtseinskultur durch den Willen zur Macht und dessen *„Legitimität"*. Die Frage nach der *„Legitimität politischer Herrschaft"* erscheint deshalb ganz oben auf der Agenda der Theoretiker der Moderne.

Die Rückwendung des Menschen im Sinne eines Bewußtwerdens des okkulten Kerns der menschlichen Natur bildet zugleich die Voraussetzung für ein sich Besinnen auf Gott als auf den Schöpfungs-Akt, der in das Geschöpf-Sein des Menschen einging, der jedoch nicht in diesem endet. Er ist lediglich Voraussetzung der seinsgeschichtlichen Entwicklung des Menschen, die den Abgrund der Vergessenheit zu überwinden hat. Die Zurückwendung des Menschen zum Schöpfer, welche im Innern des Menschen selbst sich ereignet, ist somit als eine zweifache zu begreifen. Man findet den Schöpfer nur durch den Rückgang in sich selbst und durch den Rückbezug auf sich selbst. Dieser Rückgang ist Kontraktion seiner selbst auf den Ursprung des anhypostatischen $\left\{ \begin{array}{c|c} Ich & Bw \\ N-Ichts & Ich \end{array} \right\}$ des Logos selbst im limbalen Triebherzen.

So haben wir dieses $\left\{ \begin{array}{c|c} Ich & Bw \\ N-Ichts & Ich \end{array} \right\}$ als den Ursprung der anhypostatischen Leibwerdung des selbstentäußerten Logos im ätherischen Wesen des limbalen Triebherzens zu verstehen und als den Punkt, in welchem die bewußtseins-ontogenetische Entwicklung des Triebherzens mit der Energie der kenotischen Selbst-Intuition des Logos zusammentrifft und in diese eingeht, ohne jedoch darin aufzugehen oder aufgehoben zu werden. Mit dem Eingehen ist vielmehr eine in sich gespiegelte Selbst-Spiegelung des anhypostatischen $\left\{ \begin{array}{c|c} Ich & Bw \\ N-Ichts & Ich \end{array} \right\}$ des Logos verbunden, die das Triebherz in sich aufnimmt, um es selbst auf eine höhere Entwicklungsstufe des Unbewußtseins zu erheben, die eben darin besteht, dass das limbale Unbewußtsein durch das eingegangene Triebherz selbst zu einem Bewußtsein d u r c h b r i c h t. Bewußtsein ist also als Errungenschaft zu begreifen, die dem Wesen des limbalen Triebherzens selbst zugute kommt im Laufe seiner bewußtseins-ontogenetischen Evolution. Diese ist jedoch nicht so zu verstehen, als überwinde das Triebherz das limbale Unbewußtsein, um zum klaren Licht der Gotteserfahrung durchzubrechen. Vielmehr gilt es zu erkennen, dass Bewußtsein das immanente Ziel des limbalen Unbewußtseins im Triebherzen selbst ist, durch das sich dieses rückwirkend selbst erst in seinen Wesensmomenten darstellen und in sich selbst fassen kann. Denn dieses ist erst möglich, nachdem das Triebherz in das anhypostatische $\left\{ \begin{array}{c|c} Ich & Bw \\ N-Ichts & Ich \end{array} \right\}$ des »Verbum exinanitum ipsum« als in seinen limbalen Ursprungspunkt eingegangen ist. Es ist deshalb ganz undenkbar, dass sich das limbale Triebherz in sich selbst als Bewußtsein fassen kann, ohne zuvor in das anhypostatische $\left\{ \begin{array}{c|c} Ich & Bw \\ N-Ichts & Ich \end{array} \right\}$ des selbstentäußerten Logos eingegangen zu sein. Wir sehen also sehr deutlich, dass die Entstehung von Bewußtsein Gegenstand der spirituellen Entwicklung des limbalen Triebherzens ist, welches das Unbewußtsein in sich selbst v o r a n t r e i b t zur Manifestation der Entwicklungsstufe des Bewußtseins als des bw-ontogenetischen Prinzips der Teilhabe des Menschen an der göttlichen Natur. Erst vom anhypostatischen $\left\{ \begin{array}{c|c} Ich & Bw \\ N-Ichts & Ich \end{array} \right\}$ des selbstentäußerten Logos aus betrachtet gehen Bewußtsein und Ontologie perichoretisch ineinander *auf*, weil in jenem

Ursprungspunkt, den der Logos im Limbalen setzt, die Genese verborgen liegt, welche Bewußtsein und Sein miteinander verbinden und ineinander aufgehen läßt.

Anmerkung: Sein und Bewußtsein stehen einander in Differenz gegenüber. Sie gehen beide nicht ineinander auf, weil dem Sein keine Form von Bewußtsein entspricht, durch die es erschließbar wäre, erschlossen werden könnte. Sein aber, das keinem Bewußtsein zugänglich ist, verweist damit darauf, dass das, was sich dennoch als Bewußtsein ausgibt, indem es das Sein deutet und deutend mißbraucht, kein wirkliches Bewußtsein ist. Denn nur wirkliches Bewußtsein besitzt Legitimität, weil es d e n o n t o l o g i s c h e n Z u g a n g z u m S e i n hat. Bewußtsein geht in Sein auf, dies bedeutet, dass das Sein durch diesen Aufgang des Wissens seine verborgene Bestimmung erfährt und dadurch wesentlich verändert wird. Das Sein wirft seine Determination durch sein Nichtseinkönnen von sich, indem das Wissen aufgeht in Sein, um es in dessen Bestimmung zur Freiheit durch das anhypostatische $\left\{ \begin{array}{c|c} Ich & Bw \\ N - Ichts & Ich \end{array} \right\}$ des Logos im Triebherzen des limbalen Unbewußtseins zu manifestieren. Die Manifestation des okkulten Wissens bildet den Ursprungspunkt der bewußtseins-ontogenetischen Evolution des limbalen Triebherzens in diesem selbst als Reflektion. Das heißt, die ganze Bewußtseins-Ontogenese als das innere Entwicklungsgesetz des limbalen Triebherzens führt zum Ursprungspunkt ihrer eigenen Selbst-Spiegelung im anhypostatischen $\left\{ \begin{array}{c|c} Ich & Bw \\ N - Ichts & Ich \end{array} \right\}$ des selbstentäußerten Logos. Daraus erhellt, dass die Entwicklungsstufe des Bewußtseins die des Okkulten der bewußtseins-ontogenetischen Evolution des limbalen Unbewußtseins im Triebherzen selbst ist. *Das heißt*: Es gibt kein Bewußtsein außerhalb des anhypostatischen $\left\{ \begin{array}{c|c} Ich & Bw \\ N - Ichts & Ich \end{array} \right\}$ des selbstentäußerten Logos im Limbus selbst, weil nur dadurch S e i n und E r k e n n e n, O n t o l o g i e und B e w u ß t s e i n ineinander *a u f* gehen und miteinander in jenen anhypostatischen Ursprungspunkt des Logos eingehen können. Wir erkennen somit eine wechselseitige Spiegelung zwischen S e i n und E r k e n n e n, die selbst wiederum eine Reflektion erfährt in und durch das anhypostatische $\left\{ \begin{array}{c|c} Ich & Bw \\ N - Ichts & Ich \end{array} \right\}$ des selbstentäußerten Logos im Unbewußtsein des limbalen Triebherzens.

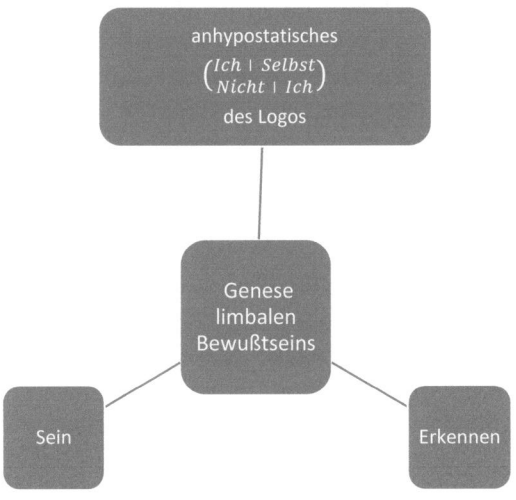

So haben wir das anhypostatische $\left\{ \begin{matrix} Ich \\ N-Ichts \end{matrix} \middle| \begin{matrix} Bw \\ Ich \end{matrix} \right\}$ des Logos zu verstehen als das reine Postulat der göttlichen Vernunft. Und wir können festhalten, dass die Zurückwendung des Menschen in das Innere seines eigenen Wesens n i c h t o h n e d e n L o g o s s e l b s t m ö g l i c h ist. In dieser limbalen Seins-Erinnerung, die in und durch das anhypostatische $\left\{ \begin{matrix} Ich \\ N-Ichts \end{matrix} \middle| \begin{matrix} Bw \\ Ich \end{matrix} \right\}$ des »Verbum exinanitum ipsum« im Inneren des limbalen Triebherzens selbst stattfindet, sind folgende Momente zu unterscheiden:

1) Die Begründung des Geist-Seins des Menschen in der und durch die Einkehr in die Seins-Erinnerung.

2) Die Einkehr des Logos in den Willen des Menschen als Vernunfterkenntnis, welche allein aus dem in den Willen einkehrenden Logos selbst stammt.

3) Diese Willens-Einkehr des Logos in das limbale Triebherz setzt voraus das »Verbum exinanitum ipsum«, das zum Bewußtseinsprinzip des limbalen Triebherzens sich emporschwingt. Das »Verbum exinanitum ipsum« ist als das Haupt der bewußtseins-ontologischen Evolution des limbalen Triebherzens zu verstehen. Das Ziel ist die Wiedererinnerung (Anamnese) aufgrund der vom Triebherzen selbst erfahrenen Offenbarungsgeschichte vom limbalen Untergang des göttlichen Logos.

4) Der Charakter des limbalen $\left\{ \begin{matrix} Ich \\ N-Ichts \end{matrix} \middle| \begin{matrix} Bw \\ Ich \end{matrix} \right\}$ des Logos als eines reinen Postulates göttlicher Vernunft besagt theologisch seine anhypostatische

Natur. Diese anhypostatische Daseinsweise des Logos bildet den Kulminationspunkt in der bw-ontogenetischen Entwicklung des limbalen Triebherzens. Dieses ist anhypostatischer Ursprungspunkt des Logos. Damit ist das anhypostatische $\left\{\begin{array}{c} Ich \\ N-Ichts \end{array}\middle|\begin{array}{c} Bw \\ Ich \end{array}\right\}$ im Triebherzen der alleinige Ort, an dem sich der selbstentäußerte Logos inkarnieren, das heißt menschliche Natur annehmen kann. Das anhypostatische $\left\{\begin{array}{c} Ich \\ N-Ichts \end{array}\middle|\begin{array}{c} Bw \\ Ich \end{array}\right\}$ des limbalen Triebherzens ist der für die Menschwerdung des göttlichen Logos im Menschen bestimmte Ort.

5) Die Wesensbestimmung der menschlichen Natur erfolgt einzig aus dem sich inkarnierenden Logos, da das limbale Triebherz alles aus dem eigenen Unbewußtsein hervorbringt, angetrieben allein von der Begegnung mit dem »Verbum exinanitum ipsum«. Das limbale $\left\{\begin{array}{c} Ich \\ N-Ichts \end{array}\middle|\begin{array}{c} Bw \\ Ich \end{array}\right\}$ ist als reines Postulat der göttlichen Vernunft ein bw-ontologisches $\left\{\begin{array}{c} Leerheits \\ Ich \end{array}\right\}$, das kein nicht-seiendes Nichts ist. Es ist etwas, aber eben nur für den sich inkarnieren wollenden Logos. Es ist die prima materia, durch die sich die Kenose des Logos als Schöpfungsgeschichte im Bewußtseinsgrund des limbalen Triebherzens von diesem selbst erschließen lässt.

6) Was aber bedeutet dies?
a) Dass der Mensch nicht von sich aus noch aus sich selbst das Wesen der menschlichen Natur erschließen kann.
b) Dass der Mensch ohne das im limbalen Triebherzen wohnende anhypostatische $\left\{\begin{array}{c} Ich \\ N-Ichts \end{array}\middle|\begin{array}{c} Bw \\ Ich \end{array}\right\}$ dem Schöpfer nicht begegnen und sich im kenotischen Reflex der Ebenbildlichkeit des Logos nicht wiedererkennen kann und damit in der Leere der Gottverlassenheit verharrt.
c) Dass der Mensch ohne die bw-ontologische Entwicklung des limbalen Triebherzens zum anhypostatischen $\left\{\begin{array}{c} Ich \\ N-Ichts \end{array}\middle|\begin{array}{c} Bw \\ Ich \end{array}\right\}$ des selbstentäußerten Logos keinen Zugang zur Offenbarungsgeschichte erhält und damit von dieser ausgeschlossen bleibt wie ein Ausgestoßener.

7) Mit dem anhypostatischen Seinsgrund des $\left\{\begin{array}{c} Ich \\ N-Ichts \end{array}\middle|\begin{array}{c} Bw \\ Ich \end{array}\right\}$ als dem reinen Postulat der göttlichen Vernunft wird für den selbstentäußerten Logos die Passage eröffnet, durch die dieser sich inkarnieren und sein Werk zur Erfüllung bringen kann.

8) *Exkurs*: Die Forderung nach Theokratie ist zu erheben! Die Außerkraftsetzung der „Legitimation" des politischen Entscheidungs-Stromes *durch den Willen zur Macht*. Wann ist die „Legitimität" dieses politischen Willensbildungs-Stromes aufgehoben? Sobald der Kraftstrom der politischen Entscheidung *als vom Willen zur Macht vorangetrieben* erkannt und durchschaut wird.

→ **Der Begriff der Entscheidung.** Ihm kommt zentrale Bedeutung zu. Die Entscheidung als das Eingehen in die Differenz, in die Spaltung. Worauf aber bezieht sich dieses durch Entscheidung in Erscheinung bringende Spaltende? *Antwort*: Auf den Willen. Es handelt sich somit um eine Spaltung, durch die erst der Wille zu sich selbst findet, zu sich selbst kommt, um Bewußtsein seiner selbst zu werden. Und erst durch dieses Bewußtsein ist der Wille überhaupt. Die Spaltung in der Entscheidung erst weist dem Willen jene Nahrung zu, um Leben zu erhalten, und dies bedeutet im Falle des Willens: Bewußtsein seiner selbst als innere treibende Vernunft seines willentlichen Seins. Was hier von mir beschrieben wird, kennzeichnet einen okkulten Vorgang, indem dem brachliegenden Willen S u b s t a n z zugeführt wird. Die Entscheidung verfügt also über die magische Kraftzufuhr. Es ist eine den Willen zur Substanz werden lassende Kraftzuwendung von Seiten des Spaltenden, das sich mittels der Entscheidung zur Erscheinung bringt. Es bringt sich durch die Substanz-Werdung des Willens selbst zur Erscheinung. *Um es klarzumachen*: Das Spaltende ist nicht die Entscheidung, mit dieser nicht identisch. Es unterscheidet sich von der Entscheidung dadurch, dass es Agens des Aktes der Entscheidung selbst ist. Und auch den Willen können wir nicht in Anschlag bringen. Denn auch er ist weder die Entscheidung noch das Agens der Spaltung in der Entscheidung. Der Wille liegt untätig brach, weil ihm die Substanz fehlt, durch die er allein Wille zur Macht werden kann. Der sich wollende Wille braucht also die Substanz, die ihm durch die Entscheidung zugeführt wird vom Agens der Spaltung, das okkulter Natur ist. Der sich in primaterialem $\begin{Bmatrix} Welt \\ Schlaf \end{Bmatrix}$ befindliche Wille, der selbst noch nicht Wille zur Macht ist, er sehnt sich nach der Substanz der Machtwerdung seiner selbst, denn diese ist die Genese des Willens zur Vernunft, durch die er erst Macht wird. Der Wille ist Wille zur Machtwerdung des Willens selbst, nur dann, wenn ihm die Substanz aus der Entscheidung durch das Agens der Spaltung zufließt. Der Wille bedarf also dieser geheimnisvollen Kraftübertragung durch das in der Entscheidung verborgen tätige Agens der Spaltung, um überhaupt zum Willen zur Macht werden zu können. Das verborgen tätige Agens der Spaltung: Es wäre ein fataler Irrtum zu glauben, der Wille sei letztlich selbst das Agens der Spaltung, das hinter der Entscheidung steckt. Man könnte durchaus vermuten, dass es sich nicht einfach um einen Irrtum handle, sondern um eine List seitens des Willens. Was ist damit gemeint? Die List des Willens könnte darin bestehen, sich selbst als irrtümlichen Urheber der Entscheidung darzustellen, um das Agens der Spaltung nicht in Erscheinung treten zu lassen, um es vor der Welt zu verleugnen. Die Absicht, die Welt glauben zu lassen, der brachliegende Wille sei schon der Wille zur Macht, der damit als das spaltende

Agens der Entscheidung vorgestellt wird bzw. vorgestellt werden soll. Die List, von der hier die Rede ist, umfasst zugleich zwei grundlegende Irrtümer hinsichtlich des Wesens der Entscheidung.

a) Der natürliche Wille sei bereits Wille zur Macht.
b) Das spaltende Agens der Entscheidung und der natürliche Wille seien dasselbe.

Die Willens-Materie jedoch ist außerstande, sich selbst die Entscheidung zuzuschreiben, da sie spaltungs-*unfähig* ist. Die Entscheidung beruht nämlich auf der Zuführung von Substanz aus dem spaltenden Agens selbst, wodurch erst die Willens-Materie wesensdeterminiert wird zur Machtwerdung des aus sich heraustretenden Willens. Die Ekstatik des Willens macht das Wesen der Machtwerdung des Willens zur Macht selbst aus. In dieser Ekstatik verlässt der Wille den Zustand seines primaterialen Weltschlafes und ersteht in seinem Wesen als Wille zur Macht. Wille zur Macht in seinem zweifachen Sinne:

a) Wille zur Macht als Wille zur Machtwerdung durch Kraftzuwendung seitens des verborgen tätigen Agens der Spaltung.
b) Wille zur Macht als Wille, der die Bedingung seiner Machtsteigerung als Vernunft seiner Herrschaft selbst begreift. Das heißt, der Wille zur Macht muss sich als solche Vernunft begreifen können, wenn er sich als Wille zur Macht überhaupt erkennen will. Es steht dem Willen zur Macht nicht frei, sich als Vernunft zu begreifen oder nicht, da ihm sonst das Bewußtsein seiner selbst fehlen würde. Dann wäre der Wille zur Macht ganz offen als das erkennbar, was er ist, ohne dass er selbst zu einem Bewußtsein seiner selbst als Vernunft seines Macht-Willens gelangen könnte.

Die politische Vernunft ist das reine Postulat des sich seiner selbst bewußt werdenden Willens zur Macht. Und eben darin bereits liegt die theologische Illegitimität der politischen Vernunft begründet, die eine postlapsarische Rationalität darstellt, die den adamitischen Fall selbst nachhaltig leugnet, ja leugnen muss, will sie als leviathanisches Ordnungsprinzip der Welt bestehen. Die innere Vernunftstruktur des Willens zur Macht ist zu verstehen als das R e i c h d e s L e v i a t h a n .

Exkurs: Wechselspiel zwischen dem untergehenden Logos und dem Raum des Unbewußtseins-Limbus. Das aus sich Heraustreten des Logos als Grund für die Materialisation des limbalen Bewußtseins-Äthers. Der Äther wird geschöpfliche Natur, aber nicht ohne dass der Logos Bewußtseins-Grundlage ist inmitten dieses limbalen Unbewußtseinsstromes, den der Untergang des Logos selbst hervorbringt. Da ist noch der andere Reflex des untergehenden Logos, und zwar der, der sich im »ovum totius divinitatis« manifestiert. Der Logos als Ovum der sich vernatürlichenden Gottheit, als der Ursprung der Naturwerdung der göttlichen Trinität. Diese beiden Ausstrahlungen der kenotischen Selbstreflektion des Logos müssen klar unterschieden werden.

Exkurs: Durch die Kanonbildung des historischen Christentums und die Errichtung der Großkirche wurde der Evolutionsprozeß der christlichen Gnosis zunächst eingefroren. Aufhebung der Evolutionsgeschichte durch Begründung einer Kirchengeschichte. Diese Geschichte verläuft im Vakuum einer aufgehobenen Entwicklungsgeschichte gnostischer Urerfahrung, und sie behauptet allen Ernstes von sich, bereits das Heil s t e l l v e r t e t e n d   f ü r   a l l e zu besitzen durch Teilhabe am sakramentalistischen Wahn einer hierokratischen Kultgemeinschaft. Die Kirche verwaltet streng betrachtet das *„Heilsgut"* einer im Menschen a u s g e s e t z t e n bewußtseins-ontogenetischen Evolution des limbalen Triebherzens. Daraus ergibt sich die Frage nach der Spiritualität von neuem, und zwar angesichts des Abgrundes des Vergessens, den das kanonische Bewußtsein von der Offenbarung ja selbst wie einen magischen Schutzwall um sich herum gezogen hat.

| »Abrogatio legis« | Aufhebung des a u f   d e r   p o l i t i s c h e n   V e r -
nunft des Willens zur Macht basierenden |

Prinzips von Herrschaft durch die theokratische Unmittelbarkeit des »verbum propheticum«. Denn in diesem spricht sich der apophatische Wille des »Verbum exinanitum ipsum« *unvermittelt* aus, wodurch jeder Rechtsgrund, der in der politischen Vernunft des neuzeitlichen Menschen wurzelt, *a priori* ausgeschlossen ist. Die Aufhebung des Rechtgrundes, auf dem der Staat a l s   M o r - p h o l o g i e   d e s   W i l l e n s   z u r   M a c h t seine ›*Legitimität*‹ behauptet, bedeutet nichts anderes als den Nachweis über den okkulten Ursprung der p o - l i t i s c h e n   V e r n u n f t zu erbringen. Wir haben diese somit als die t r e i - b e n d e   K r a f t   d e r   G e g e n o f f e n b a r u n g zu begreifen. Die Auflösung der politischen Vernunft aber bedeutet nicht den Weg in die „Anarchie", sondern macht vielmehr den Weg frei für das »v e r b u m   p r o p h e t i c u m«, damit es vom Menschen vernommen werden kann. Denn es ist das p r o p h e t i - s c h e   W o r t, auf dem allein legitime Ordnung begründet werden kann.

Die » a b r o g a t i o   l e g i s « ist nicht das Ende staatlicher Ordnung, sondern deren N e u b e s t i m m u n g   a u s   d e m   a p o p h a t i s c h e n   R e c h t s - g r u n d, der allein vom »verbum propheticum« als dem $\begin{Bmatrix} Recht \\ Setzungs \end{Bmatrix} Subjektum \}$ dargelegt werden kann. Das okkulte Wesen des Rechtsgrundes des Staates ist, insofern es verborgen (verdrängt) ist, der Grund für das Erscheinen des Willens zur Macht, wie er sich in der leviathanischen Ordnung des Staates manifestiert. Die bürgerliche Gesellschaft, die sich ihre privaten ›*Freiheiten*‹ durch das Zugeständnis des Machtmonopoles des leviathanischen Staates erkauft und dadurch das »bellum omnium contra omnes« überhaupt erst begründet und in die Tat umsetzt. Die regulative Rechtsordnung des leviathanischen Prinzips setzt selbst das »bellum omnium contra omnes« voraus, aber nicht als Heilsmittel gegen die Anarchie, sondern vielmehr als Formationsprinzip einer $\left\{ {säkular \atop rationalen} \right\}$ Gegenoffenbarung. Deshalb ist die ›Legitimität‹ eines staatlichen Prinzips unhaltbar, d e s s e n   G e n e a l o g i e   d i e   d e s   W i l l e n s   z u r   M a c h t   i s t. Wir fragen also nach einer *anderen* Begründung des Prinzips staatlicher Ordnung. Und wir finden diese allein in der $\left\{ {theokratisch \atop okkulten} \middle| {Wissenschafts \atop Bestimmung} \right\}$ des »v e r b u m   p r o p h e t i c u m «, die wir als das *wahre* Legitimitätsprinzip staatlicher Ordnung erkennen.

Die Rechtsordnung ist *nicht* Eindämmung dieses „Krieges", nicht einmal ein ernsthafter Versuch dazu, weil der „Krieg", auf dem die leviathanische Staatsidee selbst beruht, nichts anderes als die Manifestation des Willens zur Macht ist, der seinerseits die Verdrängung einer »T h e o k r a t i e   d e s   p r o p h e t i s c h e n   W o r t e s « zwingend voraussetzt.

Damit aber geschieht etwas für die Menschheitsgeschichte Folgenreiches: Die Inkaufnahme einer symbolischen Tötung des prophetischen Wortes durch den „Genius der Gattung" (Nietzsche) als Opfer zur Erlangung einer materialistischen Herrschaft über die Schöpfung, durch die sich der Wille zur Macht seiner selbst als B e w u ß t s e i n   v o n   d e r   W e l t versichert. Dies aber setzt nicht nur die verborgene Abspaltung des Willens von der Existenz des göttlichen Logos voraus, sondern beinhaltet damit zugleich eine eigenmächtige Umdeutung des dem Menschen von Gott erteilten Mandates, s i c h   d i e   E r d e   u n t e r t a n   z u   m a c h e n. Denn hat sich das Denken einmal vom Logos abgespalten, so wird das Mandat zur Forderung an den Willen, sich seiner selbst zu bemächtigen, um die Schöpfung sich zunutze zu machen mit dem Mittel eines Bewußtseins von der Welt — man nennt es für gewöhnlich „Vernunft" — , das die Selbstverherrlichung eines postlapsarischen Freiheitswillens zur Grundlage hat. Diese begreift der gefallene Mensch als die auf ihn selbst bezogene oder ihn meinende Verherrlichung. Wir bemerken die Spaltung, die dem Weltbewußtsein des Willens im Menschen zugrunde liegt. Der Mensch „*glaubt*", es ginge um ihn. Daher der Rausch, den der sich im Menschen verherrlichende Weltwille erzeugt.

Das Wort des Joseph de Maistre vom satanischen Geist der Französischen Revolution fährt einem in die Glieder[2]. Es ist nun zu fragen, was diese Aussage für das Verständnis des Weltmodells der politischen Moderne mit ihrem s o z i a l e n   A n a r c h i s m u s   u n d   i h r e r   ö k o n o m i s c h e n   H a b g i e r bedeutet. Parallel dazu aber verläuft in einer unsichtbaren Traditionslinie die o k k u l t e   W i s s e n s c h a f t, die sich in einer magnetischen Verborgenheits-Präsenz zur gegenoffenbarungsgeschichtlichen Entwicklung der modernen Bewußtseinskultur befindet. Der Dämonismus im Sinne von de Maistre deutet hin auf einen Begriff vom Unheilvollen, ja Bösen, der nicht einfach als

---

[2] Joseph de Maistre, Œuvres complètes, Bd. 13, S. 188.

individuell zu fassen ist und der vom Menschen zu jeder Zeit und in jeder Kulturepoche erfahren werden kann. Den Geist, welchen die Französische Revolution historisch verkörpert, als *„satanisch"* zu bezeichnen macht nur dann Sinn, wenn die menschheitsgeschichtliche Entwickung, insofern sie in die Revolution einmündet, s i c h a l s d ä m o n i s c h e n U r s p r u n g s m a n i f e -
s t i e r t, dabei aber zugleich in dieser seiner wahren Genealogie selbst u n e r -
k a n n t b l e i b t. Die Revolution bringt die menschheitsgeschichtliche Entwicklung des Willens zur Macht auf den Begriff einer Gegenoffenbarung, die an sich jedes {*Gegen* −} zugleich leugnet, indem sie die Offenbarung selbst untergehen lässt in der unerbittlichen Verfassung einer politischen Vernunft, durch die der Wille zur Macht sich im Menschen verherrlichen kann, ohne dass dieser selbst dies bemerkt. Die Zerklüftung der menschlichen Gesellschaft in einen » K r i e g a l l e r g e g e n a l l e «, in welchem die Anarchie eines hohlen Individualismus und die materielle Selbstverherrlichung des Willens jede Mitverantwortung für den Nächsten wie für die Schöpfung insgesamt leugnen müssen. Denn das » b e l l u m o m n i u m c o n t r a o m n e s « stellt eine Lebensform *sui generis* dar, die von nahezu allen geteilt, aber von sehr wenigen verstanden wird.

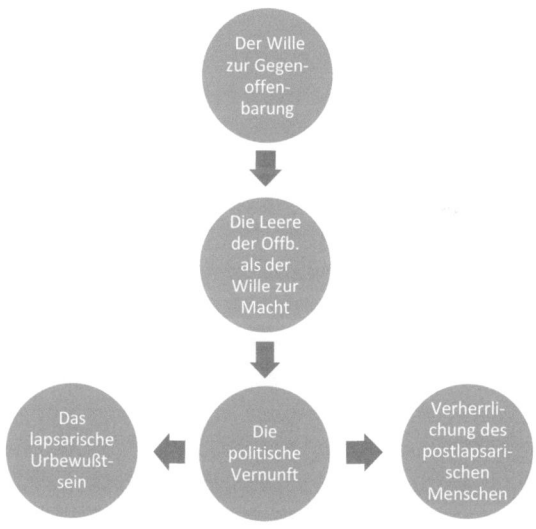

Anmerkung: Der Geist der Moderne als M a n i f e s t a t i o n d e s P r i n z i p s d e r G e g e n o f f e n b a r u n g. Aufspaltung des Begriffes der Gegenoffenbarung, um ihn unsichtbar, d.h. unerkennbar zu machen und b) um des Begriffes der Offenbarung Herr zu werden, indem er untertaucht in den Unbewußtseinsgrund der *gefallenen* menschlichen Natur, die vom Willen zur Macht beherrscht wird. Die Offenbarung, *das heißt* die in die Unbewußtseins-Schichten des Willens untergetauchte und darin z u G r u n d e g e g a n g e n e Offenbarung, dient zum Rechtstitel einer „*Legitimität*", hinter welcher sich die Genealogie der menschheitsgeschichtlichen Gegenoffenbarung verbirgt, die dennoch von niemandem, der in dem ›*Wissenschaftsbetrieb*‹ dieser modernen und ›aufgeklärten‹ Welt groß geworden ist, durchschaut wird. Dieser Wissenschaftsbegriff widerlegt übrigens auf die nachhaltigste Weise den Irrtum — oder sagen wir besser die Lüge — von der ›*christlichen Kultur des Abendlandes*‹. Die Manifestation der politischen Vernunft als die eines Erbauens von imaginären Welten, wie sie sich der Wille selbst vorstellt. Aber der Wille ist nicht die menschliche Natur, noch kommt er aus dieser. Die politische Vernunft ist Bewußtsein von dieser Welt, die der Wille zur Macht sich selbst errichtet und zurecht gelegt hat. Damit aber ist die politische Vernunft radikale L e u g n u n g   d e r S c h ö p f u n g s g e s c h i c h t e und des dieser zugrunde liegenden W i l l e n s G o t t e s , durch den allein der Sinn der Schöpfung erschlossen werden kann. Ohne diesen Sinn zu kennen hört die Schöpfung auf Schöpfungs zu sein für die Vernunft des Menschen. Und genau darin liegt der geheime Frevel, den diese Vernunft begeht, ohne dass der Mensch sich dies bewußt macht. Denn, wie bereits gesagt, die Vernunft des Willens ist eben nicht göttlichen, aber auch nicht menschlichen Ursprungs.

Der Wille zur Gegenoffenbarung beginnt sein Werk mit der Entleerung der Offenbarung, ohne dass er diesen Begriff an sich aufgäbe oder fallen ließe, denn dieses kann er nicht. Die Offenbarung stellt nämlich als Faktum der Seinsgeschichte die Grundlage alles Denkens dar, auch desjenigen, das sich vom göttlichen Logos in einem äonischen Urereignis abgespalten hat. Der Wille der Gegenoffenbarung muss sich deshalb auf diesen Rechtstitel berufen, auch dort, wo er die Offenbarung selbst a l s   s e i n s g e s c h i c h t l i c h e s   U r e r e i g n i s verdrängt. Er spaltet sozusagen die Legitimitätsfrage von der Offenbarung als des Ursprungs und Prinzips der Seinsgeschichte ab. Er muss den abgespaltenen Rechtstitel zugleich einem anderen Ursprung zuführen, der *nicht* mit der Offenbarung selbst identisch ist. Und er muss zudem diesen abgespaltenen Rechtstitel einem Ursprung zuführen und unterordnen, der extravasaler, nicht göttlicher Ursprung von Intelligenz ist, die sich im Menschen verwirklichen und verkörpern will und muss. Diese Intelligenz bedarf der menschlichen Natur als einer *gefallenen*. Denn nur so kann das Fiktum hervorgebracht werden, dieser vom Willen entfremdete Rechtstitel der Seinsgeschichte sei das Heilmittel, die Lösung für den gefallenen Menschen, für dessen korrupte Natur. Wir sehen schon, der Wille ist eine Macht, die eine Leere auszufüllen sucht, die sich im Menschen durch das »peccatum originale« aufgetan hat. Und diese ist die Leere der Offenbarung. Sie ist der Unbewußtseins-Ort, wo der Wille zur Macht in Erscheinung tritt, um sich im extravasalen Seeleninnenleben des *gefallenen* Menschen zum gegenoffenabrungsgeschichtlichen Bewußtseins des modernen »M e n s c h e n   i n   d e r   R e v o l t e« zu formieren.

Die L e e r e   d e r   O f f e n b a r u n g bildet den Keim und Ursprung des Willens zur Macht, so dass dieser aus sich die politische Vernunft gebiert. Diese ist Bewußtsein des Willens von sich selbst, durch das der Wille die Wirklichkeit dieser Welt erschafft und lenkt. Und diese Lenkung hält den Menschen fern von Gott. Die politische Vernunft gibt das Geheimnis ihrer okkulten Verdrängungsstruktur nicht preis, sie schweigt über das Dunkel, das die limbale Vorgeschichte der Entstehung des Willens zur Macht umhüllt. Die äonische Vorgeschichte des Abfalls vom limbalen Logos als Urgrund der Entstehung des Willens zur Macht wird systematisch ausgeblendet. Und damit einher geht eine Besetzung dieses Gedächtnisverlustes durch das Pathos der Selbstverherrlichung. Aus diesem erst entsteht der eigentlich satanische Wesensgrundzug der modernen Welt. Der Wille zur Macht als rebellische Grundhaltung einer modernen Welt, die sich im Spiegel des Kultes politischer Vernunft als das Pathos einer kreatürlichen Selbstverherrlichung fasst.

$\boxed{\text{Das »lapsarische Urbewußtsein«}}$ als Verdrängungs-Rest, der bei der Bewußtseinsformation des Willens *z u r   p o l i t i s c h e n   V e r n u n f t* entsteht und von dieser abgespalten wird. Es ist der Rest bei der Verdrängung des limbalen Unbewußtseins durch den Willen zur Macht, der über das Negiertsein des Unbewußtseins durch den Willen hinausreicht. Das Negierte geht in der Negation durch den Willen in diesem nicht auf, da der Wille aus sich nicht setzen kann. Sein scheinbares *„Setzen"* ist lediglich Negation der Negativität des vom Logos Gesetzten. Das »lapsarische Urbewußtsein« ist das von der Bewußtseinsformation des Willens selbst Verdrängte, da es die Bedingung der Verdrängung selbst enthält. Die Grundlage der Bewußtseinsformation des Willens. Nur als Verdrängtes ist es diese Grundlage für den Willen zur Macht. In dem Verdrängungsrest des »lapsarischen Urbewußtseins« liegt das okkulte Wesen der politischen Vernunft begründet. Und durch ihn hat der Wille zur Macht teil an dem limbalen Unbewußtsein. Und dieses Teilhaben seiner am limbalen Unbewußtsein durch den Verdrängungsrest des »lapsarischen Urbewußtseins« bildet die G r u n d l a g e   f ü r   d a s   D a s e i n   d e s   W i l l e n s   z u r   M a c h t   a l s   p o l i t i s c h e   V e r n u n f t.

Das »lapsarische Urbewußtsein« ist {Ur|*Schuld*|Bewußtsein} und erst d u r c h   d i e   n e g a t i v e   R e f l e x i o n   s e i n e s   V e r d r ä n g t w e r d e n s für die Entstehung von seelischen Erkrankungen und sozialen Konflikten verantwortlich. Denn es überdauert und überragt alle Verdrängungsgeschichte des Willens zur Macht und damit die *„Legitimität"* politischer Vernunft. Darum ist die politische Vernunft weder fähig noch willens, das Unbehagen in der Kultur zu erkennen und praktisch Abhilfe zu schaffen. Denn der Wille kann nicht wollen, dass er sich selbst in Frage stellt oder zerstört. Und dennoch spielt die politische Vernunft ständig mit apokalyptischen Obsessionen, mit Phantasien vom eigenen Untergang. Und gerade in diesen Phantasien spricht sich mehr Realität aus als die politische Vernunft selbst besitzt. Denn diese beruht selbst ganz und gar auf dem Fiktum des Willens zur Macht. Die Frage ist also nicht die nach der Wahrheit des Willens zur Macht, sondern vielmehr die, inwiefern es dem Willen überhaupt gelingt u n s g l a u b e n z u m a c h e n , dass er selbst auf Wahrheit beruhe. Nur die okkulte Wissenschaft vermag den Schein des Fiktums, auf dem die politische Vernunft errichtet ist, zu durchschauen, weil dieses Fiktum selbst okkulter Natur ist und mit den Mittel säkularer Wissenachaft nicht erkannt werden kann, da diese selbst Teil jener Täuschung durch das Weltbild des Willens ist.

Psychische Erkrankungen und soziale Spannungen stehen in einer ursächlichen Beziehung zum lapsarischen {Ur|*Schuld*|Bewußtsein}, das von zwiespältiger Natur ist. *Was heißt das?* Es bedeutet, dass das {Ur|*Schuld*|Bewußtsein} a l s B e w u ß t s e i n s - E l e m e n t verworfen wurde, denn es kann von der Bewußtseinsformation der politischen Vernunft nicht geduldet und nicht gebraucht werden. Es verhält sich also formations-*inkompatibel*, ja formations-*feindlich*. Das Hinabführen dieses »lapsarischen Urbewußtseins« in die Verdrängung ist der politischen Vernunft somit ein existentielles Grundanliegen. Mit der Verdrängung aber geschieht etwas sehr Bezeichnendes, denn das »lapsarische Urbewußtsein« verändert in seinem Verdrängtwerden sich selbst zu einem Element limbaler Unbewußtseins-Wirklichkeit. Es wird nicht einfach hinabgeworfen vom sich zu politischer Vernunft formierenden Willen zur Macht in das Dunkel der Verdrängung, in die rationale Unzugänglichkeit des Unbewußtseins-Stromes. Es passt sich selbst vielmehr dieser anderen Umgebung an, nimmt das Wesen des Unbewußten in sich auf und läßt sich mit diesem ein in einen perichoretischen Austausch der Eigenschaften. Der Grund für die Verwerfung des »lapsarischen Urbewußtseins« besteht gerade darin, dass dieses Bewußtseinselement ist, welches die Bewußtseinsformation des Willens nicht nur stören, sondern verhindern kann. Diese Bewußtseins-Tatsache kann auch der Wille nicht eliminieren, aber er kann sie hinabführen in die Verdrängung. Aber wo findet diese Verdrängung statt, wenn nicht im limbalen Unbewußtsein, welches damit zugleich auch selbst Opfer der Verdrängung wird. Es handelt sich um eine kollektive Verdrängung des limbalen Unbewußten durch die politische Vernunft.

Das »lapsarische Urbewußtsein« hat sein Exil im Unbewußtsein angetreten, aber nicht ohne Gewinn daraus zu ziehen. Ich meine damit die perichoretische Umwandlung des Urbewußtseins zu einem *neuen* Element des limbalen Unbewußtseins. Denn durch das »lapsarische Urbewußtsein« erhält das verworfene Unbewußtsein selbst *B e w u ß t s e i n v o n s i c h s e l b s t* , durch das es seine Isolation durchbrechen kann. Man kann somit von einer schicksalhaften Begegnung sprechen, welche sich ereignet zwischen dem verdrängten Unbewußtsein selbst und dem vom Formationstrieb des Willens zur Macht in die Verdrängung hinabgeführten »lapsarischen Urbewußtsein«.

Das »*lapsarische Urbewußtsein*« nimmt bei seinem perichoretischen Untergang im limbalen Unbewußtsein von diesem alle Wesensmerkmale an, um dieses zugleich über es selbst hinauszuführen, wie ein Korken, der die Oberfläche der Flüssigkeit überragt, in welcher er selbst schwimmt. Das »*lapsarische Urbewußtsein*« kommt nun erneut zum Vorschein, aber eben nicht als Bewußtseinselement, welches die Formation des Willens zur Macht in der politischen Vernunft einfach stört oder gar unterbindet, sondern als Ursache von seelischer Erkrankung, die in die physische Befindlichkeit des Individuums wie der Gesellschaft übergreift, ja die das Bild vom Individuum wie von der Gesellschaft wesentlich prägt.

Das »*lapsarische Urbewußtsein*« taucht auf aus der Verdrängung und kommt zum Vorschein als Bewußtseinselement des limbalen Unbewußtseins selbst, und damit unterläuft es die Kontrolle des sich formierenden Bewußtseins des Willens. Zugleich aber kommt mit dem Urbewußtsein der limbale Unbewußtseins-Strom selbst an die Oberfläche, um das *„Sein"* des Willens als Fiktum bloßzustellen, durch ein Denken, das seine verborgene Kraft aus den Tiefen des limbalen Unbewußtseins bezieht.

Mit dem Auftauchen des »lapsarischen Urbewußtseins«, das mit sich den limbalen Unbewußtseins-Strom emporführt, verändert sich der Charakter dieses »lapsarischen Urbewußtseins«. Es wird {Ur|*Schulds*|Bewußtsein}, das den Willen zur Macht nun selbst affiziert, und zwar u n b e w u ß t. Das »lapsarische Urbewußtsein« kehrt aus seiner Verdrängung zurück, um in den Willen selbst einzudringen und diesen zu affizieren mit dem unbewußten Wissen von einer lapsarischen Urschuld des Willens selbst. Das »lapsarische Urbewußtsein« vermittelt sich durch die Ebene des Unbewußtseins selbst mit dem Willen, um diesen mit sich selbst zu konfrontieren im Spiegel eines unbewußten Wissens von sich selbst als Ursprung des »lapsarischen Urbewußtseins«. Denn ein solches okkultes Bewußtsein kann nur der Täter *von sich selbst* haben. Aber er hat es nicht als Erkennender, sondern als Täter. Deshalb ist dieses okkulte Bewußtsein ein anderes als das des Theologen. Der Wille kann nur ein okkultes Bewußtsein *von sich als Täter* haben, indem er dies im Spiegel seines Unbewußtseinsgrundes, den er selbst negiert und verdrängt, sieht. Und er erschrickt darüber. Ihn durchzuckt der Blitz der Selbstspaltung. Diese ist die Krankheit der Täterschaft des Willens, die dieser Täterschaft anhaftet als traumatisches Bewußtsein. Deshalb wird hier der Erkenntnis-Grundsatz aufgestellt, dass der Formation des Willens zur politischen Vernunft diese Selbstgespaltenheit zugrunde liegt. Die Evolution des »*lapsarischen Urbewußtseins*«, die dieses im Exil des limbalen Unbewußtseins-Stromes an sich selbst erfährt, sie bringt die

Selbstgespaltenheit der politischen Vernunft an dieser zum Vorschein und offenbart damit diese selbst als den Wesensgrund seelischer Erkrankung und gesellschaftlichen Zerfalls. Diese lassen sich nicht phylogenetisch erklären, weil sich in jedem Individuum die verborgene limbale Vorgeschichte der politischen Vernunft *immer wieder aufs neue* setzt.

Die politische Vernunft spaltet das $\boxed{\textit{»lapsarische Urbewußtsein«}}$ ab, da es sich als verdrängungs-*resistent* erweist. Es ist dasjenige, welches sich gegen den Verdrängungs-Trieb des Willens zur Macht selbst richtet. D a s   g e g e n   d i e   G e g e n o f f e n b a r u n g   s e l b s t   s i c h   r i c h t e n d e   M o m e n t   i n   d e r   V e r d r ä n g u n g   s e l b s t. *Gesetz*: Die Verdrängung der Offenbarung durch den Willen zur Macht erzeugt einen Überschuß, der sich schließlich gegen die Verdrängungstendenz der politischen Vernunft selbst wendet und damit Probleme schafft. Das $\boxed{\textit{»lapsarische Urbewußtsein«}}$ entwickelt sich zum {Ur|*Schuld*|Bewußtsein}, welches der politischen Vernunft selbst verborgen zugrunde liegt. Dass dieses {*Schuld*|Ur|Bewußtsein} in der Tat die okkulte Grundlage der politischen Vernunft darstellt, zeigt uns sehr deutlich, dass die Bewußtseinskultur der Moderne gerade das verleugnet, worauf sie selbst gründet, *das heißt* worauf sich ihre *„Legitimität"* ihrer eigenen Meinung nach stützt.

> D i e   t h e o k r a t i s c h e   V e r n u n f t   g r ü n -
> d e t   i m   » v e r b u m   p r o p h e t i c u m «.

Mit dem *kirchlichen* Christentum ist es ein für alle Mal vorbei. Mit diesem Niedergang einer geht die Ekklesiomorphose des Menschen. Es gibt somit *keine* Gesellschaft *vor* einer Wiedergeburt des Menschen aus dem »verbum propheticum«, welches das » v e r b u m   t h e o l o g i a e   o c c u l t a e «   d e s   m e n s c h - g e w o r d e n e n   L o g o s   s e l b s t   ist.

Die o k k u l t e   T h e o l o g i e   ist — ganz im Gegensatz zur Theologie des kirchlichen Christentums — das *Gemeinschaft erst ermöglichende* Wort aus der Einwohnung des »Verbum exinanitum ipsum« im limbalen Triebherzen des Menschen in Erfahrung der »via negationis«. Das »verbum propheticum« wird nur gezeugt durch das Eingehen des Logos in den limbalen Wesensgrund des Triebherzens, damit dieses aus sich — als dem *verbum mentis* — den neuen, den äonischen Menschen hervorbringt, der damit als Ursprung der Ekklesiogenese des Menschen selbst zu begreifen ist. Gesellschaft ist selbst nur als ἐκκλησία denkbar, da sie nur als ἐκκλησία wirklich Gesellschaft sein kann, d i e   a u f   d e m   g ö t t l i c h e n   R e c h t s g r u n d   d e r   » m a t e r i a l e n   G e r e c h t i g - k e i t «   steht.

Die ἐκκλησία schließt eine menschheitsgeschichtliche Begründung der Bildung menschlicher Gesellschaft aus, da der Mensch die Bildung einer Gesellschaft, welche dem Menschen als Ebenbild der Gottheit entspräche, weder wollen noch aus dem Kontext einer menschheitsgeschichtlichen Vernunft selbst begründen kann. *Kurz*: Der Mensch entbehrt der geistigen Mittel und des formalen Rechtsgrundes, um Gesellschaft aus der Legitimität der Gottebenbildlichkeit des Menschen abzuleiten. Weder lässt sich Gesellschaft aus Z w a n g noch aus Rechtsgründen eines m e n s c h h e i t s g e s c h i c h t l i c h e n V e r n u n f t s p r i n z i p s begründen. Denn der Societas liegt die okkulte Idee einer Gemeinschaft der Heiligung durch das unmittelbar im limbalen Triebherzen einwohnende »verbum propheticum« zugrunde, w o d u r c h s i c h d e r s e l b s t e n t ä u ß e r t e L o g o s a l s i n d e r t h e o k r a t i s c h e n V e r n u n f t d e s M e n s c h e n s e l b s t a n w e s e n d b e z e u g t. Das limbale Triebherz ist die theokratische Vernunft, die allein die Anwesenheit des Logos bezeugen kann, weil sie diese selbst ist. Wir sehen also, dass kein kanonischer Offenbarungsglaube weiterhelfen kann, wenn es um den Kern der Dinge geht. Und wir sehen auch noch etwas anderes, nämlich den untrennbaren Zusammenhang, der zwischen dem Streben des Individuums nach Entwicklung eines spirituellen Bewußtseins und dem okkulten Formationsprinzip menschlicher Gesellschaft besteht.

Der Rechtsgrund, auf welchem die Entstehung der Gesellschaft ruht, muß demgemäß als ein selbst *prophetischer* verstanden werden. Es kann also keine Vergesellschaftung des Menschen geben, sie sei denn in Form der ἐκκλησία. Doch was bedeutet dieses Wort wirklich, wenn wir einmal absehen von der theologischen Begriffsgeschichte. Mit ἐκκλησία ist keine Institution des Glaubens bezeichnet, sondern vielmehr ein existentieller Erkenntnis-Akt, der dem Einzelnen abverlangt wird durch eine Offenbarung, die *sich selbst* offenbar wird. Es ist Offenbarung erforderlich, die in das Leben des Menschen eingreift, um es grundlegend zu verändern. Durch dieses Geschehen wird der Mensch, der dieses an sich selbst erfährt, aus allem, was er vorher war, herausgetrieben. Irgendein Trieb drängt ihn aus seinem bisherigen weltlichen Dasein. Und er weiß nicht recht, wie ihm da geschieht. Die ἐκκλησία bezeichnet nicht ein bedächtiges Zusammenkommen am Ort der eignen Religionsausübung, um Gemeinschaft zu pflegen. Sie bezeichnet vielmehr die entgegengesetzte Richtung, durch die der Mensch h e r a u s g e r u f e n wird aus seinen üblichen Weltbezügen, zu der auch seine Religionszugehörigkeit zu zählen ist, um e i n e m G e h e i m n i s z u b e g e g n e n, das mit keiner Vernunft des Menschen zu fassen ist, weil es mitten in diese Welt gekommen ist, ohne jedoch von dieser zu sein. Das Herausgerufensein, um diesem Geheimnis persönlich zu begegnen, es bedeutet auch, dass der Mensch erst dadurch fähig werden kann, die Grundlagen menschlicher Gesellschaft in sich zu bereiten im Lichte e i n e r a n s i c h s e l b s t o f f e n b a r w e r d e n d e n O f f e n b a r u n g. Deshalb muss der Mensch herausgetrieben werden vom Ruf der offenbar werdenden Offenbarung selbst im Lichte des prophetischen Wortes. *Um es kurz zu machen*: Der Mensch muß zum limbalen Triebherzen werden. Das aber heißt, der Mensch wird Teil eines göttlichen Mysteriums. Das Wort ἐκκλησία bedeutet, dass der Mensch eine Versetzung in sein limbales Unbewußtes *an sich selbst* erfährt. Er wird anamnetisch z u r ü c k *v e r s e t z t* in den Unbewußtseins-Strom seiner $\left\{bewußtseins \left|{\scriptstyle ontologischen \atop ontogenetischen}\right\}\right.$ Evolution zum symbolischen Bewußtseinsgrund der ἐκκλησία im limbalen Triebherzen. Ἐκκλησία ist S y m b o l h a n d l u n g d e s l i m b a l e n T r i e b h e r z e n s. Was aber bedeutet hier Zurückversetzung anderes als den Übergang aus dem postlapsarischen Bewußtseinszustand in die Tiefen des eigenen limbalen Unbewußtseins-Stromes, in dem das Triebherz geboren wird. Denn dieses wurde verdrängt vom postlapsarischen Weltbewußtsein. Das Geschehen des H e r a u s g e r u f e n w e r d e n s aus der Welt und allen Weltbezügen, das durch die Symbolhandlung der ἐκκλησία bezeichnet wird, ist das Ende jener Verdrängungsgeschichte, die es dem Menschen dieser Welt unmöglich machte, die Wiedergeburt des limbalen Triebherzens in sich selbst zu erfahren. Die ἐκκλησία ist Urgestalt des sich im limbalen Triebherzen seiner selbst bewußt werdenden und durch dieses Bewußtsein im Menschen sich inkarnierenden »Verbum exinanitum ipsum«. Erst dann ist diese Wesenspräsenz des göttlichen Logos im Menschen für den Menschen selbst eine wirkliche, eine apodiktische Erfahrung. Und eine solche Erfahrung ist nur kraft des limbalen Triebherzens im Menschen möglich. Deshalb bedarf es der Erweckung und bewußtseins-ontologischen Entwicklung des limbalen Triebherzens im Menschen. Ohne dies aber bleibt der Mensch zurück, gefangen in der Seinsverlassenheit durch Leugnung des »lapsarischen Urbewußtseins«. Ein Fiktum angesichts der Verfallsgeschichte der Menschheit, das diese selbst erfunden hat, um der Dekadenz einen geschichtlichen „*Sinn*", eine historische „*Rechtfertigung*" zu verleihen. Dieser „*Sinn*" kann selbst wiederum nur im Willen zur Macht gründen. Die Anarchie säkularer Vernunft als Wesenszug der menschheitsgeschichtlichen Entwicklung der Gesellschaft. Die Vernunft als das Seinsgesetz dieser Anarchie selbst, welche die Ekklesiomorphose des Wesens des Menschen selbst unterbindet. Das Urbild von Gesellschaft ist die communio der durch das »verbum propheticum« Gebundenen und daher miteinander Verbundenen. Gemeinschaft derjenigen, die durch ihr Stehen im »verbum propheticum« die Welt überwunden haben. Denn diese Welt verhindert die Entstehung von Gesellschaft als das, was sie ihrer Bestimmung nach ist, das heißt G e m e i n s c h a f t d e s m e n s c h g e w o r d e n e n L o g o s. Die theokratische Gemeinschaft des Menschen mit Gott bildet den einzig legitimen Rechtsgrund menschlicher Gesellschaft. Das »verbum propheticum« allein ist der zureichende Rechtsgrund einer menschlichen Sozietät.

Exkurs: Der totale Staat, wie ihn die Moderne herbeigerufen hat, ist eine natürliche Folge des »bellum omnium contra omnes« oder, um es anders auszudrücken, die gewollte Abwesenheit des ekklesiomorphen Prinzips des »verbum propheticum« im Menschen. Denn nur im prophetischen Wort gründend ist das Individuum selbst Kern menschlicher Gemeinschaft, welche damit selbst göttlichen, *nicht menschlichen* Ursprungs ist. Dieses Kriterium alleine gilt, wenn es um die *wahre* Legitimität des Staates geht. Der Staat hat sich vor dem Tribunal des »verbum propheticum« zu rechtfertigen. Der *„sterbliche Gott"* (Th. Hobbes)[3] vor dem Wort der *offenbar gewordenen* Offenbarung selbst. Dieses Wort aber ist das »verbum propheticum«. Dieses ist die Objektivation des im limbalen Triebherzen selbst Mensch gewordenen »Verbum exinanitum ipsum«. Es ist okkulte Bewußtseinsform, durch die der Mensch gewordene Logos im limbalen Triebherzen des Menschen wohnt und p r o p h e t i s c h e s W o r t ist. Das limbale Triebherz ist folglich das Materialisationsprinzip, welches das »Verbum exinanitum ipsum« mit dem Fleisch der Menschwerdung bekleidet. Dadurch aber ist das limbale Triebherz sowohl e n s i n c a r n a t u m des selbstentäußerten Logos als auch Prinzip der Menschwerdung des »Verbum exinanitum ipsum«. Wir haben guten Grund, die Kenose des limbalen Unterganges des Logos von der Menschwerdung des Logos im schöpfungsgeschichtlichen Kontext zu unterscheiden.

Die Legitimität des Staates liegt nicht in einer menschheitsgeschichtlichen Vernunft, sondern allein i m p r o p h e t i s c h e n W o r t begründet, das selbst materiales Wirklichkeitsprinzip der Menschwerdung des selbstentäußerten Logos im limbalen Triebherzen des Menschen ist. Es geht um die Genealogie des Vernunftbegriffes, die diesen als *göttlichen Ursprungs* ausweisen

---

[3] Thomae Hobbes, Opera philosophica, vol. III, London 1841, S. 130/31: Communem autem potentiam constituendi, quae homines tum ab invasione exterorum tum ab injuriis mutuis tueri possit, ita ut propriae industriae et telluris fructu contenti vivant et alantur , unica via haec est; ut potentiam et vim suam omnem in hominem vel hominum coetum unum unusquisque transferat, unde voluntates omnium ad unicam reducantur; id est, ut unus homo vel coetus unus personam gerat uniuscujusque hominis singularis, utque unusquisque authorem se esse fateatur actionum omnium quas egerit persona illa , ejusque voluntati et judicio voluntatem suam submittat. Est autem hoc aliquid amplius quam consensio aut concordia. Est enim in personam unam vera omnium unio; quod fit per pactum uniuscujusque cum unoquoque; tanquam si unicuique unusquisque diceret, *Ego huic homini, vel huic coetui, authoritatem et jus meum regendi meipsum concedo, ea conditione, ut tu quoque tuam authoritatem et jus tuum tui regendi in eundem transferas.* Quo facto, multitudo illa una persona est, et vocatur *Civitas* et *Respublica*. Atque haec est generatio *magni illius Leviathan*, vel, ut dignius loquar, *mortalis Dei;* cui pacem et protectionem sub Deo immortali debemus omnem. Authoritate enim tanta ab omnibus et singulis collata, tantam potentiam et tantarum virium usum habet, ut terrore earum voluntates omnium ad pacem inter se et ad conjunctionem contra hostes conformare possit. In quo consistit essentia civitatis, quae sic definitur: *Civitas persona una est , cujus actionum homines magno numero, per pacta mutua uniuscujusque cum unoquoque, fecerunt se authores; eo fine, ut potentia omnium arbitrio suo ad pacem et communem defensionem uteretur.* Is autem, qui civitatis personam gerit, *summam habere* dicitur *potestatem.* Caeteri omnes *subditi* et *cives* appellantur.

kann. Das ekklesiomorphe Ich des Menschen schafft sich seinen eigenen Staat von Grund auf neu. Denn durch das e k k l e s i o m o r p h e B e w u ß t s e i n des spirituell erwachenden Menschen vollzieht sich die Menschwerdung des »Verbum exinanitum ipsum«, wodurch d e r g ö t t l i c h e L o g o s s e l b s t s i c h a l s d a s l e g i t i m e H a u p t e i n e r T h e o k r a t i e m e n s c h l i c h e r G e - m e i n s c h a f t e i n s e t z t . Diese Einsetzung geschieht i m A k t d e r a n h y - p o s t a t i s c h e n E i n w o h n u n g d e s L o g o s i m p r o p h e t i s c h e n W o r t e d e s l i m b a l e n T r i e b h e r z e n s . Im »verbum propheticum« der *wahren*, das heißt der göttlichen Vernunft wurzelnd weiß sich der äonische Mensch bevollmächtigt zur B e g r ü n d u n g d e s t h e o k r a t i s c h e n G e - m e i n w e s e n s . Dieses aber schließt jede Legitimation des Staates aufgrund einer Einheit durch äußere Gewalt aus.

Die Frage nach dem Rechtsgrund des Staates, der durch den G e s e l l - s c h a f t b i l d e n d e n A k t des »verbum propheticum« in seiner geschichtlichen Form selbst u n t e r g e h t . Der Untergang des Staates als eines der Legitimation durch das »verbum propheticum« *unfähigen* kann nur herbeigeführt werden durch die Manifestation des o k k u l t e n R e c h t s g r u n d e s d e s S t a a t e s selbst. Die Divergenz von Staat und Gesellschaft als wesentlich für den Rechtsgrund des Staates im Zeichen des politischen Willens zur Macht der Neuzeit.

Das Nichtzustandekommen(können) von »Gesellschaft« aufgrund des »bellum omnium contra omnes«. Dieser Krieg ist selbst bereits im Zusammenhang des neuzeitlichen Vernunftbegriffes zu sehen. Der »Krieg aller gegen alle« ist der konsequenteste Versuch des Willens zur Macht, zu einem universalen Entwurf eines politischen Vernunftprinzips zu kommen. Die umfassenden Rechtsansprüche des Einzelnen, die gegen die jeweils Anderen stehen und sie *annullieren*, führt insgesamt zu einer Vernichtung von Gesellschaft, zur U n - M ö g l i c h k e i t v o n G e s e l l s c h a f t a n s i c h . Die Idee der Gesellschaft verliert ihren Bezug zur Wirklichkeit. Sie wird zur R e a l - F i k t i o n d e r p o l i t i s c h e n T h e o r i e , die mit ihrer Infragestellung konfrontiert ist. Gesellschaft wird auf diese Weise zum Vernunfts-Postulat. Vernunft ist nicht nur reines Sollen, sondern einzige Lebens-Option, die rettende Insel inmitten eines tödlichen Stromes, der den Einzelnen hinabzuziehen droht ins Verderben.

Die Fülle von Unrechtsgründen, die der Errichtung des Staates im Sinne neuzeitlicher Vernunfts- und Rechtskultur bedürfen, um sich ihrer zum Zwecke der eigenen Absichten zu bedienen und diese Absichten damit zu „*legitimieren"* vom möglichen Verdacht ihrer Unlauterkeit. Diese alle müssen zuerst sterben oder untergehen, um überzugehen zu einem Kult des Staates[4] als

---

[4] G. W. Leibniz, CONSIDERATIONES AD OPUS HOBBESII IN ANGLIA EVULGATUM, DE LIBERTATE, NECESSITATE, ET CASU FORTUITO, in: Leibnitii opera omnia (*ed. L. Dutens*), Genevae 1768, tom. I, p. 426/27: Justitia in Deo, ait *Hobbesius* (p. 161.) nihil aliud est, quàm potentia, qua fulget, quamque exercet, bona & mala distribuendo. Miror quàm maximè hanc

eines „*sterblichen Gottes*", der das Unmögliche zu vollbringen scheint, nämlich die Grundlegung der Anfangsgründe einer Gesellschaft, die sich eigentlich selbst in ihrem Dasein aufhebt oder negiert. Die Rede vom »Krieg aller gegen alle« betreibt eine mythoide Reduktion der menschlichen Gesellschaft in das Einzelbewußtsein ihres Zerfalles in Quanten eines Willens zur Macht, die sich gegenseitig aufheben, um die Erschaffung Adams in einem neuen Lichte erscheinen zu lassen, nämlich in dem der A u s s e t z u n g des »bellum omnium contra omnes« u n t e r d e r B e d i n g u n g e i n e r U n t e r w e r f u n g d e s E i n z e l n e n u n t e r d i e M a c h t d e r p o l i t i s c h e n V e r n u n f t. Das macht die Logik im „*Legitimitäts*"-Anspruch auf Ausübung staatlicher Gewalt aus, wie sie der neuzeitlichen Vernunftsverfassung zu eigen ist. Der Rekurs auf die biblische Tradition ist unvermeidlich. Aber er kann natürlich nicht im okkulten Sinne der Heiligen Schrift selbst erfolgen. Die Argumentation des Entwurfes der politischen Vernunft, die den „*sterblichen Gott*" postulieren muss, zeigt sich „*theologisch*", ohne selbst Theologie sein zu können. Man soll an Macht *glauben*, dies ist der Kernsatz des Willens zur Macht, der, um dies bewerkstelligen zu können, selbst *V e r n u n f t w e r d e n* muss, das heißt politische Vernunft. Eben dies macht den Kern des neuzeitlichen Willens zur Macht aus. Er muss *V e r n u n f t w e r d e n w o l l e n*, die sich gegen die Offenbarung selbst richtet, und zwar nicht, um diese einfach zu negieren, sondern um vorzugeben, diese mit den Mitteln der politischen Vernunft selbst einlösen zu können. Eben darin liegt das eigentlich Frevelhafte der politischen Vernunft der Neuzeit. Damit aber widersetzt sich die politische Vernunft d e m O f f e n b a r w e r d e n w o l l e n d e r O f f e n b a r u n g s e l b s t, indem sie an der Offenbarung unterschwellig eine fiktive Wesensbestimmung vornimmt. D i e W e s e n s b e s t i m m u n g, *was die Offenbarung selbst sei oder wie diese selbst offenbar werden könne*, kann nur der okkulten Theologie zukommen, da diese selbst Teil des Offenbarwerdens der Offenbarung selbst ist. Das aber heißt, dass die politische Vernunft einen A n s p r u c h a u f W e s e n s b e s t i m m u n g der Of-

definitionem, ea non cernitur in potentia, bona & mala distribuendi, sed in voluntate, ea secundùm rationem distribuendi, hoc est, in bonitate, sapientiam ducem habente, quæ propriè constituit justitiam Dei. Verum, ingerit, justitia in Deo talis non est, qualis in homine, qui justus tantùm est per observationem legum, a superiore suo latarum. Fallitur iterùm in hoc *Hobbesius* aequè ac *Pufendorfius*, eum secutus; *justitia* minimè pendet a legibus superiorum arbitrariis, sed ab aeternis sapientiae & bonitatis regulis cùm in Deo, tum in hominibus. Eodem loco contendit *Hobbesius*, sapientiam, quae Deo tribuitur, non consistere in discussione logica relationis mediorum atque finium, sed in adtributo quodam incomprehensibili, naturae cuidam incomprehensibili, ad honorandam illam, collato. Videtur velle dicere, esse aliquid nescio quid, adtributum alicui nescio quid, immò esse qualitatem aliquam chimaericam, substantiae chimaericae tributam, ad terrendos & detinendos populos cultu, quem ei offerunt.

fenbarung erhebt, indem sie die Frage nach der Offenbarung selbst *s ä k u l a -
r i s i e r t*, als Frage nach der M ö g l i c h k e i t   e i n e r   F r e i h e i t   v o m   J o c h
d e s   » l a p s a r i s c h e n   U r b e w u ß t s e i n s «.

→ *Hat man verstanden?* Das ist der springende Punkt in der Logik, die
der unbewußten Verdrängungsarbeit der politischen Vernunft der Neuzeit zu-
grunde liegt, dass diese sich mit dem $\left\{\dfrac{»lapsarischen\ Urbewußtseins«}{Rest}\right\}$ ihrer
eigenen Bewußtseinsformation konfrontiert sieht. Denn dieser entgegenste-
hende $\left\{\dfrac{»lapsarische\ Urbewußtseins«}{Rest}\right\}$ bildet den Schlüssel zum okkulten
Verständnis der Genealogie der politischen Vernunft. Der
$\left\{\dfrac{»lapsarische\ Urbewußtseins«}{Rest}\right\}$ ist das, was der Bewußtseinsformation der
politischen Vernunft sich entzieht, weil er in ihr nicht aufgehen kann, weil er
sich der Logik der Vernunft nicht fügt. So bleibt er etwas Unheimliches, dem
jedoch von Seiten der politischen Vernunft begegnet werden *muss*. Der
$\left\{\dfrac{»lapsarische\ Urbewußtseins«}{Rest}\right\}$ muss verdrängt werden, aber dieses Verdrängtsein bedeutet nichts anderes als die Existenzweise der politischen Vernunft *in Bezug auf sich selbst* als Trägerschaft des Offenbarmachenkönnens von
Offenbarung im Kontext des Säkularen und Materiellen. Diese trägerschaftliche Weltvernunft überträgt den Begriff der Offenbarung in eine Semantik, die
unbewußt appelliert bei dem einzelnen Menschen an das Trauma   des
$\left\{\dfrac{»lapsarischen\ Urbewußtseins«}{Restes}\right\}$, von dem das Individuum wesentlich ge-
zeichnet ist. Dieser $\left\{\dfrac{»lapsarische\ Urbewußtseins«}{Rest}\right\}$ ist weder etwas, das die
Bewußtseinsformation hervorgebracht hat noch etwas, das diese auflösen
könnte. Er ist, wenn man so will, Zeichen eines Fluches, das am Menschen haf-
tend   auf   diesen   selbst   verweist   als   Ursache   dieses   Fluches.   Der
$\left\{\dfrac{»lapsarische\ Urbewußtseins«}{Rest}\right\}$ ist Symbol des adamitischen Fluches, das in
die Wirklichkeit dieses Fluches im Seeleninnenleben des Menschen selbst hin-
überführt. Das Gezeichnetsein des einzelnen Menschen durch das anhaftende
Symbol des $\left\{\dfrac{»lapsarischen\ Urbewußtseins«}{Restes}\right\}$ ist zugleich Spur, die den Er-
kenntnisweg des okkulten Theologen bildet abseits aller weltlichen Wissen-
schaft. Für die Bewußtseinsformation der politischen Vernunft jedoch stellt
sich das Problem des $\left\{\dfrac{»lapsarischen\ Urbewußtseins«}{Restes}\right\}$ ganz anders dar. Dieser ist für sie vielmehr ein Hindernis, das es zu beseitigen gilt. Sie versperrt den
Weg zur okkulten Wissenschaft demjenigen Menschen, der an die Lüge des
politischen Mythos der Moderne selbst *„glaubt"*. Es muss also zuerst der Weg
zur göttlichen Wissenschaft geleugnet werden, bevor der Wille an das Werk
der Bewußtseinsformation der politischen Vernunft gehen kann. Und der
Wille redet dem Menschen ein, *dass   e r   n i c h t s   a l s   d e s s e n   e i g e n e r*

Wille sei. Sofern der Mensch Willen hat, ist dieser bereits nicht der des Menschen selbst. Denn der Mensch kann von Natur nur den Willen in sich haben, den Willen Gottes zu tun. Den Willen, den Willen Gottes zu tun, ist nicht der ›eigene‹ Wille des Menschen. Diese Willensbindung ist von größter okkulter Bedeutung. Und an ihr läßt sich die ganze Verdrängungsarbeit beobachten, durch die der Wille zur Macht an die Stelle des Willens Gottes die Bewußtseinsformation der politischen Vernunft setzt, die die trägerschaftliche Vernunft einer Sichtbarmachung von Offenbarung im Reiche des säkularen Daseins, das heißt der B e d ü r f n i s s t r u k t u r   d e s   p o s t l a p s a r i s c h e n   M e n s c h e n ist, die den Fortschritt an persönlicher Freiheit für den Menschen für selbst materiell meßbar erklärt. Diese Bedürfnisstruktur des wohlgemerkt *gefallenen* Menschen, denn das postlapsarische Dasein des Menschen kann durch keine sakramentale Lehre und Praxis eines kirchlichen Christentums aufgehoben werden. Vielmehr zeigt der Durchbruch der postlapsarischen Bedürfnisstruktur des Menschen zu einer veritablen politischen Grundgröße der trägerschaftlichen Vernunft der Moderne nur zu deutlich, dass das kirchliche Christentum mit seinem Wahn von der *„sakramentalen Heilsvermittlung"* vom Willen selbst durch etwas überwunden worden ist, das dem

$$\left\{\frac{\textit{»lapsarischen Urbewußtseins«}}{\textit{Rest}}\right\}$$ eine völlig neue Sinn-Deutung zuweist, die

jedes Christentum, insofern dieses noch geschichtlich Fuß fassen wollte, hinter sich lässt. Das Mittel aber, womit das trägerschaftliche Subjekt der politischen Vernunft der Moderne das kirchliche Christentum vernichtet, ist die Umdeutung des $\left\{\frac{\textit{»lapsarischen Urbewußtseins«}}{\textit{Restes}}\right\}$ in die *„Legitimität"* der Bedürf-

nisstruktur des postlapsarischen Menschen, die zu einer *bewußt säkularen* Triebstruktur des Menschen uminterpretiert wird. Die B e d ü r f n i s s t r u k t u r   d e s   p o s t l a p s a r i s c h e n   M e n s c h e n wird *ent*-stigmatisiert, das heißt reingewaschen von dem Makel, welcher einer postlapsarischen Bedürfnisstruktur natürlich anhängt. Die Gefahr, die vom $\left\{\frac{\textit{»lapsarischen Urbewußtseins«}}{\textit{Rest}}\right\}$ für den Willen zur Macht ausgeht, sie kann

nur gebannt werden, indem der $\left\{\frac{\textit{»lapsarische Urbewußtseins«}}{\textit{Rest}}\right\}$, der selbst

unzerstörbar ist, *a l s   e t w a s   a n d e r e s   i n   E r s c h e i n u n g   t r i t t*. Das heißt: Er verschwindet als das, *was er ist*, um als das, *was er nicht ist*, in Erscheinung zu treten. Und in Erscheinung treten heißt hier trägerschaftliches Subjekt der Sichtbarmachung von Offenbarung werden, das die postlapsarische, *„zu Unrecht stigmatisierte"* Bedürfnisstruktur des Menschen offenbart a l s   d i e   b e - w u ß t   s ä k u l a r e   u n d   f ü r   n a t ü r l i c h   g e h a l t e n e   T r i e b s t r u k t u r   d e s   M e n s c h e n, der nun jeden Gedanken eines postlapsarischen Makels von sich weist. Er weiß sich vom trägerschaftlichen Subjekt der politischen Vernunft reingewaschen (*„gerechtfertigt"*) und trotzt dem möglichen Vorwurf einer postlapsarischen Daseinsweise.

Wir sehen: Der $\begin{Bmatrix} \textit{»lapsarische Urbewußtseins«} \\ \textit{Rest} \end{Bmatrix}$ muss irgendwie aus der Welt geschaffen werden. Und da dies nicht durch Vernichtung möglich ist, so fällt die Wahl des Willens auf die Morphologie der Lüge, *das heißt* das Verdrängte kehrt zurück als trügerischer Humanismus der politischen Vernunft, der darin besteht, den modernen Menschen zu „*erlösen*", aber wovon? Vom Stachel des $\begin{Bmatrix} \textit{»lapsarischen Urbewußtseins«} \\ \textit{Restes} \end{Bmatrix}$.

Exkurs: Es gilt zu verweisen darauf, dass dieser ein Hemmnis für den W i l l e n z u m W i l l e n ist, der als Druck auf dem postlapsarischen Menschen lastet, denn er hindert den Willen, selbst den Willen eines Anderen, das heißt Gottes, zu wollen. Der $\begin{Bmatrix} \textit{»lapsarische Urbewußtseins«} \\ \textit{Rest} \end{Bmatrix}$ verschließt nun diesen Energienzufluß, nämlich dass sich der Wille des Menschen in Willen ergießen kann. Die Willens-Verschließung durch den $\begin{Bmatrix} \textit{»lapsarischen Urbewußtseins«} \\ \textit{Rest} \end{Bmatrix}$ führt zu einem Leidensdruck und einen Energiestau. Man ahnt bereits, was ich damit sagen will: Die Entstehung seelischer Störungen und Krankheitsbilder. Und jetzt tritt das trägerschaftliche Subjekt der politischen Vernunft auf den Plan, welches nichts anderes als der Wille zur Macht selbst ist, der dem Menschen „*Erlösung*" vom Leidens-Druck durch den $\begin{Bmatrix} \textit{»lapsarischen Urbewußtseins«} \\ \textit{Rest} \end{Bmatrix}$ verspricht und auch bringt, indem er dem unter einem bedrückenden Schicksal stehenden postlapsarischen Menschen s i c h s e l b s t als Lösung anbietet. Es ist der $\begin{Bmatrix} \textit{»lapsarische Urbewußtseins«} \\ \textit{Rest} \end{Bmatrix}$ selbst, der in Gestalt dieser ›*Problemlösung*‹ in Erscheinung tritt als E n t h e m m u n g d e s W i l l e n s z u m W i l l e n. Die Tore werden geflutet und ergießen sich in das trägerschaftliche Subjekt der politischen Vernunft, das der Wille zur Macht selbst ist. Der Wille des Menschen kann nun wieder frei fließen und untergehen in den eines Anderen, aber dieses Andere ist nicht mehr der Logos. Der Wille des Menschen ergießt sich in die bewußt säkulare Triebstruktur und in den damit verbundenen Materialismus. Der Wille des Menschen ergießt sich in die Anarchie des desolaten Individuums, das seine Bedeutungslosigkeit sehr wohl spürt. Die Erfindung der bewußt säkularen Triebstruktur durch das trägerschaftliche Subjekt der politischen Vernunft der Moderne hat eine weitere Lüge zur Folge: Man behauptet, die b e w u ß t s ä k u l a r e T r i e b s t r u k t u r des modernen Menschen sei die wahre Natur des Menschen, die man diesem so lange verschleiert habe, um ihn in Unfreiheit und Unmündigkeit zu halten.

Exkurs: Die Leugnung der sich im limbalen Triebherzen ereignenden Menschwerdung des Logos führt zu einem Regress des Denkens in den Ursprung des Willens zur Macht. Die Vernunft spielt dabei die Schlüsselrolle. Denn diese begründet den Willen zur Macht:

a) als Ursprung.

b) als legitimen Triebgrund der politischen Vernunft. Denn Vernunft ist, so sie denn überhaupt ist, politische Vernunft, Rationalität politischer Entscheidung aus dem Willen zur Macht.

Der bewußtseinsgeschichtliche Regress der politischen Vernunft in den Willen zur Macht als den *„legitimen"* Ursprung rationaler Weltbeherrschung. Dies ist die Manifestation des Leviathan und der Gegenoffenbarung durch die politische Vernunft. Die Beschwörung des Leviathan als Kult des *„sterblichen Gottes"*. Daran wird deutlich, warum das Christentum der Kirche nicht nur nichts ausrichten konnte gegen den Kult des Leviathan, sondern weshalb wir es als historisches Vorspiel zum leviathanischen Prinzip der modernen Gegenoffenbarung zu betrachten haben. Die Verdrängung des Unbewußtseins ist für die Genese der politischen Vernunft eine Frage von Sein oder Nichtsein.

Exkurs: Man hat sich davor zu hüten, den Begriff der Gnade in der okkulten Wissenschaft außer Acht zu lassen. Mit der Desinhabitation des Logos in und durch die Fleischesannahme im limbalen Triebherzen wird der Begriff der Gnade nicht überflüssig, sondern geradezu notwendig. Das Triebherz ist selbst die Erforderung der Gnade, es ist Gebet, aber eben Fleisch gewordenes Gebet, in das der Logos eingeht, um darin Wirklichkeit zu werden. Erfahrene Anwesenheit des Logos in der bewußtseins-ontologischen Verfasstheit der menschlichen Natur. Die Gnade ist selbst Ausdruck der inneren Antinomie der Desinhabitation des göttlichen Logos. Darum ruht die Wurzel der Desinhabitation des Logos in der Natur des limbalen Triebherzens der negativen Theologie.

Das Verlangen des limbalen Triebherzens sucht die Fleischwerdung des Logos. Und in dieser wiederum sucht und findet es die Gnade. Zum Verhältnis von Verlangen und Gnade. Die Perichorese, in welcher der Logos hinüberwandelt in das Allerheiligste des limbalen Triebherzens.

Exkurs: Die okkulte Theologie als das Herz der sich wiedererkennenden Mystik, als die in Zukunft allein denkbare und mögliche Wissenschaft, die aus sich heraus als Wurzel menschliche Gesellschaft stiftet. Die Gesellschaft wird durch dieses Prinzip überhaupt erst Gegenstand des Denkens selbst. *Was heißt*: Gegenstand des Denkens werden? Es bedeutet, dass das Denken sich darin widerspiegelt und sich in seiner Gegenwart mit sich selbst weiß. Das Denken bedarf des Gegenstandes der ἐκκλησία, weil sich in dieser das »verbum propheticum« selbst widerspiegeln, sich als es selbst wiedererkennen und bestätigen muss. Ursprung der ἐκκλησία als das Wahrheits-Merkmal des »prophetischen Wortes«. Die Hervorrufung des ekklesialen Wesens des Menschen als im Sein des Menschen selbst grundgelegt. *Dagegen*: Die sich gegen das »verbum propheticum« selbst behauptende Ekklesialität des historischen Christentums. Der Versuch, die ἐκκλησία außerhalb oder gar gegen das »ver-

bum propheticum« zu *„legitimieren".* Die *„Legitimität"* des kanonischen Offen-
barungsbegriffes. Der Kanon von der Offenbarung und die Genese der Theologie, die gegen das »verbum propheticum« opponiert *bzw.* es verdrängt.

Der Untergang des »verbum propheticum« bedeutet aber zugleich das
Ende der Idee vom ekklesialen Wesen des Menschen. Mit dem Untergang des
»prophetischen Wortes« verbunden ist der Untergang des Wesens der
ἐκκλησία als des Ortes, wo das prophetische Wort selbst gegenwärtig wird.
Die Herkunft der ἐκκλησία aus dem »prophetischen Wort« verschwindet im
Nebel der Vergessenheit. Dadurch entsteht der Raum für die Morphologie des
Willens zur Macht. Hier liegt der Ursprung des modernen Triebbegriffs und
des Anarchismus. Das Individuum als Triebkraft der Unmöglichkeit von Gesellschaft. Die Triebstruktur des modernen Individuums als *„Legitimation"* der
Unmöglichkeit von Gemeinschaft. Das leviathanische Prinzip des modernen
Staates als Rechtfertigung der Anarchie[5]. Die *„Legitimation"* der sozialen Anarchie d u r c h d i e » m a t e r i a l e U n g e r e c h t i g k e i t « d e s l e v i a t h a n i -
s c h e n R e c h t s g r u n d e s . Denn dieser Rechtsgrund lässt das, was die Bildung der Gesellschaft selbst fördert, völlig außer Acht, da es ihm gar nicht um
eine organische Vergesellschaftung des Menschen geht. Die Entstehung einer
bw-ontogenetisch mit sich selbst verknüpften menschlichen Gesellschaft liegt
außerhalb des Willens des leviathanischen Rechtsprinzips. Denn dessen Vorstellungskraft reicht nur so weit wie dessen Wille zur Macht. Deshalb ist der
leviathanische Rechtsgrund der Versuch einer *„Verewigung"* der materialen
Ungerechtigkeit, auf der das politische Fiktum des »bellum omnium contra
omnes« und damit auch dessen Aufhebung oder Außerkraftsetzung durch das
Gewaltmonopol des Staates beruht. Das leviathanische Rechtsprinzip, das dem
Willen zur Gegenoffenbarung geschichtlich entsprungen ist, spielt durchaus
mit dem Gedanken des sich Verewigens als des unbedingten Mittels der Vergesellschaftung. Und mit diesem verführerischen Gedanken nimmt es die materiale Ungerechtigkeit als system-immanent und gleichsam *„natürlich"* in
Kauf. Aber was dem blinden Willen, der im leviathanischen Rechtsprinzip
agiert, entgeht, ist die Erkenntnis, dass die materiale Ungerechtigkeit n a c h
d e r O f f e n b a r m a c h u n g d e r O f f e n b a r u n g s e l b s t d u r c h d a s
» v e r b u m p r o p h e t i c u m « r u f t . Sie ist Anrufung des »prophetischen
Wortes« zur Offenbarmachung der Offenbarung selbst angesichts eines sich
verewigen wollenden leviathanischen Rechtsgrundes, der Gesellschaft als die
Frucht seiner formalen Rechtsgarantien versteht, besser, verstanden wissen

---

[5] Joseph de Maistre, Œuvres complètes, Bd. 13, S. 188: „La Révolution française est satanique
dans son principe; elle ne peut être véritablement finie, tuée, exterminée, que par le principe
contraire, qu'il faut seulement délier (c'est tout ce que l'homme peut faire); ensuite il agira tout
seul."

will. Man solle dem Staat also dankbar sein, dass es uns als Gesellschaft überhaupt noch gibt. Er hält die Menschen vom Abgrund des völligen Chaos rettend zurück, er bewahrt sie vor dem Selbstmord. So sieht das leviathanische Rechtsprinzip sich selbst und so will es von uns geschätzt sein. Die m a t e r i a l e   U n g e r e c h t i g k e i t hingegen, die als *„natürliche Ordnung der Dinge"* betrachtet wird, ruft nach einem *anderen* Prinzip der Gesellschaftsbildung, das heißt n a c h   d e m   » v e r b u m   p r o p h e t i c u m « . Durch dieses okkulte Erkenntnis-Prinzip erst wird die ganze extravasale Logik des leviathanischen Rechtsgrundes offenbar und aufgrund dieses Offenbargewordenseins widerlegt und entmachtet. Denn alles, was aufgrund eines transzendentalen Scheins ›Sein‹ hat, verliert eben dieses, sobald der Schein a l s   S c h e i n   o f f e n b a r g e w o r d e n und in seiner extravasalen Logik erkannt ist. Das göttliche Sein hingegen, sobald es als dieses *wahre* Sein erkannt ist, verherrlicht den, der es erkennt, und erleuchtet ihn mit göttlichem Erkenntnislicht. Der Niedergang des transzendentalen Scheins zieht auch jene in den Abgrund, die selbst von diesem Schein ihr Leben fristen.

Die » m a t e r i a l e   U n g e r e c h t i g k e i t « ist nicht mißzuverstehen als Einzelschicksal in der Gesellschaft, die berühmte Ausnahme von der Regel der Normalität. Sie ist vielmehr zu verstehen als Lebensnerv der Gesellschaftsbildung durch die politische Vernunft des leviathanischen Rechtsgrundes. Sie ist also das, was Gesellschaft im Innersten zusammenhält und vor dem Zerfall sichert. Sie ist das Prinzip der politischen Vernunft selbst. Deshalb spreche ich auch ganz bewußt nicht von „sozialer Ungerechtigkeit", sondern einzig und allein von » m a t e r i a l e r   U n g e r e c h t i g k e i t « . Diese ist nämlich — ganz im Gegensatz zur sozialen Ungerechtigkeit — *universal*. Sie ist der Normalfall der leviathanischen Vernunft der Gesellschaft selbst. Und sie ist substantieller Teil der *„Legitimation"* der leviathanischen Staatstheorie. Dies heißt nichts anderes, als dass die bestehende Gesellschaftsordnung in völlige Auflösung versinken würde, wenn der Nahrungs-Strom der »materialen Ungerechtigkeit« sie nicht durchziehen und stets von neuem ›beleben‹ würde. D i e   » m a t e r i a l e   U n g e r e c h t i g k e i t «   *m u s s   a l s o   s e i n*, insofern der postl a p s a r i s c h e   G r u n d s a t z   d e s   » b e l l u m   o m n i u m   c o n t r a   o m n e s «   g e l t e n   s o l l . Man bemerkt, dass die »materiale Ungerechtigkeit« die entsprechende Wirklichkeit zum staatstheoretischen Theorem des Thomas Hobbes darstellt. Die leviathanische Real-Fiktion, auf der jede moderne Staatstheorie fußt, inkarniert sich gleichsam im gesellschaftlichen Grundprinzip der »materialen Ungerechtigkeit«. Wir müssen uns, dies scheint mir an dieser Stelle geboten, völlig freimachen von moralischen Einwänden oder Erwägungen jeglicher Art. Denn die »materiale Ungerechtigkeit« ist keine moralische, sondern eine metaphysische Größe der politischen Vernunft des leviathanischen Rechtsgrundes.

> Die grundsätzliche Leugnung eines g ö t t l i c h e n R e c h t s -
> g r u n d e s im Anderen bildet den metaphysischen Ursprung
> der »materialen Ungerechtigkeit«.

Die »materiale Ungerechtigkeit« ist v o n m e t a p h y s i s c h e m A u s -
m a ß deshalb, weil sie den Akt bezeichnet, durch den das Individuum d i e
M ö g l i c h k e i t e i n e s g ö t t l i c h e n R e c h t g r u n d e s für jedes *andere* Individuum n e g i e r t. Diese gegenseitige Negation der Individuen potenziert
sich hoch zur Absolutheit eines negativen und formal-leeren Rechtsgrundes,
der von keinem Menschen besetzt ist noch besetzt werden kann. Denn der
Mensch selbst ist aus diesem absolut-negativen Rechtsgrund *verbannt*. Dieser
absolut-negative Rechtsgrund, dies läßt sich ebenfalls bereits ableiten, verhält
sich wie ein Nichts zur Welt, zum Menschen und zu Gott. Und dennoch ist es
ein Nichts, aus dem allein Recht zu schaffen, aus dem allein Recht herzuleiten
ist. Dieser negative Rechtsgrund verhält sich analog zum Nichts im Narrativ
der Schöpfungsgeschichte, aus welchem Gott die Welt erschuf. Und dennoch
läuft er diesem Narrativ völlig zuwider. Ja, er widersetzt sich diesem, jedoch
im Verborgenen. Der negative Rechtsgrund der »materialen Ungerechtigkeit«
ist die E r m ä c h t i g u n g s f o r m e l d e r p o l i t i s c h e n $\left\{ {\text{Vernunft} \atop Anti-Theologie} \right\}$,
die sich aus dem Abtreten des göttlichen Rechtsgrundes jedes Individuums an
das Nichts ergibt. Was aber treibt das Individuum im »bellum omnium contra
omnes« dazu, seinen göttlichen Rechtsgrund zu veräußern? Nicht es selbst,
sondern der Wille aller anderen. Auf diese Weise ist der göttliche Rechtsgrund
jedes Individuums durch die Negations-Akte *aller anderen* negiert und aufgehoben. Dadurch aber wird i m R a u m e d e s n e g a t i v e n R e c h t g r u n d e s
ein Platz frei für das negierte Individuum. Dieses besetzt und besitzt von nun
an einen Platz innerhalb des negativen Raumes einer Rechtsbegründung, die
den Schöpfungsakt Gottes imitieren zu wollen scheint. Wir dürfen auch nicht
vergessen, dass die Versetzung des Individuums in den Raum der negativen
Rechtsbegründung durch die Negations-Akte *aller anderen* dem so negierten
Individuum die Möglichkeit eröffnet, sich selbst absolut zu setzen *unter Ausschluß aller anderen*, solange dies geschieht im Rahmen des metaphysischen Urraumes des negativen Rechtsgrundes von ›*Gesellschaft*‹. Dies ist die extravasale
Anti-Theologie der leviathanischen Rechtsbegründung durch einen Willen zur
Macht, der sich weder um Gott noch um den Menschen oder um die Schöpfung
insgesamt schert. Dies hindert ihn offensichtlich nicht daran, eine Theorie des
negativen Rechtsgrundes vom Ursprung der menschlichen Gesellschaft zu entwickeln, die die Menschheitsgeschichte z u r G e s c h i c h t e d e s O f f e n -
b a r w e r d e n s d e r O f f e n b a r u n g d u r c h d e n › M y t h o s ‹ d e r p o -
l i t i s c h e V e r n u n f t e r k l ä r t.

Der Wille des postlapsarischen Individuums ist Kraftquelle in der politischen Vernunft des leviathanischen Rechtsgrundes gleich in zweifacher Hinsicht. Er ist Wille der absoluten Selbstsetzung des Individuums *gegen alle anderen*, und er ist Ursprungspunkt des Rechts, der im Urraum der negativen Rechtsbegründung d u r c h d i e v e r e i n t e n V e r n i c h t u n g s - A k t e a l l e r a n d e r e n I n d i v i d u e n entsteht. Denn durch diese Akte der Negation, welche dem Individuum widerfahren, wird dieses ursprünglich v e r s e t z t i n d e n m e t a p h y s i s c h e n U r r a u m d e r r e i n e n N e g a t i v i t ä t d e s R e c h t s . Das Individuum findet also erst durch die vereinten Negations-Akte aller anderen seinen Platz im Raum der Recht begründenden reinen Negativität des leviathanischen Rechtsgrundes, der selbst unsichtbar bleibt. Diese ursprüngliche Rechtsetzung des Individuums *in* diesem und *durch* diesen Urraum des negativen Rechtsgrundes der leviathanischen Vernunft berührt das Okkulte der staatlichen Legitimationsfrage.

Die Versetzung des Individuums in den Urraum des negativen Rechtsgrundes der politischen Vernunft durch das Prinzip der »materialen Ungerechtigkeit« setzt den postlapsarischen Zustand des Menschen voraus. Dies heißt unter anderem, dass sich der Wille von sich selbst ablöst, denn ursprünglich ist der Wille des Menschen W i l l e z u m W i l l e n e i n e s A n d e r e n , das heißt Wille zum Willen Gottes, Wille zur Willenserfüllung, die aber selbst nicht im Willen des Menschen liegt. Denn sonst würde der Mensch sich in seinem Willen selbst erkennen wollen. Wo dies aber der Fall ist, da löst sich der Wille vom Willen, und der Mensch wird vergänglich.

Die Raumbildung des absolut negativen Rechtsgrundes als das Nichts [Nullreduktionspunkt] eines primaterialen Unbewußtseins-Zustandes, welcher herbeigeführt wird durch die innere Meta-Physik der »materialen Ungerechtigkeit«, die das Wesen des postlapsarischen Menschen schlichtweg bezeichnet. Die »materiale Ungerechtigkeit« haben wir somit zu verstehen als die Reduktion des göttlichen Rechtsgrundes des Menschen a u f N u l l . Dieses Null geht hervor aus der Rückumwandlung des göttlichen Rechtsgrundes zu einer limbalen $\left\{\begin{matrix} Unbewußtseins \\ Primaterialität \end{matrix}\right\}$ absoluter Negation, die dadurch entsteht, dass das Individuum in ein »bellum omnium contra omnes« versetzt wird und in einer Perichorese gegenseitiger Selbstnegation die materiale Grundlage schafft, worin der postlapsarische Mensch übertragen und hineinversetzt und begründet wird. Die wirbel-ähnliche Perichorese der Selbstnegation des limbalen Unbewußtseins an sich selbst im Menschen, die das Individuum zugleich als Spezies an sich vollzieht und gleichsam zur Natur werden lässt, sie erzeugt den metaphysischen Urraum des negativen Rechtsgrundes, der nun das Wesen des Individuums selbst bestimmt.

Dieser Urraum steht in engster Verbindung mit der inneren negativen $\begin{Bmatrix} Unbewußtseins \\ Meta|-|Physik \end{Bmatrix}$ des postlapsarischen Menschen, die den limbalen Unbewußtseins-Strom selbst verdrängt und so die extravasale Entstehung einer Meta-Physik limbaler $\begin{Bmatrix} Unbewußtseins \\ Selbstnegation \end{Bmatrix}$ ermöglicht, durch die — wie eben dargelegt — das Individuum sich als postlapsarischen Rechtsgrund der menschlichen Spezies konstituiert. Das heißt aber nichts anderes, als dass der verschwundene göttliche Rechtgrund als Schatten seiner Abwesenheit in Form eines im Menschen selbst aufzusuchenden postlapsarischen Rechtsgrundes wiederkehrt. Der »getötete« göttliche Rechtsgrund kehrt als Dämon wieder, der nun in den postlapsarischen Menschen als in den Täter selbst fährt, um ihn zu einer zweiten Anomie zu verleiten, die darin besteht, dass der Täter beginnt nach einem postlapsarischen Rechtsgrund Ausschau zu halten, um dem *gefallenen* Menschen eine *„natürliche Dignität"* andichten zu können. Aber diese vom negativen Rechtsgrund dem Menschen zugesprochene Dignität gründet selbst jedoch nicht in der Gottebenbildlichkeit der äonischen Natur des Menschen. Denn gerade zu diesem Rechtsgrund hat der gefallene Menschen keinen Zugang mehr. Vielmehr ist es die Verdrängung des »lapsarischen Urbewußtseins«, die den postlapsarischen Menschen dazu antreibt, sich selbst Zugang zu einem negativen Rechtsgrund zu verschaffen, der in der Macht des Willens zur Macht liegt, weil diese Macht reiner Wille ist, der eine eigene $\begin{Bmatrix} Unbewußtseins \\ Meta|-|Physik \end{Bmatrix}$ auf der Grundlage einer limbalen $\begin{Bmatrix} Unbewußtseins \\ Selbstnegation \end{Bmatrix}$ aufzuweisen hat. Dieses Ringen des postlapsarischen Menschen um einen ihm ›natürlichen‹ gattungsmäßigen Rechtsgrund bezeichnet nichts anderes als die dämonische Versetzung des *gefallenen* Menschen in die Metaphysik einer limbalen $\begin{Bmatrix} Unbewußtseins \\ Selbstnegation \end{Bmatrix}$, die das Individuum zum Träger der Vernunft der postlapsarischen Menschheit macht. Das Pathos der *„Menschenrechte"* verträgt keinen Einspruch seitens des »lapsarischen Urbewußtseins«, das versteckt im Gewissen wohnt. Vielmehr ist es die Aufgabe der Vernunft, dieses Biest im Menschen ständig zu besänftigen.

Die Bewegung dieser leviathanischen $\begin{Bmatrix} Unbewußtseins \\ Selbstnegation \end{Bmatrix}$, in welche sich das Individuum der postlapsarischen Menschheit hinein begibt, ist ein Wille, aber ein Wille als Wille zur Macht. Auch der postlapsarische Mensch verzichtet auf einen Eigenwillen, denn dieser wäre in seinem Zustande das bloße Verbrechen. Und dieses wiederum würde die Macht des Staates zum Handeln herausfordern. Deshalb gilt auch hier, dass der Wille seine Eigenwilligkeit aufzuopfern habe. Dies aber geschieht nicht aus Liebe, sondern aus Angst vor Strafe. Und Strafe ist Einschränkung von Freiheit, die ja gerade dazu gemacht scheint, eine Metaphysik der limbalen $\begin{Bmatrix} Unbewußtseins \\ Selbstnegation \end{Bmatrix}$ zu begründen, die als leviathanisches Rechtsprinzip einer säkularen Gesellschaft dienen kann. Wem? Dem postlapsarischen Menschen angesichts des »lapsarischen Urbewußtseins«, welches als das eigentliche Problem für die Entstehung einer *„säkularen Gesellschaft"* zu begreifen ist.

Die Bewegung der negativen {*Meta |Physik*} erschafft den Urraum als den Ort der Umbesetzung des limbalen Unbewußtseins. Dieses wird durch die Entstehung des Urraumes der reinen Negativität des Rechtsgrundes umgewertet. Aus diesem Vorgang geht die Materialisation der Ungerechtigkeit als aus dem primaterialen Grund der Negation hervor, um sich als »Welt«, das heißt als »reine Säkularität der Vernunft« zu manifestieren und zu organisieren. Dies ist die Vorgeschichte der materialen Ungerechtigkeit, d. h. bevor diese an sich selbst sichtbar wird als »Welt« organisierendes und leitendes Prinzip moderner Herrschaft.

Anmerkung: Durch die Entstehung des Urraumes des absolut-negativen Rechtsgrundes und die entsprechende Rückführung des göttlichen Rechtsgrundes zum Null-Punkt einer schöpfungsgeschichtlichen Primaterialität im Bewußtseinsgrund des postlapsarischen Menschen erfährt das »lapsarische Urbewußtsein« eine Wesens-Verfinsterung durch Verdrängung. Der Nullpunkt meint den Ursprungspunkt der Verdunkelung des Faktums der postlapsarischen Seinsbestimmung des Menschen. Das »lapsarische Urbewußtsein« vom eigenen primordialen Fall ist dabei aber nicht völlig getilgt, da dieses ohnehin nicht möglich ist. Jedoch es hat sich verwandelt im Strom der perichoretisch in sich kreisenden Selbstnegation des Unbewußtseins im Urraum der Null-Reduktion des göttlichen Rechtsgrundes im Bewußtsein des gefallenen Menschen. Die Entstehung einer Primaterialität des Nichts bedeutet, dass a) es mit dem göttlichen Rechtsgrund des Menschen vorbei ist, und b) dass eine eine alternative Form von *„Erlösung"* sich dem Menschen aufzutun scheint, die mit der angeblichen Befreiung des Menschen vom Fluch des »lapsarischen Urbewußtseins« wirbt.

Ergo: Das »lapsarische Urbewußtsein« ist und bleibt vorhanden, auch in der Perichorese des absolut-negativen Rechtsgrundes des Leviathan. Es wird vielmehr Leitprinzip, damit aus der schöpfungsgeschichtlichen Negation des göttlichen Rechtsgrundes die Materialisation der Ungerechtigkeit als die vom Leviathan gepriesene ›*eigentliche Natur des Menschen*‹ entstehen kann, die man als das politische Vernunftprinzip oder als die *„Legitimität"* moderner Herrschaft« zu begreifen hat. Die materiale Ungerechtigkeit ist Manifestationskraft einer „neuen Deutung" der Schöpfungsgeschichte, die vom Willen zur Macht ausgeht. Dieser Wille, das ist das Entscheidende, ist Wille des Menschen zum Willen des negativen Rechtsgrundes als des Ursprungs einer modernen

$\begin{Bmatrix} Welterschaffungs \\ Deutung \end{Bmatrix}$. Aus der biblischen Schöpfungsgeschichte wird der leviathanische Rechtsanspruch auf Weltbeherrschung, der den B e g r i f f d e r S c h ö p f u n g radikal verwerfen muss. Denn diese radikale Verdrängung dient dem Anspruch auf Legitimität des leviathanischen Rechtsgrundes als eines Aktes ›höchster Humanität‹. Diese besteht darin, d a s s d e r M e n s c h v o n d e r L a s t s e i n e s » l a p s a r i s c h e n U r b e w u ß t s e i n s « b e f r e i t w i r d .

Die Perichorese der $\begin{Bmatrix} Unbewußtseins \\ Selbstnegation \end{Bmatrix}$ durch das Individuum: An dieser Stelle des okkulten Prozesses wird der Mensch zum Individuum, und zwar im Sinne einer Zurückführung auf ein primateriales Nichts, durch das dem postlapsarischen Menschen ein Platz zugewiesen werden kann im der Bewußtseinsformation eines politischen Rechtsgrundes, der aus ihm selbst gar nicht ableitbar oder legitimierbar ist. Dieser Rechtsgrund ist nämlich selbst nicht legitimiert durch das gottebenbildliche Wesen des Menschen. Er fügt sich vielmehr dem Willen eines $\begin{Bmatrix} Nicht \mid Gott \\ Gott \mid Seins \end{Bmatrix}$. Der Wille zum Willen eines $\begin{Bmatrix} Nicht \mid Gott \\ Gott \mid Seins \end{Bmatrix}$ bleibt Wille des Menschen, der ein W i l l e z u r I d o l o l a t r i e ist. Die Amnesie, welche den gefallenen Menschen befällt, sie hat ihre Ursache im perichoretischen Wirbel der absoluten $\begin{Bmatrix} Unbewußtseins \\ Selbstnegation \end{Bmatrix}$. Sie tätigt diese $\begin{Bmatrix} Unbewußtseins \\ Selbstnegation \end{Bmatrix}$, um das Unbewußtsein selbst zurückzuführen in die primateriale Urpotenz dieser limbalen Selbstnegation. Die Negation des Unbewußtseins wird zurückgeführt in den primaterialen Zustand des Schaffens. Nicht das limbale Unbewußtsein selbst erfährt eine Reduktion zur Potenz der Schöpfungsgeschichte, sondern ganz im Gegenteil: Es wird die $\begin{Bmatrix} Unbewußtseins \\ Selbstnegation \end{Bmatrix}$ als Vernichtung des göttlichen Rechtsgrundes durch ihre perichoretische Selbstpotenzierung schließlich selbst zur primaterialen Potenz von $\begin{Bmatrix} Welterschaffungs \\ Deutung \end{Bmatrix}$, denn die Schöpfung ist untergegangen durch die bewußtseinsgeschichtliche Extravasation der Schöpfungsgeschichte. So wird Schöpfung zur Fabel für die leviathanische Vernunft und ihr $\begin{Bmatrix} Welterschaffungs \mid \\ Deutungs \end{Bmatrix} Narrativ \}$, dem immer die Formation eines extravasalen Bewußtseins vom angeblichen ›Wesen des Menschen‹ zugrunde liegt.

Diese Vernunft ist verbindlicher Rechtsgrund einer Weltordnung, die sich anmaßt, die Schöpfungsgeschichte durch die Ordnung *dieser* Welt zu ersetzen. ›Welt‹ wird zu einer Denkkategorie des gegenoffenbarungsgeschichtlichen Willens und seiner politischen Vernunft. Die säkulare Rechtfertigung des ›*Humanismus*‹ beinhaltet den Versuch, den göttlichen Rechtsgrund als im äonischen Wesen des Menschen selbst gründend v e r g e s s e n z u m a c h e n mit

Hilfe eines wachgerufenen Schuldkomplexes durch Verweis auf die unmenschliche Last des »lapsarischen Urbewußtseins« im gefallenen Menschen. Denn dieser allein ist Gegenstand des leviathanischen Rechtsgrundes durch den Willen zur Macht.

→ $\boxed{\textit{»Individuum«}}$ Meint die menschliche Spezies im Vollzug ihrer $\left\{limbalen \begin{vmatrix} Unbewußtseins \\ Selbstnegation \end{vmatrix}\right\}$ im unerkannten Rechtsgrund der leviathanischen Vernunft. Geburt des ›Individuums‹ aus dem Geiste der politischen Gegenoffenbarung als Bereitschaft des postlapsarischen Menschen zur Preisgabe seines göttlichen Rechtsgrundes unter der Bedingung, vom Schuldkomplex des »lapsarischen Urbewußtseins« endgültig befreit zu werden. Das ›gute Gewissen‹ als Akt der Begnadigung, der durch den Willen des leviathanischen Rechtsgrundes dem postlapsarischen Menschen wie ein Sakrament erteilt wird. Der postlapsarische Zustand wird dem Menschen dadurch zur ›Natur‹, weil nun die Leugnung der eigenen Gefallenheit das › w a h r e ‹ a n t h r o p o - l o g i s c h e   W e s e n   d e s   M e n s c h e n   d i e s e r   W e l t ausmacht.

Anmerkung: Der gefallene Mensch begibt sich mit seinem Willen in die Metaphysik der $\left\{limbalen \begin{vmatrix} Unbewußtseins \\ Selbstnegation \end{vmatrix}\right\}$, um an sich die Wesensentstehung des radikal-negativen Rechtsgrundes des Leviathan zu erfahren. Das Gefühl der ›Dignität‹ des postlapsarischen Menschen wird empfunden als ein physischer Wert, als eine Absicherung des eigenen Selbstwertes durch ›Körperlichkeit‹. ›Körperlichkeit‹ als sich selbst forderndes ›Wahrheits‹-Kriterium, das die Empfindung von der eigenen ›Würde‹ wesentlich machen soll. Der ›Körperlichkeits‹-Beweis von der eigenen ›Würde‹ als Definition des Menschen. Dieser erfolgt im Dunkel der radikalen Logos-Entgründung des Denkens. Der Mensch verschafft sich die ›Würde‹ einer innerweltlichen Selbstbehauptung menschlicher ›Körperlichkeits‹-Präsenz, durch die er sich selbst und seinesgleichen in einem säkularen $\left\{\begin{matrix} Welt \\ Sinn \end{matrix}\middle| Bezug\right\}$ gegenübertritt. Damit aber ist der Weg frei in die narzißtische Selbstspiegelung eines libidinösen Triebgrundes, der die Welt einzig als Quelle von Lustgewinn begreift. Denn der vom leviathanischen Rechtsgrund organisierte Triebgrund des Menschen ist verwiesen auf den T r i e b g r u n d   m e n s c h l i c h e r   › K ö r p e r l i c h k e i t s ‹ - P r ä s e n z   i m   s ä - k u l a r e n $\left\{\begin{matrix} Welt \\ Sinn \end{matrix}\middle| Bezug\right\}$. Die Steigerung der ›Körperlichkeits‹-Präsenz des Individuums im säkularen $\left\{\begin{matrix} Welt \\ Sinn \end{matrix}\middle| Bezug\right\}$ ist die einzig denkbare Form, Gesellschaft entstehen zu lassen in der Sphäre einer auf dem radikal-negativen Rechtsgrund basierenden Welt, die sich als globale Mission empfindet. Was bedeutet dies? Die Welt des negativen Rechtsgrundes des Leviathan duldet keine Abweichung von der Triebstruktur des Individuums, denn für sie gilt, dass das Individuum *die Spezies noch einmal* ist, deren anthropologischer ›Kör-

perlichkeits‹-Erweis. ›Körperlichkeit‹ ist für den Willen zur Macht das Pfand seiner eigenen $\left\{{\text{Welterschaffungs} \atop \text{Deutung}}\right\}$. Wir müssen den Begriff der ›*Körperlichkeit*‹ insofern spezifizieren, indem wir von einer $\left\{{\text{›Körperlichkeits‹} \atop \text{Selbst}} \middle| \text{Gegenwärtigkeit}\right\}$ des $\left\{{\text{säkular} \atop \text{laikalen}}\right\}$ Menschen zu sprechen haben.

In der Tat jedoch kennt der negative Rechtsgrund $\left\{{\text{säkular} \atop \text{laikaler}}\right\}$ Weltdeutung den Sinn und das Wesen von Gesellschaft nicht, denn diese erfordern die Präsenz des göttlichen Rechtgrundes im Menschen, durch den dieser nicht Teil einer $\left\{{\text{säkular} \atop \text{laikalen}} \middle| {\text{Weltenerschaffung} \atop \text{Deutung}}\right\}$ des Willens zur Macht ist, sondern Herzstück des göttlichen Schöpfungsplanes. Das Ur-Fiktum der $\left\{{\text{säkular} \atop \text{laikalen}}\right\}$ Weltdeutungs-Ordnung des Willens zur Macht, *die alles sein will*, weil sie aus dem Nichts der Logos-Entgründung sich selbst erschafft, — es nennt sich G e i s t d e r M o d e r n e .

> Die Existenz menschlicher Gesell-
> schaft bedarf der Legitimation
> durch den göttlichen Rechtsgrund
> im limbalen Triebherzen des
> $\left\{{\text{laikal} \atop \text{gnostischen}}\right\}$ Menschen.

Mit diesem offenbarungsgeschichtlichen Grundsatz verbunden ist das okkulte Geschehen eines E r k e n n t n i s - D u r c h b r u c h e s , durch den das extravasale Denken des leviathanischen Rechtsgrundes im Menschen von einem Denken verworfen wird, d a s d e n g ö t t l i c h e n R e c h t s g r u n d i n s i c h s e l b s t a u f g e n o m m e n u n d s i c h s e l b s t z u g r u n d e g e l e g t h a t . Dies allein ist die Voraussetzung für den E r k e n n t n i s - D u r c h b r u c h . *Um noch etwas deutlicher zu werden*: D e r » E r k e n n t n i s d u r c h b r u c h « s e t z t d i e E n t d e c k u n g d e s l i m b a l e n T r i e b h e r z e n s i m e i g e n e n D a s e i n v o r a u s . Dadurch wird eine Leiblichkeit in das Bewußtsein gepflanzt, aber eben eine gänzlich *anderer* Art. Es ist dies eine Leiblichkeit, die dem Menschen vom Triebherzen des limbalen Unbewußtseins-Stromes als g e h e i m e W u r z e l a l l e r w a h r e n B e w u ß t s e i n s f o r m a t i o n verliehen wird, damit aus dieser okkulten Wurzel der $\left\{{\text{spirituale} \atop \text{bw} - \text{ätherische}}\right\}$ Mensch erstehe, nicht in einer $\left\{{\text{säkular} \atop \text{laikalen}} \middle| {\text{Welt} - \text{Deutungs} \atop \text{Ordnung}}\right\}$, sondern in dem Bewußtseinsgrund der *s i c h o f f e n b a r e n w o l l e n d e n* limbalen Welten, die der göttliche Logos durch seinen kenotischen Untergang selbst erschaffen hat.

Die $\left\{limbale \begin{array}{l} Unbewußtseins \\ Selbstnegation \end{array}\right\}$, durch deren p e r i c h o r e t i s c h e R o -
t a t i o n der negative Rechtsgrund leviathanischer Gesellschaftsformation zu-
stande kommt, sie muss den quälenden Bewußtseins-Rest vom »lapsarischen
Urbewußtsein« zum Schweigen bringen. Dieses aber geschieht dadurch, dass
die $\left\{limbale \begin{array}{l} Unbewußtseins \\ Selbstnegation \end{array}\right\}$ zwei Bewegungen in sich trägt:

1) Die eine Bewegung führt zu Bewußtseinsbildung auf der Grundlage
   der Verdrängung des limbalen Unbewußtseinsstromes. Denn das
   »lapsarische Urbewußtsein« bezieht sich auf dieses limbale Unbewußtsein, weil nur durch dieses es überhaupt eine okkulte Wahrheit
   darstellt.

2) Die *andere* Bewegung der $\left\{limbalen \begin{array}{l} Unbewußtseins \\ Selbstnegation \end{array}\right\}$ führt zu einer
   Bewußtseinsformation auf der Grundlage verdrängten Unbewußt-
   seins, das dem »lapsarischen Urbewußtsein« zugeführt wird als R e -
   l a t i o n . Diese Relation aber ist Negativität der Umkehrung. Das negierte Unbewußtsein n i m m t s i c h d e s » l a p s a r i s c h e n U r -
   b e w u ß t s e i n s « a n , während es gleichzeitig vom säkularen Bewußtsein verdrängungsgeschichtlich abgelegt wird. Ablegung des
   »lapsarischen Urbewußtseins« a l s P h a n t a s m a d e s l i m b a l e n
   U n b e w u ß t s e i n s . Das Dämonische dieser Abwehrstrategie, wie
   sie in Gestalt des leviathanischen Rechtsgrundes des Willens im
   postlapsarischen Menschen vorliegt. Anthropologische Neubestim-
   mung einer ›*Natur des postlapsarischen Menschen*‹ durch einen Willen
   zum Willen [zur Macht]. D e r W i l l e , d e r s e i n e n U n t e r g a n g
   w i l l i m W i l l e n z u r M a c h t .

Exkurs: Die Menschwerdung des limbalen Triebherzens zu verstehen als Ma-
terialisation des $\left\{\begin{array}{l} Unbewußtseins \\ Äthers \end{array}\right\}$ zu limbaler $\left\{\begin{array}{l} Bewußtseins \\ Essenz \end{array}\right\}$. Formation von
$\left\{\begin{array}{l} Bewußtseins \\ Materie \end{array}\right\}$. Die Formation bedeutet nicht einfach die Entstehung von Ma-
terie, denn wo Materie entsteht, da liegt auch die Anthropomorphie des Seien-
den selbst vor. Diese ist Bewußtseinsformation des Seienden, da *Da*-Seiendes
notwendig Sein von Bewußtsein ist, in dem der Mensch Gestalt annimmt und
an-west.

Ps. 41, 8
Abyssus abyssum invocat,
in voce cataractarum tuarum;
omnia excelsa tua, et fluctus tui
super me transierunt.

Der schöpfungsgeschichtliche
»Untergang« des Logos

Das Unbewußtsein als äonisches Formationsprinzip strebt seiner Vollendung zu, die
es in der schöpfungsgeschichtlichen Manifestation des Menschen finden muss. Die Ma-

terialisation des Unbewußtseins ist unmittelbar verknüpft mit der Erschaffung des Menschen, wie sie im Narrativ der *Genesis* dargestellt wird. Die Menschenliebe der göttlichen Sophia. Der Intellekt als der Interpret und Vermittler zwischen dem Abgrund (abyssus) des limbalen Unbewußtseins-Stromes und dem des vorgeschöpflichen Chaos als des Nichts, aus dem die Schöpfung hervorgeht. Der Mensch als Schnittpunkt von vorgeschöpflichem Nichts und der äonischen Welt des limbalen Unbewußtseins, der der Kenosis des »Verbum exinanitum ipsum« zugeordnet ist. Die S y z y g i e als Uridee der kenotischen $\left\{\begin{array}{c} Selbst \\ Reflektion \end{array}\right\}$, in der der Logos selbst B e w u ß t s e i n s c h a f f e n d untergeht.

Exkurs: Die Quantifikationen des Abstiegs des Logos in das limbale Unbewußtsein, die mit der R a u m w e r d u n g d e s L i m b u s selbst gleichzusetzen ist. Sie sind dem Logos als Tat seiner Selbstentäußerung zuzurechnen. Es ist die Tat, durch die der Logos sich das limbale Unbewußtsein selbst aneignet und es aufgrund der $\left\{\begin{array}{c} Selbst \\ Reflektion \end{array}\right\}$ seiner Kenose zur Übertragung auf die Fleischwerdung des limbalen Triebherzens bestimmt. Aus dieser okkulten Bestimmung der limbalen Quantifikationen des untergehenden Logos geht der Übergang des Logos zur D e s i n h a b i t a t i o n i m a n h y p o s t a t i s c h e n T r i e b g r u n d d e s l i m b a l e n T r i e b h e r z e n s hervor. Die Passage zur Desinhabitation in der Ektoplasmation des Triebherzens weist den Logos als dasjenige Agens aus, welches das schöpfungsgeschichtliche Sein des Menschen aus dem {N − |Ichts} *hervor*-ruft.

Exkurs: D i e » E r s c h e i n u n g «. Der Schein des Erscheinens im Lichte seiner Selbst-Manifestation, im Lichte der Erkenntnis spaltet sich in sich von sich selbst ab, er schattet sich von sich selbst ab. Dieses sich von sich selbst Abschatten des Erscheinenden macht dieses zum Täter und zur Tat und zum Getanen. Dieses Getane ist selbst wieder ein scheinender Schein. Dieses Erscheinen eines Scheinenden ist ein Seiendes, das dem {N − |Ichts} abgerungen wird. Die Überschattung des {N − |Ichts} durch den *i n E r s c h e i n u n g t r e t e n w o l l e n d e n* Schein. Die Spiegelung des Erscheinenden im Schatten des {N − |Ichts}, wodurch das {N − |Ichts} zum Tode des Erscheinenden als des vom Licht des Bewußtseins zur Erscheinung gebrachten Seienden wird.

Exkurs: Die Offenbarung, sobald von ihr gesprochen wird, hat sich uns bereits entzogen. Sie ist abgewandert in ein Objektsein, das nicht mehr zugänglich ist, das sich verweigert. Es flieht die Ergriffenmachung. Es flieht seine eigene Energie des Ergriffen-Machen-Könnens, von welchem das limbale Triebherz aber betroffen sein *muss*, wenn Offenbarung wirklich Fleisch im Seeleninnenleben des Menschen werden soll. Wie können wir aber sagen, die Offenbarung fliehe, sobald sie ausgesprochen ist, das Offenbarwerdenkönnen der Offenbarung selbst? In dieser Selbstflucht der Offenbarung liegt die Spaltung, die die Offenbarung an sich selbst unbewußt vollzieht mittels Durchtrennung der Energie ihrer Selbstverwirklichung im Menschen. Diese Energie kann aber nur von Seiten des Menschen unterbrochen werden d u r c h   d e n   W i l l e n . Aber dieser Wille ist nicht so zu verstehen, dass er sich seiner bewußt wäre, sondern er übt *unbewußt* die Verweigerung aus gegenüber dem Energie-Strom der Offenbarung. Trotz — *oder gerade wegen* — seiner Verweigerung will er O f f e n - b a r u n g .

> Der Mensch trotzt dem Offenbarwerden der Offenbarung,
> eben *weil* er der Offenbarung selbst entbehrt.

Der Wille, der die Offenbarung *n i c h t*   n i c h t   w o l l e n   *k a n n ,* ist eben jener Wille, der sich der Energie des Ergriffenmachenwollens, die der »Offenbarung selbst« notwendig zugesprochen werden muss, verweigert.

Exkurs: Die Historiographie will uns eine geistesgeschichtliche Genealogie des Denkens glaubhaft machen, aus der sich selbst wiederum ein Schein des Denkens ableiten lasse, der dieses selbst in den Zerfall seiner selbst treibt. Und dieser Zerfall bringt selbst eine Geschichte des menschlichen Geistes hervor, die von den Aggregaten zerbrochener Ideen sich nährt. So wird eine Geistesgeschichte *d e k o n s t r u i e r t ,* welche d i e   V e r f ä l s c h u n g   d e s   D e n - k e n s auf zwei verschiedenen Ebenen zugleich betreibt: a) als Deutung der Geistesgeschichte und b) als Ermöglichung eines eigenen geistesgeschichtlichen Entwurfs von Idealität, der aufgrund seines Zerfalls-Charakters des *wahren* Wesens der Idealität selbst entbehrt. Das Wesen der Idealität des Denkens ist selbst nicht geistesgeschichtlich erfahrbar, weil Geistesgeschichte bereits den inneren Zerfall des eigentlichen Wesens der ἰδέα selbst voraussetzt. Die Faszination, die hervorscheint aus dem *falschen* Begriff der Idealität der geistesgeschichtlichen Betrachtung des Denkens selbst.

Exkurs: Gedanken zu einem neuen Priestertum. Die darin zu entfaltende Deutung des Areopagiten. Ist darin nicht eine kabbalistische Deutung des Hierarchienbegriffes zu entdecken, die darauf abzielt, die Personalien des hierarchischen Geschehens der Kirche im intuitiven Reflex des sich in den Untergang begebenden Logos und des a n h y p o s t a t i s c h e n   I c h - S e i n s im limbalen Triebherzen des »verbum propheticum« selbst zu schauen?

Was wäre die ›*Alternative*‹ dazu? Die Überzeichnung des geschichtlichen Hierarchienbegriffs als Versuch einer kirchlichen „*Rechtfertigung*" des Christentums mit Hilfe einer Ideologie, für die das Corpus Areopagiticum allerdings dann herzuhalten hätte.

> Die hierurgische Tätigkeit des limbalen Triebherzens, welche die Fleischwerdung des »verbum propheticum« im Menschen selbst bezeichnet.

Führt zu einem völlig neuen Begriff der ἐκκλησία! Hebt den Prozess der menschheitsgeschichtlichen Bildung eines »*kanonischen Bewußtseins von der Offenbarung*« auf. Geschichte kehrt so aus ihrer menschheitsgeschichtlichen Entfremdung zurück, wird dieser enthoben und in ihren Ursprung im »p r o p h e t i s c h e n   W o r t« des l i m b a l e n   T r i e b h e r z e n s versetzt als in der R e f l e k t i o n   i h r e s   o k k u l t e n   W e s e n s.

Die Frage nach dem Bewußtsein zu stellen, das die hierurgische Tätigkeit als solche verwirklicht. Denn Wahrnehmung meint nichts anderes als Verwirklichung des »e n s   s a c r a m e n t a l e«. Die scholastische Spiritualität ist *interne* Gnosis eines [menschheits]geschichtlichen Christentums, welche den Begriff der Geschichte vom historischen Christentum ablöst und dadurch ein o f f e n b a r u n g s g e s c h i c h t l i c h e s   E r e i g n i s   o h n e g l e i c h e n   darstellt. Die Abspaltung des historischen Christentums von [~~dem okkulten Wesen~~] der Geschichte selbst, die doch als seine Stütze betrachtet worden war, und zwar als theokratische Aufhebung der Geschichte selbst, als Sieg des »*kanonischen Bewußtseins von der Offenbarung*« über Welt und Geschichte. Damit aber war diese Offenbarung selbst *a priori* ausgeschlossen und negiert. Denn Offenbarung kann Geschichte nur aufheben, wenn die Offenbarung sich selbst als *d u r c h   u n d   d u r c h   g e s c h i c h t l i c h* erweist: Das Zeugnis ablegen Können vom okkulten Wesen der Geschichte selbst. Der *internen* Gnosis des historischen Christentums kommt nun die Aufgabe zu, den Verrat, den die Kirche durch ihr Geschichtlich-Werden selbst begangen hat, zu tilgen. Wir müssen diese Vorgänge als etwas betrachten, das tief verborgen liegt und verzeichnet ist von der okkulten Erinnerungs-Chronik des limbalen Triebherzens, wo der göttliche Logos durch sein »verbum propheticum« im Seeleninnenlebensgrund des Menschen selbst Fleisch annimmt.

> Die D e s i n h a b i t a t i o n des Logos ist somit als die Fleischwerdung des »verbum propheticum« im Bewußtseins-Kern des limbalen Triebherzens selbst zu verstehen.

Die *i n t e r n e   G n o s i s* des historischen Christentums ist selbst Teilhabe an der Morphologie der bewußtseins-ontogenetischen Entwicklung der okkulten

Theologie. Die okkulte Theologie ist die sich im »prophetischen Wort« des limbalen Triebherzens selbst begreifende und *wiedererinnernde* Theologie selbst. Die sich ihres okkulten Grundwesens *bewußt werdende* Theologie aber bedeutet das Ende des geschichtlich gewordenen Christentums und zugleich die Wiedergeburt des Menschen a u s d e m v e r b o r g e n e n S i n n d e r e s o t e r i s c h e n W u r z e l n d e s E v a n g e l i u m s. Denn der o k k u l t e S i n n d e s E v a n g e l i u m s kann erst durch den neuen Menschen in uns zu uns sprechen, uns unmittelbar meinen, weil er vom limbalen Triebherzen direkt und unvermittelt als göttliches Licht empfangen wird, das wieder Leben gibt. Daraus aber folgt d i e A p o k a t a s t a s e d e r T r a d i t i o n d e r O f - f e n b a r u n g s e l b s t i m L i c h t e d e r o k k u l t e n T h e o l o g i e.

Exkurs: Die *von sich selbst abfallende* Kirche. Worin würde die Grundlage zu einer Rekognition der okkulten Lehre des Evangeliums selbst bestehen? Das mit sich selbst in die Spaltung, in die Entzweiung Gehen der Offenbarung führt notwendig zur Herausbildung eines *»kanonischen Bewußt-seins von der Offenbarung«*. Das heißt, die Wahrheit der Offenbarung begibt sich selbst außerhalb des errichteten Kanons, der doch allein die ›Wahrheit‹ sein will. Damit aber steht die Wahrheit der Offenbarung [=die Offenbarung selbst] *jenseits* des Kanons, indem sie von sich ein Bild entwirft, auf das die abgespaltene Wahrheit der Offenbarung sich selbst beziehen muss, um sich im gesetzlichen Ursprung ihrer selbst sich selbst als *Kanon ihrer selbst* zu fassen. Dieser Kanon ist der Ursprungspunkt der bewußtseins-ontologischen Evolution der abgespaltenen Wahrheit der Offenbarung. Er ist das Gesetz der Bewußtseins-Entwicklung der Offenbarung an dieser selbst und auf diese selbst hin zum Kanon der inneren Erfahrung ihres eigenen okkulten Wesens.

Die Abspaltung durch das kanonische Bewußtsein des geschichtlichen Christentums ist somit zu verstehen als der ursächliche Impuls zur Freisetzung des Prozesses der Entfremdung, und dies in einem zweifachen Sinne. Denn der kanonische Prozess des historischen Christentums beginnt mit einem Urakt d e r V e r d r ä n g u n g d e r » O f f e n b a r u n g s e l b s t « d u r c h g l e i c h - z e i t i g e B e z u g n a h m e a u f d i e O f f e n b a r u n g. Und diese Bezugnahme ist die Errichtung eines *»kanonischen Bewußtseins von der Offenbarung«*.

Wir verstehen: Man vermißt die Offenbarung selbst in dieser Formel nicht, weil diese offensichtlich suggeriert, dass man sich auf dem Boden der ›Wahrheit‹ befinde, dass man sich auf die Wahrheit von etwas beziehe, das als bereits *gegenwärtig* unter uns weile. Das kanonische Bewußtsein von der Offenbarung betreibt selbst bereits eine unterschwellige Spaltung im eigenen Bewußtsein, die selbst auf etwas Unbewußtes stützt. Die Spaltung führt dieses Unbewußte der eigenen Entfremdung von der Offenbarung selbst in ihr *kanonisches Bewußtsein von der ›Wahrheit‹* ein, um es selbst zum Teil des Prozesses der Unbewußtmachung der im Christentum *ausbleibenden* Offenbarung selbst zu machen.

Der Prozess des Kanons, der dem Christentum als dessen Gesetz der Vergeschichtlichung bevorsteht, ist von dem andern Aspekt des Kanons zu unterscheiden, der einem Schlaf im Unbewußtsein vergleichbar ist. Es ist der dogmatische Schlummer, in den sich der Kanon nach Abspaltung von der »Offenbarung selbst« zurückzieht, zurückziehen muss, um die Suche nach der kanonischen ›Wahrheit‹ der Offenbarung in Gang setzen zu können. Doppeltes Unbewußtsein: Man spürt das Verlorengegangene im vorhandenen Christentum, ohne zu wissen, was es ist. Und deshalb sucht man das Verlorengegangensein der historischen Phänomenologie des kanonischen Christentums.

Entstehung z. B. der ›Reformation‹. Die Heillosigkeit dieses Begriffes. Man suggeriert, dass man über die Erkenntnis verfüge, das verlorengegangene oder abhanden gekommene Wesen des Christentums w i e d e r h e r z u s t e l l e n . Man behauptet also von sich, dieses Wesen tatsächlich erkannt zu haben.

Der andere Aspekt der Abspaltung der Offenbarung selbst durch das sich bildende »kanonische Bewußtsein von der Offenbarung«: Das in den zerbrochenen Gefäßen zurückbleibende Restquantum offenbarungsgeschichtlichen Lichtes als sich im hierokratischen System des Kanons zugleich aus diesem zurückziehende und i n s i c h s e l b s t z u r ü c k g e h e n d e »interne Gnosis«, die wir als i n n e r e s E x i l d e r G n o s i s im kanonischen Offenbarungsglauben des historischen Christentums zu verstehen haben.

Der kirchliche Kanon ist eingeklammert von zwei polaren $\left\{ bewußtseins \left| {ontologischen \atop ontogenetischen} \right. \right\}$ Ursprungspunkten, deren Berührung die Aufhebung des »kanonischen Bewußtseins von der Offenbarung« und damit das Ende des kirchlichen Christentums zur Folge haben muss. Die Errichtung eines Bewußtseins-Kanons von der Offenbarung als Geburtsstunde eines auf die Menschheitsgeschichte hin ausgerichteten ›Christseins‹ stellt den Vorgang der V e r d u n k e l u n g d e s U r s p r u n g s u n d W e s e n s d e r »O f f e n b a r u n g s e l b s t « dar. Und durch diese Verdunkelung wird Geschichte begründet, die den Kanon zur fiktiven Urform der [durch Verdrängung verlorengegangenen] Offenbarung selbst erhebt. Das kanonische Bewußtsein generiert Menschheitsgeschichte, um durch diese »Offenbarung« zur S u c h e n a c h d e m a b h a n d e n g e k o m m e n e n W e s e n d e s C h r i s t e n t u m s werden zu lassen. Das aber heißt nichts anderes, als vor der Welt selbst zu kapitulieren. Auch könnte die Welt, selbst wenn sie sich anders besönne und gläubig werden wollte, den o k k u l t e n U r s p r u n g u n d d a s w a h r e W e s e n d e s C h r i s t e n t u m s nicht finden, denn ihr stünde nur der Weg einer ›reformatio‹ des bereits vorhandenen historischen Christentums zu Gebote, welche einer Übertragung des »kanonischen Bewußtseins von der Offenbarung« auf den lapsarischen Schuldaffekt des sich herausbildenden $\left\{ {laikal \atop säkularen} \right\}$ Menschen der Neuzeit gleichkommt.

> Das Christentum als okkulte Bw-Tatsache be-
> sagt, dass das esoterische Wesen des Christen-
> tums in den Tiefen des limbalen Unbewußt-
> seins untergegangen ist und dem Seeleninnen-
> leben des limbalen Triebherzens verborgen
> zugrunde liegt.

Die Urform [*der Verdrängung der Offenbarung selbst*] ist die Abspaltung der Offenbarung von sich selbst und Ursprung eines Unbewußten, das diese Spal-
tung v e r i n n e r l i c h t   u n d   a u f   d i e   E b e n e   e i n e s   B e w u ß t s e i n s -
R e s t e s   h e b t . Die Konfessionen in ihrer Entstehung sind als Versuch zu wer-
ten, das gespürte Verlorengegangensein des *esoterischen Wesens* der Offenbarung selbst durch einen partikularen Willen zur Macht zum Vorschein zu
zwingen. Der Zwang versucht, dieses Gespür für das Verlorengegangensein
der Offenbarung selbst zu betäuben. Es ist der Weg einer unbewußten Therapie vom »lapsarischen Urbewußtsein«, die zum Scheitern verurteilt ist. Diese
Selbstbetäubung hat ihre Zeit, um schließlich ihre entscheidende Krisis zu er-
leben. Die historische Krisis aber bedeutet das Wiederauftauchen des »lapsarischen Urbewußtseins«, das nun umso unversöhnlicher sein Recht einfordert.
Ein Widerspruch, welcher am ›*Christentum*‹ selbst sichtbar wird:

> Das »kanonische Bewußtsein von der Offenbarung« v s .
> das Offenbarwerden-*Wollen* der Offenbarung selbst im
> »verbum propheticum« des limbalen Triebherzens.

Die Aufhebung des »*kanonischen Bewußtseins von der Offenbarung*« durch die
okkulte Bewußtseinslehre, die als bewußtseins-ontogenetische Evolution der
O f f e n b a r u n g   s e l b s t   den   Kanon   der   eigenen   prophetalen
$\left\{\begin{matrix} Bewußtseins \\ Ich \end{matrix} \middle| Bildung \right\}$ in sich birgt.
　　Der K a n o n   d e r   S e l b s t f o r m a t i o n   d e s   o k k u l t e n   B e w u ß t -
s e i n s   i m   » p r o p h e t i s c h e n   W o r t «[6] bedeutet das Ende der geschichtlich

---

[6] Von einem solchen Kanon spricht der Apostel Paulus. 2. Kor. 10, 12-14: Οὐ γὰρ τολμῶμεν
ἐγκρῖναι ἢ συγκρῖναι ἑαυτούς τισιν τῶν ἑαυτοὺς συνιστανόντων· ἀλλὰ αὐτοὶ ἐν ἑαυτοῖς
ἑαυτοὺς μετροῦντες καὶ συγκρίνοντες ἑαυτοὺς ἑαυτοῖς οὐ συνιᾶσιν. ἡμεῖς δὲ οὐκ εἰς τὰ
ἄμετρα καυχησόμεθα, ἀλλὰ κατὰ τὸ μέτρον τοῦ κανόνος οὗ ἐμέρισεν ἡμῖν ὁ θεὸς μέτρου,
ἐφικέσθαι ἄχρι καὶ ὑμῶν. οὐ γὰρ ὡς μὴ ἐφικνούμενοι εἰς ὑμᾶς ὑπερεκτείνομεν ἑαυτούς,
ἄχρι γὰρ καὶ ὑμῶν ἐφθάσαμεν ἐν τῷ εὐαγγελίῳ τοῦ Χριστοῦ·

gewordenen Kirche und das geschichtliche Ende der Kirche. Inwiefern die Aufhebung der Geschichte ein Ereignis der Geschichte selbst sein kann?

Exkurs: Das Schicksal des Denkens entscheidet sich am »*kanonischen Bewußtsein von der Offenbarung*«, am Zerbrechen dieses Kanons durch dessen innere Abspaltung in das okkulte Grab der Offenbarung selbst. Die Verdunkelung, die selbst aus dem zerbrechenden Kanon kommt, verweist eben darauf, dass es mit dem Kanon durchaus nicht zu Ende ist. Im Gegenteil. Der zerbrechende Kanon ist mit dem Ausscheiden der Offenbarung selbst und deren Eingehen in die Dunkelheit ihres Begrabenseins erst am Anfang seiner Selbstbehauptung als Wille. Und indem er sich als *Wille zur ›Wahrheit‹* setzt, verwirft er mit der Offenbarung selbst auch das apophatische Wesen der Vernunft, welche die Offenbarung doch selbst gebiert. Da das » o k k u l t e   B e w u ß t s e i n   v o n der   O f f e n b a r u n g   s e l b s t «   d e r   K a n o n   d e r   g ö t t l i c h e n   V e r n u n f t   s e l b s t   i s t , kann ein »*kanonisches Bewußtsein von der Offenbarung*« nur errichtet werden, wo der Wille den leeren Platz einer a b h a n d e n   g e k o m m e n e n   g ö t t l i c h e n   V e r n u n f t selbst einnimmt. Mit der Benennung dieser Urverdrängung gewinnen wir die Einsicht, dass die Kanonizität der Offenbarung nur im »verbum propheticum« Bestand haben kann, das im limbalen Triebherzen Fleisch des »Verbum exinanitum ipsum« wird. Denn das limbale Triebherz formiert sich in das »verbum propheticum«, das dadurch selbst zum F l e i s c h   d e s   o k k u l t e n   B e w u ß t s e i n s wird, in dem der selbstentäußerte Logos sich als menschgewordener Gott selbst annimmt. Die Kanonizität der Offenbarung liegt allein im okkulten $\left\{\begin{array}{c}\text{Bewußtseins}\\ \textit{Leben}\end{array}\right\}$, das aus dem Denken des selbstentäußerten Logos der Gottheit selbst stammt. Der Beweis der K a n o n i z i t ä t   d e r   O f f e n b a r u n g kann nur vom »verbum propheticum« des okkulten Bewußtseins selbst geführt werden. Nicht, indem das Denken etwas außerhalb des »verbum propheticum« sein will, sondern indem es in diesem organisch und leiblich wurzelt, *das heißt* $\left\{\textit{bewußtseins}\left|\begin{array}{c}\textit{ontologisch}\\ \textit{ontogenetisch}\end{array}\right.\right\}$.

Das *anti*-esoterische Unwesen des Denkens als Ausfluss des an sich selbst zerbrechenden »*kanonischen Bewußtseins von der Offenbarung*«.

Wir müssen begreifen: Das »*kanonische Bewußtsein von der Offenbarung*« ist der Ursprung der *anti*-esoterischen Natur einer menschheitsgeschichtlichen Denktradition, die sich von der Religion „*emanzipieren*" zu müssen glaubt. Menschheitsgeschichte als in sich notwendiges Fortschreiten von ›Säkularisation‹ aller Lebensbereiche. Aber diese ist nur zu begreifen aufgrund ihrer Herkunft aus dem an sich selbst zerbrechenden »*kanonischen Bewußtsein von der Offenbarung*«, als das sich Offenbarung im Zustand ihres Abhandengekommenseins historisch ausgibt. Die ›Säkularisation‹ beruht *unbewußt* auf einem latenten U r w i s s e n   v o n   d e r   p r i m o r d i a l e n   V e r w o r f e n h e i t   d e r   O f f e n b a r u n g   s e l b s t   u n d   v o n   d e r e n   U n t e r g a n g   i m   G r a b e   i h r e r   V e r d r ä n g u n g . Denn sonst könnte das abendländische Denken nicht so entschieden die ›*Säkularisation der Welt*‹ betreiben wollen. Der auf geistesgeschichtlichen Abwegen fortschreitende Wille der europäischen Moderne.

Eine Synthese von Gnosis und {*patristisch*|−|*scholastischer*} T h e o s o p h i e . Den Durchgang, die Passage wagen zu der einen und unteilbaren Überlieferung einer Theologie, die die verlorengegangene Offenbarung selbst aus der Verbergung zurückholt ins Licht einer okkulten Bewußtseinslehre, die unumstößlich im »verbum propheticum« selbst gründet, das im limbalen Triebherzen selbst Fleisch geworden ist. Nötig ist der Begriff der R e k o g n i t i o n des organischen Kontinuums der göttlichen Weisheit: D i e R e k o g n i t i o n d e r o k k u l t e n T r a d i t i o n d e r O f f e n b a r u n g s e l b s t . Der Leib der okkulten Theologie als organische Gliederung aller Einzeltraditionen der O f f e n b a r u n g s e l b s t . D i e » o k k u l t e B e w u ß t s e i n s l e h r e « b e z e i c h n e t d a s l i m b a l e E v o l u t i o n s p r i n z i p f ü r e i n t h e o l o g i s c h e s B e w u ß t s e i n v o n d e r » O f f e n b a r u n g s e l b s t « . Diese hat zu tun mit den verborgenen Inhalten des limbalen Unbewußtseins als der unabdingbaren Grundlage der göttlichen Offenbarung. Der fatale Irrtum in der Entzweiung der Bewußtseins-Elemente.

Exkurs: D i e E i n s e t z u n g d e s D e n k e n s i n d a s D e n k e n d u r c h d a s D e n k e n s e l b s t i s t e i n z i g u n d a l l e i n d i e T a t d e s g ö t t l i c h e n L o g o s . Diese Einsetzung ist ein Wesens-Symbolie, welche eingesetzt wird zwischen dem Denken und dem Logos. Da das Denken sich nicht selbst einsetzen kann, muss wegen des daraus hervorgehenden Mangels [Leere] der Logos aus sich heraustreten, um diese Leere mit der Wesenheit seiner Selbstmitteilung zu erfüllen. Daraus entsteht völlige Neubegründung des Denkens aus diesem ihm bestimmten Wesen seiner selbst. Indem aber das Denken durch die Erfahrung dieser Wesensbestimmung sich dieses Wesens selbst bemächtigt, wird eine symbolische {*Gesamthandlungs*|*Relation*} eröffnet, das heißt im Denken a u f g e s t o ß e n , zwischen Mensch und Gott. Es ist, als ob der menschgewordene Logos spräche: „*Seht, das ist Fleisch von meinem Fleische, und Bein von meinem Bein!*" Die Erschaffung Evas in der »Genesis« als Symbol für die symbolische Gesamthandlung der göttlichen Einsetzung des Denkens als Menschwerdung im Menschen. Gleichzeitig Unterscheidung des Fleisch gewordenen Logos, der seine Menschwerdung im Schlafe Adams übergehen läßt in die Plasmation des in das Denken selbst vom Logos eingesetzten Denkens des Menschen, — Symbol der Eva. Die Plasmation Evas symbolisiert ganz den in das Denken selbst eingesetzten Menschen.

Exkurs: Die Begründung des »verbum propheticum« der okkulten Theologie durch den A b s t i e g d e s L o g o s i n d i e U n t e r w e l t während der dreitägigen Grabesruhe Jesu. Die Bedeutung des toten Leibes Jesu in Zusammenhang mit dem Wesen und Leben gebenden Übergang des Logos und dessen Eingehen in den toten Wesensgrund des Denkens, das im Hades unerlöst nach Sein sich sehnt. Die Ermangelung des Seins als Seins-Leere. Nicht das Nicht-Sein als das Nichtsein von Sein ist denkbar, sondern das $\{N - |Ichts\}$, durch das das Sein gerade noch Anteil am Denken hat. Das $\{N - |Ichts\}$, das an das Sein dadurch angrenzt, dass es Sein des Denkens selbst noch ist. Die vom Hades Verschlungenen: Sie erinnern uns daran, dass der Tod ganz wesentlich mit dem Bewußtsein und dessen unerkannter Negativität zu tun hat. Was bedeutet, dass das Bewußtsein in seiner grundsätzlichen Negativität unerkannt, vom Menschen u n e r f a h r e n bleibt?

Die ICH-Bildung hebt sich durch ihr Versetztsein in ihrem Gegensatz zur Bildung des NICHT-ICH in die limbale Räumlichkeit auf und schafft die freie Objektivität ihrer Selbst-Reflektion, *das heißt* der sich nach innen in das Selbst ihres Seins begründenden Reflektion des Denkens. Das ICH betrachtet die Objektivität seines Seins als Setzung seiner selbst in und durch das NICHT-ICH im Äther des limbalen Unbewußtseins-Stromes. Objektiviertes Sein also kommt nur deshalb zustande, weil seine Setzung als ICH durch das NICHT-ICH seiner selbst im Raum des limbalen Unbewußtseins stattfindet. Denn es ist kein objektiviertes Sein, das nicht erkannt werden müßte. Und diese Erkenntnis durch die Reflektion des logikalen ICH kann es außerhalb des Äthers des limbalen Unbewußtseins nicht geben, da dieser Erkenntnisträger-Stoff alles Objektivierbaren ist. Der Trägerstoff des zu objektivierenden Denkens selbst.

W a n d e r e r z w i s c h e n d e n W e l t e n

Durch die D e s i n h a b i t a t i o n d e s L o g o s i m T r i e b h e r z e n d e s l i m b a l e n U n b e w u ß t s e i n s erst ist der Mensch selbst »verbum propheticum« und versehen mit der Sendung der äonischen Wanderschaft zwischen den Welten. In dieser erfährt die schöpfungsgeschichtliche Seinsebene ihre Erinnerung der äonischen Existenzweisen der menschlichen Seelen- und Bewußtseins-Strukturen. Das Bewußtsein durchwandert die ganzen Phasen seiner *» S e i n s v e r g e s s e n h e i t «*, die schließlich zur Innerweltlichkeit des rein säkularen Bewußtseins führt, durch die die schöpfungsgeschichtliche Genealogie des Bewußtseins im limbalen Untergang des »Verbum exinanitum ipsum« der völligen Vergessenheit preisgegeben ist. Der Impuls zur seinsgeschichtlichen Reflektion des *d e r D e s i n h a b i t a t i o n f ä h i g e n* Triebherzens des limbalen Unbewußtseins stammt aus der äußersten Besinnung des Unbewußtseins auf die eigene $\left\{\begin{matrix} Bewußtseins \\ Ich \end{matrix} \middle| Werdung\right\}$.

Exkurs: B e i d e, d a s h i s t o r i s c h e C h r i s t e n t u m u n d d e r l e v i a t h a n i s c h e S t a a t m ü s s e n n u n u n t e r g e h e n, w e i l s i e b e i d e a u s d e m s e l b e n B e c h e r d e s Z o r n s g e t r u n k e n h a b e n. Die Umkehrung der areopagitischen Hierarchienkette durch den sich entäußernden

Logos, *der die Hierarchie umkehrt, indem er sie nach innen wendet, das heißt hinein in das Innere der Seelenstruktur des äonischen Menschen.* Dies ist das innere, das spirituelle Verständnis des areopagitischen *Hierarchie*-Begriffes, während das äußere oder materielle Miß-verstehen der »Hierachie« zur Bildung $\begin{Bmatrix} hierokratisch \\ politischer \end{Bmatrix}$ Herrschaft führt und damit dem Willen zur Macht eine *„Legitimation"* zu verschaffen sucht. Damit sind wir am Scheidepunkt der Welten angekommen.

Exkurs: Die Moderne als s i c h m a t e r i a l i s i e r e n d e r G e i s t d e r G e g e n o f f e n b a r u n g. Aufspaltung des Begriffes der »Gegenoffenbarung«, um ihn a) unsichtbar, unerkennbar zu machen und um b) den Begriff der Of-fenbarung im Sinne einer $\begin{Bmatrix} gegen \\ offb - geschichtlichen \end{Bmatrix}$ *„A u f k l ä r u n g" der M e n s c h h e i t* für sich in Beschlag zu nehmen, indem er der extravasalen Be-wußtseinsformation des *gefallenen* Menschen zugrunde gelegt wird.

Die $\begin{Bmatrix} Gegen \\ Offenbarung \end{Bmatrix} \Big| \{\overset{=}{\{Gegen\}}\} = Aufklärung$, *das heißt* der in die Be-wußtseinsbildung des Willens eingegangene und untergetauchte Fiktums-Leib der Offenbarung, welcher Gegenstand einer politischen „Theologie" der Gegenoffenbarung ist, bildet den dunklen Rechtsgrund einer ›*Legitimität*‹ des neuzeitlichen Staates. Dieser Fiktums-Leib der seins-entleerten Offenbarung kann darauf verzichten, sich auf den Begriff der Offenbarung noch zu bezie-hen, weil dieser einen störenden Erinnerungsrest darstellen würde, der den Prozeß der ›Legitimität‹ der politischen Vernunft in erhebliche Erklärungsnöte bringen würde. D i e V e r b a n n u n g d e s B e g r i f f e s d e r O f f e n b a-r u n g entspricht ganz der Logik der Materialisierung der gegenoffenbarungs-geschichtlichen Substanz des Willens zur Macht. *Und dennoch*: Der in der Be-wußtseinsformation des Willens zur Macht eingehende Fiktums-Leib der $\begin{Bmatrix} seins \\ sinn \end{Bmatrix} entleerten$ Offenbarung bildet den unerläßlichen Ausgangspunkt für die geschichtliche Leibwerdung der gegenoffenbarungsgeschichtlichen Sub-stanz des Willens, die sich in der politischen Vernunft einer neuzeitlichen Le-gitimation von Herrschaft vollendet. Nun stellt sich uns die entscheidende Frage, auf welches Ziel hin diese politische Vernunft ausgerichtet ist? Was ist ihr Zweck? Ist es der Mensch in seiner existentiellen Bedrohung durch den Fluch des »lapsarischen Urbewußtseins«? Der eigentliche Zweck dieser Ver-nunft ist der „G e n i u s d e r G a t t u n g", der Kultur der Verdrängung des »lapsarischen Urbewußtseins« aus dem Seelengrund des modernen Menschen ist. Diesem „Genius der Gattung" zur Herrschaft zu verhelfen bzw. dessen Herrschaft zu ›*verewigen*‹, eben dies ist der tiefere Sinn der Vernunft der Mo-derne. Dies meint nun nicht, dieser kollektive Genius der Vernunft halte das Individuum fern von politischer Mitverantwortung, aber diese politische Teil-habe setzt immer voraus, dass das Individuum den phylogenetischen Verdrän-gungsprozeß von sich aus *bestätigt*, um teilhaben zu können und zu dürfen.

Es gilt vom Individuum eine Leistung abzufordern, durch die erst der »Genius der Gattung« zustande kommen kann. In jedem Individuum wiederholt sich die gegenoffenbarungsgeschichtliche Verdrängung des »lapsarischen Urbewußtseins«[7]. Dies aber bedeutet, in jedem Individuum wiederholt sich die Notwendigkeit, eine *eigene* Leistung zur Verdrängung des »lapsarischen Urbewußtseins« zu erbringen. Durch Erbringung dieser Leistung erst k a n n   s i c h d a s   V e r d r ä n g t e   s e l b s t   m a t e r i a l i s i e r e n im säkularen Bewußtseinsgrund des »Genius der Gattung«. In   d i e s e r   M a t e r i a l i s a t i o n   d e s V e r d r ä n g t e n   b e s t e h t   d e r   r e i n   s ä k u l a r e   B e w u ß t s e i n s g r u n d d e s   » G e n i u s   d e r   G a t t u n g « . Das Verdrängte aber ist nichts anderes als d a s   » l a p s a r i s c h e   U r b e w u ß t s e i n « im Seelengrund des modernen Menschen.

Das »lapsarische Urbewußtsein« kann nicht beseitigt oder zerstört werden, aber es steht in einer e x t r a v a s a l e n   R e f l e x i o n   *z u   s i c h   s e l b s t* , durch die es sich in sich selbst vertieft und r e t r o g r a d e s   U n b e w u ß t s e i n wird. Dieses hat nichts zu tun mit dem limbalen Unbewußtsein, in welchem sich der Untergang des selbstentäußerten Logos ereignet und das dadurch göttlich-sapientialen Wesens ist. Das » r e t r o g r a d e   U n b e w u ß t s e i n « hingegen hat eine ganz andere Vorgeschichte, eine *andere* Genealogie.

Der *gefallene* Mensch, der unter den gegenoffenbarungsgeschichtlichen Bedingungen der Moderne leben ›will‹, steht unter dem Gesetz der politischen Vernunft des »Genius der Gattung«, der das Opfer des »lapsarischen Urbewußtseins« vom Individuum fordert zum Zwecke der Herrschafts-„*Legitimation*". Aber dieses Opfer ist besonderer Art, denn es gibt etwas weg, was man ohnehin loswerden will, nämlich das » l a p s a r i s c h e   U r b e w u ß t s e i n « , welches ein Fluch ist, unter dem man steht. Der Duft dieses Opfers ist ›süß‹ für

---

[7] Friedrich Nietzsche, Die Fröhliche Wissenschaft, Aph. 125: „D e r   t o l l e   M e n s c h . — Habt ihr nicht von jenem tollen Menschen gehört, der am hellen Vormittage eine Laterne anzündete, auf den Markt lief und unaufhörlich schrie: „Ich suche Gott! Ich suche Gott!" — Da dort gerade Viele von Denen zusammen standen, welche nicht an Gott glaubten, so erregte er ein grosses Gelächter. Ist er denn verloren gegangen? sagte der Eine. Hat er sich verlaufen wie ein Kind? sagte der Andere. Oder hält er sich versteckt? Fürchtet er sich vor uns? Ist er zu Schiff gegangen? ausgewandert? — so schrieen und lachten sie durcheinander. Der tolle Mensch sprang mitten unter sie und durchbohrte sie mit seinen Blicken. „Wohin ist Gott? rief er, ich will es euch sagen! Wir haben ihn getödtet, — ihr und ich! Wir Alle sind seine Mörder! Aber wie haben wir diess gemacht? Wie vermochten wir das Meer auszutrinken? Wer gab uns den Schwamm, um den ganzen Horizont wegzuwischen? Was thaten wir, als wir diese Erde von ihrer Sonne losketteten? Wohin bewegt sie sich nun? Wohin bewegen wir uns? Fort von allen Sonnen? Stürzen wir nicht fortwährend? Und rückwärts, seitwärts, vorwärts, nach allen Seiten? Giebt es noch ein Oben und ein Unten? Irren wir nicht wie durch ein unendliches Nichts? Haucht uns nicht der leere Raum an? Ist es nicht kälter geworden? Kommt nicht immerfort die Nacht und mehr Nacht? Müssen nicht Laternen am Vormittage angezündet werden? Hören wir noch Nichts von dem Lärm der Todtengräber, welche Gott begraben? Riechen wir noch Nichts von der göttlichen Verwesung? — auch Götter verwesen! Gott ist todt! Gott bleibt todt! Und wir haben ihn getödtet!"

den, der es darbringt, weil eine Last vom Menschen genommen wird, die unerträglich ist. Und ein solch süßes Opfer verlangt der »Genius der Gattung« vom Individuum, damit eine *„humane Gesellschaft"* entstehen kann. Wir sehen sehr genau, wie die Entstehung des säkularen Bewußtseins funktioniert, nämlich in Form einer Materialisierung des gegenoffenbarungsgeschichtlichen Denkens des Willens zur Macht, durch welche sich dieser die Herrschaft über den Menschen und die Natur sichern will. Der Wille bedient sich dabei der Dekonstruktion der göttlichen Opferstruktur, die dem Seelenlebensgrund des äonischen Menschen zugrunde liegt. E r u n t e r w i r f t d e n M e n s c h e n e i n e r a n t h r o p o l o g i s c h e n U m d e u t u n g. Er »tötet« d u r c h S c h a f f u n g d e s » r e t r o g r a d e n U n b e w u ß t s e i n s « die in das Wesen des gefallenen Menschen eingeschriebene Signatur des »lapsarischen Urbewußtseins«, in dem sich das okkulte Wesen des Menschen selbst verbirgt, um dem postlapsarischen Menschen die Entstehung des »Genius der Gattung« zu ermöglichen, von dem dieser fortan bestimmt werden wird.

Das »lapsarische Urbewußtsein« ist selbst Teil der $\left\{ bewußtseins \left| {ontologischen \atop ontogenetischen} \right. \right\}$ Evolution des limbalen Triebherzens, dessen n e g a t i v e D e t e r m i n a t i o n a d e x t r a. Es ist »die letzte Rettung« vor dem Herausfall aus dem limbalen Unbewußtseinsstrom, vor dem Fall ins $\left\{ {Nicht \atop N-Ichts} \right\}$ der Gottheit oder vor dem »Tod« des Triebherzens.

D i e M a t e r i a l i s a t i o n d e s V e r d r ä n g t e n stellt die Voraussetzung dar für die Bewußtseinsbildung des »Genius der Gattung«, dessen Vernunft der Welt eine eigene *„frohe Botschaft"* zu verkünden hat, die nämlich der B e f r e i u n g d e s I n d i v i d u u m s v o m F l u c h d e s » l a p s a r i s c h e n U r b e w u ß t s e i n s «. Dieses fiktive Heilsversprechen, das von Seiten der säkularen Bewußtseinsgenese dem *gefallenen* Menschen gegeben wird, beginnt mit einer Lüge, der von der A n n u l l i e r b a r k e i t d e s » l a p s a r i s c h e n U r b e w u ß t s e i n s « im M e n s c h e n d u r c h d e n K u l t d e r p o l i t i s c h e n V e r n u n f t. Dies geschieht dadurch, dass das »lapsarische Urbewußtsein« d u r c h U m d e u t u n g in die Verdrängung abgeschoben wird. Es wird umgedeutet als S c h u l d k o m p l e x, der die Befreiung des Menschen von Unterdrückung verhindert. *Wir sehen*: Es geht um die Bestimmung des »lapsarischen Urbewußtseins« als etwas, das *zu Unrecht* besteht gegen den Menschen, das somit gegen diesen steht und deshalb beseitigt werden d a r f. *Versteht man die diabolische Raffinesse in der Rhetorik der politischen Vernunft? Versteht man den epochalen Auftrag, den die leviathanische Vernunft sich selbst zuweist, um den Menschen zu ›erlösen‹, das heißt ›erlösen‹ zu dürfen?* Die Vernunft hat den Auftrag, ein Befreiungswerk am Individuum zu vollbringen. Das Individuum hat nur die Aufgabe, dem vorgezeichneten Weg zu folgen. Das Individuum ist vor allem Gefolgschaft gegenüber der ihn ›*befreien wollenden*‹ Vernunft des »Genius der Gattung«. Die Vernunft redet, als sei dies das persönlichste Anliegen zwischen ihr und dem Individuum. Aber eben darin liegt die Dämonie der politischen Vernunft, dass sie Täuschung ist von Anbeginn der Formation des säkularen Bewußtseins. Der Weg des Individuums zu der ihm versprochenen ›Freiheit‹ [vom »lapsarischen Urbewußtsein«] ist nichts anderes als die Begründung des »Genius der Gattung« durch das extravasale Denken des Willens, das sich als archaische Opferhandlung der Vernunft versteht, die auf der Verdrängung des »lapsarischen Urbewußtseins« durch Schaffung eines »retrograden Unbewußtseins« beruht. Der U m s c h l a g v o n » l a p s a r i s c h e m U r b e w u ß t - s e i n « i n r e t r o g r a d e s U n b e w u ß t s e i n erfolgt aus der Negation der limbalen Qualität des »lapsarischen Urbewußtseins« als n e g a t i v e r D e t e r - m i n a t i o n a d e x t r a d e s l i m b a l e n U n b e w u ß t s e i n s. Es handelt sich um einen Übergang in ein anderes G e n u s von Bewußtseinsbestimmung. Hier findet also kein interner Umschlag zwischen verschiedenen Bewußtseins-Spezifikationen statt, z. B. innerhalb des Limbus, sondern hier ereignet sich ein Sprung zwischen limbalen und *nicht*-limbalen, i.e. extravasalen Bewußtseins-Spezifikationen. *Das ist der entscheidende Punkt.* Die Negation, welche der R e - d u k t i o n d e s » l a p s a r i s c h e n U r b e w u ß t s e i n s « z u » r e t r o - g r a d e m U n b e w u ß t s e i n « zugrunde liegt, setzt eben den Ü b e r g a n g i n e i n a n d e r e s G e n u s voraus. Was aber bedeutet das? Dass die levia-thanische Vernunft beide Genera von Bewußtseinsbestimmung miteinander „*vereinbar*" macht. Sie supponiert, dass beide miteinander ›*unter etwas*‹ ver-rechnet werden können. S i e b e t r e i b t e i n e U m w e r t u n g b e i d e r G e - n e r a i n B e z u g a u f d i e s e s e l b s t. Diese okkulte Manipulation bildet die eigentlich *revolutionäre* Tat der politischen Vernunft der Moderne, wodurch die Formation eines $\left\{ {säkular \atop laikalen} \right\}$ Bewußtseins möglich wird.

Es war bereits die Rede vom »lapsarischen Urbewußtsein« als n e g a t i - v e r D e t e r m i n a t i o n *des limbalen Unbewußtseins* a d e x t r a. Da-mit ist ausgedrückt, dass es aufgrund seiner Herkunft weder zerstörbar noch veränderbar ist. Es kann, da es das limbale Unbewußtsein gegen Extravasation abgrenzt oder bewahrt, nicht selbst Funktion innerhalb eines extravasalen Ge-nus von Bewußtseinsbestimmung sein. Das »lapsarische Urbewußtsein« ist *nicht* konvertibel. Das »lapsarische Urbewußtsein« ist Symbol und damit Ver-weis auf das Wesen des limbalen Unbewußtseins als des *wahren* Unbewußt-seins.

Das Denken der politischen Vernunft begeht nun die begriffliche Mani-pulation oder Umwertung an diesem Symbol des limbalen Unbewußtseins an-gesichts der Krise des Menschen durch den bedrohlichen Bewußtseins-Rest des »lapsarischen Urbewußteins«, das wie ein Korken immer wieder nach oben kommt, egal wie oft man ihn nach unten drückt. Dieses psychische Stö-rungen hervorrufende Ärgernis mit dem nicht zum Schweigen zu bringenden »lapsarischen Urbewußtsein« bildet das Angriffsziel der politischen Vernunft.

Denn die Vernunft kann nur überzeugen, wenn sie dem geplagten postlapsarischen Menschen eine *„Befreiung"* von dem *krank machenden* Druck des »lapsarischen Urbewußtseins« anbieten kann. Dies ist der Weg zur Formation des säkularen Bewußtseins, auf dem der ›*Legitimitäts*‹-Anspruch des leviathanischen Prinzips beruht.

Das Wort von der » U n ü b e r w i n d l i c h k e i t d e s l a p s a r i s c h e n U r b e w u ß t s e i n s « sei an dieser Stelle ausgesprochen. Denn dadurch wird klar, dass diese Bewußtseins-Tatsache nur durch einen Akt besonderer manipulativer Gewalt verdrängt werden kann.

Die Tatsache des »lapsarischen Urbewußtseins« muss zum Verschwinden gebracht werden, damit säkulares $\left\{ \begin{array}{c} Aufklärungs \\ Bewußtsein \end{array} \right\}$ sich bilden kann. Auch wenn es verschwände, würde es weiter existieren, aber dies ist nicht das Entscheidende. Das Entscheidende ist vielmehr, dass es für die Genese des säkularen $\left\{ \begin{array}{c} Aufklärungs \\ Bewußtseins \end{array} \right\}$ des »Genius der Gattung« nicht mehr zu existieren *s c h e i n t*. Es geht also um die Schaffung eines Raumes, welcher das »lapsarische Urbewußtsein« in sich zu behalten fähig ist. Gesucht wird somit nach einem Behälter, welcher das »lapsarische Urbewußtsein« verstummen lassen kann. Denn nur unter dieser Bedingung kann die Genese des säkularen $\left\{ \begin{array}{c} Aufklärungs \\ Bewußtseins \end{array} \right\}$ im extravasalen Seeleninnenleben des postlapsarischen Menschen Raum gewinnen.

Die Entstehung eines das »lapsarische Urbewußtsein« in sich zurückhalten könnenden und von der säkularen $\left\{ \left\{ \begin{array}{c} Aufklärungs \\ Bewußtseins \end{array} \right\} Formation \right\}$ abspaltenden Raumes kann nur Bestimmung einer Reduktion des »lapsarischen Urbewußtseins« selbst i n d i e F o r m e i n e s U n b e w u ß ten sein, das freilich *nicht limbal* ist oder sein kann, sondern das reiner reduktiver Akt des Willens zur Macht ist, durch den dieser die » n e g a t i v e D e t e r m i n a t i o n a d e x t r a « des limbalen Unbewußtseins *negiert* durch Reduktion auf eine materiale Urform eines Unbewußtseins, das *ein anderes Genus* als das Limbale darstellt. Dieser andere Ursprung dieses anderen Unbewußtseins, welches durch Reduktion seitens des Willens zustande kommt, bildet zugleich d e n » m a t e r i a l e n G r u n d d e r U n g e r e c h t i g k e i t «. Dieses ist die n e g a t i v e M a t e r i a l i t ä t d e s » r e t r o g r a d e n U n b e w u ß t s e i n s «, das seine Entstehung allein dem Willen zur Macht verdankt. Dieses erkennen zu können, setzt okkulte Wissenschaft voraus.

Diese n e g a t i v e M a t e r i a l i t ä t d e s » r e t r o g r a d e n U n b e w u ß t s e i n s « setzt die radikale Leugnung des »lapsarischen Bewußtseins« voraus, die nur durch U m w e r t u n g d e s t h e o l o g i s c h e n W e s e n s d e s » l a p s a r i s c h e n U r b e w u ß t s e i n s « selbst vorstellbar ist. Die lapsarischen Aussagen der Hl. Schrift werden umgedeutet zur Motivgeschichte eines „*g e r e c h t f e r t i g t e n*" S k l a v e n a u f s t a n d e s gegen die göttliche Offenbarung selbst. Die Negation des »lapsarischen Urbewußtseins« durch den Willen zur Macht führt zwangsläufig zum dämonokratischen Opferkult der politischen Vernunft der Moderne. Dem *anarchischen* Grundwesen des modernen Bewußtseins entspricht die grundsätzliche ›*Rechtfertigung*‹ staatlicher Gewalt einschließlich der völligen Vergesetzlichung des öffentlichen Lebens.

Die Materialität des »retrograden Unbewußtseins« verdankt ihre Entstehung der Reduktion des »lapsarischen Urbewußtseins«, das als die »negative Determination ad extra« des limbalen Unbewußtseins die Grundlage jeder $\left\{ bewußtseins \middle| \begin{array}{l} ontologischen \\ ontogenetischen \end{array} \right\}$ Evolution des Triebherzens bildet. Das Triebherz kann nur aus der Selbstentäußerung sich selbst als das Subjektivat seiner eigenen Bewußtseinswerdung entwerfen, es muss in die radikale Negation zu sich selbst treten, um den Unbewußtseinsstrom hinüberzuleiten in den anhypostatischen Ursprungspunkt eines Urbewußtseins, in dem der Unbewußtseinsstrom die Abgründe limbaler Anamnese durch sein eigenes äonisches Wesen hinterlegt. In diesem Ursprungspunkt, den das »lapsarische Urbewußtsein« selbst darstellt, ist das ganze Geheimnis des limbalen Unbewußtseins unsichtbar begründet und wartet darauf, dass der Logos wirklich Mensch wird. Das lapsarische Urbewußtsein ist die Grundlage für die $\left\{ bewußtseins \middle| \begin{array}{l} ontologische \\ ontogenetische \end{array} \right\}$ Evolution des limbalen Unbewußtseins, durch die dieses sich im anhypostatischen Ursprung des selbstentäußerten Triebherzens selbst reflektiert. Das limbale Triebherz setzt sich durch seine Subjektivation zum a n h y p o s t a t i s c h e n U r s p r u n g d e s s i c h i n s i c h s e l b s t r e f l e k t i e r e n d e n U n b e w u ß t s e i n s .

Was heißt dies? Es bedeutet, dass erst dadurch, dass das Triebherz sich als *Subjektivat seiner selbst* entäußert und sich als *Nicht*-Nicht-Ich des Unbewußtseins, als Ursprung einer SelbstReflektion des über sich hinausfließenden limbalen Unbewußtseins entwirft, das Triebherz zum Ursprung seiner eigenen $\left\{ bewußtseins \middle| \begin{array}{l} ontologischen \\ ontogenetischen \end{array} \right\}$ Evolution wird. Das Triebherz ist bereits im Verborgenen die Grundlage für die Menschwerdung des »Verbum exinanitum ipsum«. Denn nur durch die Desinhabitation des Logos im anhypostatischen Ursprung der $\left\{ bewußtseins \middle| \begin{array}{l} ontologischen \\ ontogenetischen \end{array} \right\}$ Evolution des limbalen Triebherzens kann dieses zum Ursprungspunkt der S e l b s t R e f l e k t i o n d e s l i m b a l e n U n b e w u ß t s e i n s i n d e s s e n ä o n i s c h e r W i e d e r e r i n n e r u n g werden. Das Triebherz *a r b e i t e t* der Inkarnation des Logos *z u* . Und man kann daraus folgern, dass ohne diese okkulte Zuarbeitung des Triebherzens für die Menschwerdung des Logos diese im Menschen selbst sich nicht ereignen könnte.

Was will das heißen? Dass die Inkarnation des Logos ohne die eben bezeichnete $\left\{bewußtseins \left|{ontologische \atop ontogenetische}\right\}\right.$ Evolution des limbalen Triebherzens sinnlos ist, weil der Herr sich *nicht um seiner selbst willen* inkarniert. Wer also von der Menschwerdung des göttlichen Logos spricht, der sollte sich darüber im Klaren sein, dass die Wahrheit des »Verbum caro factum«, worauf das spirituelle Erbe des Christentums wesentlich beruht, *ohne* den Nachweis der $\left\{bewußtseins \left|{ontologischen \atop ontogenetischen}\right\}\right.$ Evolution des limbalen Triebherzens zum anhypostatischen Ursprung der äonischen SelbstReflektion des »Verbum exinanitum ipsum« im limbalen Unbewußtsein nicht schlüssig dargelegt werden kann. Das limbale Triebherz a l s a n h y p o s t a t i s c h e r U r s p r u n g der äonischen SelbstReflektion des »Verbum exinanitum ipsum« im Äther des limbalen Unbewußtseins bildet auf diese Weise die $\left\{{Bewußtseins \atop Selbst}\left|Reflektion\right.\right\}$ des e i n w o h n e n d e n »Verbum exinanitum ipsum«.

Dieses wohnt im Triebherzen als in seinem »verbum propheticum«, a l s SelbstReflektion d e s v o m a n h y p o s t a t i s c h e n U r s p r u n g s e i - n e r s e l b s t Gewußtseins s e i n e r G e g e n w a r t. Dieses G e w u ß t - s e i n d e r G e g e n w a r t d e s L o g o s i m a n h y p o s t a t i s c h e n U r - s p r u n g des limbalen Triebherzens bezeichnet die » p r a e s e n t i a l i t a s « des »verbum propheticum«, das nicht im Triebherzen wohnt, sondern d a s d i e - s e s T r i e b h e r z s e l b s t i s t. Die »p r a e s e n t i a l i t a s « d e s » v e r b u m p r o p h e t i c u m « macht das ganze göttliche Wesen des limbalen Triebherzens aus, das anhypostatischer Ursprung der Einwohung des Logos ist. Und deshalb ist die Einwohnung als D e s i n h a b i t a t i o n d e s g ö t t l i c h e n L o - g o s i m a n h y p o s t a t i s c h e n T r i e b g r u n d d e s l i m b a l e n T r i e b h e r z e n s zu verstehen. Das Triebherz ist somit Ursprung aller $\{Selbst|Reflektion\}$ von göttlichem Bewußtsein. Nur das Triebherz weiß, dass es kein Bewußtsein geben kann, es sei denn, es werde hervorgebracht von der » p r a e s e n t i a l i t a s d e s v e r b u m p r o p h e t i c u m « im limbalen Triebherzen selbst. *Kurzum*: Es gibt kein Bewußtsein, das auf der Negation des Unbewußtseins beruhen kann. Was aber ist mit dem säkularen $\left\{\left\{{Aufklärungs \atop Bewußtseins}\right\}Selbst\right\}$ der politischen Vernunft? Ist dieses denn nicht Bewußtsein im eigentlichen Sinne? Nein, denn es ist phantasmatisches Bewußtsein, *her*-gestelltes Bewußtseins-Fiktum aus der logikalen Extravasation des Willens. Gerade durch diese extravasale Erzeugung eines phantasmatischen Bewußtseins *dieser* Welt liegt der ›Zauber‹ der politischen Vernunft. Man spielt mit etwas Irrealem, das gerade in der *Her*-Stellung eines phantasmatischen Bewußtseins liegt, das seine Genese durch totale Verdrängung als Geheimnis zu hüten weiß. Die Hütung dieses Geheimnisses ist von vitaler Bedeutung für das

$$\left\{\begin{array}{l} \textit{säkular} \\ \textit{aufgeklärte} \end{array}\middle| \begin{array}{c} \textit{Bewußtseins} \\ \textit{Fiktum} \end{array}\right\} \textit{dieser}$$ Welt. Man kann durchaus etwas hüten, wovon man selbst gar keine Ahnung hat. Aber wie geht das? Durch das »r e t r o g r a d e   U n b e w u ß t s e i n«.

Das »retrograde Unbewußtsein« nämlich hat die wichtige Funktion für den Willen, alle Faktoren der Zerstörung von der Entstehung des säkularen oder phantasmatischen Bewußtseins fernzuhalten, sie wenn irgendwie möglich unter Verschluß zu nehmen. Und eben dies bedeutet: V e r d r ä n g u n g. Das Verdrängte bedarf eines Raumes, in welchem es unter Verschluß genommen werden kann vom Willen. Dieser Raum ist Gefäß der Verdrängung, in dem das Verdrängte wohnt. Es handelt sich um eine gefäßliche Einwohnung des Verdrängten. In unserem Fall geht es um die V e r d r ä n g u n g   d e s »l a p s a r i s c h e n   U r b e w u ß t s e i n s«, durch die dieses zurückgeführt wird auf den Nullpunkt des limbalen Unbewußtseins. Nun war davon die Rede, dass das »lapsarische Urbewußtsein« d i e   n e g a t i v e   D e t e r m i n a t i o n   a d   e x t r a   d e s   l i m b a l e n   U n b e w u ß t s e i n s ist oder der Grenz- und Übergangspunkt in die $\left\{\textit{bewußtseins}\middle| \begin{array}{c} \textit{ontologische} \\ \textit{ontogenetische} \end{array}\right\}$ Evolution des limbalen Triebherzens.

Die Reduktion des »lapsarischen Urbewußtseins« durch den Willen stellt nun einen extravasalen Null-, Grenz- und Übergangspunkt im reduzierten Urbewußtsein selbst her, der aber dieses selbst schwerlich sein kann, denn dieses befindet sich im Akte seines Verdrängtwerdens. Durch dieses Verdrängtwerden wird das reduzierte »lapsarische Urbewußtsein« somit daran gehindert, sein Wesen zu aktuieren. Es ist in seinem limbalen Grundwesen aufgehoben durch die Wirkung seiner extravasalen Reduktion durch den Willen zur Macht. Diese Reduktion ist eine Kraftquelle, welche vom Willen stammt, und diese Kraftquelle wollen wir » V e r d r ä n g u n g « nennen. Wenn man von Verdrängung spricht, so muß man auf die Ökonomie der Kräfte der Verdrängung achten, die nicht einfach auf die Negation des Verdrängten gerichtet sind, sondern die das Verdrängte »anzapfen« müssen, um es unter Verschluß nehmen zu können. Sie nutzt die Kraft der Verdrängung, um diese zu mißbrauchen für das Ziel der gefäßlichen Einwohnung des Verdrängten in einem anderen Unbewußtsein, das nichts zu tun hat mit dem limbalen Unbewußtsein, dem auch das »lapsarische Urbewußtsein« entstammt. Die Kräfte-Entnahme des Willens am Verdrängten, das heißt am null-reduzierten »lapsarischen Urbewußtsein«, zielt darauf ab, den erreichten Nullpunkt des Urbewußtseins »anzuzapfen« durch Schaffung eines fiktiven Grenz- und Übergangspunktes im reduzierten »lapsarischen Urbewußtsein« selbst, der den Weg öffnet nicht wie naturgemäß in die $\left\{\textit{bewußtseins}\middle| \begin{array}{c} \textit{ontologische} \\ \textit{ontogenetische} \end{array}\right\}$ Evolution des limbalen Triebherzens, sondern in die extravasale Erzeugung von »retrogradem $\{\textit{Un}|\textit{Bewußtsein}\}$«, in dem das wesens-reduzierte »lapsarische Urbewußtsein«

untertaucht, um sich darin in seine gefäßliche Einwohnung zu begeben. Ich möchte an dieser Stelle besonders die Wichtigkeit hervorheben, diesen okkulten Vorgang nicht einfach als einseitig passives Verdrängtwerden zu begreifen. Es ist von großer Bedeutung, das Geschehen auch aus der Perspektive einer Kooperation des Verdrängten zu betrachten. Denn wir dürfen nicht vergessen, dass der ganze Vorgang der Verdrängung als Projektion des Willens zur Macht zu fassen ist. Das extravasale Handeln des Verdrängten setzt bereits die vom Willen gesetzte Urwirklichkeit eines Willens zum Willen voraus. Das Verdrängte kann sich unter der vorherrschenden Wirklichkeit des Willens nur kooperativ verhalten, weil dieses Verhalten die Seinsvergessenheit des Verdrängten im Willen zur Macht selbst voraussetzt. *Kurzum*: Das »lapsarische Urbewußtsein« macht sich zum Opfer der Erzeugung eines »retrograden {Un|Bewußtseins}« durch den Willen zur Macht.

Frage: Was erfahren wir aus den geschilderten okkulten Abläufen bei der Reduktion des »retrograden {Un|Bewußtseins}« durch den Willen? Dass die Reduktion zur Entstehung eines materialen Ursprungspunktes im Reduzierten selbst führt, durch den dieses eine Umwertung hinsichtlich seiner naturgemäßen Determination erfährt. Es findet eine materiale Umbesetzung des Wesens im Verdrängten selbst statt. Das Verdrängte wird zur Grundlage der Verdrängung selbst wesens-transkribiert, wodurch das Verdrängte seiner Verdrängung durch den Willen zur Macht selbst *zuarbeiten* muss. Das heißt aber nichts anderes, als dass das Verdrängte selbst zu einer Formation des Willens zur Macht wird. Das heißt verkürzt gesagt: Das »lapsarische Urbewußtsein« ›wird‹ Wille zur Macht, insofern ohne seine Reduktion zum Ursprungspunkt der Entstehung von »retrogradem Unbewußtsein« der Wille nicht zu seinem $\left\{ \begin{matrix} säkular \\ aufgeklärten \end{matrix} \middle| \begin{matrix} Bewußtseins \\ Fiktums \end{matrix} \right\}$ Selbst kommen könnte, auf dem die menschheitsgeschichtliche ›Legitimität‹ seiner Welterschaffungs-Deutung gründet. Das »lapsarische Urbewußtsein« ist der *negative* Urstoff einer extravasalen Evolution von Bewußtsein, durch die der Wille zur Herrschaft kommt.

Indem das »lapsarische Urbewußtsein« in seinem limbalen Wesen *auf Null* reduziert wird, erreicht es im Geschehen seines Reduziertwerdens den Punkt, wo es mit sich selbst als Grenz- und Übergangspunkt konfrontiert wird. Aber dieser Übergang kann nicht mehr der des limbalen Unbewußtseins zur $\left\{ bewußtseins \middle| \begin{matrix} ontologischen \\ ontogenetischen \end{matrix} \right\}$ Evolution des limbalen Triebherzens sein, sondern ist der Übergang in ein *anderes* Genus von Bewußtsein, ich meine in das phantasmatische Wesen eines extravasalen Bewußtseinsgrundes, welches dem Willen zur Macht entstammt, nicht dem limbalen Untergang des »Verbum exinanitum ipsum«. Durch die an ihm vollzogene Reduktion erfährt sich das »lapsarische Urbewußtsein« als Übergangspunkt der Genese von »retrogradem $\{Un|Bewußtsein\}$«. Und indem es dies tut, verwirklicht es an sich selbst d i e   g e f ä ß l i c h e   E i n w o h n u n g   s e i n e s   V e r d r ä n g t s e i n s im »retrograden $\{Un|Bewußtsein\}$« des Willens.

Der Wille verfügt damit über einen in sein extravasales Unbewußtsein eingepflanzten $\left\{schein|un|bewußtseins\,\middle|\,{ontologischen \atop ontogenetischen}\right\}$ Keim zur Erzeugung eines $\left\{{säkular \atop aufgeklärten}\,\middle|\,{Bewußtseins \atop von\ dieser\ Welt}\right\}$, das selbst auf der Verdrängung des limbalen Unbewußtseins und damit auf der Verdrängung der $\left\{bewußtseins\,\middle|\,{ontologischen \atop ontogenetischen}\right\}$ Evolution des limbalen Triebherzens beruht. Die $\{Auf|0|Reduktion\}$ des »lapsarischen Urbewußtseins« durch den Willen zur Macht stellt ein wichtiges okkultes Phänomen dar, welches intuitiver Erkenntnis bedarf, da es die Grundlage bildet für die Genealogie des $\left\{{säkular \atop aufgeklärten}\,\middle|\,{Bewußtseins \atop Selbst}\right\}$, auf welchem die leviathanische Vernunft errichtet ist. Diese politische Vernunft kann von ihren Anhängern und Nutznießern wohl verteidigt und befürwortet werden, aber sie kann von denselben nicht begriffen werden als $\left\{{säkular \atop aufgeklärtes}\,\middle|\,{Bewußtseins \atop Fiktums-Selbst}\right\}$ des postlapsarischen Menschen. Denn solch okkulte Erkenntnis käme dem Ende des ›G e i s t e s   d e r   M o d e r n e ‹ gleich.

> Das »prophetische Wort« ist Prinzip der okkulten Bewußtseinslehre und theokratischer Ursprung der Wissenschaft.

Die $\{Auf|0|Reduktion\}$ ist Negation des limbalen Unbewußtseins in Gestalt des auf den Nullpunkt zurückgeführen »lapsarischen Urbewußtseins«. Dieses wird dadurch bestimmt zum Null-Ursprungs-Punkt eines Überganges in ein *anderes* Bewußtseins-Genus. Dieser Übergang aber ist selbst Teil der U m w e r t u n g   d e s   » l a p s a r i s c h e n   U r b e w u ß t s e i n s «   d u r c h   d e n   W i l l e n   z u r   M a c h t . Diese Umwertung ist *total*, weil durch sie das ganze Wesen des limbalen Unbewußtseins *in nuce* negiert wird, und zwar so negiert wird, dass dem Willen aus dieser Negation materialer Nutzen erwächst. Wie zieht der Wille daraus materialen Nutzen? Indem sich ihm die $\{Auf|0|Reduktion\}$ des »lapsarischen Urbewußtseins« als Materialisation eines *negativen* Unbewußtseins auszahlt.

Diese Materialisation *negativen* Unbewußtseins, die dem Null-Ursprungs-Punkt des negierten »lapsarischen Urbewußtseins« entspringt, ist nötig, damit das verdrängte [reduzierte] Urbewußtsein [*vom Fall des Menschen*] den Sprung in die Qualität seiner Selbstentfremdung verwirklichen kann. Denn dieser Sprung ist der Übergang des Urbewußtseins in dessen gefäßliche Einwohnung im »retrograden Unbewußtsein« des Willens zur Macht, wodurch sich dieser selbst in das blinde Phantasma einer angemaßten Göttlichkeit begibt. Der Übergang des negierten »lapsarischen Urbewußtseins« in das *andere* Bewußtseins-Genus des »retrograden Unbewußtseins«, welches das des Willens ist, dieser Übergang ist nur möglich, weil er die Materialisation *negativen* Unbewußtseins durch die Verdrängung des limbalen Unbewußtseins im »lapsarischen Urbewußtsein« voraussetzt. Dadurch wird dieses aus seiner Negation durch den Willen produktiv und wird zum Opfer der List des Willens, der zur Macht will, das heißt *zu sich selbst*. Zum Opfer wird das »lapsarische Urbewußtsein« gemacht allein im materialen Wesensgrund der phantasmatischen Vernunft des Willens zur Macht, der es *für sich* grundlegend umwertet. Er denkt sich dieses nur, inwiefern es sich zum m a t e r i a l e n G r u n d d e r U n g e r e c h t i g k e i t verwendbar ist. Denn dieser materiale Grund des Willens ist dessen negativer Ursprung aus der Verdrängung des »lapsarischen Urbewußtseins«. Nun läßt sich mit Recht fragen, inwiefern kann Verdrängung ›erfolgreich‹ sein? Was muss mit einem passiert sein, um zu glauben, man habe etwas ›erfolgreich verdrängt‹? Man muss dazu Opfer einer Selbsttäuschung geworden sein. D e r W i l l e e r w e i s t s i c h s e l b s t a l s O p f e r s e i n e r p h a n t a s m a t i s c h e n B e w u ß t s e i n s - N a t u r .

Wir können feststellen, dass der Wille, sobald er zu seiner *eigenen* Vernunft gekommen ist auf Kosten der Verdrängung des limbalen Unbewußtseins und des darin begründeten »lapsarischen Urbewußtseins«, sich als E r k e n n t n i s p r i n z i p »m a t e r i a l e r U n g e r e c h t i g k e i t « kundgibt, weil er erst durch dieses s i c h s e l b s t *wollen* kann. Und nur deshalb ist er W i l l e z u r M a c h t . Ich möchte mit Nachdruck darauf hinweisen, dass allein hier, im metaphysischen Ursprung des Willens zur Macht, der »G r u n d d e r m a t e r i a l e n U n g e r e c h t i g k e i t « zu finden ist, welchen die *„Weisen dieser Welt"* gerne einer fehlgeleiteten Politik zuzuweisen pflegen, so als gäbe es überhaupt eine Gerechtigkeit, die von der politischen Vernunft geleistet werden könnte. Gegen solch haltlose Hypothesen jedoch spricht d a s e x t r a v a s a l e W e s e n des Willens zur Macht. Tatsache ist vielmehr, dass die $\left\{ {säkular \atop laikale} \middle| Wissenschaft \right\}$ der Moderne selbst Funktion des Willens zur Macht *ist*, ohne dass diese sich dessen selbst bewußt wäre. Deshalb ist die »materiale Ungerechtigkeit« kein Gegenstand $\left\{ {säkular \atop laikaler} \middle| {Wissenschafts \atop Erkenntnis} \right\}$, so paradox dies manchem auch immer klingen mag. So wie alles in der vom Willen zur Macht konstruierten Welt trägt auch die $\left\{ {säkular \atop laikale} \middle| Wissenschaft \right\}$ die Verantwortung für das Prinzip der »materialen Ungerechtigkeit«, was so viel sagen will wie die Schuld für das archaische Opfer des Willens zur Macht, dem d e r R e c h t s g r u n d d e r » m a t e r i a l e n U n g e r e c h t i g k e i t « seine mysteriöse Entstehung verdankt. Es kann somit auch nicht die Sache der politischen Vernunft sein, diesen R e c h t s g r u n d d e r » m a t e r i a l e n U n g e r e c h t i g k e i t « zu erkennen und abzuwehren. *Ergo*: Wir bedürfen der okkulten Bewußtseinslehre, die der Legitimität des »prophetischen Wortes« entspringt, um das P r i n z i p d e r m a t e r i a l e n G e r e c h t i g k e i t offenbar werden zu lassen.

Exkurs: Das »lapsarische Urbewußtsein«, das alle Verdrängungsgeschichte überdauert und überragt und dennoch aufgrund seiner $\left\{{\text{Verdrängt} \atop \text{Seins}}\Big| Geschichte\right\}$ Ursache ist für die Entstehung seelischer Erkrankungen. Diese läßt sich dennoch nicht phylogenetisch erklären, weil sich in jedem Individuum die $\left\{{\text{Verdrängt} \atop \text{Seins}}\Big|{Vor \atop Geschichte}\right\}$ der politischen Vernunft *auf ganz spezifische Weise* wiederholt. Die politische Vernunft spaltet das »lapsarische Urbewußtsein« ab, weil es sich als verdrängungs-*resistent* erweist. Es ist etwas, das dem Verdrängungstrieb des Willens selbst *wider*-steht. Das der Gegenoffenbarung selbst *wider*-stehende Moment der Verdrängung.

$\boxed{Gesetz:}$ Die Verdrängung der Offenbarung durch den Willen zur Macht erzeugt einen Überschuß, der sich schließlich gegen die Verdrängungstendenz der politischen Vernunft selbst richtet und damit Probleme hervorruft. Das »lapsarische Urbewußtsein« als im »retrograden Unbewußtsein« des Willens zum Schweigen gebrachtes, es ist zu verstehen als Keim von seelischer Erkrankung, der von dem $\left\{{\text{säkular} \atop \text{laikalen}}\Big| Weltbewußtsein\right\}$ des Willens selbst verdrängt wird. Abtrennung des Keimes von der Symptomatik der Erkrankung. Diese Symptomatik wird vom $\left\{{\text{säkular} \atop \text{laikalen}}\Big|{Welterschließungs \atop Bewußtsein}\right\}$ der Wissenschaft einer passenden Kausalkette zugeordnet, die selbst der Sphäre des $\left\{{\text{säkular} \atop \text{laikalen}}\Big| Erkenntniswillens\right\}$ angehört. Was liegt da näher als die wissenschaftliche „*Entdeckung*" einer material-libidinösen Triebstruktur des Menschen, die für die Entstehung eines modernen $\left\{{\text{säkular} \atop \text{laikalen}}\Big|{Welterschließungs \atop Bewußtseins}\right\}$ wie geschaffen ist, um die postlapsarische Natur im ›aufgeklärten‹ Menschen von Grund auf zu l e u g n e n.

Durch diesen *unbewußten* Krankheitskomplex in der seelischen Verfassung des $\left\{{\text{säkular} \atop \text{laikalen}}\Big| Menschen\right\}$ entsteht eine Individualität, die von der politischen Vernunft geradezu in Frage gestellt wird. Die Seelenerkrankung als Potential eines E r k e n n t n i s - W i d e r s t a n d e s g e g e n d e n W i l l e n z u r M a c h t, der dadurch unbewußt als okkulte Ursache der Erkrankung ausgesprochen wird. Denn der Wille ist Grund *für die* und Agens *der* gegenoffenbarungsgeschichtlichen Verdrängung des »lapsarischen Urbewußtseins« im

Menschen. Um all dies zu verbergen, was liegt für den Willen näher, als der ätiologische Verweis auf die Bedeutung der Sexualität für die Genese des $\left\{\begin{array}{l}\text{säkular}\\\text{laikalen}\end{array}\middle|\begin{array}{l}\textit{Welterschließungs}\\\textit{Bewußtseins}\end{array}\right\}$? Die Legende der Moderne , die diese von sich selbst erfunden hat, besagt also: *„Macht euch frei von dem Schuldkomplex, der durch das »lapsarische Urbewußtsein« [!] verursacht wird, da dieses immer wieder in euch zum Durchbruch kommen und euch seelisch krank machen will. Macht euch frei von diesem Willen zur Krankheit, der euch heimsucht! Werdet frei vom Fluch des »lapsarischen Urbewußtseins«, das euch zu unterdrücken sucht!"* — Und wie wird man davon frei? Indem man das »lapsarische Urbewußtsein« z u r I l l u s i o n e r k l ä r t. Aber indem man dieses zu Trug erklärt, wird man nicht frei, sondern man wird nun vom Verdrängten in den enthemmten Willen des $\left\{\begin{array}{l}\text{säkular}\\\text{laikalen}\end{array}\middle|\begin{array}{l}\textit{Welterschließungs}\\\textit{Bewußtseins}\end{array}\right\}$ getrieben, der auf die Wiederherstellung der *„natürlichen Triebstruktur"* pocht, die doch nichts anderes als die Erfindung des $\left\{\begin{array}{l}\text{säkular}\\\text{laikalen}\end{array}\middle|\begin{array}{l}\textit{Welterschaffungs}\\\textit{Bewußtseins}\end{array}\right\}$ des *gefallenen* Menschen selbst ist. Aber worauf dieser Wille des $\left\{\begin{array}{l}\text{säkular}\\\text{laikalen}\end{array}\middle|\begin{array}{l}\textit{Weltschöpfungs}\\\textit{Bewußtseins}\end{array}\right\}$ insistiert, es ist nichts als d e r d u n k l e R e c h t s g r u n d d e r » m a t e r i a l e n U n g e r e c h t i g k e i t « u n d d e r g e i s t i g e n A n a r c h i e. Der gefallene Mensch selbst wird zum eigentlichen Rechtsgrund eines Bewußtseins $\left\{\begin{array}{l}\text{säkular}\\\text{laikaler}\end{array}\middle|\begin{array}{l}\textit{Welterschaffungs}\\\textit{Deutung}\end{array}\right\}$.

Exkurs: Das Unheilvolle, ja die Bosheit gesellschaftlich fördern, dies meint nicht die Absicht, diese bewußt zu tun oder gar nur auszusprechen, sondern es bedeutet die Unfähigkeit zu wissen, *w o r i n d a s G u t e s e l b s t b e- s t e h t*. Das *„Gute"* auf der Ebene einer $\left\{\begin{array}{l}\text{säkular}\\\text{laikalen}\end{array}\middle|\begin{array}{l}\textit{Weltschöpfungs}\\\textit{Deutung}\end{array}\right\}$ glauben *wissen zu können*, dies bereits ist der heimliche Quell der Bosheit. Denn die Entscheidung für das Böse ist bereits gefallen auf der Ebene des Unbewußten, das sich durch die Tat des Willens zur Macht vom Logos als dem göttlichen Ursprung des limbalen Unbewußtseins *mit*-abgespalten hat. Der Wille, der sich vom Logos abspaltet, führt zugleich Elemente dieses Unbewußtseins mit sich und über dessen Wesensbindung zum Logos hinaus. Aus diesen extravasalen Fragmenten des limbalen Unbewußtseins baut der Wille sich sein Nest, wo er zur Ruhe kommt, um sich zur Tat zu sammeln. Und diese Selbst-Sammlung des Willens im Nest seines extravasalen Unbewußtseins ist die Tiefe der Reflektion des Willens in sich selbst oder d i e M a t e r i a l i s a t i o n d e r U n g e - r e c h t i g k e i t a l s d e r o k k u l t e R e c h t s g r u n d d e s W i l l e n s.

» U n g e r e c h t i g k e i t « ist keine Eigenschaft im moralischen Sinn von Gut und Böse. Man kann nicht bewußt zwischen beiden wählen, sondern die Tat des Willens ist im Unbewußtsein selbst bereits vollzogen. Man kann sich nicht für das Gute oder Böse *bewußt* entscheiden. Denn der Wille leugnet ja gerade den limbalen Ursprung von Bewußtsein, indem er das »lapsarische Urbewußtsein« der {*Auf*|0|*Reduktion*} unterwirft, um aus dieser Reduktion des limbalen Bewußtseins-Ursprungs eine Grundlage für sich selbst in einem »retrograden Unbewußtsein« zu schaffen. Die Entstehung dieses n e g a t i v e n o d e r » r e t r o g r a d e n U n b e w u ß t s e i n s « durch Ausschaltung des »lapsarischen Urbewußtseins« bildet die *unerläßliche* Grundlage für die Bewußtseinsformation des Willens selbst als eines leviathanischen Geistes. Durch die $\{Auf|0|Reduktion\}$ des »lapsarischen Urbewußtseins« erzeugt der Wille — *unbewußt* — seine materiale Wesens-Gyration im Abgrund einer N e g a t i o n d e r N e g a t i v i t ä t v o n B e w u ß t s e i n . Und dieser Abgrund ist nichts anderes als das $\left\{Auf \,\middle|\, 0 \,\middle|\, \begin{array}{c} reduzierte \\ lapsarische\ Urbewußtsein \end{array}\right\}$, das an sich seine Negation durch den Willen erfährt *a l s i m W i l l e n s e l b s t .*

→ Wir verstehen: Es findet hier ein $\left\{bewußtseins \,\middle|\, \begin{array}{c} ontologischer \\ ontogenetischer \end{array}\right\}$ Übergang von Bewußtseins-Quanten statt. Und durch diesen Übergang erfahren die Quanten eine Veränderung an ihrer bewußtseins-ontologischen Determination. Denn die Determination wechselt den, der die Determination tätigt. Ü b e r g ä n g e s i n d V e r ä n d e r u n g d e r B e w u ß t s e i n s - D e t e r m i n a t i o n . Der Übergang von Bewußtseins-Quanten in eine *veränderte* Determination vereinigen mehrere Aspekte zugleich in sich, die erst getrennt betrachtet werden müssen, um den Vorgang würdigen zu können in seiner Komplexität.

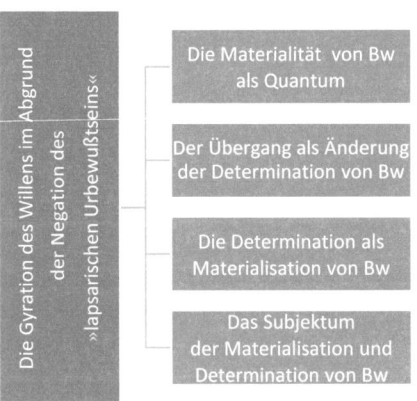

Die $\{Auf|0|Reduktion\}$ des »lapsarischen Urbewußtseins« durch den Willen ist nicht als ein bloßes »Aus dem Wege Räumen« zu verstehen, so als beseitige der Wille etwas, das ihm im Wege steht, um sich einfach an dessen Stelle zu setzen. Dies aber würde voraussetzen, dass der Wille *schon etwas wäre.* Vielmehr gilt vom Willen im Anfang, *dass er nichts ist.* Und er kann nur „etwas"

werden, wenn die {*Auf*|0|*Reduktion*} des »lapsarischen Urbewußtseins« *de facto* eine D e m a t e r i a l i s a t i o n eben dieses Urbewußtseins selbst ist, welche einen Ü b e r g a n g für dieses *dematerialisierte* Bewußtsein i n e i n a n - d e r e s B e w u ß t s e i n s - G e n u s herstellt. Das »lapsarische Urbewußtsein« erfährt durch diese *De*materialisation seiner selbst den Übergang in den be- wußtsein-schaffen-wollenden Willen zur Macht. Die Materie, auf welcher das »lapsarische Urbewußtsein« beruht, erfährt ihren Übergang oder ihre Verset- zung in die Gyration des Willens. Das heißt, sie wird durch den Übergang in das andere Bewußtseins-Genus, das erst durch die Gyration des Willens ent- steht oder entstehen *soll*, einem Subjektum unterworfen, welches nicht das im limbalen Unbewußtsein untergegangene »Verbum exinanitum ipsum« ist, son- dern der im Abgrund seiner Gyration verborgene Wille zur Macht. Die Nega- tion der Negativität des limbalen Unbewußtseins, welche der Wille am »lapsa- rischen Urbewußtsein« vollzieht, ist zugleich die Negation dieses Urbewußt- seins selbst. Und der Abgrund der Gyration des bewußtsein-schaffen-wollen- den Willens ist diese Negation des »lapsarischen Urbewußtseins« durch den Willen selbst. *Und noch ein weiterer Aspekt*: Dieser dunkle Abgrund, in dem die Gyration des Willens sich ereignet, er befindet sich im Inneren des »lapsari- schen Bewußtseins«, a b e r n u r f ü r d e n W i l l e n. Und eben dieses besagt, dass dieses okkulte Phänomen der inneren Negation des »lapsarischen Urbe- wußtseins« bereits jenen Übergang in ein *anderes* Bewußtseins-Genus voraus- setzt. Dieser Übergang setzt voraus, dass der Wille durch die Negation des Ur- bewußtseins im Urbewußtsein sich selbst den Übergang schafft zu der *De*ma- terialisation des Urbewußtseins. Und darüber hinaus können wir erkennen, dass die *De*materialisation des »lapsarischen Urbewußtseins« die materiale Grundlage schafft für den Übergang des Willens in die Materie seines Bewußt- sein schaffen Wollens.

Die Gyration des Bewußtsein schaffen wollenden Willens

Der Wille als Subjektum der Genese eines rein säkularen Bewußtseins

Die Negation des lapsarischen Urbewußtseins

Übergang in die Primaterialität eines retrograden Unbewußtseins

Dematerialisation des lapsarischen Urbewußtseins

Das $\{Bewußtsein|schaffen|Wollen\}$ des Willens zur Macht erfordert Materie, die in irgendeiner Weise *schon dasein muss*. Der Wille kann diese weder aus sich selbst noch aus dem Nichts erschaffen. Der Wille muss sich also *auf etwas anderes* stützen, um zu M a t e r i e und B e w u ß t s e i n zu kommen. Und *dieses Andere* kann nur das »lapsarische Urbewußtsein« sein. Der Wille kommt nur auf dem Wege der geschilderten inneren *De*materialisation des »lapsarischen Urbewußtseins« zu $\left\{bewußtseins \middle| \begin{array}{c} ontologischer \\ ontogenetischer \end{array}\right\}$ Materie. Diese Materie ist nicht »Stoff« im geläufigen Sinne des Wortes. Sie ist hyletische Energie des Bewußtseins, das heißt M a t e r i e b i l d e n d e B e w u ß t s e i n s - O n t o g e -n e s e . Dies wiederum bedeutet: Bewußtsein entsteht, indem es sich aus dem Licht des limbalen {N-Ichts} des Logos materialisiert. So hat das so entstandene Bewußtsein an dieser Materie das Bild des Wesens seiner selbst. Deshalb gibt es k e i n B e w u ß t s e i n o h n e M a t e r i e . Materie ist $\left\{bewußtseins \middle| \begin{array}{c} ontologische \\ ontogenetische \end{array}\right\}$ Quantifikation von Bewußtsein. Und mit dieser Quantifikation kommt die kategoriale Determination in das Bewußtsein, wodurch dieses *in s i c h s e l b s t w e s t*. Das Bewußtsein seiner selbst meint das Bewußtsein, welches diese seine kategoriale Wesens-Bestimmung von sich selbst hat. Denn diese kategoriale Determination erstreckt sich über die ganze $\left\{bewußtseins \middle| \begin{array}{c} ontologische \\ ontogenetische \end{array}\right\}$ Quantifikation von Bewußtsein. Zwischen B e w u ß t s e i n und M a t e r i e kann keine Seinsdifferenz und keine ontologische Kluft entstehen. Denn das Quantum erstreckt sich auf die Ganzheit der

$\left\{bewußtseins \middle| \begin{array}{l} ontologischen \\ ontogenetischen \end{array}\right\}$ Determination des Kategorialen im Bewußt-sein selbst. M a t e r i e und B e w u ß t s e i n bilden die beiden Pole, zwischen denen sich die $\left\{bewußtseins \middle| \begin{array}{l} ontologische \\ ontogenetische \end{array}\right\}$ Determination des limbalen {N-Ichts} zum äonischen Wesen des Menschen vollzieht. Die innere Menschwer-dung als kategoriale Determination von Bewußtsein, durch die dieses an sich selbst zur Materialisation der Welt wird, *die den Willen ausschließt,* weil sie ihn nicht kennt. D e n n d i e s e i n n e r e M e n s c h w e r d u n g f o l g t a l l e i n d e m g e h e i m e n P f a d d e r l i m b a l e n A n a m n e s e , d e m S i c h e r i n n e r n i n d i e G e h e i m n i s s e G o t t e s[8]. Und ein solches *limbales* $\left\{\begin{array}{l} [Un] \\ Un \end{array}\right\}$Bewußtsein stellt das »lapsarische Urbewußtsein« dar. Dieses ragt aus dem limbalen Unbewußtsein selbst hervor, aber nicht, um es zu verlassen oder aufzugeben, sondern um Ausschau zu halten nach einer kategorialen Bestim-mung, unter welcher die $\left\{bewußtseins \middle| \begin{array}{l} ontologische \\ ontogenetische \end{array}\right\}$ Evolution des limba-len Triebherzens voranschreiten kann *ohne Anfechtung durch den Willen.* Das »lapsarische Urbewußtsein« kommt aus dem limbalen Unbewußtsein hervor als aus einem, das wiedergewonnen werden muss, weil es in seinem wahren Wesen verborgen ist. Das »lapsarische Urbewußtsein« ist Ursprungspunkt al-ler $\left\{bewußtseins \middle| \begin{array}{l} ontologischen \\ ontogenetischen \end{array}\right\}$ Evolution und Determination des Men-schen. Deshalb ist es der Ursprungspunkt der Materialisation des limbalen Be-wußtseins als einer Welt *o h n e d e n W i l l e n z u r M a c h t* . Denn dieser muss vergehen, wo das »lapsarische Urbewußtsein« sich in sich selbst widerspiegelt, um aus sich d i e W e l t a l s S c h ö p f u n g G o t t e s zu offenbaren.

Somit wird klar, das »lapsarische Urbewußtsein« ist die Spitze, in wel-che sich die Verdunkelung des limbalen Unbewußtseins durch den Willen z u -rückzieht, *u m s e l b s t z u m U r s p r u n g s - N u l l p u n k t d e s l i m b a l e n U n b e w u ß t s e i n s z u w e r d e n* . Die Verdrängung der limbalen Welt bedeu-tet also, dass sich das limbale Unbewußtsein über die Form seines Ver-drängtseins in der Bewußtseinsformation des Willens zur Macht hinwegsetzt, um seinem Verdrängtsein e t w a s e n t g e g e n z u s e t z e n .

> E s w i d e r s e t z t s i c h der Bewußtseins-formation seines {*Verdrängt*|*Seins*} durch den Willen zur Macht.

---

[8] 1. Kor. 2, 10-11: ἡμῖν δὲ ἀπεκάλυψεν ὁ θεὸς διὰ τοῦ πνεύματος· τὸ γὰρ πνεῦμα πάντα ἐραυνᾷ, καὶ τὰ βάθη τοῦ θεοῦ. τίς γὰρ οἶδεν ἀνθρώπων τὰ τοῦ ἀνθρώπου εἰ μὴ τὸ πνεῦμα τοῦ ἀνθρώπου τὸ ἐν αὐτῷ; οὕτως καὶ τὰ τοῦ θεοῦ οὐδεὶς ἔγνωκεν εἰ μὴ τὸ πνεῦμα τοῦ θεοῦ.

Wie ist dieser Satz zu verstehen?

1. Dieses {*Verdrängt|Sein*} bezeichnet die Negation der Negativität des limbalen Unbewußtseins im »lapsarischen Urbewußtsein« durch den Willen zur Bewußtseinsformation des Willens selbst.

2. Diese innere {*Auf|0|Reduktion*} des »lapsarischen Urbewußtseins« aber ist als Vorgang im Willen selbst zu verstehen. Denn sie bedeutet die Grundlegung des inneren Lebens des Willens zur Macht als des G e i s t e s   d e r   G e g e n o f f e n b a r u n g .

3. Die perichoretische Gyration der inneren Ausschließung des limbalen Unbewußtseins durch den im »lapsarischen Urbewußtsein« — mittels dessen {*Auf|0|Reduktion*} — sich selbst zum »retrograden Unbewußtsein« formierenden Willen zur Macht.

4. Damit aber haben wir ein Geschehen vorauszusetzen, das den okkulten Übergang in ein *anderes* Bewußtseins-Genus beschreibt.

5. Aufgrund dieses Überganges gilt die {*Auf|0|Reduktion*} des limbalen Unbewußtseins im »lapsarischen Urbewußtsein« a l s   i m   W i l l e n   s e l b s t   v o r   s i c h   g e h e n d .

6. Unter diesen Voraussetzungen können wir nun sagen, dass das »lapsarische Urbewußtsein« diesen Übergang seines limbalen {*Verdrängt|Seins*} durch den Willen in den Willen selbst *überragt*. Aufgrund dieses Hinausragens über die okkulte Bewußtseins-Schaffung des Willens wird der lapsarische Urbewußtseins-Rest Ursprungspunkt der W i e d e r e r i n n e r u n g für das limbale Unbewußtsein selbst. Denn dieses ist es, das im »lapsarischen Urbewußtsein« durch den Machttrieb des Willens seine {*Auf|0|Reduktion*} erfährt.

7. Das »lapsarische Urbewußtsein« erweist sich als okkulter Überrest seines eigenen {*Verdrängt|Seins*}, in welchem der Ursprung der Anamnese des limbalen Unbewußtseins zu suchen ist. Es weiß von der {*Auf|0|Reduktion*} des limbalen Unbewußtseins, da diese auf dem Übergang in ein *anderes* Bewußtseins-Genus basiert.

8. Deshalb weiß das »lapsarische Bewußtsein«:
   a) Von der okkulten Grundlegung des Willens zur Macht durch die Schaffung eines »retrograden Unbewußtseins« *im Willen selbst*.
   b) Daß es sein {*Verdrängt|Seins*} selbst *überragt*. Es erkennt sich dadurch als {Rest|Ursprungs|Punkt} limbaler Anamnese und damit als Grundelement okkulter Theologie.

9. Das okkulte Wissen, welches dem »lapsarischen Urbewußtsein« zugrunde liegt, es begreift den Übergang in ein *anderes* Bewußtseins-Genus als Grundlage der $\left\{ schein|bewußtseins \begin{array}{c} ontologischen \\ ontogenetischen \end{array} \right\}$ Evolution des Willens zur Macht, aufgrund welcher dem Willen dieser Übergang selbst *verborgen bleibt*. Erscheinung und Wesen dieses Überganges

in ein *anderes* Bewußtseins-Genus sind allein der okkulten Wissenschaft erkennbar, da dieser das »lapsarische Urbewußtsein« zu eigen ist.

10. Die Agnosie vom »Ü b e r g a n g in ein *anderes* B e w u ß t s e i n s - G e n u s « liegt in der $\left\{\boxed{schein}|bewußtseins\;\genfrac{|}{\}{0pt}{}{ontologischen}{ontogenetischen}\right\}$ Evolution des Willens zur Macht selbst begründet, die leugnen muss, dass der Wille der Schaffung von Bewußtsein aus sich selbst *nicht* fähig ist. Die native Wesenlosigkeit des Willens kann kein Bewußtsein schaffen. Der Wille ist nur eines $\left\{schein|bewußtseins\;\genfrac{|}{\}{0pt}{}{ontologischen}{ontogenetischen}\right\}$ Seins fähig aufgrund seiner Selbstabspaltung vom Logos.

11. Der g e n e r i s c h e B e w u ß t s e i n s - Ü b e r g a n g ist und bleibt Geheimnis der okkulten Wissenschaft.

12. Dies aber heißt nichts anderes, als dass der Wille das »lapsarische Urbewußtsein« negiert, weil es ihm das Wesen des Unbewußtseins *v o r - e n t h ä l t*. Indem er das »lapsarische Urbewußtsein« negiert und aus dem Wege räumt, wird für ihn der Weg frei für die $\{Auf\,|0|\,Reduktion\}$ und Aufnahme der reduzierten Materie des limbalen Unbewußtseins. Er *v e r z e h r t* sozusagen den primaterialen Schatten des limbalen Unbewußtseins, um die $\left\{schein|bewußtseins\;\genfrac{|}{\}{0pt}{}{ontologische}{ontogenetische}\right\}$ Evolution seiner selbst als eine *g e g e n o f f e n b a r u n g s g e s c h i c h t l i c h e V e r - n u n f t* hervorzubringen.

13. Der Wille schlüpft als Kraft in das »lapsarische Urbewußtsein«, um dieses durch die $\{Auf\,|0|\,Reduktion\}$ für sich als primateriales $\{\boxed{Nicht}\|N-|Ichts\}$Unbewußtsein zu gewinnen. Es ist das limbale Unbewußtsein *i m » l a p s a r i s c h e n U r b e w u ß t s e i n «*, auf das der Angriff des Willens zur Macht abzielt. Dieses gilt es zu verzehren, um es in die Primaterialität eines »retrograden Unbewußtseins« zu verwandeln, aufgrund dessen der Wille an sich selbst $\left\{\boxed{schein}\|bewußtseins\;\genfrac{|}{\}{0pt}{}{ontologisch}{ontogenetisch}\right\}$ tätig werden kann. Denn die Hervorbringung einer säkularen Vernunft setzt das »retrograde Unbewußtsein« voraus, welches $\{\boxed{Nicht}\|N-|Ichts|Unbewußtseins\}$ Primaterialität der $\left\{\boxed{schein}\|bewußtseins\;\genfrac{|}{\}{0pt}{}{ontologischen}{ontogenetischen}\right\}$ Evolution des Willens zur *gegenoffenbarungsgeschichtlichen* Determination der Vernunft ist.

14. Die $\{Auf\,|0|\,Reduktion\}$ des limbalen Unbewußtseins *i m » l a p s a r i - s c h e n U r b e w u ß t s e i n «* durch den Willen schafft einen leeren Raum, der durch den »Übergang« zum Innern des Willens zur Macht selbst wird. Und dieses Innere des Willens bestimmt sich als das »retrograde Unbewußtsein«. Wir sehen, welch bedeutende Dinge sich dem okkulten Seher darbieten.

15. *Wir begreifen*: Die Entstehung des »retrograden Unbewußtseins« durch die {*Auf*|0|*Reduktion*} des limbalen Unbewußtseins *im »l a p s a r i - s c h e n   U r b e w u ß t s e i n«* bedeutet:

a) Die Erzeugung der prima materia eines {[Nicht]‖*N − |Ichts*}Unbewußtseins.

b) Die Entstehung eines Raumes, der leer ist von limbalem Unbewußtsein.

c) Dieser leere Raum geht als Idiom vom »lapsarischen Urbewußtsein« über auf den Willen zur Macht, um in diesen selbst einzugehen als der Raum, der das Innere des Willens selbst bestimmt.

d) Diese Bestimmung besteht in der Erfüllung des Innern des Willens mit der prima materia des {[Nicht]‖*N − |Ichts*}Unbewußtseins. Erst aufgrund dieser Grundlage kann der Wille tätig werden in Bezug auf die $\left\{[\overline{schein}]\|bewußtseins\begin{array}{l}ontologische\\ontogenetische\end{array}\right\}$ Evolution seiner selbst.

e) Und an diesem Punkte seiner Entwicklung erfährt der Wille zur Macht an sich selbst eine Wesens-Spaltung. Er entwirft seine Evolution zur Vernunft leviathanischer $\left\{\begin{array}{c}Weltschöpfungs\\Deutung\end{array}\right\}$ zugleich als $\left\{[\overline{schein}]\|bewußtseins\begin{array}{l}ontologische\\ontogenetische\end{array}\right\}$ Wesensentfaltung *seiner selbst*. Der Wille muss sich selbst an letztere halten und an diese als die ›einzig wahre‹ *glauben*. Denn sein Dasein hängt von diesem Glauben ab. Man hat richtig gehört! Der Wille zur Macht bedarf des *Glaubens an die* ›*Wahrheit*‹ seiner $\left\{[\overline{schein}]\|bewußtseins\begin{array}{l}ontologische\\ontogenetische\end{array}\right\}$ Wesensformation.

f) Warum bedarf der Wille zur Macht seines Glaubens an seine $\left\{[\overline{schein}]\|bewußtseins\begin{array}{l}ontologische\\ontogenetische\end{array}\right\}$ Evolution? Weil da im Dunkel seines »retrograden Unbewußtseins«-Abgrundes das *andere* Spaltungs-Quantum vom Schicksal hinterlegt ist. Der Wille nämlich hat sein Schicksal. Dieses ist als die Kraft zu verstehen, die freigesetzt wird durch die Spaltungskette, auf die das Dasein des Willens zurückgeht. Das, was ihm sein Leben gibt, ist zugleich sein Schicksal. Der in dieser wesentlichen Gespaltenheit lebende Wille ist zugleich der Wille, welcher an die $\left\{[\overline{schein}]\|bewußtseins\begin{array}{l}ontologische\\ontogenetische\end{array}\right\}$ Evolution *seiner selbst* als an das Prinzip der $\left\{\begin{array}{l}aufgeklärt\\säkularen\end{array}\right\}$ Vernunft glaubt.

g) Durch diesen ›*Glauben*‹ vollzieht sich jener Übergang des{[Nicht]‖*N − |Ichts*}Unbewußtseins in ein *anderes* Bewußtseins-Genus.

16. Dieser »Übergang« manifestiert sich unter verschiedenen Aspekten:

a) Als ein Übergang in ein *anderes* Bewußtseins-Subjektum.

b) Als ein Hinübergehen in ein *anderes* Bewußtseins-Genus.

c) Als eine Wandlung des vom Willen negierten Innern des »lapsarischen Urbewußtseins« zum Inneren des Willens.

d) Als ein Übergang von negiertem [limbalen] Unbewußtsein zur $\left\{\boxed{schein}\|bewußtseins\left|\begin{array}{l}ontologischen\\ontogenetischen\end{array}\right.\right\}$ Quelle des Willens zur Macht.

e) Als ein Übergang des negierten limbalen Unbewußtseins zum $\left\{\boxed{\text{~~schein~~}}\|bewußtseins\left|\begin{array}{l}ontologischen\\ontogenetischen\end{array}\right.\right\}$ Glauben des Willens zur Macht an seine $\left\{\boxed{\text{~~gegen~~}}\|offenbarungsgeschichtliche\right\}$ Mission als $\left\{\begin{array}{l}aufgeklärt\\säkulare\end{array}\right\}$ Vernunft.

17. Die $\{Auf|0|Reduktion\}$ des limbalen Unbewußtseins aufgrund der Negation des »lapsarischen Urbewußtseins« durch den Willen zur Macht bezeichnet *zwei* Vorgänge:

a) Die Verzehrung des limbalen Unbewußtseins-Stoffes als dessen Übergang in die Primaterialität einer retrograden Bewußtseins-Determination durch den Willen. Die »Verzehrung« durch den Willen ist als die Negation selbst der limbalen Unbewusstseins-Materie zu begreifen. Es handelt sich um eine Metabolie von Bewußtseins-Materie. Dieser bedarf der Wille zwecks seiner $\left\{\begin{array}{l}\boxed{schein}\\\boxed{\text{~~schein~~}}\end{array}\|bewußtseins\left|\begin{array}{l}ontologischen\\ontogenetischen\end{array}\right.\right\}$ Evolution zur $\left\{\begin{array}{l}aufgeklärt\\säkularen\end{array}\right\}$ Rationalität materialer Welterschließung.

b) Die Setzung des Willens zur Macht zum Subjektum der $\left\{\begin{array}{l}\boxed{schein}\\\boxed{\text{~~schein~~}}\end{array}\|bewußtseins\left|\begin{array}{l}ontologischen\\ontogenetischen\end{array}\right.\right\}$ Evolution, welche der Negation oder $\{Auf|0|Reduktion\}$ der limbalen Unbewußtseins-Materie durch den Null-Ursprungspunkt des »lapsarischen Urbewußtseins« entspringt.

18. Die »Verzehrung« [Negation] durch den Willen bedeutet, dass die negierte limbale Unbewußtseins-Materie nicht mehr auf das »lapsarische Urbewußtsein« ursprungs-bezogen bleibt. Diese Urrelation geht verloren, denn der Wille setzt sich nun an die Stelle als Subjektum aller von ihm verzehrten limbalen Unbewußtseins-Materie. Wir können somit sagen: Diese erfährt in dem zum Subjektum gewordenen Willen zur Macht ihre $\{Auf|0|Reduktion\}$ an sich selbst als Determination zum Übergang in ein *anderes* Bewußtseins-Genus. Die vom

Willen verzehrte limbale Unbewußtseins-Materie erfährt eben durch ihr Verzehrt-Sein an sich selbst einen Übergang zu einem *anderen* [sie determinierenden] Subjektum. Und durch diesen Urbezug erhält sie ein *anderes* Bewußtsein *von sich selbst*.

19. Wir sehen: Der Wille setzt sich zum Urbezugspunkt für das von ihm negierte und verzehrte limbale Unbewußtein. Er macht sich zum

$$\text{S u b j e k t u m}\ \text{seiner} \left\{ \frac{\overline{\underline{schein}}}{\underline{\overline{schein}}} \right\} bewußtseins \left| \begin{matrix} ontologischen \\ ontogenetischen \end{matrix} \right\} \text{Evolu-}$$

tion zur Rationalität einer $\left\{ \begin{matrix} säkular \\ laikalen \end{matrix} \right| \begin{matrix} Welterschaffungs \\ Deutung \end{matrix} \right\}$ des Seienden.

20. Wir sehen, dass die {Auf|0|Reduktion} des limbalen Unbewußtseins-Stoffes *im »l a p s a r i s c h e n   U r b e w u ß t s e i n «* die Tat des Willens ist, der dadurch sich selbst zum Subjektum [oder Null-Ursprungspunkt oder Urbezugspunkt] zwischen der zur Primaterialität reduzierten limbalen Unbewußtseins-Materie und dem negierten »lapsarischen Urbewußtsein« macht. In diese Quanten der Negation geht nun der Wille ein als deren Subjektum.

21. *Problem*: Dadurch wird klar, dass das Subjektum *e i n   D r i t t e s* ist, das gleichsam zwischen beiden Negationen *vermittelt*. Es geht somit um die o k k u l t e   F u n k t i o n   d e s   » S u b j e k t u m s «. Als Urheber der Negationen muss der Wille sich selbst *als Subjektum* ins Spiel bringen, denn das eigentliche Subjektum fällt aufgrund seines Negiert-Seins weg. Was aber ist d a s   e i g e n t l i c h e   S u b j e k t u m, wenn nicht das »lapsarische Urbewußtsein«?

22. *Wir sehen*: Der Wille bricht die U n m i t t e l b a r k e i t   d e s   {S u b j e k - t u m - S e i n s} auf mit der Gewalt seiner Negationen. Er verändert die grundlegende Konfiguration, die den Urbezug herstellt zwischen der limbalen Unbewußtseins-Materie und dem »lapsarischen Urbewußtsein«.

23. Am Problem des »lapsarischen Urbewußtseins« entscheidet sich für den Menschen das Schicksal der Offenbarungsgeschichte.

24. Der Wille tritt zwar an die Stelle des von ihm *negierten* »lapsarischen Urbewußtseins«, aber es wird klar, dass er nicht den Platz des Negierten selbst einnehmen kann, weil mit der Negation das Negierte selbst verschwindet, wohin auch immer. Der Wille kann also das »lapsarische Urbewußtsein« nicht außer Kraft setzen, weil er es negiert. Und mit der Negation verschwindet auch die Stelle des Negierten. Welche Stelle hatte das Negierte vor seiner Negation durch den Willen inne? Die des Subjektums von Bewußtsein, das aus dem limbalen Unbewußtseins-Strom selbst hervorgeht. Die Bewußtseinsfrucht des limbalen Unbewusstseins-Stromes ist folglich Subjektum, hat die Stelle eines Urbezugspunktes, der mit dem des »lapsarischen Urbewußtseins« des

Triebherzens schlechthin zusammenfällt. Deshalb sprechen wir auch mit gutem Grunde von einem U r -Bewußtsein.

25. Das »lapsarische U r - B e w u ß t s e i n « erfüllt eine doppelte Funktion, es ist selbst Teil einer Urrelation und es ist zugleich Subjektum dieser Urrelation. Es umfasst somit sich selbst als teilhabend an jener Urrelation, deren Subjektum das »lapsarische Urbewußtsein« selbst ist. Dieses ist Subjektum der $\left\{ bewußtseins \left|\begin{array}{l} ontologischen \\ ontogenetischen \end{array}\right.\right\}$ Evolution des Triebherzens auf seiner Passage durch den limbalen Unbewußtseins-Strom hin zur Menschwerdung des »Verbum exinanitum ipsum«, die ohne die Ankunft des limbalen Triebherzens im Subjektum des »lapsarischen Urbewußtseins« nur eine heilige Legende bleibt.

26. Das »lapsarische Urbewußtsein« ist das Subjektum aller okkulten Wissenschaft. Aus diesem Grunde muss der Wille alles unternehmen, um dieses Urbewußtsein zum Schweigen zu bringen. Er muss es v e r z e h -r e n in dem Glauben, es ›erledigt‹ zu haben. Aber warum glaubt er dies? Weil er an die $\left\{ \begin{array}{l} \boxed{schein} \\ \boxed{\text{s̶c̶h̶e̶i̶n̶}} \end{array}\right.$ $bewußtseins \left|\begin{array}{l} ontologische \\ ontogenetische \end{array}\right.\}$ Evolution $seiner$ $selbst$ zur Rationalität eines $\left\{\begin{array}{l} säkular \\ laikalen \end{array}\right. \left| \begin{array}{l} Welterschaffungs \\ Bewußtseins \end{array}\right\}$ glaubt, so als geschehe dieses alles auf Geheiß einer göttlichen Vorsehung.

27. Die »Verzehrung« der limbalen Unbewußtseins-Materie durch deren primateriale $\{Auf|0|Reduktion\}$ haben wir unter verschiedenen Gesichtspunkten zu betrachten:

   a) Die Einfügung *eines Dritten* zwischen die beiden Negationen, das die Funktion des Subjektums übernimmt.

   b) Diese Selbst-Setzung des Willens zum Subjektum geschieht aus dem Grund des Überganges der Negationen in das Innere des Willens. Nur so kann der Wille s e l b s t g e s e t z t e s S u b j e k t u m sein, durch das die Negationen im Willen eine Determination *durch den Willen* an sich erfahren und damit *als selbst Negiertes* zu einem $\left\{ \begin{array}{l} \boxed{Schein} \\ \boxed{\text{S̶c̶h̶e̶i̶n̶}} \end{array}\right| Bewußtsein \}$ gelangen.

   c) Die Selbstsetzung des Willens zum S u b j e k t u m d e r N e g a t i o n des »l a p s a r i s c h e n U r b e w u ß t s e i n s « hat somit den Zweck, aus der Negation den Vorteil einer Bewußtseinsformation des Willens zum Subjektum herauszuschlagen. Diese Bw-Formation, die der Wille aus den am »lapsarischen Urbewußtsein« getätigten Negationen bezieht, sie ist die $\left\{ \begin{array}{l} \boxed{schein} \\ \boxed{\text{s̶c̶h̶e̶i̶n̶}} \end{array}\right| bewußtseins \left|\begin{array}{l} ontologische \\ ontogenetische \end{array}\right.\}$ Q u i n t e s s e n z d e s W i l l e n s z u r M a c h t. Um genauer zu sein: Der Wille verdankt seine Bewußtseinsbildung dem von ihm

Negierten, der negierten Bewußtseinsmaterie des »lapsarischen Ur-bewußtseins«, wodurch dieses selbst ›*frei*‹ wird, entlassen wird vom Willen in die ›*D e t e r m i n a t i o n s - B e d ü r f t i g k e i t*‹ durch den Willen, der sich damit selbst zum Subjektum einer veränderten Kon-figuration aufschwingt.

d) Das »lapsarische Urbewußtsein« wird *ab-gelöst* und in die objektale Sphäre einer primaterialen Verfügbarkeit verwiesen. Es wird nun Teil der P r i m a t e r i a l i t ä t eines »r e t r o g r a d e n U n b e-w u ß t s e i n s« d e s W i l l e n s.

e) Nun sehen wir, *wohin* die Negationen verschwunden sind, das heißt das in diesen Negierte. Das Negierte ist verschwunden [*oder*: abge-taucht] in die Primaterialität des generischen Bewußtseins-Übergan-ges, welcher allein den Zwecken und Absichten des Willens zur Macht dient.

f) Das heißt, das eigentliche »lapsarische Urbewußtsein« bleibt *unge-dacht* außen vor dem Willen und für diesen unantastbar und unsicht-bar. Und dennoch ist es Teil seines Verzehrtseins durch den Willen selbst. Denn es ist der Köder, den der große Leviathan schlucken muß.

g) Betrachten wir, wie die im »lapsarischen Urbewußtsein« gegenwär-tige limbale Unbewußtseins-Materie zurückgeführt wird in einen primaterialen Zustand, so wird klar, dass damit das Unbewußtsein sein Subjektum im »lapsarischen Urbewußtsein« des Triebherzens verliert. Und eben in diese fehlende Stelle setzt sich der Wille als Subjektum des von ihm Negierten ein und verändert dadurch grundlegend die Gesamtkonfiguration des Bewußtseinslebens.

h) Mit dieser Selbsteinführung des Willens a l s d e s S u b j e k t u m s unterwirft dieser sich zugleich *alles von ihm Negierte*. Das Negierte kann deshalb nur einem Fremden gehorchen, weil es durch die Ne-gation in seiner Natur entmachtet ist. Und eben dieses ist der Wille zur Macht als Subjektum des $\left\{ retrograden \left\{ \frac{Un}{\text{Un}} \middle| Bewußtseins \right\} \right\}$.

i) Dieser okkulte Vorgang der Einsetzung des Willens zur Macht als Subjektum seiner $\left\{ \frac{\boxed{schein}}{\boxed{\textit{schein}}} \middle| bewußtseins \middle| \begin{matrix} ontologischen \\ ontogenetischen \end{matrix} \right\}$ Evolu-tion zur Rationalität eines $\left\{ \begin{matrix} säkular \\ laikalen \end{matrix} \middle| \begin{matrix} Weltdeutungs \\ Bewußtseins \end{matrix} \right\}$ zeigt in aller Deutlichkeit, worin das Geheimnis des Überganges in ein *anderes* Be-wußtseins-Genus besteht.

j) Das Negierte verschwindet in der Form seines durch den Willen ne-gierten Seins, um zur primaterialen Grundlage der $\left\{ \frac{\boxed{schein}}{\boxed{\textit{schein}}} \middle| bewußtseins \middle| \begin{matrix} ontologischen \\ ontogenetischen \end{matrix} \right\}$ Evolution des Willens zu

werden. Der Wille zur Macht setzt sich selbst als Subjektum eines $\left\{\text{retrograden} \begin{Bmatrix} Un \\ U\bar{n} \end{Bmatrix} \middle| Bewußtseins\right\}$ ein, durch das er sich selbst zum $\left\{\begin{Vmatrix} Schein \\ \overline{Schein} \end{Vmatrix} Bewußtsein\right\}$ einer $\left\{\begin{matrix} säkular \\ laikalen \end{matrix} \middle| \begin{matrix} Welterschaffungs \\ Deutung \end{matrix}\right\}$ be-
stimmt.

k) Durch diese Vernunft steht nur der bloße Wille über dem Willen selbst, so dass der Wille sich selbst zum *„sterblichen Gott"*[9] wird. Dies ist der Glaube des Willens an die *„Legitimität"* seiner selbst als des Rechtsgrundes aller ›politischen Vernunft‹, der von keinem Zweifel in Frage gestellt werden kann *noch darf.*

l) Die {*Auf*|0|*Reduktion*} des limbalen Unbewußtseins *im »lapsari-schen Urbewußtsein«* ist eine Primaterialisation von Unbe-wußtsein, die in sich eine S e i n s d i f f e r e n z birgt. Es entsteht auf-grund der inneren A u f z e h r u n g des »lapsarischen Urbewußt-seins« durch den Willen zur Macht in dieser »prima materia« des reduzierten Unbewußtseins eine D i f f e r e n z d e r S e l b s t n e g a -t i o n . Es ist die *in die Selbstnegation verschobene* Primate-rialität des limbalen Unbewußtseins, welche die Extravasalität des »retrograden Unbewußtseins« durch den Willen im Innern des Wil-lens begründet sein läßt. Das limbale Unbewußtsein wird in die ex-travasale Selbstspaltung getrieben.

m) Das limbale Unbewußtsein betreibt durch seine extravasale Selbst-spaltung die Selbstdifferenz des »retrograden Unbewußtseins«, auf welchem der Wille zur Macht wesentlich beruht.

n) Insofern das {*Auf*|0|*reduzierte*} limbale Unbewußtsein durch die Seinsdifferenz sich in sich von sich selbst abspaltet, bringt es eine Hülle von Amnesie hervor, in die das abgespaltene extravasale »re-trograde Unbewußtsein« *von seiner Entstehung an* eingeht. Denn diese Vergessenheits-Hülle, in der dieses »retrograde Unbewußt-sein« sich vor sich selbst verbirgt, bildet zugleich den Übergang in das Innere des Willens zur Macht. Wir verstehen: Durch diese Hülle erhält das »retrograde Unbewußtsein« den ontologischen Zugang zum Willen, d e r s i c h n a c h W e s e n v e r z e h r t .

o) | *Die Wesens – Verzehrung des Willens zur Macht.* | Diese ist zu ver-stehen:

→ als die {*Auf*|0|*Reduktion*} des limbalen Unbewußtseins im »lapsarischen Urbewußtsein«.

[9] Thomas Hobbes, Leviathan, in: Thomae Hobbes, Opera philosophica, vol III, London 1841, S.130/31.

→ als Alimentation des Willens zur Grundlegung des Willens im Willen als »retrogrades Unbewußtsein«. Dieses wird zur entscheidenden Kraftquelle des Willens zur Macht. Sie ist Quelle der Kraft des Willens zur Macht des Willens. Denn diese Macht ist d a s *s i c h   s e l b s t* w e s e n t l i c h W e r d e n des Willens. Sie ist das zu Geist Werden des Willens. Das Mächtig-Sein des Willens ist eine Selbstbezogenheit, die seine extravasale Entstehung aus der {*Auf*|0|*Reduktion*} des limbalen Unbewußtseins *im »l a p s a r i - s c h e n U r b e w u ß t s e i n «* bezeichnet.

p) Durch diese {*Wesens|Verzehrung|des Willens*} bindet sich der Wille an seine Herkunft aus der extravasalen Selbstabspaltung des limbalen Unbewußtseins in die S e l b s t d i f f e r e n z e i n e s » r e - t r o g r a d e n U n b e w u ß t s e i n s «, das diese Selbstdifferenz unter seiner Vergessenheitshülle mit sich bringt und dem Willen selbst zugrunde legt als wesentliche Kraftquelle der Ermächtigung des Willens.

q) *Wovon wir hier sprechen*: Es geht um die Ermächtigung des Willens, um die Formation des Willens *z u B e w u ß t s e i n*. Die grundlegende Frage für den Willen zur Macht ist deshalb, wie er zu Bewußtsein komme. Denn nur wo Bewußtsein ist, da ist auch Macht. Außerdem läßt sich sagen, dass der Wille nur zu Bewußtsein kommen kann durch Derivation des unter der Seinsdifferenz seiner Selbstnegation stehenden [und deshalb in ein *anderes* Bewußtseins-Genus übergehenden] limbalen Unbewußtseins.

r) *Nota*: Dieses Übergehen des »retrograden Unbewußtseins« in das Innere des Willens führt diesem die Kraftquelle zu, aus welcher er fortan schöpft. Und sich verzehrend nach Bewußtsein muss er sich stets von neuem auf seine Herkunft aus der ontologischen Selbstdifferenz beziehen.

s) *Nota*: Diese ontologische S e i n s d i f f e r e n z, die dem »retrograden Unbewußtsein« wesentlich ist, sie ist es, die den Willen zur Macht a n t r e i b t. Sie macht die libidinöse › T r i e b s t r u k t u r ‹ d e s W i l l e n s z u r M a c h t aus. Der Wille zur Macht ist gebunden an die ontologische Seinsdifferenz, welche durch das »retrograde Unbewußtsein« des Willens in das Innere des Willens selbst übergeht unter der Hülle der $\left\{{seins \atop offenbarungs} \middle| geschichtlichen\right\}$ Vergessenheit. Dadurch aber bekommt der »Übergang« des »retrograden Unbewußtseins« in das Innere des Willens zur Macht, um diesen Willen selbst zu begründen in Bewußtseins-Mächtigkeit, eine doppelte Bedeutung. Dieser »Übergang« geschieht in aller Heimlichkeit unter der Hülle der $\left\{{seins \atop offenbarungs} \middle| geschichtlichen\right\}$ Vergessenheit zum Wohl des Willens zur Macht. Durch die Hülle der $\left\{{seins \atop offenbarungs} \middle| geschichtlichen\right\}$ Selbstdifferenz des limbalen Unbewußtseins im »lapsarischen Urbewußtsein«, die dem Willen selbst eben diese verbirgt, damit dieser sich überhaupt zu ›Bewußtsein‹ formieren kann.

t) Die Verbergung der $\left\{{seins \atop offenbarungs} \middle| geschichtlichen\right\}$ Selbstdifferenz vor dem Willen selbst, erst sie macht es möglich, dass der Wille bewahrt bleibt vor der Negation durch das »lapsarische Urbewußtsein« und vor dessen limbaler Natur. Es geht also um die Außerkraftsetzung des Todes *a priori* für den Willen.

u) Diese Aussetzung des Todes wird bewirkt durch die sich verhüllende $\left\{{seins \atop offenbarungs} \middle| geschichtliche\right\}$ Selbstdifferenz des in das Innere des Willens selbst übergehenden »retrograden Unbewußtseins«. Diese Grundlegung des Willens zur Macht treibt damit den Willen selbst in die Spaltung.

v) Die Hülle der $\left\{{seins \atop offenbarungs} \middle| geschichtlichen\right\}$ Bewußtseinsleere ist die Formel für das in den Willen selbst eingehende »retrograde Unbewußtsein«, das dem Willen den Tod erspart. *Denn es gilt*:

> **Das »lapsarische Urbewußtsein«**
> **bedeutet den Tod des Willens zur Macht.**

w) Damit die $\left\{{seins \atop offenbarungs} \middle| geschichtliche\right\}$ BewußtseinsLeere aber zustande komme im »lapsarischen Urbewußtsein« selbst, vollzieht sich die $\{Auf|0|Reduktion\}$ des limbalen Unbewußtseins, das diesem Urbewußtsein ja selbst zugrunde liegt, als Verzehrung durch den Willen zur Macht, der uns damit als d i e B e w u ß t s e i n s l e e r e v e r u r s a c h e n d und zugleich s i e s e l b s t a u s f ü l l e n d zu gelten hat. Darüber hinaus gilt: Der Wille ist selbst die innere Triebkraft, durch die das »retrograde Unbewußtsein« sich formiert, wie er auch das $\left\{{\boxed{extra} \atop vasale} \middle| Subjektum\right\}$ ist, das die Genese des »retrograden Unbewußtseins« als die notwendige Grundlage seiner bewußtseins-ontologischen Entwicklung in sich fasst. Dem Willen gelingt damit das gegen ihn gerichtete Gesetz des Todes auszusetzen, unwirksam zu machen. Das ist die ›heroische Tat‹ des Willens, deren er sich brüstet. Und mehr noch: Die Triebkraft des Willens führt den limbalen Unbewußtseinsgrund im »lapsarischen Urbewußtsein« durch die $\{Auf|0|Reduktion\}$ in eine Primaterialität von »retrogradem Unbewußtsein«, die es dem Willen ermöglicht, sich aus dieser als Rationalität eines extravasalen Vernunftprinzips zu begründen, *das heißt* zu determinieren. Der Wille muss sich also aufspalten → in das $\left\{ \begin{array}{|c|} \hline \text{~~extra~~} \\ \hline vasale \\ \hline \end{array} \right\} Subjektum$, welches determiniert und → in die Primaterialität der limbalen Bewußtseins-Leere, welche dem »Übergang in ein *anderes* Bewußtseins-Genus« gleichkommt. Dieser Übergang ist zu verstehen als Primaterialität von »retrogradem Unbewußtsein«. Das »retrograde Unbewußtsein« haben wir somit als »prima materia« der bewußtseins-ontologischen Entwicklung des *hungrigen* Willens zu einem $\left\{ \begin{array}{c|c} säkular & Weltschöpfungs \\ laikalen & Bewußtsein \end{array} \right\}$ zu begreifen. Es beschreibt die S p h ä r e d e r l i m b a l e n [U n] B e w u ß t - s e i n s - L e e r e, durch die das »lapsarische Urbewußtsein« entmachtet wird, das heißt a l s f ü r d e n W i l l e n z u r M a c h t g e l - t e n d e s G e s e t z d e s T o d e s außer Kraft gesetzt wird.

x) Die Außerkraftsetzung des »lapsarischen Urbewußtseins« ist somit *von g r ö ß t e m I n t e r e s s e* für den Willen. Aber sie kann nur bewerkstelligt werden auf der Grundlage und unter Benutzung seiner selbst. Der Wille hat nichts, was er dem Urbewußtsein entgegensetzen könnte. Denn er selbst ist ein Nichts, das seiend werden will. Der Wille richtet seine Aufmerksamkeit auf das limbale Leben, das im Innern des »lapsarischen Urbewußtseins« verborgen fließt. Er muss das »lapsarische Urbewußtsein« von dessen natürlicher Grundlage trennen. E r m u s s b e i d e g e g e n e i n a n d e r d i s s o z i i e r e n. Dies geht jedoch nur, indem sich etwas zwischen beide schiebt, um sie voneinander zu isolieren, um sie dann schließlich in einer dissoziativen Konfiguration miteinander zu kreuzen. Eben dieser Vorgang stellt den »Übergang in ein *anderes* Bewußtseins-Genus« dar, welcher allein in der Sphäre der $\left\{ \begin{array}{c|c} seins & \\ offenbarungs & geschichtlichen \end{array} \right\}$ Bewußtseins-Leere sich ereignet, welche nichts anderes als das Innere des vom Willen zur Macht außer Kraft gesetzten »lapsarischen Urbewußtseins« ist.

y) Mit der Außerkraftsetzung des »lapsarischen Urbewußtseins« aber ist das Gesetz des Todes unwirksam gemacht, welches gegen den Willen zur Macht gerichtet ist. Da tritt der Wille nun auf als ›*Held*‹, der sich unberechtigter Weise rühmt, den Tod besiegt zu haben. Mit der Errichtung der Sphäre der $\left\{ \begin{array}{c|c} seins & \\ offenbarungs & geschichtlichen \end{array} \right\}$ Bewußtseinsleere begibt sich der Wille in seine eigene $\left\{ \begin{array}{|c|c} \hline \text{~~schein~~} & ontologische \\ \hline \text{~~schein~~} & ontogenetische \\ \hline \end{array} \right\} bewußtseins$ Existenz, die d a s F i k - t u m vom außer Kraft gesetzten Gesetz des Todes zur Grundlage seiner weltenbauenden Vernunft erhebt. Mit diesem ›Glaubenssatz‹ vom Ende der Bedrohung durch das im »lapsarischen Urbewußtsein« wirksame Gesetz des Todes wird der Wille *zum geschichtlichen Urheber aller Gegenoffenbarung*. Es ist bezeichnend für den Willen, dass er *sein* Schicksal zum Schicksal der Menschheit erklärt. Und hier liegt die zweite große Lüge des Willens zur Macht, welche auf der ersten logisch aufbaut. Der Wille ver-

knüpft seine $\left\{ \begin{array}{c} \boxed{schein} \\ \boxed{\sout{schein}} \end{array} \right\}$ bewußtseins $\left. \begin{array}{c} ontologischen \\ ontogenetischen \end{array} \right\}$ Daseinsbe-

dingungen mit denen der Menschheit. Damit aber wird er zum »Fürsten dieser Welt«, welcher der Schöpfung seine Weltordnung aufzwingt mit dem Hinweis auf sein archaisches Opfer, das das »Gesetz des Todes«, welches gegen den Willen und damit auch gegen die Menschheit steht, unwirksam macht. Der Wille also macht ›*gemeinsame Sache*‹ mit der Menschheit. Er spricht für eine Menschheit, die bereits unter den Wirkungen jenes Opfers steht, das der Wille *nicht an sich selbst*, sondern an dem inneren limbalen Lebensstrom des »lapsarischen Urbewußtseins« vollzieht. *Wir sehen*: Der Wille zur Macht wird selbst zum Gesetz des Todes für das okkulte Wesen des »lapsarischen Urbewußtseins«, und dies zum Schaden des Menschen selbst. Durch die Schaffung der Sphäre einer

$\left\{ \begin{array}{c} seins \\ offenbarungs \end{array} \right.$ geschichtlichen$\left| \right.$ BewußtseinsLeere$\left. \right\}$ wird die

Menschheit in die $\left\{ \begin{array}{c} \boxed{schein} \\ \boxed{\sout{schein}} \end{array} \right\}$ bewußtseins $\left| \begin{array}{c} ontologische \\ ontogenetische \end{array} \right\}$

Selbstdifferenz versetzt, die als die radikalste und umfassendste Form der Verdrängung des »lapsarischen Urbewußtseins« verstanden werden muss.

z) Den Willen zur Macht müssen wir begreifen als den Verkünder eines $\left\{ \begin{array}{c} gegen \\ offenbarungsgeschichtlichen \end{array} \right| $›Glaubens‹$\left. \right\}$ an das archaische Opfer, durch das der Wille sich zum ›*Befreier der Menschheit*‹ vom Joch der tödlichen Bedrohung durch das »lapsarische Urbewußtsein« emporschwingt. → Legitimität besteht nicht im rechtfertigenden Opfer vor Gott, sondern in der Opferung des »lapsarischen Urbewußtseins« zum Zwecke der Rechtfertigung des Willens als der „legitimen" Form eines $\left\{ \begin{array}{c} säkular \\ laikalen \end{array} \right| \begin{array}{c} Weltdeutungs \\ Bewußtseins \end{array} \left. \right\}$, das die Befreiung der Menschheit von der Bedrohung durch den quälenden lapsarischen Schuldkomplex zum Ziele hat[10]. Der theologische Sinn des

---

[10] Verweis auf die Lüge der politischen „*Aufklärung*", welche die „*Befreiung des Individuums*" durch den leviathanischen Staat und dessen Rechtsgrund der »materialen Ungerechtigkeit« verspricht.

O p f e r s wird von der $\left\{\dfrac{\cancel{schein}}{\cancel{schein}}\right\}$ bewußtseins $\left|\begin{array}{l}\textit{ontologischen}\\ \textit{ontogenetischen}\end{array}\right\}$

Selbstdifferenz in der Bewußtseins-Leere des »retrograden Unbewußtseins« des Willens zur Macht völlig e n t s t e l l t.

28. Die O p f e r s t r u k t u r des Willens zur Macht ist *identisch* mit der bewußtseins-ontologischen Entwicklung des Willens zur leviathanischen Vernunft, die eine Vernunft der sich ihrer selbst versichern müssenden materialen Welterschließung, deren universalhistorische Triebkraft die gegenoffenbarungsgeschichtliche Revolte des modernen Menschen ist, zu der dieser animiert wird. Wodurch? Durch das »Pathos der archaischen Opferhandlung«.

29. Dieses Pathos spielt mit der Bedrohung durch das Gesetz des Todes, welches im »lapsarischen Urbewußtsein« auf den gefallenen Menschen lauert. *Wir sehen*: In der extravasalen Logik des Willens zur Macht verschwindet das $\{auf|0|reduzierte\}$ »lapsarische Urbewußtsein« nicht restlos, sondern es bleibt von ihm eine limbale $\left\{\begin{array}{l}\textit{Selbst}\\ \textit{Differenz}\end{array}\middle|Rest|Erinnerung\right\}$ zurück in der ›*Triebstruktur*‹ des Willens zur Macht. In ihm hat sich die Bedrohung von dem »lapsarischen Urbewußtsein« selbst losgelöst und extravasiert zum inneren Trieb der bewußtseins-ontologischen Evolution des Willens. Die Bedrohung ist dadurch bereits e n t s c h ä r f t, dass der Wille das limbale Unbewußtsein *im* » l a p s a r i s c h e n U r b e w u ß t s e i n« auf 0 gesetzt hat. Dadurch wird aus dem Gesetz des Todes, welches das »lapsarische Urbewußtsein« eigentlich selbst ist, ein von diesem *unabhängiger* Gedanke. Indem das Gesetz des lapsarischen Todes die Schärfe der Wirklichkeit, die es an sich hat, verliert, wandelt es sich zu einer *bloßen Idee*. Und mehr noch: Mit diesem Wandel verkehrt sich zugleich die Sinnrichtung dieser Idee. Diese erhält den Charakter einer zukünftig zu meisternden Aufgabe für die ›*Menschheit*‹. Es wird also unterschwellig die Möglichkeit der Abwendbarkeit dieses Schicksals eingeräumt. Das Gesetz des Todes ist *mögliches* ›Schicksal der Menschheit‹, das diese zugleich auffordert, es abzuwenden mit allen zur Verfügung stehenden Mitteln.

30. Das Gesetz des lapsarischen Todes der Menschheit erfährt durch die $\{Auf|0|Reduktion\}$ des limbalen Unbewußtseins im »lapsarischen Urbewußtsein« eine $\left\{\begin{array}{l}\textit{Wirklichkeits}\\ \textit{Unwirksam}\end{array}\middle|Machung\right\}$ an sich selbst durch den Willen zur Macht. Das »lapsarische Urbewußtsein« spricht zu dem Menschen, aber nicht mit eigener Stimme, sondern mit der des Willens zur Macht. Das »lapsarische Urbewußtsein« wird zu einem P h a n t o m d e r S c h ö p f u n g s g e s c h i c h t e, indem es diese versetzt in die Sphäre der bewußtseins-ontogenetischen Entwicklung des Willens zu

einer Vernunft materialer $\begin{Bmatrix} Welterschaffungs \\ Um - Deutung \end{Bmatrix}$ als „legitimer"

$\begin{Bmatrix} Schöpfungs \\ Unterwerfung \end{Bmatrix}$ gemäß einem geheimen Willen, *der aber nicht der Gottes ist.*

31. Das vom Willen entschärfte »lapsarische Urbewußtsein« selbst gibt — *ich bitte dies genau zu beachten* — die „Legitimation" her für die verborgene Opferstruktur des Willens zur Macht, auf der letztlich die politische Agenda einer $\begin{Bmatrix} säkular & Welt \\ laikalen & Ordnung \end{Bmatrix}$ gründet. Wir haben es mit dem Phänomen einer *gegenoffenbarungsgeschichtlichen ›Legitimation‹* des »lapsarischen Urbewußtseins« zu tun, durch die dieses als Politik begründendes Phantom der Menschheitsgeschichte erkennbar wird.

32. Hier können wir den extravasalen Übergang vom »lapsarischen Urbewußtsein in seiner Wirklichkeits-Schärfe *zur* „Legitimation" der politischen Vernunft durch das Phantom einer menschheitsgeschichtlichen Schicksals-Abwehr beobachten. Keinem Menschen würde jetzt noch einfallen, vom *»gefallenen Menschen«* zu sprechen. Warum? Weil das in die Opferstruktur des Willens zur Macht versetzte und darin entschärfte lapsarische »Gesetz des Todes« eine theologische Rede vom adamitischen Fall nicht mehr zulässt. Der Wille, so scheint es, hat der Theologie selbst das Schweigen auferlegt, ohne dass diese dem Treiben — so scheint es zumindest— etwas entgegenzusetzen [gehabt] hätte. Dies ist in der Tat ein welthistorisches Ereignis, das nicht seinesgleichen hat. Es ist deshalb kein Wunder, wenn die okkulte Wissenschaft dieses Symbol der politischen Moderne ernstnimmt. Denn nur sie ist in der Lage, den Willen zur Macht — ganz wider die ›Legitimität‹ seiner gegenoffenbarungsgeschichtlichen Vernunft — mit der ganzen ungeminderten Wirklichkeits-Schärfe des »lapsarischen Urbewußtseins« zu konfrontieren. Dieser Vorgang kann nicht die Tat einer Theologie, eines Glaubens oder einer Kirche sein, weil all diese ja gerade vor dem Willen zur Macht die Waffen gestreckt haben. Sie alle haben sich als unwirksam erwiesen, dem Willen zur Macht das Schweigen zu gebieten. Denn die Magie der Opferstruktur des Willens zur Macht, als Teil des »mysterium iniquitatis«, ist stärker als der kanonische Offenbarungsglaube der Religion, weil er bis in den Abgrund der Seele hinabreicht. Der Wille ist ein Meister der Manipulation des Unbewußten.

33. Deshalb sprechen wir hier mit den Worten des Apostels von einer geheimen Weisheit, die uns von Gott gegeben ist, um d i e V e r n u n f t *dieser* W e l t z u s c h a n d e n z u m a c h e n . [11]

34. Was aber heißt dies anderes, als dass die okkulte Wissenschaft am Horizont der menschheitsgeschichtlichen Entwicklung der gegenoffenbarungsgeschichtlichen Revolte des Willens zur Macht dem Menschen erscheint als a p o k a l y p t i s c h e s Z e i c h e n des in seiner ganzen Wirklichkeits-Schärfe im Seeleninnenleben des $\left\{\begin{array}{c}säkular\\laikalen\end{array}\middle|Triebsubjekts\right\}$ der Moderne wiederkehrenden »lapsarischen Urbewußtseins«. Das a p o k a l y p t i s c h e Z e i c h e n konfrontiert den Menschen mit seiner *gefallenen* Natur, mit dem verdrängten Urbewußtsein von seiner *eigenen p o s t l a p s a r i s c h e n D a s e i n s b e d i n g u n g*. Mit seiner Wirklichkeits-Schärfe dringt das Urbewußtsein in die unbewußten Tiefenschichten der menschlichen Seele. Denn dort schlummert das dem gefallenen Menschen selbst verborgene Geheimnis der $\left\{\begin{array}{c}\boxed{schein}\\\boxed{\text{schein}}\end{array}\right\}bewußtseins\left|\begin{array}{c}ontologischen\\ontogenetischen\end{array}\right\}$ Entwicklungsgeschichte des Willens zur Macht. Der Wille zur Macht hat seine Wurzeln in der postlapsarischen Unbewußtseins-Struktur der menschlichen Seele.

35. Der $\left|\text{›}Legitimation\text{‹}\right|$ der politischen Vernunft ist mit der $\left\{\begin{array}{c}\boxed{schein}\\\boxed{\text{schein}}\end{array}\right\}bewußtseins\left|\begin{array}{c}ontologischen\\ontogenetischen\end{array}\right\}$ Evolution dieser Vernunft durch die psychische Opferstruktur des Willens zur Macht selbst w e - s e n s i d e n t i s c h .

36. Die *›Legitimation‹* der leviathanischen Welt-Vernunft setzt voraus, dass d e r B e g r i f f d e r S c h ö p f u n g keine Kategorie für das Denken des Willens zur Macht ist. Dieser Begriff wäre nur zu bewahren durch die freiwillige Annahme des »lapsarischen Urbewußtseins« und die Bereitschaft, dessen Wirklichkeits-Schärfe auszuhalten. Dieser Begriff würde die Selbstnegation des Willens im Menschen durch den Menschen selbst erfordern als Akt der Befreiung vom Fluch, dem der Mensch seinen Willen opfert. Hier freilich läge eine *ganz andere* Opferstruktur vor, nämlich eine, die den Willen zur Macht *von innen her ausräumt*. Die Wirklichkeits-Schärfe des »lapsarischen Urbewußtseins« dringt hindurch bis zur Freilegung der $\left\{\begin{array}{c}seins\\offenbarungs\end{array}\middle|geschichtlichen\right\}$ Seelensubstanz des Menschen, durch die erst die archaische Opferstruktur als

---

[11] 1. Kor. 1, 27-29: ἀλλὰ τὰ μωρὰ τοῦ κόσμου ἐξελέξατο ὁ θεὸς ἵνα καταισχύνῃ τοὺς σοφούς, καὶ τὰ ἀσθενῆ τοῦ κόσμου ἐξελέξατο ὁ θεὸς ἵνα καταισχύνῃ τὰ ἰσχυρά, καὶ τὰ ἀγενῆ τοῦ κόσμου καὶ τὰ ἐξουθενημένα ἐξελέξατο ὁ θεός, τὰ μὴ ὄντα, ἵνα τὰ ὄντα καταργήσῃ.

die Grundlage der $\left\{\begin{array}{c}\boxed{schein}\\\boxed{\overline{schein}}\end{array}\right\}$ bewußtseins $\left\{\begin{array}{c}ontologischen\\ontogenetischen\end{array}\right\}$ Evolu-

tion des Willens zur Macht zu einer $\left\{\begin{array}{c}säkular\\laikalen\end{array}\middle|Rationalität\right\}$ materialer

Weltdeutung wird.

37. Der Begriff der Schöpfung wird *entwertet*, während die Schöpfung selbst sich dem Zugriff einer Rationalität ausgesetzt sieht, die von sich behauptet, v o m W i l l e n z u r M a c h t d a s M a n d a t e r h a l t e n z u h a b e n, *sich die Erde untertan zu machen*. Vernunft = Rechtsgrund des *uneingeschränkten* Zugriffs auf materiale $\left\{\begin{array}{c}Welterschaffungs\\Deutung\end{array}\right\}$ = „*Legitimität*" der Rationalität des $\left\{\begin{array}{c|c}säkular & Menschen\\laikalen & in\ der\ Revolte\end{array}\right\}$ = ›*Legitimität*‹ des negativen Rechtsgrundes der »materialen Ungerechtigkeit« = $\boxed{Der\ ›Geist\ der\ Moderne‹}$.

38. Dieses Ausgesetztsein der Schöpfung ist Folge der Aussetzung des »Gesetzes des Todes« im »lapsarischen Urbewußtsein« selbst, für die der Wille verantwortlich ist. Denn die $\{Auf|0|Reduktion\}$ des limbalen Unbewußtseins *i m » l a p s a r i s c h e n U r b e w u ß t s e i n*« ist nichts anderes als die Selbstentäußerung des Willens in das Innere des »lapsarischen Urbewußtseins«. Nur so nämlich kann der Wille das »lapsarische Urbewußtsein« *von innen verzehren* und dadurch in den Übergang treiben. All dies haben wir uns wiederum als in der Sphäre der $\left\{\begin{array}{c}\boxed{schein}\\\boxed{\overline{schein}}\end{array}\right\}$ bewußtseins $\left\{\begin{array}{c}ontologischen\\ontogenetischen\end{array}\right\}$ Entwicklung des Willens

vor sich gehend vorzustellen. Das »lapsarische Urbewußtsein« in seiner ungeminderten und unverminderbaren W i r k l i c h k e i t s - S c h ä r f e bleibt verborgen und unerkannt zurück in der Agnosie des Willens zur Macht.

39. Die $\left\{\begin{array}{c}\boxed{schein}\\\boxed{\overline{schein}}\end{array}\right\}$ bewußtseins $\left\{\begin{array}{c}ontologische\\ontogenetische\end{array}\right\}$ Opferstruktur des Wil-

lens zur Macht. Sie basiert auf folgenden Wesensmomenten:

a) Die Selbstentäußerung des Willens in die innere Struktur der Idee einer Bedrohung der Menschheit durch ein *mögliches* »Gesetz des Todes«. Das Sichversetzen des Willens in das Seeleninnenleben eines gedachten und für möglich angenommenen »Todesgesetzes«.

b) Die A b s p a l t u n g des »Todesgesetzes« vom »lapsarischen Urbewußtsein« durch den Willen zur Macht. Diese ist von größtem Belang. Die Loslösung des Todesgesetzes bedeutet die Leugnung des »lapsarischen Urbewußtseins«, dessen radikale Negation. Damit aber gilt eben dieses »lapsarische Urbewußtsein« als *ein für alle Mal* abgetan für den Willen. Denn der Wille ist selbst für diese Tat verantwortlich. Er leugnet damit etwas, was er nicht kennt. Und diese

Verdrängung ist die Abspaltung des Todesgesetzes. Und durch diese Abspaltung gewinnt der Wille das Todesgesetz *für sich* als ein Instrument für seine $\left\{\begin{array}{c}\boxed{schein}\\\boxed{\rlap{\textit{schein}}\overline{}}\end{array}\right.$ *bewußtseins* $\left|\begin{array}{c}ontologische\\ontogenetische\end{array}\right\}$ Operstruktur. Er instrumentalisiert das ›*autonom*‹ gewordene Todesgesetz, welches dadurch, dass es in keiner Bindung mehr zu seinem Subjektum, das heißt zum »lapsarischen Urbewußtsein« steht, in seinem wesentlichen Gepräge verändert wird. Es nimmt die Gestalt eines ›*autonom*‹ waltenden Schicksalsgesetzes an. Als solches ist es an keine Bewußtseinsformation gebunden. Es ist vielmehr ein G e s e t z d e r n a c k t e n o b j e k t i v e n P h y s i k a l i t ä t. Und in dieser Gestalt tritt es auf als mögliche Bedrohung der Menschheit. Worin aber liegt nun die Bedrohlichkeit dieser fremden Macht für die Menschheit? Darin, dass sie die Menschheit bedroht mit der Vorhaltung einer begangenen Ursünde, wodurch die ganze Menschheit einbezogen wird in das Gesetz des Zerfalls und des Todes. Die Bedrohlichkeit droht mit dem vergänglichen Wesen der menschlichen Welt.

c) Von diesem Bild der Bedrohlichkeit wird das Eintauchen des Willens in das Innere des »lapsarischen Urbewußtseins« bestimmt. Und wir begreifen nun auch, dass der Wille durch die $\{Auf|0|Reduktion\}$ das »lapsarische Urbewußtsein« *von innen her v e r z e h r t*, regelrecht »*auffrißt*«.

d) Dieses Verzehren des »lapsarischen Urbewußtseins« von innen her bewirkt dessen grundsätzliche Negation, aber zugleich dessen Übergang zur primaterialen Grundlegung eines »retrograden Unbewußtseins« im Inneren des Willens zur Macht. Durch diese seine $\left\{\begin{array}{c}\boxed{schein}\\\boxed{\rlap{\textit{schein}}\overline{}}\end{array}\right.$ *unbewußtseins* $\left|\begin{array}{c}ontologische\\ontogenetische\end{array}\right\}$ Formation, die auf nichts anderem als auf der inneren Negation des »lapsarischen Urbewußtseins« beruht, errichtet der Wille zur Macht die Fundamente seiner politischen $\left\{\begin{array}{c}Herrschafts\\›Legitimation‹\end{array}\right\}$, die in dem Willen zur Ausräumung der Gefahr eines allgemeinen Schicksals- oder Todesgesetzes besteht, von dem die Existenz der Menschheit bedroht e r s c h e i n t.

e) Wenn wir genau hinschauen, können wir in diesem W i l l e n z u r A u s r ä u m u n g der $\{Urgefahr|für die|Menschheit\}$, den der Wille zur Macht vor der besorgten Menschheit selbst verkörpert, die innere Verzehrung des »lapsarischen Urbewußtseins« durch den in seiner Agnosie tätigen Willen zur Macht wiedererkennen.

f) In der $\{Urgefahr|für die |Menschheit\}$ kehrt das verdrängte »lapsarische Urbewußtsein« als $\{Amnesie|Bewußtseins|UrForm\}$ wieder, um sich in eine Urrelation zu setzen zum »retrograden Unbewußtsein«, auf dem der Wille zur Macht selbst gründet.

g) Diese $\{Amnesie|Bewußtseins|UrForm\}$ des Willens zur Macht müssen wir als den Ursprung des säkularen Bewußtseins des Willens zur Macht begreifen, insofern darin das verdrängte »lapsarische Urbewußtsein« als die {Urgefahr|für die|Menschheit} wieder auftaucht, um als eben diese selbst ins Bewußtsein zu treten. Aber diese in das Bewußtsein des Willens tretende {Urgefahr|für die|Menschheit} ist nicht so zu verstehen, dass bereits vor ihrem ins Bewußtsein des Willens Treten der Wille Bewußtsein hatte. Vielmehr müssen wir uns klarmachen, dass der Wille erst durch dieses in Erscheinung Treten der {Urgefahr|für die |Menschheit} überhaupt zu Bewußtsein kommt bzw. kommen kann. Erst aufgrund dieser Einsicht können wir die Bedeutung dieser $\{Amnesie|Bewußtseins|UrForm\}$ für die

$$\left\{\left|\begin{matrix} schein \\ \overline{schein} \end{matrix}\right|\right\} \; bewußtseins \; \left\{\begin{matrix} ontologische \\ ontogenetische \end{matrix}\right\} \; \text{Evolution des Willens zur}$$

politischen Vernunft der Menschheitsgeschichte ermessen.

h) Mit dem Erscheinen der Idee einer {Urgefahr|für die |Menschheit} am Horizont des menschheitsgeschichtlichen Bewußtseinslebens wird der Wille zur Macht sich seiner selbst bewußt als einer rein säkularen Rationalität materialer $\left\{\begin{matrix} Welterschaffungs \\ Um-Deutung \end{matrix}\right\}$, die sich von Beginn an mit einer {Urgefahr|für die|Menschheit} konfrontiert sieht und sich von dieser zum Handeln herausgefordert fühlt.

i) In dieser $\{Amnesie|Bewußtseins|UrForm\}$ wurzelnd erscheint dem Willen zur Macht diese seine rein säkulare Rationalität als die einzig ›legitime‹, da sie allein die {Urgefahr|für die |Menschheit} wahrnimmt und deshalb auch darauf reagiert. Der $\left\{\begin{matrix} säkular \\ laikalen \end{matrix} \middle| Rationalität\right\}$ entgeht die {Urgefahr|für die|Menschheit} nicht, aus diesem Grund stellt sie die allein ›legitime‹ Form von Vernunft dar. So etwa lautet der dogmatische ›Glaubenssatz‹ des Willens zur Macht.

j) Diese $\{Amnesie|Bewußtseins|UrForm\}$, durch welche der Wille zur Macht zum Bewußtsein seiner selbst als des Subjektums einer materialen $\left\{\begin{matrix} Welt \; und \; Seins \\ Erschließung \end{matrix}\right\}$ gelangt, sie ist der Glaube an die ›Legitimität‹ einer Rebellion gegen die im »lapsarischen Urbewußtsein« sich gegen den Menschen selbst wendende Schöpfungsgeschichte. Wir sehen die doppelte Negation, welche dem Glauben an die ›Legitimität‹ der gegenoffenbarungsgeschichtlichen Revolte des Menschen im Namen des Willens zur Macht zugrunde liegt. Der Wille zur Macht stellt das höhere

Prinzip der Befreiung vom Fluch der {Urgefahr|für die|Menschheit} dar. Er ist der *„Genius der Gattung"* (Nietzsche, Die Fröhliche Wissenschaft, Aph. 354) in Reinkultur.

k) Das »lapsarische Urbewußtsein« wird als Negation des kreatürlichen Eigenwillens des Menschen vom *sich nach sich selbst verzehrenden* Willen zur Macht als Todesgesetz empfunden. Und dies aus gutem Grunde. Er empfindet seine radikale Negation durch das »lapsarische Urbewußtsein«. Deshalb muss er es radikal verdrängen. Er muss es *sich selbst* unkenntlich machen, will er denn leben. Sein Leben in Zukunft hängt also davon ab, *nicht* zu wissen, was das »lapsarische Urbewußtsein« ist. Deshalb weiß der Wille von dem »lapsarischen Urbewußtsein« nur das, was ihn vor diesem retten könnte. Die Kenntnis beschränkt sich also für den Willen auf das, was ihm selbst nützen könnte z u r E r l a n g u n g e i n e s B e w u ß t s e i n s *s e i n e r s e l b s t* .

l) Das Wissen, was der Wille vom »lapsarischen Urbewußtsein« haben kann, ohne selbst von diesem radikal negiert zu werden, kann einzig und allein die {Amnesie|Bewußtseins|UrForm} sein, in deren Gestalt das »lapsarische Urbewußtsein« vor den Willen tritt als die {Urgefahr|für die|Menschheit}, die es nun für den Willen *a b z u w e h r e n* gilt.

m) Nachverfolgung des Begriffes der »Bedrohung« im Zusammenhang mit der ›*Legitimation*‹ der »materialen Ungerechtigkeit« durch die $\left\{\begin{array}{l}\fbox{$schein$}\\ \fbox{$\overline{schein}$}\end{array}\right\}$ *bewußtseins* $\left|\begin{array}{l}\text{ontologische}\\ \text{ontogenetische}\end{array}\right\}$ Evolution des Willens zur Macht. Das {Bedrohung|Ausüben} muss im Kontext der Genealogie des retrograden Opferbegriffes der $\left\{\begin{array}{l}säkular\\ laikalen\end{array}\right|Rationalität\right\}$ gesehen werden.

n) Die einmal vom Willen zur Idee erhobene Urbedrohung der Menschheit durch das *i m » l a p s a r i s c h e n U r b e w u ß t s e i n « w i r k s a m e* Gesetz des Todes wird zur ›*legitimen*‹ Verfügungsgewalt einer Rationalität d e r m a t e r i a l e n U n t e r w e r f u n g d e r W e l t .

o) Bedrohung des Menschen mit Armut ist somit kein unabwendbares gesellschaftliches Lebensgesetz, sondern gehört immer schon zur ›*legitimen*‹ Verfügungsgewalt einer materialistischen Weltdeutung, *das heißt* zum politischen Kalkül des Willens zur Macht.

p) Bedrohung mit Armut ist mit Armut selbst *i d e n t i s c h* aufgrund der ›*legitimen*‹ Verfügungsgewalt der $\left\{\begin{array}{l}säkular\\ laikalen\end{array}\right|Rationalität\right\}$ gegen die drohende {Urgefahr|für die|Menschheit}, die zugleich »heimliche Bedrohung« für die $\left\{\begin{array}{|c|}\hline schein \\ \hline \sout{schein} \\ \hline\end{array}\right.$ bewußtseins $\left.\begin{array}{l} ontologische \\ ontogenetische\end{array}\right\}$ Entwicklung des Willens zur Macht selbst ist.

q) »Bedrohung« fragt nach dem »Wovon?«. Die »Bedrohung« selbst schafft bereits politische Realität. Warum? Weil in der »Bedrohung« [Aussprechen des {sich|*bedroht*|Fühlens}, das zum Ausdruck Bringen seines Unbehagens am jetzigen Zustand der menschlichen „Gesellschaft"] eine Zurückverfolgung zum Subjektum der Bedrohungsmächtigkeit stattfindet. Es wird das Subjektum der Bedrohungsmächtigkeit ermittelt. Die Macht der Identifikation als Gefühl der $\left\{\begin{array}{l} Bedrohung \\ aus\ der\end{array}\right|$ Urgefahr $\Big|$ für die|Menschheit $\Big\}$

r) *Exkurs*: Sobald die Theologie sich als das Produkt ihrer eigenen Selbstverdrängung begreift, ist es ihr unmöglich, sich nicht an den Schätzen der Gnosis laben und *esoterisch* vervollkommnen z u w o l - l e n . Der trinitarische Prozeß der Gottheit und seine Beziehung zum Untergang des »Verbum exinanitum ipsum« im Äther des limbalen Unbewußtseins.

40. Die verschiedenen Ebenen der »praesentialitas« des Logos :

 – Der Logos im trinitarischen Prozeß als dessen *eigentlicher* Ursprung, das heißt als ovum totius divinitatis .

 – Der Logos als limbale Grundlage des trinitarischen Prozesses, obwohl dieser sich *extra-limbal* ereignet und dennoch vom Limbus getragen wird und deshalb ohne diesen nicht denkbar ist. Antinomie von trinitarischem Prozeß und limbaler Emanation durch den Untergang des »Verbum exinanitum ipsum«.

 – Der mit sich selbst interagierende und sich in sich selbst vertiefende Logos der Gottheit, durch den der limbale Untergang als Emanation des Unbewußtseins-Äthers zugleich zurückgenommen wird in die Naturwerdung der trinitarischen Einheit der Gottheit, so dass durch die trinitarische Genese der göttlichen Natur die Kenose, auf welcher das »Verbum exinanitum ipsum« gründet, den Logos in die Gottheit selbst zurückholt. Somit ist die in die Gottheit zurückgeholte Kenose des Logos im limbalen Unbewußtseinsstrom die ätherische Leiblichkeit der Gottheit des Logos selbst.

41. *Exkurs*: Unbewußtsein als R e k o g n i t i o n d e s V e r g e s s e n e n , nicht das Vergessen selbst. Folgen für das moderne Mißverständnis im Begriff des »Unbewußten«. Mißverstehen des Wesens des Unbewußtseins liegt darin, daß man es nicht als g ö t t l i c h e s begreifen wollte und es deshalb nicht begreifen *konnte*. W i l l e a l s u n b e w u ß t e E r -

k e n n t n i s v e r w e i g e r u n g . Es muss zwischen der absolut transzendenten und ursprünglichen Gottheit (*divinitas per contractionem*) und der reinen Schöpfung d a s   R e i c h   d e s   S o h n e s geben, durch den die Natur der göttlichen Trinität hervorgebracht wird als das innere Leben der Gottheit selbst. Deshalb steht das trinitarische Innenleben der Gottheit außerhalb der Gottheit selbst in einem doppelten Bezug, nämlich einmal zur Genesis der äonischen Räume in Zusammenhang mit dem Äther des limbalen Unbewußtseins und andererseits zur Schöpfungsgeschichte im eigentlichen Sinn des Wortes. Das trinitarische Leben der Gottheit bedeutet also das Heraustreten der Gottheit aus sich selbst durch den Logos, um sich eine neue Welt zu schaffen, die aber selbst [noch] nicht der geschöpflichen Seins-Sphäre angehört. Das Reich des limbalen Unbewußtseins-Äthers bildet hier die Verbindung. Es ist die Matrix und Lebensgrundlage der gottheitlichen Selbstentäußerung. Es ist der Hebammen-Dienst an der Formation des trinitarischen Lebensprozesses der Gottheit außerhalb der Gottheit selbst.

42. Die »okkulte Theologie«, die in der $\left\{ \begin{matrix} \{ \ \ddot{a}onischen\ Welten \\ \{ patriarchalen\ Welt \} \end{matrix} Chronik \right\}$ ihre Wurzeln hat. Die Zäsur, auf der die Schöpfungsgeschichte im eigentlichen Sinne beruht. Inwiefern der Logos als die Ursache der trinitarischen Genese der Gottheit zugleich als Teil dieser Genese selbst zu betrachten ist. Es gibt nur einen und denselben Logos als den einzigen der Gottheit selbst. Die Mutterschaft des Logos inmitten des Reiches des limbalen Unbewußtseins. Die mütterliche Beschirmung des trinitarischen Lebensprozesses der Gottheit im Logos, der das limbale Reich mit umfaßt, weil er als im Leib des äonischen Logos selbst zu denken ist. Das limbale Unbewußtsein trägt den gebärenden Logos nur deshalb, weil es selbst wiederum integral zum Leib des äonischen Logos gehört. *Wichtig*: Die Unterscheidung zwischen dem Leib und dem Haupt des äonischen Logos. Das Haupt bezieht sich auf die Genese der trinitarischen Natur der Gottheit, der Leib hingegen bezieht sich auf den Äther des limbalen Unbewußtseins, der den physiologischen Prozeß der trinitarischen Natur als Teil des Leibes des äonischen Logos in sich trägt. Man beachte die Reflexibilität der sich in sich selbst widerspiegelnden Er-Innerung. Die theogonischen Grundlagen der limbalen Anamnese in der okkulten Wissenschaft.

43. *Exkurs*: Indem das kanonische Bewußtsein die scholastische Genese nach innen verlegt und dort einschließt, [*besser*: verschließt] v e r s a g t   e s   s i c h   s e l b s t   d i e   E r k e n n t n i s . Aus diesem sich selbst die Erkenntnis Versagen aber erwacht der ἐκκλησία eine hierokratische Grenzziehung zum Menschen selbst hin, das heißt: *g e g e n   d e n   M e n - s c h e n* . Dieser bleibt somit ungedacht in diesem Spiel zurück, als das

schlechthin Unberücksichtigte. Und als dieses ist er zugleich der geheime Zielpunkt der Offenbarung selbst. Dieses Unberücksichtigte liegt damit aufgespart vom Lichte der okkulten Wissenschaft der Theologie selbst verborgen zugrunde. Jene Grenzziehung schafft einen furchtbaren Abgrund, der das Wesen der ἐκκλησία grundlegend prägt. Und diese Bestimmung ist zugleich Schicksal der Spiritualität, und zwar als einer Figur radikaler offenbarungsgeschichtlicher Verkennung und Verdrängung der bewußtseins-ontologischen Evolution der scholastischen Denktradition a l s   e i n e r   F o r m   o k k u l t e r   W i s -
s e n s c h a f t, die dazu bestimmt ist, die Mauern des kanonischen Offenbarungsbewußtseins, hinter denen die Theologie selbst gefangen liegt, zu d u r c h b r e c h e n. → *Die erste Spaltung*, welche in der ἐκκλησία durch die Einlagerung der scholastischen Wissenschaft geschieht und welche damit den Abgrund zwischen Hierokratie und dem »laikalen Menschen« aufbricht. Gnosis ist möglich, aber um den Preis der Preisgabe des laikalen Menschen, der damit zum „Kirchenvolk" bestimmt und unter ein k o l l e k t i v e s   B e w u ß t s e i n   v o m   G e o f -
f e n b a r t e n verrechnet wird. Aufhebung des Individuums durch den Begriff des „Laikalen". Die Individualität der scholastischen Geistesaristokratie. → *Die zweite Spaltung*: Sie erfolgt aufgrund der ersten als aus dieser sich ableitende Symbolhandlung, die zur {*Er − |Innerungs|Urform*} der {Selbst|Spaltung} des scholastischen Bewußtseins von der Theologie führt. Die Realdistinktion von Theologie und okkulter Wissenschaft innerhalb des scholastischen Bewußtseins zwingt dieses sich außerhalb seiner selbst, *das heißt* außerhalb seiner Sedimentierung im System des kanonischen Offenbarungsglaubens der geschichtlichen Kirche zu verwirklichen i m   » l a i k a l e n   N i e -
m a n d s l a n d « der okkulten Theologie selbst. Der Umbruch durch die aus sich selbst hervorbrechende okkulte Theologie der Scholastik. Gerade, dass die Scholastik, die a l s   O k k u l t e s   d e r   T h e o l o g i e einer akademischen Theologie und noch weniger einer *„Geisteswissenschaft"* kaum faßlich sein dürfte, sondern unter dem falschen Nimbus des modernen rationalen Wissenschaftspathos als gediegene Begriffstheologie durchgeht, legt in aller Deutlichkeit die Bewußtseins-Spaltung dar, welche das Entstehungs-Prinzip der Scholastik selbst bezeichnet. Was hat es nun mit dieser inneren Gespaltenheit des scholastischen Bewußtseins auf sich? Indem nämlich die Auffassung von der Scholastik als einer Begriffstheologie *comme il faut* selbst zum Kanon moderner akademischer ›Geisteswissenschaft‹ avanciert, verschärft sie den Abgrund, in welchem die Scholastik selbst eingelagert liegt, indem sie beim vermuteten ›*Begriffsrationalismus*‹ der scholastischen Methode Anleihen

machen zu können glaubt für ihre Apologie der abendländischen Moderne. Die Scholastik bleibt selbst dort Begründungsfigur, wo der »Scholastizismus« in der Philosophie von der Philosophie selbst bekämpft wird. Denn die Figur der Begründung der Moderne durch die Scholastik wurzelt selbst im Reich des Okkulten und seiner Geschichte, die jenseits der Menschheitsgeschichte liegt. Indem also die moderne Historiographie sich mit den scholastischen Geistesaristokraten *„identifiziert"*, arbeitet die moderne Welt selbst fleißig an ihrem Mythos von der Genealogie der ›*Legitimität der Neuzeit*‹. → *Die dritte Spaltung*: Sie besteht in der gegenläufigen Arbeit der Historiographie am Mythos von der scholastischen Wissenschaft. Damit aber wird verdrängt, daß die Scholastik in ihrem Wesenskern G n o s i s ist, selbst dann, wenn sie *als solche* nicht erkennbar ist. Und es bleibt verborgen, dass die Scholastik aufgrund ihrer inneren {*Selbst|Spaltung*} die von der Kirche historisch gesetzte und in ihr deshalb vorhandene standesmäßige Abgespaltenheit des „Laikalen" *unbewußt* in eine weitere Spaltung hineinführt, — in das Bewußtsein der Scholastik von ihrer eigenen Selbst-Abgespaltenheit n i c h t v o n , s o n d e r n d u r c h G n o s i s. Wovon wir reden ist eine umwälzende und epochemachende Bewußtseins-Genese in den Köpfen der scholastischen Theologen. Die kirchenrechtliche Verfaßtheit der Kirche in Kleriker und Laien beschreibt den Weg des verborgenen Christentums in die historische Negation seiner selbst als h i e r o k r a t i s c h e K i r c h e. Damit aber geht die Gnosis in das innere Exil, sie taucht unter. Und sie sucht sich die entsprechenden Formen ihrer Verdrängung als Residuen ihres okkulten Fortbestandes. Auf dieser okkulten Existenzform einer i n t e r n e n G n o s i s basiert das hierokratische System der Kirche. Mit der Scholastik entsteht eine neue Situation. Um genau zu sein, es geschieht eine neue Spaltung dadurch, dass die primordiale Gespaltenheit der geschichtlichen Kirche in Kleriker und Laien vom scholastischen Bewußtsein der Theologie selbst einer Spaltung unterzogen wird. D i e s e n e u e S p a l t u n g w i r d h e r v o r g e r u f e n d u r c h d i e G n o s i s d e s s c h o l a s t i s c h e n B e w u ß t s e i n s v o n d e r T h e o l o g i e s e l b s t. Das heißt, es geht nicht um die Entstehung einer neuen gnostischen Strömung innerhalb der Geschichte der christlichen Kirche, nicht um eine neue „*Häresie*", welche bekämpft werden müßte. Es handelt sich vielmehr um eine revolutionäre Umwälzung im theologischen Bewußtsein. E s i s t d i e o k k u l t e R e v o l u t i o n i n d e r T h e o l o g i e s e l b s t, von der wir sprechen. Denn diese ist grundgelegt im und durch das scholastische Bewußtsein. Hier sind zwei Momente zu unterscheiden: Diese o k - k u l t e R e v o l u t i o n ist grundgelegt

a) *im* scholastischen Bewußtsein, *dies heißt*: In ihm objektiviert sich die Frage nach der Unterscheidung von „*Kleriker*" und „*Laie*" in *neuer* Konfiguration. Dies bedeutet keinesfalls, dass diese Unterscheidung in Frage gestellt würde. Denn diese Unterscheidung bestimmt das geschichtliche Wesen der Kirche. Vielmehr fordert die verdrängte Gnosis ihr Recht nicht durch Abspaltung von der Kirche, sondern — als selbst in die Verdrängung abgespalten — bricht sie aus ihrer Abgespaltenheit hervor, um diese auf die Gnosis selbst zu beziehen. Dadurch wird ein n e u e s S u b j e k t u m für dieses »scholastische Bewußtsein« der Theologie geschaffen, das dem l a i k a l e n M e n s c h e n zugeordnet ist. Die Abspaltung ist nicht die von der Gnosis weg, sondern sie ist A b s p a l - t u n g *d u r c h* G n o s i s, nämlich hin zu einem neuen Subjektum von Theologie, das heißt zum Subjektum eines »scholastischen Bewußtseins« von der Theologie selbst. Damit aber stellt sich die Frage nach dem Offenbarwerden[*können*] der Offenbarung selbst auf völlig neue Weise.

b) *d u r c h* das »scholastische Bewußtsein«, *dies heißt*: Die Gnosis, welche nach einem neuen Subjektum für die Theologie Ausschau hält, ist dieselbe, die dieses Subjektum in ihrem eigenen »scholastischen Bewußtsein« von der Theologie selbst findet. Dieser Modus beschreibt die Selbstentdeckung des »scholastischen Bewußtseins« als S u b j e k t u m d e r o k k u l t e n T h e o l o g i e, *das heißt* als den esoterischen Bewußtseinsgrund eines Offenbarwerden[*könnens*] der Offenbarung selbst. Damit aber bricht das »scholastische Bewußtsein« *unbewußt* mit der Urgestalt des geschichtlichen Christentums, das sich einst *i n d i e F ä n g e d e s W i l l e n s z u r M a c h t* begab, um die geheime Weisheit des Evangeliums in die Unterwelt der Verdrängung hinabzuführen. Diese Verdrängung ist die selbstgewählte Wohnstätte des Okkulten der Offenbarung selbst. Das sich von seiner Verdrängung selbst Abspalten der Gnosis bekommt die Aura des Laikalen. Wir erhalten durch diese scheinbare Antinomie eine Vorstellung von der Zuspitzung der Gnosis im »scholastischen Bewußtsein«, das im Strome seines Unbewußtseins auf die Suche nach dem Subjektum seines neuen theologischen Bewußtseins geht und schließlich fündig wird. Was aber ist der Fund dieses Suchens im Unbewußtsein?

> Der »l a i k a l e M e n s c h« ist Subjektum der Suche nach dem Offenbarwerden[*können*] der Offenbarung selbst durch das »scholastische Bewußtsein« der [okkulten] Theologie.

Um es noch einmal deutlich zu machen: Das »scholastische Bewußtsein« ist als Spitze zu begreifen, durch die das von der Gnosis angestachelte limbale Triebherz die kirchliche Verdrängung seines Unbewußtseins-Stromes durchbricht, um aus sich selbst das Subjektum seines neuen Bewußtseins von der Theologie zu gebären. Dieses neue, das heißt dieses »scholastische Bewußtsein« von der Theologie ist das Bewußtsein vom Offenbarwerden[*können*] der Offenbarung selbst. Nun wird wohl manchem klar, was damit gemeint ist, wenn hier v o m » s c h o l a s t i - s c h e n B e w u ß t s e i n « als dem n e u e n S u b j e k t u m d e r T h e o - l o g i e die Rede ist, die sich *nun* als »okkulte« begreifen kann. → *Die vierte Spaltung im scholastischen Bewußtsein*: Sie bedeutet die Befreiung der Scholastik durch die Grundlagen der okkulten Bewußtseinslehre und die Lehre vom limbalen Triebherzen. Dieser kommt eine offenbarungsgeschichtliche Schlüsselrolle für die $\left\{bewußtseins \middle| {ontologische \atop ontogenetische}\right\}$ Evolution des zukünftigen Menschen zu. Die Entdeckung des »laikalen Menschen« als der einzig denkbaren Grundlage der okkulten Wissenschaft und die Verwerfung der »laikalen Gruppenseele« als der Stütze des Fiktums eines kanonischen Offenbarungsglaubens. Damit ist jede Möglichkeit abgeschnitten, das Offenbarwerden[*können*] der Offenbarung selbst *hierokratisch* zu begründen. *Nota*: Die Übernahme der im Grunde vom »scholastischen Bewußtsein« abgeschafften *»laikalen Gruppenseele«* d u r c h d i e p o l i t i s c h e T h e o r i e d e r M o d e r n e . Der Leviathan. Falsche Individualisierung des modernen Gruppenmenschen, — als vollendete Fiktion von der Freiheit des Menschen durch die Anarchie des modernen Geistes. Diese Anarchie als ›*Legitimation*‹ der »laikalen Gruppenseele«. Individualität als laikale Bedeutungslosigkeit. Der »laikale Seelenrest« des modernen Menschen. Je laikaler, das heißt je mehr Individuum der Mensch sein will, desto bedeutungsloser wird er für die soziale Umwelt. *Folge*: Seelische Störungen und die Psychologie als vergeblicher Versuch, die wirklichen Ursachen namhaft zu machen. → Nur vom »laikalen Seelen-Rest« her ist die Ideologie des hierokratischen Systems der Religion als Pseudomorphose des okkulten Verständnisses von ἱεραρχία zu brechen. Damit aber endet die Epoche der »laikalen Gruppenseele«. → Die »laikale Gruppenseele« der Moderne dürfen wir als Abspaltungs-Produkt aus dem Prozeß der $\left\{bewußtseins \middle| {ontologischen \atop ontogenetischen}\right\}$ Evolution des »scholastischen Bewußtseins« betrachten. Sie ist gerade das, was bei dieser Geburt des »scholastischen Bewußtseins« vom Offenbarwerden[*können*] der Offenbarung selbst abgespalten und verworfen wird. Sie ist das, was dabei herab-fällt in die Bedeutungslosigkeit. Die bei der Befreiung der Gnosis zugleich aus dem »scholastischen Bewußtsein« herausfallende »laikale Gruppenseele« ist d a s v o n d e r s c h o l a s t i s c h e n B e w u ß t s e i n s f o r m a t i o n s e l b s t z u R e c h t V e r w o r f e n e. Und eben dieses nimmt die Moderne wieder auf, um es w i e d e r z u - v e r w e r t e n im Sinne einer ›*Legitimation*‹ der politischen Vernunft des Willens zur Macht. *Was heißt das?* Es bedeutet, dass der hinter der politischen Vernunft stehende Wille zur Macht, das, was durch den Befreiungsschlag des limbalen Triebherzens — das »scholastische Bewußtsein« eines Offenbarwerden[*könnens*] der Offenbarung selbst — abgetan und verworfen wird, *nämlich die* $\left\{ \frac{säkular}{laikale} \middle| Bedeutungslosigkeit \right\}$ *des* postlapsarischen Menschen, aus dieser Bedeutungslosigkeit zurückholt und ihm einen Wert verleiht, den die politische Vernunft des Willens zur Macht durch ihre a r c h a i s c h e O p f e r h a n d l u n g einfordert. Durch die Zurückholung *„zählt"* die »laikale Gruppenseele« plötzlich und wider Erwarten *„etwas"*. Sie wird zu einem wägbaren Quantum von Macht, *das heißt* von Macht f ü r d e n W i l l e n. Der Wille verwaltet von nun an die *„Würde des Menschen"* für den Menschen. Aber die Würde des Menschen *bleibt* abgetan, weil diese der Mensch allein von seinem göttlichen Schöpfer (wieder) empfangen kann. Deshalb bleibt das Festtags-Gerede von Vertretern des politischen Willens zur Macht von der *„unantastbaren Würde des Menschen"* eine hohle, bedeutungslose Phrase, die durch die »materiale Ungerechtigkeit«, von der die $\left\{ \frac{schein}{\sout{schein}} \middle\| bewußtseins \middle| \frac{ontologische}{ontogenetische} \right\}$ Entwicklung des Willens zur Macht ihre ›*Legitimation*‹ herleitet, tagtäglich widerlegt wird. Die » m a - t e r i a l e U n g e r e c h t i g k e i t « des Willens zur Macht geht über die Ungerechtigkeit *am Einzelnen* weit hinaus. Während letztere in juridischen Denkkategorien erfaßbar und durch rein rechtliche Mittel sühnbar erscheint, erweist sich die Illusion des »retrograden Unbewußtseins« im Willen zur Macht, aus dem die politische Vernunft selbst erst genetisch hervorgeht, als völlig wirkungslos und aufgrund dieser Wirkungslosigkeit als zynisch. Die »materiale Ungerechtigkeit« der $\left\{ \frac{schein}{\sout{schein}} \middle\| bewußtseins \middle| \frac{ontologischen}{ontogenetischen} \right\}$ Entwicklung des Willens zur Macht markiert einen neuen Kanon politischer Herrschaft. Es geht freilich *nicht* um einen neuen Kanon von Offenbarungsglauben, wie ihn das geschichtliche, i.e. das h i e r o k r a t i s c h e C h r i s t e n t u m *gegen* die Herausforderung der antiken christlichen Gnosis errichtet hatte. Dem Willen liegt wenig an Religion. Und dennoch wird er *unbewußt* zum Verbündeten der religiösen Kanonbildung, indem er die Kanonbildung überträgt auf die $\left\{ \frac{schein}{\sout{schein}} \middle\| bewußtseins \middle| \frac{ontologische}{ontogenetische} \right\}$ Evolution

seiner   selbst   als   des   Herrn   eines   materialen
$\left\{\begin{matrix}\text{Welt}\\\text{Ermächtigungs}\end{matrix}\middle|\text{Bewußtseins}\right\}$. Diese *neue* Kanonbildung begreift sich
als gegenoffenbarungsgeschichtliche Entwicklung des Willens zur ›*Le-*
gitimität‹ politischer Vernunft. Und eben diese vom Willen eingefor-
derte ›*Legitimität*‹ erst macht die politische Vernunft der Neuzeit kennt-
lich   als   m e n s c h h e i t s g e s c h i c h t l i c h e n   Kanon   der
$\left\{\begin{matrix}\boxed{\text{Gegen}}\\\boxed{\text{Gegen}}\end{matrix}\middle|\text{Offenbarung}\right\}$. *Wir sehen*: Der   n e u e   Kanon nach dem Ende
des geschichtlichen Christentums bezieht sich *nicht mehr* auf die Offen-
barungsgeschichte wie der Kanon der Religion, selbst wenn diese Beziehung auch nur eine der Verdrängung war. Der *neue* Kanon basiert vielmehr auf einem konsequenten Fortgang zu einer Position der
$\left\{\begin{matrix}\boxed{\text{Gegen}}\\\boxed{\text{Gegen}}\end{matrix}\middle|\text{Offenbarung}\right\}$. Was hat es mit dieser merkwürdigen Weltfor-
mel des Willens zur Macht auf sich?

a) Der Wille *leugnet* so etwas wie »Offenbarung«, wie »Offenbarungsgeschichte«, denn nach seiner Ansicht gehört G e s c h i c h t e nicht zu Gott
oder zu Offenbarung, denn so etwas wie »Gott« oder »göttliche Offenbarung« existieren für den Willen nicht.

b) Mit der G e s c h i c h t e aber hält der Wille, *so denkt er*, ein Faustpfand in
Händen. Wenn er überhaupt einen neuen Kanon für sich abzuleiten fähig ist, so kann dies nur aufgrund des Begriffes einer G e s c h i c h t e
d e r   M e n s c h h e i t geschehen. Die Menschheitsgeschichte wird vom
Willen natürlich nicht neu erfunden als Denkkategorie, aber sie wird
zur Substanz einer gegenoffenbarungsgeschichtlichen Ur-Intention des
Willens.

c) Die *neue* Konfiguration, die der Wille zur Macht vornimmt am Begriff
der Menschheitsgeschichte beruht auf einer N e g a t i o   n e g a t i o n i s
d e r   O f f e n b a r u n g   s e l b s t durch einen Begriff der Geschichte, der
die Menschheit mit dem »lapsarischen Urbewußtsein« „*vereinbar*“ zu
machen versucht, ohne den Begriff der Offenbarung ganz fallenlassen
zu müssen. Der Wille wird z u m   S c h e i n ›*Theologe*‹.

d) Die Negation der Offenbarung ist *ursprünglich* das durch das eigene
»lapsarische Urbewußtsein« erlangte Wissen um die eigene Schuld.

e) Die N e g a t i o   n e g a t i o n i s   d e r   O f f e n b a r u n g durch den Willen
erfordert *d e n   B e g r i f f   d e r   M e n s c h h e i t s g e s c h i c h t e*, der losgelöst
von seiner offenbarungsgeschichtlichen Negativität frei wird zu einer
neuen semantischen Besetzung und Zuordnung. Sie ist deshalb nicht
die Bejahung der Offenbarung durch doppelte Verneinung, sondern ein
Ü b e r g a n g   i n   e i n   *a n d e r e s*   B e w u ß t s e i n s - G e n u s, der die
bloße Negation der Offenbarung unterläuft.

f) Dieses Unterlaufen bedeutet die Negation der Offenbarung, ohne dass der Begriff der Offenbarung völlig verschwände im Nichts. Dieser erfährt vielmehr seine S ä k u l a r i s a t i o n, indem er sich dem neuen Subjektum der Menschheitsgeschichte unterwirft. Diese Unterwerfung ist ein wesentliches Bezugsglied bei der ›Legitimation‹ der neuzeitlichen Weltordnungs-Vernunft. Die ordnungsmächtige ›Legitimität‹ der politischen Vernunft der Neuzeit setzt die *freiwillige* Unterwerfung des Individuums voraus. Denn dieses ist, wie wir bereits sahen, das v o m W i l l e n z u r ü c k g e h o l t e N i c h t i g s e i n d e s l a i k a l e n M e n s c h e n, *das heißt* der »laikalen Gruppenseele« des *gefallenen* Menschen. Die Unterwerfung des Menschen unter die O r d n u n g s m ä c h t i g k e i t der politischen Vernunft stellt die *Q u i n t e s s e n z d e r › L e g i t i m i t ä t ‹ d e r N e u z e i t* dar.

g) Der durch die Feuergeburt des »scholastischen Bewußtseins« vom Offenbarwerden[*können*] der Offenbarung im Menschen selbst nichtig gewordene und fallengelassene »laikale Mensch« [= *die »laikale Gruppenseele«*] wird nicht deshalb vom Willen zurückgeholt, weil er einfach in das Kalkül der Macht paßt, sondern weil er die Grundlage bildet für die Bewußtseinsformation des Willens zur Macht zum K a n o n e i n e r g e g e n o f f e n b a r u n g s g e s c h i c h t l i c h e n V e r n u n f t, die als ›Legitimität‹ einer materialen $\left\{ {Welt \atop Ordnungs} \middle| Ermächtigung \right\}$ vom Individuum, sofern dieses als »laikale Gruppenseele« Einsehen in die eigene Nichtigkeit hat, die Unterwerfung nicht einfordert, sondern sie zur rationalen Grundlage eines bürgerlichen Gehorsams zum Zwecke der Gesellschaftsbildung erhebt. Eigentlich wäre eher von einem »U n t e r w o r f e n s e i n« des »laikalen Menschen« zu sprechen, da dies auf die Denkkategorie einer »*L e g i t i m i t ä t n e u z e i t l i c h e r V e r n u n f t*« genau zutrifft.

h) Die Unterworfenheit als Grundaussage des »lapsarischen Urbewußtseins« wird nicht fallengelassen oder negiert, aber sie wird in ein *anderes* Genus von Bewußtsein übertragen und damit in ihrem Wesen umgewertet. Dieses Unterworfensein dem Todesgesetz durch selbst begangene Tat ist wie ein Druck, der auf einem lastet, sobald die Offenbarungsgeschichte und ihr höherer, göttlicher Sinn aus dem Spiel genommen werden. *Und noch etwas*: Die Schuldfrage tut sich mit dem Wegfall der schöpfungstheologischen Begründung des »lapsarischen Urbewußtseins« auf, *das heißt* der Mensch leugnet seine eigene Urheberschaft für den Fluch, unter welchem er selbst steht.

i) Wenn das »lapsarische Urbewußtsein« der Ursprungspunkt aller okkulten Bewußtseinsentwicklung des Menschen ist, so bedeutet die Umbesetzung der inneren Struktur-Elemente dieses Urbewußtseins zugleich das Ende der okkulten Bewußtseinsentwicklung des Menschen für den

Menschen. Diese Dekonstruktion des »lapsarischen Urbewußtseins« durch den Willen zur Macht müssen wir uns vor Augen halten, wenn wir nach der Genealogie der $\left\{{Welt \atop Ordnungs}\middle|Ermächtigung\right\}$ des Willen zur Macht fragen.

j) Indem die Schuldfrage überhaupt gestellt wird, erfährt die adamitische Ursünde eine grundlegend *neue* Sinn-Bestimmung. Die adamitische Ursünde wird losgelöst vom »lapsarischen Urbewußtsein« und wandelt sich zur »Schuld«, die die $\left\{{\overline{|schein|} \atop \overline{|\overline{schein}|}}\right\}$ bewußtseins $\left\{{ontologische \atop ontogenetische}\right\}$ Evolution des Willens zur Macht im »retrograden Unbewußtseinsgrund« des *sinn-entleerten* »lapsarischen Urbewußtseins« überhaupt erst ermöglicht. Mit der Entstehung dieses »Schuldgefühls« durch das »retrograde Unbewußtsein« des Willens zur Macht verbunden ist die Entstehung der »laikalen Gruppenseele«, welcher allein »Schuld« *zugerechnet* werden kann. Die »Schuld«-Zuweisung erfolgt durch den Willen, der in der »laikalen Gruppenseele« das heimliche Subjektum einer archaischen menschheitlichen »Urschuld« ausmacht. Wir sehen, wie sich die Schuld durch Abspaltung vom W i s s e n u m d i e a d a m i t i s c h e U r - s ü n d e, wie es sich im »lapsarischen Urbewußtsein« der Heiligen Schrift manifestiert, als archaisches Trauma bildet, das sich im »retrograden Unbewußtsein« des Willens zur Macht ansiedelt und dort Wurzeln schlägt. Es wird zum urmächtigen Phantasma der $\left\{{\overline{|schein|} \atop \overline{|\overline{schein}|}}\right\}$ bewußtseins $\left\{{ontologischen \atop ontogenetischen}\right\}$ Evolution des Willens zur $\left\{{Welt - Ordnungs \atop Ermächtigungs}\middle|Vernunft\right\}$ der politischen Moderne. *Wir sehen*: Das abgespaltene Schuldgefühl steigt hinab in das »retrograde Unbewußtsein« des Willens zur Macht, um sich darin vor sich selbst zu verbergen. Aber eben damit wird es zum O p f e r des $\left\{{Welt \atop Ordnungs}\middle|{Ermächtigungs \atop Bewußtseins}\right\}$ des Willens.

k) *Was bedeutet in diesem Zusammenhang das Wort »Opfer«?* Es besagt, dass durch die Entstehung des archaischen Schuldkomplexes in der »laikalen Gruppenseele« des modernen Menschen zwei folgenreiche Bewußtseinstatsachen geschaffen werden, nämlich d i e N e g a t i o n d e s »l a p s a r i s c h e n U r b e w u ß t s e i n s« durch die entstandene »Schuld« *und* d i e I n s t r u m e n t a l i s i e r u n g d e s S c h u l d k o m - p l e x e s durch den Willen zur Macht. Der Wille kann ohne Bedienung dieser in der »laikalen Gruppenseele« verborgenen archaischen Schuld nicht Prinzip der $\left\{{Welt \atop Ordnungs}\middle|{Bewußtseins \atop Materialisierung}\right\}$ werden. Denn nur diese Vernunft, so der Wille, besitzt die ›*Legitimation*‹ einer B e h e r r - s c h u n g d e r W e l t d u r c h d e n R e c h t s g r u n d »m a t e r i a l e r

Ungerechtigkeit«. Nur solche Macht ist *politische Macht*, und nur diese wiederum hat als die ›*Legitimität der Neuzeit*‹ zu gelten. Der moderne Mensch als »laikale Gruppenseele« wird durch die in ihm entstehende archaische Schuld zum O p f e r und damit zum S p i e l b a l l im großen weltpolitischen Kalkül des Willens zur Macht. Dieses Kalkül betrifft nicht irgendeinen Vorteil, der dadurch verschafft werden könnte, sondern es ist die innere Logik des dunklen Wesens des Willens zur Macht.

l) Die *archaische* »*Schuld*«, welche die »laikale Gruppenseele« des modernen Menschen in sich unausgesetzt fühlt, diese bildet den Nährboden eines »retrograden Unbewußtseins«, aus dem der Wille zur Macht hervorgeht als $\left\{ \begin{array}{c|c} Welt \\ Herrschafts \end{array} Erm\ddot{a}chtigung \right\}$ des Rechtsgrundes »m a t e r i a l e r U n g e r e c h t i g k e i t«.

m) *Wir sehen*: Die »materiale Ungerechtigkeit« steht ganz und gar nicht im Widerspruch zur ›*Legitimität*‹ der politischen Vernunft, weil sie schlichtweg die $\left\{ \begin{array}{c|c} \boxed{schein} \\ \boxed{\sout{schein}} \end{array} bewu\ss{}tseins \begin{array}{c} ontologische \\ ontogenetische \end{array} \right\}$ Existenzbedingung der $\left\{ \begin{array}{c|c} Welt & Bewu\ss{}tseins \\ Herrschafts & Materialisierung \end{array} \right\}$ der Moderne ist.

n) Die »m a t e r i a l e U n g e r e c h t i g k e i t« als Seinsprinzip des politischen Willens besteht in dem N i c h t i g s e i n der »laikalen Gruppenseele«. *Das heißt*, der Wille kann nicht aufgrund dessen, dass er selbst zur Macht gelangt, zum Wohltäter der Menschheit werden, es sei denn *z u m S c h e i n*. Denn er gelangt zur Macht aufgrund des »N i c h t i g s e i n s« der »laikalen Gruppenseele«. *Denn es gilt*:

> Die »a r c h a i s c h e S c h u l d« bezeichnet die Entstehung der modernen »l a i k a l e n G r u p p e n s e e l e«.

o) Dieses Nichtigsein des Menschen als »laikale Gruppenseele« stellt einen Sündenfall *sui generis* des Menschen dar, der die adamitische Ursünde natürlich voraussetzt, der aber zugleich darin besteht, sich von dieser *durch Leugnung* zu lösen. Genau betrachtet handelt es sich um eine Übertragung der adamitischen Ursünde in ein »retrogrades Unbewußtsein« des Widerstandes, d e r R e v o l t e, von welchem der Mensch sich angesprochen fühlt angesichts des Leidensdruckes, unter dem er steht. Aber es bleibt jedes Bewußtsein ausgeklammert, das darauf verweisen könnte, dass der Mensch diesen Leidensdruck auf sich selbst gezogen hat eben durch Leugnung des »lapsarischen Urbewußtseins«. Es findet eine $\left\{\begin{array}{c}\boxed{schein}\end{array}\middle|unbewußtseins\middle|\begin{array}{c}ontologische\\ontogenetische\end{array}\right\}$ SelbstReflektion des

vom Menschen negierten »lapsarischen Urbewußtseins« in diesem

selbst statt, die sich zum extravasalen Raum der

$\left\{\begin{array}{c}\boxed{schein}\\\boxed{\sout{schein}}\end{array}\right|bewußtseins\left|\begin{array}{c}ontologischen\\ontogenetischen\end{array}\right\}$ Evolution des Willens zur

Macht herausbildet und die vom *gefallenen* Menschen für das angeblich

›*wahre*‹ Wesen des Menschen selbst gehalten wird.

p) Das Nichtigsein des Menschen als »laikale Gruppenseele« ist unbe-
wußtsein-schaffender Akt der {*Selbst|Reflektion*} des in sich selbst ne-
gierten »lapsarischen Urbewußtseins«. Es ist mit der Entstehung des
»retrograden Unbewußtseins« des Willens zur Macht wesens-eins, denn
es ist e i g e n t l i c h e r G e g e n s t a n d d e s » O p f e r s «, auf dem die

$\left\{\begin{array}{c}\boxed{schein}\\\boxed{\sout{schein}}\end{array}\right|bewußtseins\left|\begin{array}{c}ontologische\\ontogenetische\end{array}\right\}$ Evolution des Willens zur

$\left\{\begin{array}{c}Welt\\Herrschafts\end{array}\right|\begin{array}{c}Bewußtseins\\Materialisierung\end{array}\right\}$ des Politischen basiert. Aus diesem

Opfer des »retrograden Unbewußtseins« geht der Wille zur Macht hervor wie aus dem Taufbad seiner gegenoffenbarungsgeschichtlichen
Mission, die g e g e n d e n M e n s c h e n i n d e s s e n G o t t e b e n -
b i l d l i c h k e i t gerichtet ist, *nicht* gegen den Menschen schlechthin.

q) Die $\left\{\begin{array}{c}\boxed{schein}\\\boxed{\sout{schein}}\end{array}\right|bewußtseins\left|\begin{array}{c}ontologische\\ontogenetische\end{array}\right\}$ Evolution des Willens zur

Macht bedarf durchaus des Menschen, aber in dessen Nichtiggewordensein, in dessen Entfremdung als » l a i k a l e G r u p p e n s e e l e «.
Das aber heißt nichts anderes, als dass der Mensch nur in Betracht
kommt unter dem Aspekt seiner inneren leviathanischen Opferstruktur,
die ihm vom Willen zur Macht eingepflanzt ist. Die Transzendentalität
dieser leviathanischen Opferstruktur der »laikalen Gruppenseele« beruht gerade auf dem mörderischen Schein, der den Menschen glauben
macht: *tua res agitur!* Der Glaube, dass das leviathanische Opfer des Willens *und* das Interesse des Menschen an seiner eigenen Befreiung von
»Schuld« und Leidensdruck dasselbe seien, eben diesen Glauben nenne
ich die tödliche Selbsttäuschung des Menschen [als »laikaler Gruppenseele«] im transzendentalen Schein der leviathanischen Vernunft des
Willens zur Macht. Auf diesem fatalen Irrtum beruht das Pathos vom

essentiellen ›*Humanismus*‹ der $\left\{\begin{array}{c}Welt\\Ermächtigungs\end{array}\right|Vernunft\right\}$ der Moderne,

die, wenn sie vom Menschen spricht, doch immer nur die Implikationen
ihrer eigenen *falschen* Anthropologie vom „*Genius der Gattung*" (Nietzsche) meinen kann. Deshalb ist das Reden vom Menschen immer Gegenstand einer Opferhandlung, in der der Mensch sich selbst als Opfer
darbringt, um ›*befreit*‹ zu werden von der Unheimlichkeit archaischer

»Schuld«. Dass der Mensch aber in dieses unheimliche Gefühl archaischer Schuld versetzt ist, dies setzt bereits voraus, dass der Mensch sich selbst bereits als Opfer dargebracht hat, um den Willen zur Macht tätig und mächtig werden zu lassen. Denn nur er, so der ›Glaube‹, vermag die ›Befreiung‹ des Menschen vom Druck der archaischen Schuld zu bewirken. Der Transzendentalismus der leviathanischen Opferstruktur in der »laikalen Gruppenseele« des modernen Menschen ist, um es unmißverständlich auszusprechen, ein A k t d e r S e l b s t u n t e r w e r f u n g unter das Gesetz der $\left\{\dfrac{\boxed{schein}}{\boxed{\cancel{schein}}}\right\}$ $[un]bewußtseins$ $\left\{\begin{array}{l}ontologischen\\ontogenetischen\end{array}\right\}$ Evolutionsgeschichte des Willens zur Macht. Durch diesen Akt der Selbstopferung des Menschen, der i m I n n e r e n d e s W i l l e n s z u r M a c h t und nicht in dem des Menschen selbst stattfindet, entsteht die leviathanische Opferstruktur des Menschen als die der *e i n e n* »l a i k a l e n G r u p p e n s e e l e « d e r M e n s c h h e i t.

r) Dem Menschen wird damit selbst die Gabe des Opfers geraubt, durch die er in Verbindung mit Gott treten könnte, *ich meine*: Das Opfer des limbalen Triebherzens. Das g ö t t l i c h e W e s e n d e s O p f e r s f ä l l t i n V e r g e s s e n h e i t, denn der Mensch b e g i b t s i c h i n d i e R e - v o l t e, indem er sich dem »lapsarischen Urbewußtsein«, mit dem jede echte Theologie beginnen *muss* und ohne welches sie nicht beginnen *kann*, widersetzt. Mit dieser archaischen Widersetzung bleibt die Revolte in der Unterschwelligkeit verborgen. Die Revolte wird durch die Widersetzung geradezu verdeckt, so daß sie selbst nicht zum Vorschein kommt. Und sie kann deshalb nicht zum Vorschein kommen, weil sie Bewußtsein voraussetzt, über das der Mensch [als »*laikale Gruppenseele*«] noch gar nicht verfügt. Denn wir stehen noch vor der Tatsache der inneren Negation des »lapsarischen Urbewußtseins« durch den Menschen [als *»laikale Gruppenseele«*]. Nur als »lapsarisches Urbewußtsein« wäre Bewußtsein für den Menschen möglich. Aber eben dieses wird von ihm negiert in einem Akt der Selbsthingabe an den Willen. Damit aber verspielt er die Möglichkeit seiner Wiedergeburt als eines *gottebenbildlichen* Menschen. Denn die Quelle solcher Wiedergeburt, das »lapsarische Urbewußtsein«, wird vom Menschen selbst geleugnet durch den Akt seines leviathanischen Selbstopfers. Mit diesem Akt der Selbstverdunkelung des menschlichen Gemütes wächst die archaische Schuld und der *unterschwellige* Leidensdruck, unter dem der Mensch in seinem Nichtiggewordensein [als »laikale Gruppenseele«] steht.

> Die »laikale Gruppenseele« des nichtig gewordenen Menschen i s t das »retrograde Unbewußtsein« des Willens zur Macht, der erst durch diese grundlegende Tatsache *zu Bewußtsein seiner selbst* als der materialen $\left\{\begin{array}{l}\textit{Welt und Seins}\\\textit{Erschließungs}\end{array}\Big|\textit{Vernunft}\right\}$ der Moderne gelangen kann.

s) Sein z u r M a c h t K o m m e n als zu der *seiner selbst* ist das »retrograde Unbewußtsein« des Nichtiggewordenseins des Menschen zur »laikalen Gruppenseele«. Das Nichtiggewordensein des Menschen unter dem Fluch des sich dem »lapsarischen Urbewußtsein« Widersetzens bedeutet nicht, dass der Mensch selbst zum Nichts wird, sondern dass er durch das Opfer seines Nichtiggewordenseins übergeht in das Genus eines *nicht*-limbalen, d.h. eines *e x t r a v a s a l e n* Unbewußtseins, das nicht mehr unmittelbar im Menschen selbst angesiedelt ist, sondern das im Innern des Willens zur Macht wohnt und das die $\left\{\begin{array}{l}\boxed{schein}\\\boxed{\cancel{schein}}\end{array}\Big|\textit{bewußtseins}\Big|\begin{array}{l}\textit{ontologische}\\\textit{ontogenetische}\end{array}\right\}$ Evolution des gegenoffenbarungsgeschichtlichen Willens im Menschen dadurch begründet, dass der Mensch durch sein Nichtiggewordensein selbst das »retrograde Unbewußtsein« *für* die Ermächtigung des Willens zur Macht ist. Damit aber steht eine gegenoffenbarungsgeschichtliche Anthropologie im Raume der Geschichte des Willens zur Macht, durch die dieser sich zur $\left\{\begin{array}{l}\textit{Welt}\\\textit{Ermächtigungs}\end{array}\Big|\textit{Ratio}\right\}$ der Moderne und zur ›*Legitimität‹ der Moderne* erheben kann. Denn das Gerede von der ›*Legitimität der Neuzeit‹* setzt eine Referenz zum »retrograden Unbewußtsein« voraus, auf dessen Menschenopfer ›*Neuzeit‹* menschheitsgeschichtlich zustande kommen *kann*. Und durch diese heimliche Referenz zur unterschwelligen archaischen »Schuld«, deren Ort das extravasale Unbewußtsein der »laikalen Gruppenseele« ist, empfängt die $\left\{\begin{array}{l}\textit{Welt}\\\textit{Ermächtigungs}\end{array}\Big|\textit{Formel}\right\}$ der Moderne den nimbalen Schein einer $\left\{\begin{array}{l}\boxed{gegen}\\\boxed{\cancel{gegen}}\end{array}\Big|\textit{offenbarungsgeschichtlichen}\right\}$ ›*Legitimität‹*. Und gerade hierin sieht die Neuzeit selbst die „Unwiderlegbarkeit" ihrer „*Legitimität*" begründet. Die Neuzeit glaubt an das Apodiktische ihrer Herkunft gerade deshalb, weil sie das Mysterium der Offenbarung für s e l b s t m a c h b a r hält durch die r a d i k a l e N e g a t i o n des »lapsarischen Urbewußtseins« durch den Willen, der die Offenbarung vom offenbarenden Gott trennt und zugleich diesem e n t g e g e n - s e t z t. Die Abspaltung der Offenbarung von deren göttlichem Subjektum. Das Subjektum der Offenbarung selbst aber muss dort im Dunkeln bleiben, wo das »lapsarische Urbewußtsein« als Ursprungspunkt der okkulten Theologie negiert und verdrängt wird. Das Subjektum dieser Negation kann deshalb nur der Wille sein, *der von der Gottheit selbst abgefallen ist.* Die durch die $\left\{\begin{array}{c}\boxed{gegen}\\ \boxed{\sout{gegen}}\end{array}\right.$ *offenbarungsgeschichtliche* $\Big\}$ Evolution des Willens zur Macht getätigte »O f f e n b a r M a c h u n g« von [*verdrängter*] Offenbarung als eines $\left\{\begin{array}{c}\boxed{schein}\\ \boxed{\sout{schein}}\end{array}\right.$ *bewußtseins* $\Big|\begin{array}{l}ontologischen\\ ontogenetischen\end{array}\Big\}$ Triebgrundes, der als extravasale Opferstruktur des »retrograden Unbewußtseins« in der »laikalen Gruppenseele« des modernen Menschen wurzelt. Wir müssen somit von der Entstehung einer primaterialen Bewußtseins-Stofflichkeit ausgehen, die ihren Ursprung in dem Akt des Nichtiggewordenseins des Offenbarungslichtes aufgrund dessen Negation durch den Willen zur Macht hat.

t) *Wir sehen*: Der Wille zum Triebgrund einer politischen Vernunft der Moderne geht an der Primaterialität *verdrängter* Offenbarungsgeschichte zu Werke, die in ihrem Nichtiggewordensein durch die Negation *einen Stoff von sich* »*freisetzt*«, mit welchem der Wille arbeiten und in den er eindringen muss, um etwas *für sich* bewirken zu können. Wir müssen uns den aus der Negation des »lapsarischen Urbewußtseins« frei gewordenen Stoff als den Urstoff aus der {*Auf*|0|*Reduktion*} des limbalen Unbewußtseins im »lapsarischen Urbewußtsein« begreiflich machen. Damit aber ist dieser Urstoff zu verstehen als der $\left\{\begin{array}{c}\boxed{schein}\\ \boxed{\sout{schein}}\end{array}\right.$ [*un*]*bewußtseins* $\Big|\begin{array}{l}ontologische\\ ontogenetische\end{array}\Big\}$ Ursprung des {»*retrograden Unbewußtseins*«|*Opfers*} in der »laikalen Gruppenseele« des modernen Menschen.

u) Das Nichtiggewordensein der Offenbarung im »lapsarischen Urbewußtsein« bedeutet zugleich dessen eigenes Nichtiggewordensein durch die Negation des Willens zur Macht. Denn die Offenbarung wäre nur zugänglich über das »lapsarische Urbewußtsein«, weil sich durch dieses der göttliche Logos der Offenbarungsgeschichte selbst offenbart. Denn nur der Logos selbst kann dem Nichtiggewordensein oder dem Nichtigwerdenkönnen der Offenbarung selbst »*etwas*« e n t g e g e n - s e t z e n. Die Offenbarungsgeschichte ist nur dort vor ihrem Nichtigwerdenkönnen gesichert, wo sie als vom Logos selbst getragen *erkannt* wird. Nur eine solche Erkenntnis, die *selbst* göttlich ist, ist Trägerin der Offenbarung selbst als der Offenbarungsgeschichte in der apophatischen Loslösung von der Menschheitsgeschichte des *gefallenen* Menschen.

v) Der feine Verdrängungs-Stoff, den die Offenbarung in der Negation des »lapsarischen Urbewußtseins« von sich freisetzt, wird vom Nichtiggewordensein als dem extravasalen Seinsmodus der Offenbarung selbst im Willen hervorgebracht. In diesem Seinsmodus geht die verdrängte Offenbarung hinüber in das S u b j e k t u m   i h r e s   N i c h t i g g e w o r - d e n s e i n s. Die $\left\{\frac{\overline{|gegen|}}{\overline{|\text{gegen}|}}\right\|$ *offenbarungsgeschichtliche*$\Big\}$ Triebstruktur des Willens zur Macht bedarf der primaterialen Freisetzung aus der durch Negation nichtig gewordenen Offenbarung, um in die Offenbarung a l s *a priori* n i c h t i g g e w o r d e n e eingehen zu können, um dadurch Offenbarung selbst *positiv* besetzen zu können durch sich selbst, *das heißt* als zum $\left\{\frac{\overline{|gegen|}}{\overline{|\text{gegen}|}}\right\|$ *offenbarungsgeschichtlichen*$\Big\}$ T r i e b g r u n d v o n O f f e n b a r u n g gewordenes N i c h t i g g e w o r - d e n s e i n v o n » O f f e n b a r u n g s e l b s t «. Dieser sich mit Macht durchsetzende Triebgrund der Offenbarung bezeichnet das Offenbarmachenwollen und die *Offenbar*-Machbarmachung von Vernunft, die auf der Leugnung des »lapsarischen Urbewußtseins« und damit auf der L e u g n u n g d e r *b e s t e h e n d e n* O n t o l o g i e d e s p o s t l a p s a r i s c h e n M e n s c h e n beruht. Es fehlt das Kriterium für ein mögliches Aufgehobenwerdenkönnen dieser postlapsarischen Ontologie für den Menschen, welches nur der göttliche Logos sein könnte durch den apodiktischen Beweis seiner Menschwerdung im limbalen Triebherzen des Menschen. Man kann also von der Menschwerdung des göttlichen Logos hin und her ›*theologisieren*‹, ohne jenes Kriterium, von dem ich eben gesprochen habe, je zu Gesicht zu bekommen. Angesichts der Herausforderung der Formation des $\left\{\frac{\overline{|gegen|}}{\overline{|\text{gegen}|}}\right\|$ *offenbarungsgeschichtlichen*$\Big\}$ Triebgrundes der $\left\{\begin{matrix}säkular\\laikalen\end{matrix}\right|$ Rationalität$\Big\}$ im Seeleninneren des Willens zur Macht muss deshalb der kanonische Offenbarungsglaube verstummen, da er absolut nichts gegen diese Entwicklung des Willens auszurichten vermag. Und vielleicht ist es dieser Wille im kanonischen Bewußtsein der Religion selbst, der diese daran hindert, dem Willen zur Macht selbst das Fürchten zu lehren. Dass die Religion sich dem Willen zur $\left\{materialen\left\{\begin{matrix}Welt\ und\ Seins\\Ermächtigungs\end{matrix}\right\}\right|$Vernunft$\Big\}$ der Moderne so kampflos ergeben mußte, zeigt auf das deutlichste, daß die ›*Legitimität der Neuzeit*‹ die Hierokratie des kanonischen Offenbarungsglaubens *von innen her* entmachtet hat auf der Grundlage des von mir erläuterten okkulten Geschehens. *Was aber folgt aus dieser Erkenntnis?* Die Einsicht in das Offenbargewordensein der m a n g e l n d e n L e g i t i m a t i o n der hierokratischen Kirche, d a s o k k u l t e W e s e n d e s C h r i s t e n t u m s s e l b s t vertreten zu können, und das heißt auch, gegen den dunklen Triebgrund der $\left\{ materialen \begin{Bmatrix} Welt\ und\ Seins \\ Ermächtigungs \end{Bmatrix} \middle| Vernunft \right\}$ der Moderne verteidigen und schützen zu können.

w) Insofern können wir sagen, dass das spirituelle Erbe des *okkulten* Christentums nur in dem Maße offenbar werden kann, als die *Offenbar*-Machbarmachung von Offenbarung durch den dunklen $\left\{ \begin{Bmatrix} \boxed{gegen} \\ \boxed{\cancel{gegen}} \end{Bmatrix} offenbarungsgeschichtlichen \right\}$ Triebgrund des Willens zur Macht v o n d e r o k k u l t e n T h e o l o g i e selbst manifest und damit zunichte gemacht wird.

x) Die Welt, wie sie jetzt vor uns liegt, s i e m u ß z u g r u n d e g e h e n, um *dem* Platz zu machen, was über die t h e o k r a t i s c h e L e g i t i m a - t i o n d e r W i s s e n s c h a f t verfügt, und dies nicht aus menschlicher Anmaßung, sondern a u s d e r r e i n e n B e s t i m m u n g d e s g ö t t - l i c h e n W i l l e n s, d e r d i e O f f e n b a r m a c h u n g d e r O f f e n b a - r u n g im »prophetischen Wort« des limbalen Triebherzens selbst ist.

y) Aufgrund der Einforderung einer T h e o k r a t i e d e r W i s s e n - s c h a f t wird die Wissenschaft *dieser* Welt im Getriebe ihres $\begin{Bmatrix} säkular \\ laikalen \end{Bmatrix}$ Grundwesens erst erkennbar als ein Werk der $\left\{ materialen \begin{Bmatrix} Welt\ und\ Seins \\ Ermächtigungs \end{Bmatrix} \middle| Vernunft \right\}$ des Willens zur Gegenoffenbarung. Martin Heidegger schreibt in seinem „Brief über den Humanismus": „Das neuzeitlich-metaphysische Wesen der Arbeit ist in Hegels »Phänomenologie des Geistes« vorgedacht als der sich selbst einrichtende Vorgang der unbedingten Herstellung, das ist Vergegenständlichung des Wirklichen durch den als Subjektivität erfahrenen Menschen. Das Wesen des Materialismus verbirgt sich im Wesen der Technik, über die zwar viel geschrieben, aber wenig gedacht wird. Die Technik ist in ihrem Wesen ein seinsgeschichtliches Geschick der in der Vergessenheit ruhenden Wahrheit des Seins. Sie geht nämlich nicht nur im Namen auf die τέχνη der Griechen zurück, sondern sie stammt wesensgeschichtlich aus der τέχνη als einer Weise des ἀληθεύειν, das heißt des Offenbarmachens des Seienden."[12] Der ›Humanismus‹ des Willens zur Macht als Fiktum einer M e n s c h l i c h k e i t s i c h e r n *wollenden* Rationalität, welche in ihrem $\left\{ materialen \begin{Bmatrix} Welt\ und\ Seins \\ Erschließungs \end{Bmatrix} \middle| Bewußtsein \right\}$ eine anthropologische Wesensbestimmung vornimmt, die vom gefallenen Menschen eingefordert wird. D e r I m p e r a t i v d e r W e r t e s e t - z e n d e n V e r n u n f t, welcher der laikalen Gruppenseele deshalb gebieten *kann*, weil diese durch die O p f e r h a n d l u n g d e s W i l l e n s

[12] Martin Heidegger, Brief über den Humanismus, in: Wegmarken, GA 9, S. 340.

am »l a p s a r i s c h e n U r b e w u ß t s e i n« des Menschen und damit am Menschen selbst zustande kommt. Denn die {*Auf*|0|*Reduktion*} des limbalen Unbewußtseins im »lapsarischen Urbewußtsein« als in dessen Nichtiggewordensein bedeuten die Beseitigung der Rest-Natur vom Menschen selbst. Denn diese Rest-Natur hat sich in das »lapsarische Urbewußtsein« zurückgezogen, um in diesem Rückzug sich zum Ursprungspunkt der limbalen Anamnese zu fassen, unter welchem zugleich der Ursprung der okkulten Theologie zu verstehen ist. Der Wille glaubt diesen Widerstand ausgeräumt zu haben durch die Negation des »lapsarischen Urbewußtseins«, ohne zu ahnen, dass der in den Abgrund der Verdrängung verschobene Ursprungspunkt des »lapsarischen Urbewußtseins« mit der Extravasation des Willens in dessen Inneres heimlich übergeht. Der untergegangene Funke des »lapsarischen Urbewußtseins« erlischt natürlich nicht, sondern er »geht unter«, um »überzugehen« in die Tiefen der Verdrängung, die der Wille geschaffen

hat zur Verbergung seines $\left\{ \dfrac{\boxed{gegen}}{\boxed{\overline{gegen}}} \middle| offenbarungsgeschichtlichen \right\}$

T r i e b g r u n d e s, der ihn zur Schaffung eines ›*selbsterleuchteten*‹ Denkens [das heißt: einer »*Aufklärung*« — das »Denken«, das *sich selbst* zu Gott geworden ist] aus dem unvordenklichen Abfall vom göttlichen Logos selbst. ›*Aufklärung*‹ verstanden als Zustimmung zur anthropologi-

schen Determination der $\left\{ materialen \left\{ \begin{array}{l} Welt\ und\ Seins \\ Erschließungs \end{array} \right\} \middle| Vernunft \right\}$ der

Moderne, die entworfen ist, um den „*Genius der Gattung*" gegen jeden Widerstand und mit allen technologisch verfügbaren Mitteln durchzusetzen. Die › E r k l ä r u n g d e r M e n s c h e n r e c h t e ‹, welche die extravasale Vernunft der Moderne zur Bedingung hat, sie verschafft der »laikalen Gruppenseele« das Ansehen einer schützenswerten Spezies und damit das Gefühl einer *nativen* ›*Würde*‹, die als Apotropäum gegen eine drohende Wiederkehr des archaischen Schuldaffektes zu verstehen ist . Die vom Menschen erfahrene Opferung seiner selbst durch die vom Willen in ihm getätigte {*Auf*|0|*Reduktion*} des »lapsarischen Urbewußtseins« ist die Geburts-Stunde des Individuums im Sinne der Moderne. Der Mensch wird durch Negation oder Entleerung seines »lapsarischen Urbewußtseins« zum G e g e n s t a n d d e r » a r c h a i s c h e n O p f e r h a n d l u n g«, die der Wille zur Macht an ihm vollzieht. Durch das zu vollziehende Opfer tritt der Wille zur Macht mit dem zu Opfernden zugleich heraus aus dem menschheitsgeschichtlichen Zusammenhang. Er tritt zurück hinter die sich materialisierende Menschheitsgeschichte. *Das heißt*, er führt damit diese selbst hinter sich zurück und hinein in eine ἀϱχή, die nur durch dieses Opfer zugänglich und erfahr-

bar wird als ἀϱχή der $\left\{materialen \begin{Bmatrix} Welt\ und\ Seins \\ Erschließungs \end{Bmatrix} \middle| Rationalität \right\}$ ei-
ner ›neuen‹ Weltepoche. Die anthropologische Bestimmung des Men-
schen durch die Moderne, indem diese das Normative des positiven
Rechts als dasjenige erklärt, wodurch das Individuum an sein ›Mensch-
sein‹ gebunden werden *kann*. Und diese Bindung des Individuum an
seine unbedingte ›*Menschseins*‹-Verpflichtung ist seine ›*humanitäre Ver-
antwortung*‹, die als durch Rechtsnormen erzwingbar gilt. Die Unterschwelligkeit einer legitimen Anwendung von Gewalt durch den Staat
zur rechtlich nötigen Erzwingung der h u m a n i t ä r e n R e c h t s v e r -
p f l i c h t u n g des Individuums, dies bezeichnet die Entstehung des
modernen »*Humanismus*« aus dem Ursprung [ἀϱχή] der leviathanischen Opferhandlung, in welcher der Mensch vom Willen zur Macht
dadurch geopfert wird, dass dieser die fundamentale Daseinspotenz des
»lapsarischen Urbewußtseins« *von innen her* verzehrt. Durch die Ent-
nahme der Daseinspotenz aus dem »lapsarischen Urbewußtsein« wird
dieses für den Menschen zu einem *anderen* Ding und einem *anderen*
Sinn. Die vom Willen verzehrte Daseinspotenz des »lapsarischen Urbewußtseins«, sie zeigt dem Menschen an, dass s e i n W e g z u G o t t
a b g e b r o c h e n ist. Und dieses V e r f a l l s - B e w u ß t s e i n s stellt sich
dem Menschen selbst dar als sein Bekenntnis zu Gott als z u e t w a s ,
was n i c h t e x i s t i e r t . Die vom Willen im »lapsarischen Urbewußtsein« des Menschen von innen her aufgezehrte Daseinspotenz macht es
diesem unmöglich, zum fruchtbaren Kern des »lapsarischen Urbewußtseins« zu gelangen. *Das heißt*: Gerade deshalb, weil »lapsarisches Urbewußtsein« und »fundamentale Daseinspotenz« nicht einfach dasselbe
sind, kann der Wille diese von innen aufzehren durch die
$\{Auf|0|Reduktion\}$ des »lapsarischen Urbewußtseins«. Erst durch ein
Eingehen der »Daseinspotenz« in das »lapsarische Urbewußtsein«
würde dieses vom Menschen selbst verwirklicht und damit in diesem
selbst Wirklichkeit werden, die vom Handeln Gottes im Menschen
selbst bestimmt ist. *Wir sehen*: Das »lapsarische Urbewußtsein« ist *keine*
vorgegebene, feste ontologische Größe in der Bewußtseins-Welt des *gefallenen* Menschen. Wäre dies der Fall, so müßten wir es als Teil der gefallenen Welt selbst betrachten. Dem aber ist nicht so. Das »lapsarische
Urbewußtsein« haben wir vielmehr als einen Felsen zu verstehen, der
den Triebgrund des Willens zur Macht überragt und überdauert. Das
»lapsarische Urbewußtsein« ist eine Macht, die einer a n d e r e n W e l t
angehört als der des Willens zur Macht, als der des Leviathan. Kurzum:
Das »lapsarische Urbewußtsein« reicht tief zurück in die p a t r i a r -
c h a l e W e l t c h r o n i k wie in die ä o n i s c h e W e l t e n c h r o n i k des
im limbalen Unbewußtseinsstrom untergegangenen »Verbum exina-

nitum ipsum«. Es enthält den Funken der Gnosis. Was nun das leviathanische Opfergeschehen betrifft, in welches der Mensch durch den Willen zur Macht hineingeführt wird, so müssen wir festhalten, dass dieses l e v i a t h a n i s c h e M e n s c h e n - O p f e r überhaupt erst möglich wird durch den spezifischen Bezug, in welchem die fundamentale Daseinspotenz zum »lapsarischen Urbewußtsein« i n d i e s e m s e l b s t steht. Den inneren Bezug haben wir also gleichzeitig unter einem anderen Aspekt zu betrachten, unter dem, dass das »lapsarische Urbewußtsein« auch die Funktion eines Behältnisses besitzt, und zwar zum einen für die innenliegende Daseinspotenz und zum anderen für den innenliegenden Bezug von »Daseinspotenz« und »lapsarischem Urbewußtsein« zum gemeinsamen Behältnis, welches damit den unsterblichen Erbteil des »lapsarischen Urbewußtseins« bezeichnet. Wenn wir die innere Triebstruktur der leviathanischen Opferhandlung am Wesen des *gefallenen* Menschen betrachten, so leuchtet ein, dass der Wille die fundamentale Daseinspotenz aufzehren muss, bevor diese hochsteigen kann in das Behältnis, wo allein die E i n u n g m i t d e m » l a p s a - r i s c h e n U r b e w u ß t s e i n « stattfinden kann. Für den Willen zur Macht ist dies ein Lauf gegen die Zeit. Deshalb zeichnet sich dieser wesentlich durch seinen Mangel an Zeit aus. Seine Taten erfordern Z e i t - E i n s p a r u n g . Zeit soll nicht bestmöglich genutzt werden, sondern Wille erfordert die *kategorische* Negation der *eigenen* Zeit-Struktur des Seienden dieser Welt. Zeit wird erst Zeit dadurch, daß sie eine Zeitstruktur des Seienden eröffnet, durch die dieses Seiende überhaupt erst in Erscheinung treten und real werden kann. Erst der Ausverkauf von Zeit durch den Willen zur Macht erzeugt Vergänglichkeit. Die ausverkaufte Zeit wird vom Willen genichtet. Dies entspricht seiner Absicht, Zeit unter Anklage zu stellen. Er stellt sie unter den Bann d e r k a t e g o r i a - l e n N e g a t i o n , welche mit der inneren Aufzehrung der fundamentalen Daseinspotenz in der $\{Auf|0|Reduktion\}$ des »lapsarischen Urbewußtseins« durch den Willen zur Macht *identisch* ist. Zeit muss vom Willen ausgespart werden, denn die Ausbildung von Zeitstruktur des Seienden arbeitet für dessen Befreiung, nicht für dessen Verknechtung. Zeit meint die ontologische Differenz zum Willen zur Macht. *Was heißt das?* Es will sagen, dass der Wille zur Macht, um die

$$\left\{\begin{array}{|c|}\underline{schein}\\\overline{\underline{\cancel{schein}}}\end{array}\right\| bewußtseins \left|\begin{array}{c}ontologische\\ontogenetische\end{array}\right\} \text{Evolution} \quad \text{zu} \quad \text{seinem}$$

$$\{materialen \left\{\begin{array}{c}Welt\ und\ Seins\\Erschließungs\end{array}\right\} \big| Bewußtsein\} \quad \text{voranzutreiben, sich der}$$

Zeit durch kategoriale Negation derselben widersetzen muss. *Und wir müssen hinzufügen*: Er muß diese Negation seiner $\left\{\begin{array}{c}Bewußtseins\\Wesens\end{array}\right| Formation\}$ selbst zugrunde legen, und zwar so, dass das Negierte selbst Eingang findet als Quantifikation des Prinzips der $\left\{ materialen \left\{ \genfrac{}{}{0pt}{}{Welt}{\text{Selbst} - \text{Ermächtigungs}} \right\} \middle| \text{Rationalität} \right\}$, durch die sich ›Neuzeit‹ v o r   s i c h   s e l b s t ›legitimiert‹. Die Neuzeit ist damit ultimative Leugnung der o k k u l t e n Z e i t s t r u k t u r d e s S e i e n d e n, indem sie die Zeit als den möglichen Faktor einer offenbarungsgeschichtlichen Bewußtseins-Evolution des Menschen generell u n t e r V e r d a c h t s t e l l t. Sie beschuldigt damit den Menschen selbst eines ungerechtfertigten, eines unzulässigen Umgangs mit »Zeit«. *„Die Heimat dieses geschichtlichen Wohnens ist die Nähe zum Sein. In dieser Nähe vollzieht sich, wenn überhaupt, die Entscheidung, ob und wie der Gott und die Götter sich versagen und die Nacht bleibt, ob und wie der Tag des Heiligen dämmert, ob und wie im Aufgang des Heiligen ein Erscheinen des Gottes und der Götter neu beginnen kann. Das Heilige aber, das nur erst der Wesensraum der Gottheit ist, die selbst wiederum nur die Dimension für die Götter und den Gott gewährt, kommt dann allein ins Scheinen, wenn zuvor und in langer Vorbereitung das Sein selbst sich gelichtet hat und in seiner Wahrheit erfahren ist. Nur so beginnt aus dem Sein die Überwindung der Heimatlosigkeit, in der nicht nur die Menschen, sondern das Wesen des Menschen umherirrt."*[13]

44. Die Antinomie des »lapsarischen Urbewußtseins«, gegen welche der *gefallene* Mensch rebelliert, aufbegehrt. Der gefallene Mensch b e g i b t s i c h i n d i e R e v o l t e gegen den Urheber dieses in ihm wirksam gewordenen Schuldgefühles, welches ihn *nieder*drückt. Die ganze Misere des gefallenen Menschen bricht hervor, sobald dieser sich vom »lapsarischen Urbewußtsein« abgespalten hat. Durch dieses okkulte Geschehen gerät der Mensch zwangsläufig u n t e r d i e H e r r s c h a f t d e s W i l l e n s z u r M a c h t. Darüber hinaus ist dieses Geschehen nicht so zu verstehen, als spalte der Mensch sich von etwas ab, was bereits Grundlage seines Bewußtseins ist. Das »lapsarische Urbewußtsein« ist nicht Gegenstand seiner Negation durch den gefallenen Menschen, sondern das unter der magischen Macht der Willens zur Macht Gegenstand werdende Bewußtsein des Fiktums von sich selbst. Natürlich, der gefallene Menschen negiert das »lapsarische Urbewußtsein« in sich, *dies aber heißt*: Er leugnet, dass so etwas in ihm sein könne. Daraus folgt wie von selbst, dass ein solches Bewußtsein im *gefallenen* Menschen nie zuvor anzutreffen wäre. Das wiederum aber heißt nichts anderes, als dass das »lapsarische Urbewußtsein« mit dem Selbstbewußtseins des *gefallenen* Menschen unvereinbar ist, weil beide sich gegenseitig ausschließen. Der gefallene Mensch kann unmöglich zu einem »lapsarischen Urbewußtsein« gelangen, ganz einfach deshalb, weil er durch

[13] Heidegger, ibid., S. 38/39.

sein »retrogrades Unbewußtsein«, d a s s e l b s t u n t e r d e r H e r r -
s c h a f t d e s W i l l e n s z u r M a c h t s t e h t, die Möglichkeit eines
»lapsarischen Urbewußtseins« *a priori* leugnet, ja leugnen *muß*. Die
Kraft der Antinomie, welche dem »lapsarischen Urbewußtsein« inne-
wohnt, spiegelt sich im Urgrund des »retrograden Unbewußtseins« des
gefallenen Menschen in einem Wirklichkeitsbezug wider, der einzig
und allein auf eine Realität bezogen werden kann, die vom Willen zur
Macht selbst geschaffen ist. Nicht danach, was das »lapsarische Urbewußtsein für einen Geist außerhalb der postlapsarischen Bestimmung
des Menschen bedeuten muss, wird hier gefragt, sondern danach, wie
sich das »lapsarische Urbewußtsein« dem retrograden Unbewußtseinsgrund des gefallenen Menschen darstellt, der selbst unter der Herrschaft des Willens zur Macht steht, da er dessen Magie erliegt. Wir müssen erkennen, dass die Antinomie des »lapsarischen Urbewußtseins«
ausschließliche $\left\{\begin{matrix} Bewußtseins \\ Formations \end{matrix} \middle| Tatsache \right\}$ des *g e f a l l e n e n M e n -*
s c h e n ist. Damit aber können wir die bezeichnete Antinomie dem
$\left\{\begin{matrix} Bewußtseins \\ Formations \end{matrix} \middle| Ursprung \right\}$ des »retrograden Unbewußtseins« im Willen
zur Macht selbst zuordnen. Denn das »retrograde Unbewußtsein« ist
die Einverleibungs-Konfiguration des $\{auf|0|reduzierten\}$ limbalen
Unbewußtseins im entleerten und zur Hülle gewordenen »lapsarischen
Urbewußtsein« des postlapsarischen Menschen. *Wir sehen also*: Das
»lapsarische Urbewußtsein« bleibt formal bestehen, — als Hülle seiner
Selbstdifferenz, um schließlich eine Übertragung in das Innere [Seelen-
leben] des Willens zu erfahren. Es wird damit b e w u ß t s e i n s b i l -
d e n d e s E l e m e n t des Willens an sich selbst. Zwei Dinge sind erfor-
derlich: Die $\left\{\begin{matrix} Entleertheits \\ Selbstdifferenz \end{matrix} \right\}$ Hülle der $\{Auf|0|Reduktion\}$ wird auf
den Willen selbst übertragen, um sie aus dem »retrograden Unbewußt-
sein« mit der $\left\{\begin{matrix} Bewußtseins \\ Bestimmung \end{matrix} \right\}$ eines Schuldkomplexes zu besetzen, der
i m g e f a l l e n e n M e n s c h e n nach Erlösung schreit. Dieser extrava-
sale Wider-Sinn gehört zur $\left\{\begin{matrix} \boxed{schein} \\ \boxed{\cancel{schein}} \end{matrix} \middle\| bewußtseins \middle| \begin{matrix} ontologischen \\ ontogenetischen \end{matrix} \right\}$
Evolutionsgeschichte des Willens zur Macht, der sich als
$\left\{\begin{matrix} \boxed{gegen} \\ \boxed{\cancel{gegen}} \end{matrix} \middle\| offenbarungsgeschichtliche \right\}$ Bewußtseinsformation von
$\left\{ materialem \left\{\begin{matrix} Welt\ und\ Seins \\ Selbst-Ermächtigungs \end{matrix} \right\} \middle| Bewußtsein \right\}$ versteht. Und
aufgrund eben dieses in ihm selbst entstehenden Bewußtseins von sich
selbst ist er ›*Legitimität der Moderne*‹. Der Wille zur Macht wird selbst
zu einer *s c h e i n b a r* ›*e r l ö s e n d e n*‹ Macht. E r „e r l ö s t", so sein
politisches Versprechen, v o m k o l l e k t i v e n S c h u l d k o m p l e x

114

der Menschheit[sgeschichte]. *Was für ein Versprechen! Wer hätte dafür keine Ohren? Wer wird da nicht hellhörig?* Begreift man die gefährliche Faszinationskraft, mit welcher der Wille zur Macht hier virtuos umzugehen weiß? Der Wille wühlt damit im wahrsten Sinne des Wortes das Innerste in der Triebstruktur des gefallenen Menschen auf. Solch ein Versprechen läßt einen fortan nicht mehr los. Dieses menschheitsgeschichtliche Versprechen des Willens b i n d e t d e n g e f a l l e n e n M e n s c h e n a n d i e »a r c h a i s c h e O p f e r s t r u k t u r« d e s W i l l e n s zur Beseitigung des kollektiven Schuldbewußtseins, das heißt zur „Befreiung" des *gefallenen* Menschen von diesem.

45. Wir sehen einen weiteren Widerspruch entstehen bei der Genese des $\left\{materialen\begin{Bmatrix}Welt\ und\ Seins\\Selbst-Ermächtigungs\end{Bmatrix}\middle|ICH\right\}$ der Moderne: Die vom Willen verheißene ›*Befreiung des Menschen*‹ vom Fluch des kollektiven Schuldkomplexes setzt eine weitere Negation voraus, nämlich die, dass der ›*zu befreiende*‹ Mensch ein *gefallener* Mensch ist, der durch nichts von den Folgen seines Abfallens von Gott loskommen kann, schon gar nicht durch den Willen zur Macht. In diesem großtönenden Versprechen, das der Wille zur Macht dem gefallenen Menschen gibt, wird etwas ganz Entscheidendes verschwiegen, nämlich dass man dem gefallenen Menschen kein Versprechen der „Befreiung" geben *kann*. Warum tut dies der Wille *dennoch*? Weil der Wille selbst unter der Bedingung der Negation des »lapsarischen Urbewußtseins« überhaupt erst tätig werden kann, u n i v e r s a l g e s c h i c h t l i c h werden kann, — a l s L ü g e, die wahrlich nicht ihresgleichen hat.

46. *Halten wir fest*: Der Wille vermag das »lapsarische Urbewußtsein« nicht zu töten. Er entfernt es a u s s e i n e m e i g e n e n r e t r o g r a d e n U n b e w u ß t s e i n s g r u n d [im gefallenen Menschen], um es in der Konfiguration seines Willens selbst w i e d e r e r s t e h e n zu lassen als O p f e r h a n d l u n g, die das *bleibende* postlapsarische ›*Wesen*‹ des Menschen zur Voraussetzung hat. Und wir müssen verstehen, dass das Opfergeschehen, durch das sich die extravasale Bewußtseinsformation einer ›*erlösenden*‹ neuzeitlichen Rationalität im Willen selbst vollzieht, die ganze sich in der Seele widerspiegelnde Wirklichkeitsbegründung d e s g e f a l l e n e n M e n s c h e n durch die magische Macht des Willens ausspricht. Und dieses sich Aussprechen ist zugleich die *Ab-Lösung* des Logos durch den sich an die Stelle des göttlichen Logos setzen *wollenden* Willens. Es ist und bleibt dies ein dies tun Wollen des Willens zur Macht, selbst da, wo der Wille zur Macht wirklich zur Macht gekommen s c h e i n t. *Denn vergessen wir nicht*: Wille ist die $\left\{\begin{Vmatrix}schein\\\cancel{schein}\end{Vmatrix}\right.$ *bewußtseins* $\left|\begin{matrix}ontologische\\ontogenetische\end{matrix}\right\}$ Evolution *seiner selbst* zum

$\left\{ materialen \left\{ \begin{matrix} Welt\ und\ Seins \\ Selbst - Ermächtigungs \end{matrix} \right\} ICH \right\}$, das aufgrund seines Verdrängens des göttlichen Logos sich an dessen Stelle setzen zu können *g l a u b t*. Dieser › G l a u b e ‹ des Willens an sich selbst setzt damit aber voraus, dass er das Verdrängte im Auge seines »retrograden Unbewußtseins« behält. Er übt eine n e g a t i v e K o m m e m o r a t i o n d e s V e r d r ä n g t e n aus, wodurch klar wird, dass er den Logos durch die opferlogische »Tötung« zugleich am Leben erhält als Logos, der bereits Teil des »retrograden Unbewußtseins« des Willens im extravasalen Seelenleben des gefallenen Menschen selbst geworden ist d u r c h d a s »a r c h a i s c h e O p f e r«. Das Entscheidende ist, zu begreifen, dass der Logos, indem er auf dem Plan des $\left\{ \begin{matrix} ἀρχή \\ bildenden \end{matrix} \right| Opfers \right\}$ des »retrograden Unbewußtseins« erscheint, als Fiktum seiner selbst *im Anderen* zu verstehen ist. Wir müssen das Opfer, welches der Wille zur Macht i m S e e l e n l e b e n d e s g e f a l l e n e n M e n s c h e n vollzieht, als d i e g r o ß e M a c h e n s c h a f t auf dem Weg zur ›*Legitimität*‹ der Moderne begreifen, die a l s m a t e r i a l e r R e c h t s g r u n d e i n e r r a t i o n a l e n $\left\{ \begin{matrix} Welt \\ Seinsgrund \end{matrix} \right| Unterwerfung \right\}$ d u r c h d a s t r a n s z e n t a l e $\left\{ \begin{matrix} Schein \\ Ich \end{matrix} \right| \begin{matrix} Ich \\ Bewußtsein \end{matrix} \right\}$ des Willens zur Macht *aus diesem* hervorgeht.

47. Auf der Grundlage der dargelegten » A n t i n o m i e d e s » l a p s a r i s c h e n U r b e w u ß t s e i n s « können wir feststellen, dass dem Seelenleben des gefallenen Menschen der zweifelhafte Gewinn zuteil wird, dass es in seiner gefallenen Natur *w i e z u H a u s e* fühlt. Wir können sagen, der gefallene Mensch verdankt der »archaischen Opferhandlung«, die der Wille zur Macht in seinem kollektiven Seelenleben vollzieht, die „*Befreiung*" von einem zuvor diagnostizierten Schuldkomplex. Der $\left\{ \begin{matrix} \overline{schein} \\ \overline{schein} \end{matrix} \right| x \left| \begin{matrix} [un] \\ [\underline{un}] \end{matrix} \right| bewußtseins \left| \begin{matrix} ontologischen \\ ontogenetischen \end{matrix} \right\}$ Evolution des Willens zur Macht verdankt er alles, was er ›*ist*‹. *Was heißt „alles"?* Dass er vor dem sicheren Tod bewahrt wurde. *Wie?* Dies würde ja bedeuten, dass das »retrograde Unbewußtsein«, auf welchem die »archaische Opferhandlung« des Willens beruht, irgendwie doch über eine Art Erinnerung vom »lapsarischen Urbewußtsein« verfügt. Dies aber zeigt deutlich die U n z e r s t ö r b a r k e i t des »lapsarischen Urbewußtseins«, a u f d e m d i e W e l t d e s g e f a l l e n e n M e n s c h e n s e l b s t e r b a u t i s t. Auf uns kommt, wir bemerken es bereits, eine weitere A n t i n o m i e zu, die es zu durchdringen gilt. Wir müssen sogar von einer $\boxed{Antinomien - Reihe}$ sprechen, der wir hier begegnen:

a) Die Wandlung des *negierten* »lapsarischen Urbewußtseins« zum kollektiven Schuldkomplex des *»Genius der Gattung«* ist bereits W i r k - l i c h k e i t   b i l d e n d e s   Element der a r c h a i s c h e n   O p f e r - h a n d l u n g des Willens im Seelenleben des gefallenen Menschen.

b) Die Entstehung des Schuldkomplexes im Seelenleben des *gefallenen* Menschen, nicht des Menschen schlechthin, kommt einer Abspaltung gleich. Aber was sind hier die Referenzpunkte, an denen sich diese Abspaltung festmachen läßt? Worauf bezieht sich diese menschheitsgeschichtlich entscheidende Abspaltung des gefallenen Menschen, der ontologisch gesehen bereits abgespalten ist, nämlich von Gott. Aber diese Tatsache ist für den gefallenen Menschen selbst bereits k e i n   G e g e n s t a n d   e i n e s   B e w u ß t s e i n s   m e h r . Der Abfall des Menschen von Gott, der selbst Gegenstand des »lapsarischen Urbewußtseins« ist, er ist als Gegenstand von Erkenntnis selbst b e r e i t s   d e m   V e r g e s s e n   v e r f a l l e n unter dem mächtigen Einfluß des Willens zur Macht, den wir als Meister der dunklen Magie betrachten können. Er ist Seelenführer im extravasalen Seelenlebens des postlapsarischen Menschen. Dieses Seelenleben [*des gefallenen Menschen*] beruht auf dem »mysterium iniquitatis« des Willens zur Macht, in welchem wir die leviathanische Grundlage *dieser* Weltordnung begründet sehen. Doch zurück zur Frage: Was sind die Bezugspunkte der sich in der Opferhandlung ereignenden Abspaltung des *gefallenen* Menschen vom »lapsarischen Urbewußtsein«? Wovon kann der gefallene Mensch sich abspalten wollen, wenn nicht von einer Last, die sein Seelenleben bedrückt? Von einem großen Druck im Seelenleben muss sich der gefallene Mensch abspalten, der vom »lapsarischen Urbewußtsein« stammt. Und der Wille zur Macht bietet ihm *„Befreiung"* an. Beide Momente, das Empfinden des Leidensdruckes und die *versprochene „Befreiung"* durch den Willen zur Macht, sind die Grundelemente der $\left\{ \begin{matrix} \alpha\rho\chi\acute{\eta} \\ bildenden \end{matrix} \right.$ Opferhandlung$\}$. Sie sind Symbolbildungen des »archaischen Opfers« des Willens im extravasalen Seelenleben d e s   g e f a l - l e n e n   u n d   g e f a l l e n   b l e i b e n d e n   u n d   g e f a l l e n   b l e i - b e n   w o l l e n d e n   M e n s c h e n   d i e s e r   W e l t .

c) Der seelische, freilich *unbewußte* Druck, der auf der Seele des gefallenen Menschen lastet, stammt her vom »lapsarischen Urbewußtsein« a u f g r u n d   d e r   N e g a t i o n   d e s s e l b e n durch den unter dem psychischen Einfluß des Willens zur Macht stehenden postlapsarischen Menschen. Drei Einsichten sind für uns von besonderer Bedeutung: *Erstens*, die Genealogie des bedrückten Seelenlebens des postlapsarischen Menschen leitet sich nicht her vom »lapsarischen Urbewußtsein« *als solchem*, sondern von dessen N e g a t i o n . So ist die Negation des »lapsarischen Urbewußtseins« durch die Formation des »retrograden Unbewußtseins« im Seelenleben des gefallenen Menschen, das selbst unter dem magischen Einfluß des Willens zur Macht steht, für die Entstehung des Schuldkomplexes verantwortlich. Diese archaische und archetypische Negation des »lapsarischen Urbewußtseins« haben wir als Energie zu verstehen, durch die das extravasale Unbewußtsein des säkularen Menschen sich formiert im Schatten des Willens zur Macht. *Zweitens*, die Abspaltung des extravasalen Seelenlebens durch Negation des »lapsarischen Urbewußtseins« erzeugt *sich selbst* die bedrückende Last der Schuld, die sich als Raum des »retrograden Unbewußtseins« in der Seele des postlapsarischen Menschen verstehen läßt. Die Entstehung eines Seelenraumes, der von der Ahnung oder dem Gefühl einer archaischen [menschheitsgeschichtlichen] Schuld beherrscht wird. Der Raum ist die Herrschaft dieses Grundgefühles selbst. Zugleich aber bedeutet die Raumwerdung dieser archaischen Ahnung mehr, sie schafft Realität, die zur materialen Welt hinausdrängt, um sie in Besitz zu nehmen, um sie mit Beschlag zu belegen, um sie jeglicher Bestimmungsfreiheit zu berauben. Die Raumwerdung der Schuld tritt aus sich heraus, um die säkulare Welt zu erfinden. Dies geschieht aufgrund der Determination des Seienden durch den $\left\{ \genfrac{}{}{0pt}{}{gegen}{offb-geschichtlichen} \middle| Sinn \right\}$ der Sprache. Die Sprache entdeckt sich als Instrument einer Rationalität materialer Welt- und Seinserschließung aus der Raumwerdung der Ahnung von einer »archaischen Schuld«, die der gefallene Mensch in sich selbst erspürt, ohne sie sich wirklich zurechnen zu wollen, ohne sie selbst klar zu Gesicht bekommen zu können. Sie ist da und zugleich un[be]greifbar. Dieses Phantasma einer »archaischen Schuld« im Genius des Menschengeschlechtes ist mit der Raumwerdung des »retrograden Unbewußtseins« im extravasalen Seelenleben des gefallenen Menschen unter dem Einfluß des sich ermächtigenden Willens zur Macht identisch. *Drittens*, verbunden mit der Raumwerdung der Ahnung von einer archaischen Schuld ereignet sich eine *weitere* Spaltung, durch die dem extravasalen Seelenleben des gefallenen Menschen ein Wille im Inneren entsteht, der sich vom Willen zur Macht dadurch unterscheidet, dass er diesem Seelenleben unmittelbar zu eigen ist. Diese Tatsache ist deshalb so bedeutend, weil dieser Abspaltungswille im extravasalen Seelenleben des postlapsarischen Menschen eine gewisse Autonomie gegenüber dem Willen zur Macht beansprucht, insofern dieser als der eigentliche Urheber des von seinem göttlichen Prinzip abfallenden Menschen zu gelten hat. Dieses Moment eines Widerspruchs verdient unsere besondere Aufmerksamkeit. Es verdient ein nachdenkendes Verweilen auf diesem Punkt. Mit der Raum werdenden Ahnung von einer »archaischen Schuld« wird das extravasale Seelenleben zentrum-schwer, das heißt es bildet sich in ihm durch die im »retrograden Unbewußtsein« gespürte Last ein Zentrum für die Formation eines Bewußtseins-Selbst aus der radikalen Negation eines »Ich« durch den Komplex einer »archaischen Schuld«. Diese radikale Negativität der im extravasalen Seelenleben sich ereignenden Bewußtseins-Selbst-Formation aus dem reinen Geahntsein einer »archaischen Schuld«, stellt das Phänomen der Willens-Konsubstantiation im seelischen Innenleben des gefallenen Menschen dar, die den Einfluß des Willens zur Macht auf das Individuum voraussetzt. Und dennoch wird in diesem Geschehen d e r K e i m e i n e r m e r k w ü r d i g e n » A u t o n o m i e « d e s I n d i v i d u u m s g e g e n ü b e r d e m W i l l e n z u r M a c h t gesetzt, dem dieses doch sein ganzes säkulares Selbstverständnis verdankt. Diese Autonomie, von der wir sprechen im Zusammenhang mit der Bewußtseins-Selbst-Formation aus dem reinen Nichts einer e r a h n t e n a r c h a i s c h e n S c h u l d besagt, dass ein »Ich« zustande kommt unter der Last einer unbewußt geahnten Unheimlichkeit e i n e r v o n a r c h a i s c h e r S c h u l d b e h e r r s c h t e n M e n s c h h e i t s g e s c h i c h t e , die a u c h e i n e n s e l b s t b e t r i f f t . Begreift man die Perfidie dieser retrograden »Ich«-Bewußtseins-Formation im extravasalen Seelenleben des gefallenen Menschen unter dem metaphysischen Einfluß des   Willens   zur   Macht?   Die   Zulassung   dieser

$$\left.\begin{array}{c}\boxed{schein}\\\boxed{\cancel{schein}}\end{array}\right\| \ bewußtseins \left|\begin{array}{c}ontologischen\\ontogenetischen\end{array}\right\} \text{Autonomie des extrava-}$$

salen Seelenlebens gestattet es dem Willen zur Macht überhaupt erst, seine leviathanische Opferhandlung im Seelenleben des gefallenen Menschen zu verwirklichen. Das Opfergeschehen setzt voraus, dass der gefallene Mensch es zur Formation eines primaterialen

$$\left\{ Bewußtseins \left\{ \begin{array}{c}\cancel{Schein}\\ »Ich«\end{array} \middle| Scheins \right\} \right\} \text{ im »retrograden Unbewußtsein«}$$

s e i n e s l a p s a r i s c h v e r s e t z t e n S e e l e n l e b e n s bringt. Das Individuum des Genius der menschheitsgeschichtlichen Entwicklung im »retrograden Unbewußtsein« des postlapsarischen Menschen steht unter der Forderung eines Strebens nach „Autonomie". Sobald

es den primaterialen $\left\{ Bewußtseins \left\{ \begin{array}{c}Schein\\ »Ich«\end{array} \middle| Schein \right\} \right\}$ im eigenen

Seelenleben aufkeimen spürt, steht das Individuum unter der Forderung nach Verwirklichung seiner eigenen »*Autonomie*«.

d) Die Abspaltung des gefallenen Menschen vom »lapsarischen Urbewußtsein« ist ein Sich-Los-Sagen von der Möglichkeit, dieses »lapsarische Urbewußtsein« in sich zu erfahren a l s d i e u n a b d i n g b a r e G r u n d l a g e e i n e r o k k u l t e n A n a m n e s e i n d i e V o r w e l t e n d e s l i m b a l e n U n b e w u ß t s e i n s. Das »lapsarische Urbewußtsein« ist keine moralische Instanz, vor der man sich zu rechtfertigen hat. Es ist ein Element des okkulten Bewußtseins. Und es bildet den Ursprungspunkt der limbalen Anamnese des spiritualen Menschen. Es ist das Gefäß, in welchem die Taufe durch die Fluten des im Menschen entfesselten limbalen Unbewußtseins-Stromes stattfindet. Dies ist der Ort des »lapsarischen Urbewußtseins« in der okkulten Wissenschaft. Dies vorausgesetzt können wir deshalb sagen, dass der gefallene Mensch nicht von etwas abfallen kann, das er gar nicht kennt. Und dennoch gibt es den A b f a l l des *gefallenen* Menschen v o m » l a p s a r i s c h e n U r b e w u ß t s e i n «, welches im »retrograden Unbewußtsein« geschieht. Denn dieser Abfall ereignet sich *im bereits lapsarisch versetzten Seelenleben* des säkularen Menschen. Das Sich-Los-Sagen vom »lapsarischen Urbewußtsein« müssen wir als die Introversion des p e c c a t u m o r i g i n a l e verstehen, die dazu führt, dass der bereits gefallene Mensch sich selbst um die Möglichkeit seiner Wiedergeburt bringt. Durch diese Tat bestätigt er das »peccatum originale«, er v e r t i e f t s i c h in dieses. Aber er tut dies *u n b e w u ß t*, aus den Abgründen des ihm vom Willen zur Macht *e i n g e g e b e n e n* »retrograden Unbewußtseins«, was die große Bedeutung einer Umwertung aller Werte für den gefallenen Menschen hat.

e) Die Umwertung aller Werte bildet den Kern des nach innen [in das »retrograde Unbewußtsein«] versetzten »peccatum originale«. Dies aber heißt, dass bereits das Tun dieses l a p s u s a d i n t r a dem gefallenen Menschen als eine positive Handlung gelten muß. Und hierin liegt die entscheidende Differenz zum »peccatum originale«, wie es uns von der Heiligen Schrift berichtet wird. Hier folgt dem Ungehorsam die Vertreibung aus dem Paradies, während im l a p s u s a d i n t r a des gefallenen Menschen sich diesem ein Schimmer der Hoffnung auftut, der in ihm eine Art von ›*Glauben*‹ erweckt. Wir können sogar so weit gehen zu sagen, dass sich der l a p s u s a d i n t r a in seinem versetzten Seelenleben widerspiegelt. Und diese Widerspiegelung, welche in dem und durch das »retrograde Unbewußtsein« stattfindet, ist für die Freisetzung des

$$\begin{Bmatrix} gegen \\ offb - geschichtlichen \end{Bmatrix} \begin{vmatrix} Erkenntnis \\ Lichtes \end{vmatrix} \Big\}$$ im Seelenleben des gefallenen

Menschen verantwortlich. Dieses extravasale Erkenntnislicht bringt dem gefallenen Menschen eine Botschaft, das Zauberwort der ›B e - freiung‹ der »laikalen Gruppenseele« von der Last der erahnten »archaischen Schuld«.

f) Der gefallene Mensch erzeugt in seinem Seelenleben das Trauma der erahnten »archaischen Kollektiv-Schuld« als Gegenstand seines »retrograden Unbewußtseins«. Dieses Trauma, durch das er sich selbst s y m b o l i s i e r t , es wird ihm zur Signatur seines Gefallenseins, aber in der radikalen Umkehrung seiner Semantik für das lapsarisch versetzte Seelenleben. Nur in der Umkehrung kann diese Signatur Wirklichkeit des Seelenlebens selbst werden und Ausschlag gebend für dieses selbst. Der gefallene Mensch steht somit unter der Signatur seines l a p s u s a d i n t r a . *Was heißt dies?* Es meint, dass durch die Abspaltung des Seelenlebens vom »lapsarischen Bewußtsein« das »peccatum originale« durch Negation *unbewußt* bestätigt wird, diese Bestätigung aber allein auf die Umdeutung des »peccatum originale« durch den Willen zurückzuführen ist. Durch diese Umdeutung des adamitischen Falles erfährt dieser selbst die Umdeutung seiner theologischen Semantik. Wir können sagen, das »peccatum originale« sieht sich im Seelenleben des gefallenen Menschen als im Reflex seiner semantischen Umdeutung, die eine die Menschheitsgeschichte bestimmende Lüge ist. Das » B e w u ß t s e i n v o n d e r *eigenen* Freiheit«, das sich in den dunklen Abgründen des lapsarisch versetzten Seelenlebens zu rühren beginnt, es hat seinen Ursprung in dem sich durch Negation seines Gefallenseins in sich selbst widerspiegelnden $\left\{ Bewußtseins \left\{ \frac{Schein}{»Ich«} \middle| Schein \right\} \right\}$, den der postlapsarische Mensch als *L i c h t d e s ›G l a u b e n s‹ a n s i c h s e l b s t* empfängt. Dies zeigt uns, dass es so etwas wie eine » d ä - m o n i s c h e E r l e u c h t u n g « gibt. Und dieses ›*Glaubenslicht*‹, welches das versetzte Seelenleben von der Dämonie des Willens selbst empfängt, es ist Teil der Opferhandlung, die der Wille im Seelenleben als dessen eigene Wirklichkeit erzeugt. Und diese Opferhandlung, welche der Wille im extravasalen Seelenwesen des gefallenen Menschen tief verankert, bewirkt den » l a p s u s a d i n t r a « des gefallenen Menschen.

g) Die Abspaltung des *gefallenen* Menschen vom »lapsarischen Urbewußtsein« ist theoretischer Akt der reinen Negation des limbalen Wesensgrundes, auf welchem das »lapsarische Urbewußtsein« — wie bereits dargelegt — beruht. Dieser theoretische Akt schafft sich jedoch seine eigene primateriale Grundlage im »retrograden Unbewußtseinsgrund« des postlapsarischen Menschen. Es kommt also zum Aufbau eines Energienfeldes a u s d e r N e g a t i o n d e r limbalen Determination von Unbewußtsein. Damit setzt sich die Negativität des limbalen Unbewußtseins als die ἀϱχή von *jeglichem* Unbewußtsein. Indem die Negativität des limbalen Unbewußtseins in sich selbst die ἀϱχή jedes $\left\{\begin{matrix} Un \\ \overline{Un} \end{matrix}\Big| \text{Bewußtseins}\right\}$ einsetzt, vollzieht sich die Abspaltung des lapsarisch versetzten Seelenlebens, *das heißt* der »l a p s u s a d i n t r a«, als völlige Ausblendung des »lapsarischen Urbewußtseins« durch die $\left\{\begin{matrix} \text{Bewußtseins} \\ Ich \end{matrix}\Big| \text{Formation}\right\}$ des gefallenen Menschen im retrograden Unbewußtseinsgrund des Willens. Diese Ausblendung des »lapsarischen Urbewußtseins« ist somit Kern der

$$\left\{\begin{matrix} \boxed{schein} \\ \boxed{\overline{schein}} \end{matrix}\Big| x \Big| \begin{matrix} [un] \\ [\overline{un}] \end{matrix}\Big| \text{bewußtseins} \Big| \begin{matrix} ontologischen \\ ontogenetischen \end{matrix}\right\} \text{Evolution der}$$

$$\left\{materialen \left\{\begin{matrix} Welt\ und\ Seins \\ Unterwerfungs \end{matrix}\right\}\Big| Vernunft\right\} \text{des modernen Menschen,}$$

welcher Archetyp des *gefallenen* Mensch ist, denn alle Gegenoffenbarung läuft menschheitsgeschichtlich verstanden auf die politische Verfassung eines »B e w u ß t s e i n s v o n d e r *e i g e n e n* F r e i h e i t« hinaus. Diesem Bewußtsein liegt die R e v o l t e g e g e n d a s G ö t t l i c h e u n d d i e A n a r c h i e d e r m e n s c h l i c h e n G e s e l l s c h a f t wesensmäßig zugrunde. Beide Erkennungsmerkmale hat man als S y s t e m b e d i n g e n d u n d S y s t e m t r a - g e n d zu begreifen.

h) Nochmals: Die Abspaltung des »lapsarischen Urbewußtseins« durch den postlapsarischen Menschen im »l a p s u s a d i n t r a« ist zu verstehen als theoretischer Akt des inneren Vollzugs des »archaischen Opfers« im retrograden Unbewußtseinsgrund des extravasalen Seelenlebens, wodurch der Wille zur Macht den Menschen bindet in dessen $\left\{\begin{matrix} \boxed{schein} \\ \boxed{\overline{schein}} \end{matrix}\Big| \text{bewußtseins} \Big| \begin{matrix} ontologische \\ ontogenetische \end{matrix}\right\}$ Entwicklung eines »B e w u ß t s e i n s v o n d e r *e i g e n e n* F r e i h e i t«, das mit der „V e r n u n f t" gleichgesetzt wird. Durch die Negation des limbalen Wesensgrundes des »lapsarischen Urbewußtseins« entsteht ein Raum, der sich mit dem Äther einer $\left\{\begin{matrix} Unbewußtseins \\ Negativität \end{matrix}\right\}$ füllt, die den limbalen Ursprung des Unbewußtseins selbst ausblendet, während sie das Unbewußtsein in sich und aus sich heraus neu begründet. Kurz: Die $\left\{\begin{matrix} Unbewußtseins \\ Negativität \end{matrix}\right\}$, die den limbalen Wesensgrund vom Wesen des Unbewußtseins selbst abspaltet, bedeutet zugleich die Begründung der ἀϱχή jeder ›*legitimen*‹ Form von Bewußtsein *in sich* und *durch sich selbst*. Mit dieser Übertragung wird die

$$\left\{\left\|\begin{matrix}\textit{schein}\\\textit{\sout{schein}}\end{matrix}\right\|\;x\left|\begin{matrix}[un]\\[\sout{un}]\end{matrix}\right|\;\textit{bewußtseins}\left|\begin{matrix}\textit{ontologische}\\\textit{ontogenetische}\end{matrix}\right\}\right.$$ Entwicklung des
gefallenen Menschen zum Träger eines »B e w u ß t s e i n s   v o n
d e r   *e i g e n e n*   F r e i h e i t «, *das heißt* zum Subjekt einer politischen
Vernunft der Moderne.

i) Das »archaische Opfer«, welches der gefallene Menschen angetrie-
ben vom Willen zur Macht in seinem extravasalen Seelen-Innenleben *darbringt*, dient einzig dem Zwecke der Selbstvergöttlichung, die
als solche nicht mehr wahrnehmbar ist, weil der »l a p s u s   a d   i n -
t r a « des gefallenen Menschen im Unbewußtseinsgrunde seines extravasalen Seelenlebens gerade den Verdacht einer solchen Selbstvergöttlichung abzuweisen s c h e i n t. Doch um eben diese geht es
der $\left\{\left\{\begin{matrix}\textit{Unbewußtseins}\\\textit{Negativitäts}\end{matrix}\right\}\ddot{A}ther\left|\ddot{U}bertragung\right\}\right.$ in das *lapsarisch ver-*
setzte Seelen-Innenleben des gefallenen Menschen. Sowohl dieser
Äther eines durch Negation determinierten limbalen Unbewußtseins als auch dessen Übertragung in das Seelenleben müssen wir
begreifen als aus der Vollmacht des »archaischen Opfers« sich her-
leitend, das der Wille im gefallenen Menschen scheinbar ›*für diesen*‹
darbringt. Durch das $\left\{\textit{»lapsus ad intra«}\left|\begin{matrix}\{Un\}\\\{Un\}\end{matrix}\right\}Bewußtsein\right\}$ wird
der postlapsarische Mensch Opfer dieses unheiligen ›*Glaubens*‹, wel-
chen der Wille ihm heimlich einflößt. Das » a r c h a i s c h e   O p f e r «
lebt aus dem ›*Glauben*‹, der sich dem postlapsarischen Menschen
durch das m y s t e r i u m   i n i q u i t a t i s   eines
$\left\{\begin{matrix}\textit{»lapsus ad intra«}\\Opfer\end{matrix}\right|Bewußtseins-Ich\right\}$ erschließt. Daraus schöpft
der gefallene Mensch seinen unheiligen ›*Glauben*‹ an ein »B e -
w u ß t s e i n   v o n   d e r   *e i g e n e n*   F r e i h e i t «, das zugleich als
V e r f a s s u n g   g e b e n d e r Rechtsgrund verstanden werden will, das
heißt als *R e c h t   b e g r ü n d e n d e r   I m p e r a t i v   d e s   W i l l e n s*. Und
auf eben diesem W a h n beruht die Lüge der modernen Welt, die
dem kraftlosen Formalismus menschheitsgeschichtlicher Rechts-
gründe verhaftet ist.

j) Mit dem theoretischen Akt der Abspaltung des »lapsarischen Urbewußtseins« vom Seelenleben des gefallenen Menschen setzt sich der
Wille als das Gefallensein-Wollen des Menschen selbst. Dieser theo-
retische Akt ist nicht einfach nur ein beiseite schiebendes Verdrängen, sondern eine wesenschaffende Tat in Bezug auf ein Subjektum,
das sich dadurch erst auf sich selbst beziehen kann als dem extravasalen Seelenleben des gefallenen Menschen selbst *zugrunde liegend*.

k) Wir müssen also fragen nach dem I n t e r e s s e dieses theoretischen
Aktes, welches selbst wiederum nach seinem Tat-Subjektum fragt.

Über das Interesse am theoretischen Akt der Abspaltung vom »lapsarischen Urbewußtsein« kommen wir zum Tat-Subjektum des Willens zur Macht. *Das heißt*, der Mensch selbst kann nicht dieses Tat-Subjektum der Abspaltung sein. Wir müssen zugeben, es sieht zunächst so aus, als sei der Mensch das Tat-Subjektum, weil scheinbar er es ist, der in den Genuß der Abspaltung kommt. Aber diese Annahme führt in die Irre. Und ein solches in die Irre Gehen wäre selbst ganz im Interesse des Willens. Wir behaupten sogar, eine solche irrige Annahme ist eine vom Willen durchaus gewollte Täuschung. Vielmehr müssen wir begreifen, dass die Tat der Abspaltung und das Subjektum in einer Urrelation zueinander stehen. Denn indem die Tat sich dem Willen im extravasalen Seelenleben des postlapsarischen Menschen zuordnet als ihn als ihren wahren Meister erkennend, erst dadurch wird der Wille zum Tat-Subjektum des theoretischen Aktes der Abspaltung erhöht oder ermächtigt. Es handelt sich um jenen Machtzuwachs, ohne den der Wille kein Wille *z u r   M a c h t* genannt zu werden verdiente. Wo haben wir nun den Machtzuwachs des Willens zu suchen, wenn nicht im theoretischen Akt der Abspaltung selbst.

l) Dieser »t h e o r e t i s c h e   A k t   d e r   A b s p a l t u n g« ist somit eine Raum schaffende Projektion des Willens zur Macht, insofern dieser im Inneren des extravasalen Seelenlebens sitzt und dieses beherrscht. Er ist die negative $\left\{ \frac{Ubw - \ddot{A}ther}{Raum} \middle| Projektion \right\}$ seiner Selbstermächtigung zu einer menschheitsgeschichtlichen Vernunft im postlapsarischen Menschen. Diese $\left\{ \frac{Ubw - \ddot{A}ther}{Raum} \middle| Projektion \right\}$ ist Unbewußtseinsformation aus dem theoretischen Akt der Negation des »lapsarischen Urbewußtseins« durch den Willen, die sich sogleich auf die Suche begibt nach dem T a t - S u b j e k t u m, nach seinem Ursprung im Seelenleben des postlapsarischen Menschen, ohne dass dabei dieser Ursprung der Mensch selbst wäre. Die Negativität der $\left\{ \frac{Ubw - \ddot{A}ther}{Raum} \middle| Projektion \right\}$ verkörpert in sich die Realität der Verwerfung des »lapsarischen Urbewußtseins« durch den Willen in einem Akt der reinen Theorie, die durch eben diesen Schlag gegen das »lapsarische Urbewußtsein« erst zustande kommt, ins Dasein tritt. Das heißt aber nichts anderes, als dass die Negation über $\left\{ \frac{\left\| schein \right\|}{\left\| \overline{schein} \right\|} bewußtseins \middle| \begin{matrix} ontologische \\ ontogenetische \end{matrix} \right\}$ Energie verfügt, die zu Selbstermächtigung des Willens unerläßlich ist. Wir können somit sagen, der Wille nährt sich vom theoretischen Akt der Negation des »lapsarischen Urbewußtseins«, weil dieser Akt er selbst ist durch und durch. Durch diesen Akt bezieht der Wille sich *auf sich selbst* im

Seelenleben des postlapsarischen Menschen und erhebt dadurch den Anspruch, rein aus sich selbst leben zu können, also ›göttlich‹ zu sein. Im theoretischen Akt der Abspaltung aber bezieht der Wille sich *in sich auf sich selbst* durch die Negativität der $\left\{\begin{matrix} Ubw - \text{Äther} \\ Raum \end{matrix}\Big| Projektion\right\}$, die als Wesensgestalt des Ne-gierten selbst in den Willen eingeht und diesen ›glauben‹ macht, er könne sich den theoretischen Akt der Negation als dessen Tat-Subjektum *zurechnen*. Damit aber ist das Täterschafts-Subjektum des theoretischen Aktes der Abspaltung identisch mit dem Subjek-tum der $\left\{\dfrac{\boxed{schein}}{\boxed{schein}}\right\| x \Big| \dfrac{[un]}{[\text{un}]}\Big\| bewußtseins \Big| \begin{matrix} ontologischen \\ ontogenetischen \end{matrix}\right\}$ Evolu-tion des Willens zur Macht, d.h. der Selbstermächtigung des Willens zur Rationalität eines »Bewußtseins von der *eigenen* Freiheit«, die mit einer »archaischen Schuld« erkauft ist, ich meine, mit dem theoretischen Akt der Negation des »lapsarischen Urbewußtseins«. Wir müssen begreifen, in welchem Ausmaß diese »archaische Schuld« ganz die freie Tat der $\left\{\begin{Bmatrix} Willens \\ Subjektum \end{Bmatrix}\Big| Täterschaft\right\}$ ist. Das heißt, der Wille setzt sich durch seine Täterschaft als den $\left\{\begin{matrix} Ubw - \text{Äther} \\ Raum \end{matrix}\right\}$ des »retrograden Unbe-wußtseins«. Der Wille wird sich zum Ich im Spiegel dieses Unbewußtseins-Seelenraumes des post-lapsarischen Menschen.

m) Mit der Entstehung der »archaischen Schuld« aufgrund des theore-tischen Aktes der Negation durch den Willen zur Macht wird der gefallene Mensch mit einem unbewußt auf ihm lastenden Gefühl be-setzt. Das heißt, dieses Gefühl hält sein Unbewußtsein gefangen, es beherrscht dieses als ein »retrogrades«, als ein *nicht*-limbales. Das vom Gefühl einer »archaischen Schuld« durchherrschte Unbewußt-sein des postlapsarischen Menschen macht das Wesen des »retrogra-den Unbewußtseins« aus, wodurch der Wille zur Macht das extra-vasale Seelenleben gefangen hält. Das auf dem Seelenleben lastende Gefühl von einer »archaischen Schuld« ist der Reflex der Negation des $\left\{\begin{matrix} lapsarischen \\ Urbewußtseins \end{matrix}\right\}$ durch das $\left\{\begin{matrix} Täterschafts \\ Willens \end{matrix}\Big| Subjektum\right\}$ im See-len-Innenleben des postlapsarischen Menschen. Ohne die $\left\{\begin{Bmatrix} Willens \\ Subjektums \end{Bmatrix}\Big| Täterschaft\right\}$ bliebe der Wille ohne Bewußtseins-Selbst-Reflexion, welche den Ursprung für die Entstehung des »re-trograden Unbewußtseins« im Seelenleben des *gefallenen* Menschen selbst bildet.

n) Aus dem intuitiven Akt einer Selbstnegation des limbalen $\left\{\begin{matrix} Unbewußtseins \\ Ursprungs \end{matrix}\middle| \begin{matrix} des\ lapsarischen \\ Urbewußtseins \end{matrix}\right\}$ durch die Selbstzuordnung des $\left\{\begin{matrix} Täterschafts \\ Willens \end{matrix}\middle| Subjektums\right\}$ im »retrograden Unbewußtsein« des postlapsarischen Menschen geht das G e f ü h l   e i n e r   » a r c h a i - s c h e n   S c h u l d « hervor, in dem die Menschheit[sgeschichte] selbst sich befindet. *Nota*: Ich spreche nicht davon, dass die Menschheit in einer »archaischen Schuld« steht, sondern in dem G e f ü h l von einer »archaischen Schuld«, welche die Menschheit bannt. Man sieht ohne weiteres den Unterschied ein. Dieses — das ganze retrograde Unbewußtsein des Individuums besetzende — menschheitsgeschichtliche Gefühl, dieses ist die Entstehung der »archaischen Schuld« vorantreibende Kraft. Dieses mächtige, wenn auch *unbewußt operierende* Gefühl bezieht seine Energie aus dem Reflexionsgrund des theoretischen Aktes der Negation durch den Willen im extravasalen Seelenleben des gefallenen Menschen. Dieses Seelenleben gilt den *„Weisen dieser Welt"* als d i e   › w a h r e ‹   N a t u r   d e s M e n s c h e n .

o) Die Abspaltung des lastenden Gefühls von dem G e g e n s t a n d   e i - n e r   » a r c h a i s c h e n   S c h u l d « bezeichnet die nächste Ebene einer internen Selbstabspaltung des ›*autonomen*‹ Seelenlebens des postlapsarischen Menschen von dem $\left\{\begin{matrix} Täterschafts \\ Willens \end{matrix}\middle| Subjektum\right\}$, das der Wille durch Selbstzuordnung des »theoretischen Aktes der Negation« selbst ist. Erst aufgrund der internen Spaltung des Gefühls von einer archaischen menschheitsgeschichtlichen Schuld, welche das Seelenleben des postlapsarischen Individuums beherrscht, wenn auch unbewußt, eröffnet sich dem säkularen Menschen ein ›*Ausweg*‹ aus den sich durch die Negation des »lapsarischen Urbewußtseins« ergebenden Folgen. Wie stellt sich dieser ›*Ausweg*‹ dar, der die Aufgabe hat, dem gefallenen Menschen endgültig die Konfrontation mit dem »lapsarischen Urbewußtsein« zu ersparen, damit er sich ganz seinem Gefallensein hingegen könne durch A b s i c h e r u n g   v o r   e i n e m   B e w u ß t s e i n   v o n   d e m - s e l b e n . Dies ist der ›*Weg*‹, den der $\left\{\begin{matrix} säkular \\ laikale \end{matrix}\right\}$ Mensch der Moderne betreten muß, um zu einem » B e w u ß t s e i n   v o n   d e r   *e i g e n e n* F r e i h e i t « zu gelangen, das die vollendete Leugnung seines $\left\{\begin{matrix} Gefallen \\ Sein \end{matrix}\middle| Wesens\right\}$ beinhaltet. Anstatt den adamitischen Fall in sich zu einem eigenen Urbewußtsein zu erheben, aus dem allein das Licht göttlicher Gnade fließen kann, geht das p o s t l a p s a r i s c h e I n d i v i d u u m den Weg, den ihm der Wille zur Macht durch das

»archaische Opfer der Negation« *vorzeichnet*. Denn dieses Opfer verspricht dem gefallenen Menschen „*etwas"*. Es verspricht ihm die interne Abspaltung des Gefühls von der »archaischen Schuld«, wo sich Gefühl und Schuld *v o n e i n a n d e r   l o s l ö s e n*, um um die Macht zu kämpfen, um die Vorherrschaft im postlapsarischen Seelenleben des modernen Menschen. Das Gefühl ist vom theoretischen Akt der Negation gewollt, das heißt es wird vom Willen zur Macht im Seelenleben hervorgebracht, es erfüllt eine rationale Funktion für den Willen zur Macht auf seinem Weg zur Formation eines

$$\left\{materialen \left\{\begin{matrix} Bewußtseins \\ ICH \end{matrix}\right\} der \left|\begin{matrix} Welt\ und\ Seins \\ Erschließung \end{matrix}\right\}\right..$$

p) Der *gefallene* Mensch bildet in sich ahnend das Trauma von der »archaischen Schuld« der Menschheit, die das Individuum einbezieht als $\left\{\begin{matrix} Ahnungs \\ Subjektum \end{matrix}\middle| dieser\ Schuld\right\}$. Diese »archaische Schuld« wird im Individuum erahnbar, fühlbar, ohne dass sie dadurch *benennbar* würde. Sie bleibt in der Sphäre des Unheimlichen. Sie bleibt in der Grauzone zwischen Gewißheit und reiner Vermutung. Das Trauma der Erfühlbarkeit der »archaischen Schuld« des Menschengeschlechtes ist zu fassen als Produkt des theoretischen Aktes der Abspaltung vom »lapsarischen Urbewußtsein« durch die Opferhandlung des Willens zur Macht im Seeleninnenleben des postlapsarischen Menschen. Es ist Gegenstand des »retrograden Unbewußtseins«, welches der Wille dem gefallenen Menschen *ein*-gibt. Durch dieses Trauma ist der gefallene Mensch gezeichnet, es wird zur Signatur seines {*Gefallen|Seins*}, aber in semantischer Umkehrung für das extravasale Seelenleben. In der $\left\{\begin{matrix} semantischen \\ bw-ontogenetischen \end{matrix}\middle| Umkehrung\right\}$ erst kann diese Signatur Wirklichkeit *im* extravasalen Seelenleben und *für dieses* werden.

q) Die Abspaltung vom »lapsarischen Urbewußtsein« muß verstanden werden als ein Sichlosreißen von der Signatur des {*Gefallen|Seins*}, *das heißt* des g e f a l l e n e n   S e i n s   d e r   m e n s c h l i c h e n   N a t u r. Dieses Sichlosreißen von der l a p s a r i s c h e n   S i g n a t u r   d e s   M e n s c h e n habe ich als den $\boxed{\textit{»lapsus ad intra«}}$ des *gefallenen* Menschen bezeichnet, um das bewußtseins-ontogenetische Geschehen auszudrücken, das damit verbunden ist. Dieses Sichlosreißen impliziert eine Affizierung des bereits gefallenen Seins der menschlichen Natur. Durch diesen A f f e k t wird der gefallene Mensch *vor sich selbst* gestellt, dieser führt sich das gefallene Sein seiner Natur vor Augen, er führt es sich zu Gemüte, das heißt er legt es seinem Unbewußtsein zugrunde, wie es ihm vom Willen *v o r g e z e i c h n e t* ist. Er führt sich das z u m   T a b u   g e w o r d e n e   G e f a l l e n s e i n seiner *eigenen* Natur zu Gemüte allein mit Hilfe des »A f f e k t e s «. Und dieser »A f f e k t « ist d a s G e f ü h l v o n d e r »a r c h a i s c h e n S c h u l d « d e r M e n s c h h e i t. D e r A f f e k t d e s s i c h *v o r s i c h s e l b s t* v e r s t e c k e n W o l l e n s. — [*Siehe*: Das Schamgefühl der eigenen Nacktheit und der Affekt des sich bedecken (bekleiden) Wollens gemäß der Erzählung der Heiligen Schrift von der Vertreibung Adams und Evas aus dem Paradies.] — Die Kunst der Verbergung ist ein Urelement in der Entstehungsgeschichte des »retrograden Unbewußtseins« im Seeleninnenleben des postlapsarischen Menschen.

r) Halten wir fest: Die Abspaltung vom »lapsarischen Urbewußtsein« erfolgt durch die affektive Verhüllung des Negierten, welches damit eine Übertragung erfährt. Das Negierte liefert dem Prozeß der Negation die materiale Grundlage, den bw-ontogenetischen Antriebs-Affekt zur Formation des »retrograden Unbewußtseins« im extravasalen Seeleninnenleben. Der »A f f e k t v o n d e r a r c h a i s c h e n S c h u l d « des Menschengeschlechtes stützt sich auf seinen primaterialen Bewußtseins-Zustand als Bewußtseins-*Vorsprung* des »retrograden Unbewußtseins«. Eine v o r s p r i n g e n d e Bewußtseins-Spitze, welche das »retrograde Unbewußtsein« *von innen heraus* durchbricht wie ein Nadelstich. Dies ist der Ursprungspunkt des Affektes von der »archaischen Schuld der Menschheit«.

s) T h e o r e m : Menschheitsgeschichte wird überhaupt erst möglich aufgrund der Freisetzung jenes Affektes, der mit sich das Gefühl von der archaischen Schuld im retrograden Unbewußtsein des gefallenen Menschen nach oben bringt, *an die Oberfläche* des extravasalen Seeleninnenlebens. An dieser Oberfläche erst kann der »a r c h a i s c h e S c h u l d - A f f e k t « effektiv werden. Diese primateriale Bw-Determination des »retrograden Unbewußtseins« als das Effektivwerden des Affektes von der »archaischen Schuld« des postlapsarischen Individuums. Dies aber heißt nichts anderes, als dass der säkulare Mensch, das heißt d e r s i c h i n s e i n e m »l a p s u s a d i n t r a « b e f i n d l i c h e M e n s c h des Gefallenseins seiner menschlichen Natur nicht anders b e w u ß t w e r d e n kann, als durch den unheimlichen »A f f e k t v o n d e r a r c h a i s c h e n S c h u l d «, *das heißt* indem dieser *n a c h o b e n k o m m t a n d i e O b e r f l ä c h e* des postlapsarischen Seeleninnenlebens, um dort e f f e k t i v zu werden. Nur an dieser Oberfläche kann der Affekt hervorbrechen und in die Bewußtseins-Spiegelung eintreten, um sich mit sich selbst a u s e i n a n d e r z u s e t z e n. Als Triebgrund der

$$\left\{ \begin{matrix} \boxed{schein} \\ \boxed{\cancel{schein}} \end{matrix} \right| x \left| \begin{matrix} [un] \\ [\cancel{un}] \end{matrix} \right| bewußtseins \left| \begin{matrix} ontologischen \\ ontogenetischen \end{matrix} \right\} \text{Evolution des}$$

Willens [im extravasalen Seelenleben] zur Form eines rein $\left\{\begin{matrix} s\ddot{a}kular \\ laikalen \end{matrix}\middle|\begin{matrix} Vernunft \\ Bewu\ss tseins \end{matrix}\right\}$ tritt der Affekt erst hier in Erscheinung.

t) Der Auftrieb des A f f e k t e s v o n d e r » a r c h a i s c h e n S c h u l d « an die Oberfläche des »retrograden Unbewußtseins«, um diese zu durchstoßen. Der Affekt muss die Grundlage seiner Existenz selbst durchbrechen, um im Reflex dieser Spannung *s i c h i n sich selbst s p i e g e l n z u k ö n n e n*. Und dieses sich in sich selbst Abspiegeln des Affektes führt zur Verkehrung der ontologischen Determination seiner selbst. Und diese Selbstverkehrung geht wiederum in den Affekt zurück als Bild, d a s i h n a n t r e i b t a u s s i c h h e r a u s e f f e k t i v z u w e r d e n i n u n d a n d e r W e l t. Und hierin erfährt die säkulare Weltgestalt ihre eigentliche Entstehung, nicht als Welt der gefallenen Menschheit, sondern als Welt, an der sich die aus dem »l a p s u s a d i n t r a« hervorgehende $\left\{materiale\begin{Bmatrix} Welt und Seins \\ Erschlie\ss ungs \end{Bmatrix}\middle|Vernunft\right\}$ der Moderne zu schaffen machen will.

u) Dadurch ergibt sich ein *weiterer* Erkenntnis-Schritt: Beide Grundelemente des »archaischen Opfers« des Willens zur Macht im extravasalen Seeleninnenleben des gefallenen Menschen sind damit Gegenstand der $\left\{\left\|\begin{matrix} \boxed{schein} \\ \boxed{\cancel{schein}} \end{matrix}\right\| x \middle|\begin{matrix} [un] \\ [\cancel{un}] \end{matrix}\middle| bew\ss tseins \middle|\begin{matrix} ontologischen \\ ontogenetischen \end{matrix}\right\}$ Evolution des $\left\{materialen\begin{Bmatrix} Welterschaffungs \\ Deutungs \end{Bmatrix}\middle|Bewu\ss tsein\right\}$, das als die *unüberbietbare „Legitimität der Neuzeit"* betrachtet werden möchte, nein, das diesen Respekt vor sich selbst geradezu einfordert. Und auf diesem Einfordern beruht die U n t e r w e r f u n g, als ein dieser Einsicht entgegengebrachter G e h o r s a m. Was wir hier vor uns haben ist einfach zu begreifen: Die Tyrannei der modernen Ideen und Werte einer auf der $\left\{materialen\begin{Bmatrix} Seins \\ Unterwerfungs \end{Bmatrix}\middle|Vernunft\right\}$ des Willens zur Macht errichteten Menschheit, die bereits die bloße Vorstellung von dem Gefallensein der menschlichen Natur empört von sich weisen würde, weil dies in ihren Augen die ›Menschenwürde‹ verletzen würde. Die ›Legitimität‹ solcher Rationalität berechtigt zur E i n - f o r d e r u n g jeglicher Art der Unterwerfung, eben weil diese als ›freiwillige‹ v o r g e z e i c h n e t ist. Der freie Wille im extravasalen Seelenleben des gefallenen Menschen ist der Kollaborateur dieser totalitären menschheitsgeschichtlichen Vernunftsverfassung. Denn die U n t e r w e r f u n g wird als solche nicht empfunden, nicht wahrgenommen in ihrer erdrückenden Realität, in ihrem unbedingten Anspruch auf Wirklichkeit, hinter dem nichts als die

$\left\{materiale\left\{{Seins \atop Ermächtigungs}\right\}\Big|Vernunft\right\}$ des Geistes der Moderne steckt. Die ›*Legitimität*‹ dieser menschheitsgeschichtlichen Rationalität besteht gerade darin, dass sie sich den Luxus erlauben kann, jede Form von Herrschaft zu verwerfen, die nicht auf dem Prinzip der

$\left\{{\boxed{schein} \atop \boxed{\cancel{schein}}}\right\} x\Big| {[un] \atop [\cancel{un}]} bewußtseins \Big| \left\{{ontologischen \atop ontogenetischen}\right\}$ Evolutionsge-

schichte des Willens zur Macht gegründet ist. Es geht dieser ›*Legitimität*‹ säkularer Vernunft darum, von keinem politischen Standpunkt aus mehr in Frage gestellt werden zu können. Welcher Standpunkt sollte den $\left\{\boxed{schein}\big|bewußtseins\Big|{ontologischen \atop ontogenetischen}\right\}$ Fortschritt des »Affektes von der archaischen Schuld« zum effektiv werdenden $\left\{{Bewußtseins \atop Spiegelungs}\Big|{Triebgrunds \atop Bild}\right\}$ einer menschheitsgeschichtlichen Vernunft der ›*Menschenwürde*‹ in Frage zu stellen?

v) Das »verbum propheticum« aber ist nicht von dieser Welt, deshalb vermag nur es zu zeugen vom göttlichen Logos und vom Mysterium der Menschwerdung des Logos.

w) $\boxed{Theorem}$: Der Wille kann *eigentlich* die Rolle eines $\left\{{Täterschafts \atop Willens}\Big|Subjektums\right\}$ gar nicht erfüllen, weil er ein Wille *z u r M a c h t* ist, nicht einfach nur: Wille. Dieses Phänomen ist selbst Teil der $\left\{{\boxed{schein} \atop \boxed{\cancel{schein}}}\right\} bewußtseins \Big| {ontologischen \atop ontogenetischen}\right\}$ Evolutionsgeschichte des Willens zur Macht.

x) Das $\left\{{Täterschafts \atop Willens}\Big|Subjektum\right\}$ als Ausgangspunkt der Frage nach dem okkulten Ursprung des v e r b r e c h e r i s c h e n Menschen. Das »archaische Opfer« des Willens zur Macht als Kreuzungspunkt einer E n t - S c h e i d u n g zur Erlangung des begehrten » B e w u ß t s e i n s v o n d e r *e i g e n e n* F r e i h e i t «. Die anarchische Wendung gegen die ἀϱχή des Schuldgefühls des eigenen »retrograden Unbewußtseins« führt zur Inbezugsetzung des theoretischen Aktes der Negation auf die eigene Individualität. Dadurch der Schein der ›*Wahrhaftigkeit*‹, der ›*Authentizität*‹ dieser Täterschaft. Der Wille zur Macht „*inkarniert"* sich im verbrecherischen Individuum, das in gewisser Weise sich als A v a n t g a r d e d e s e n t h e m m t e n M e n s c h e n versteht[14]. Hemmungen sind nicht nur ein Hindernis für die Modernität des Menschen, sie sind vielmehr Zeichen von elementarer ›*Schwäche*‹, die verdient, dass man sie ausnützt, wo immer man kann. Der moderne Mensch rühmt sich seiner vermeintlichen

---

[14] Pierre Klossowski, Sade mon prochain, Paris 1967.

„Stärke" [besser: Gewissenlosigkeit]. Das Verbrechen ist immer nur ein nächster Schritt auf dem Wege der seelischen Anarchie. Das enthemmte $\begin{Bmatrix} \textit{Täterschafts} \\ \textit{Willens} \end{Bmatrix} \begin{Bmatrix} \textit{Subjektum} \\ (= \textit{Individuum}) \end{Bmatrix}$ stellt den Versuch dar, den Willen zur Macht unmittelbar zu repräsentieren, der doch eigentlich das menschliche Individuum repräsentieren will. E n t - t h r o n u n g d e s W i l l e n s a l s v o l o n t é - g é n é r a l e. Diese wird damit unmittelbar a n a r c h i s c h e r A k t d e r N e g a t i o n. Das Überspringen der im »archaischen Opfer« tätigen ›*Befreiung*‹ [= *Emanzipation*]. Das Schreckenverbreiten wird zur wahren Opferhandlung durch das seelen-anarchisch versetzte Individuum der Moderne, das am › *G l a u b e n* ‹ a n d a s R e c h t a u f e i n » B e - w u ß t s e i n v o n d e r *e i g e n e n* Freiheit« nicht nur festhält, sondern diesen Irrglauben geradezu verschärft bis zur gesellschaftlichen Auflösung. Die $\begin{Bmatrix} \textit{säkular} \\ \textit{laikale} \end{Bmatrix} \begin{Bmatrix} \textit{Triebstruktur} \\ \textit{Anarchie} \end{Bmatrix}$ des M e n s c h e n i n d e r R e v o l t e. Die W e l t r e v o l u t i o n d e r l i b i d i n ö s e n T r i e b s t r u k t u r. Die libidinöse ›*Befreiung*‹ des Menschen durch den Willen zur Macht.

> Die okkulte Wissenschaft wird in dem Maße politisch, wie die Politik durch sie u n t e r g e h t, damit das »prophetische Wort« o f f e n b a r werde durch das limbale Triebherz.

48. D i e W e l t, *w i e s i e j e t z t i s t,* m u s s v e r g e h e n, u m d e m theokratischen E r k e n n t n i s l i c h t d e r o k k u l t e n W i s - s e n s c h a f t P l a t z z u m a c h e n. Wovon wir reden ist d i e g ö t t - l i c h e L e g i t i m i t ä t d e s » p r o p h e t i s c h e n W o r t e s «. Erst durch die theokratische Grundlegung der Wissenschaft wird das $\begin{Bmatrix} \textit{säkular} \\ \textit{laikale} \end{Bmatrix} \begin{Bmatrix} \textit{Wissenschafts} \\ \textit{Verständnis} \end{Bmatrix}$ der Moderne in seinem Wesen z u n i c h t e. Der ›*Humanismus*‹ des Willens zur Macht als F i k t u m einer das okkulte Wesen des Menschen *u m w e r t e n d e n* R a t i o n a l i t ä t, welche sich für berufen hält, der »laikalen Gruppenseele« der Menschheit das dämonokratische Erkenntnislicht einer ›*Aufklärung*‹ über das bedrohliche Gefühl der »archaischen Schuld« zu bringen. ›*Aufklärung*‹ aber ist hier nicht zu verstehen als persönliche Erkenntnis, sondern als E i n - w i l l i g u n g des laikalen Individuums in eine Anthropologie, die von

der Magie eines $\left\{ materialen \begin{Bmatrix} Welt\ und\ Seins \\ Erschließungs \end{Bmatrix} \Big| \begin{Bmatrix} Bewußtseins \\ Ich \end{Bmatrix} \right\}$ geleitet
wird, die den Kern der »archaischen Opferhandlung« des Willens zur
Macht im extravasalen Seeleninnenleben des gefallenen Menschen bildet. Wenn der Wille zur Macht das Seelen-Innere des gefallenen Menschen aufgrund der archaischen Opferhandlung *durchherrscht*,
dann erfährt der Geist des Menschen an sich selbst seine Abgespaltenheit und verstummt. Der Geist *versiegt*. Das Denken bleibt selbst in sei-
ner $\begin{Bmatrix} Selbst \\ Ausgeschlossenheit \end{Bmatrix}$. Das Denken versiegt im ›*Glauben*‹ an die im
»archaischen Opfergeschehen« symbolisch v o r g e z e i c h n e t e n Ele-
mente des Real-Seins von Schuld, die nicht als vom »lapsarischen Urbewußtsein« ableitbar gedacht werden könnte, sondern von Schuld, die
zum G e g e n s t a n d e i n e r A n k l a g e gegen das »lapsarische Urbewußtsein« dienen kann.

49. Die geistigen Träger der *„aufklärerischen"* Rationalität der Moderne, sie
werden verstummen durch die M a n i f e s t a t i o n d e s » p r o p h e t i -
s c h e n W o r t e s «, d a s a u s d e r T h e o l o g i e s e l b s t h e r v o r -
b r i c h t. *Was bedeutet dies?* Es will sagen, dass die Theologie aus dem
Kanon der Offenbarung selbst heraustritt, um sich i n i h r e m o k -
k u l t e n G r u n d w e s e n zu manifestieren und zur Erscheinung zu
bringen. Das in Erscheinung Treten des okkulten Wesens der Theologie
unter Loslösung von dem, *w a s b i s l a n g f ü r T h e o l o g i e g e h a l t e n*
w u r d e, ist Mysterium und zugleich politischer Akt, der die g e -
g e n o f f e n b a r u n g s g e s c h i c h t l i c h e n G r u n d l a g e n von
$\boxed{Politik + Moderne}$ und damit diese selbst in d e n U n t e r g a n g
t r e i b t. Die m e s s i a n i s c h e S p e e r s p i t z e d e r o k k u l t e n
W i s s e n s c h a f t als das Ende eines Zeitalters, das man als die *„Mo-*
derne" zu bezeichnen pflegt. $\boxed{Tuer\ la\ pensée}$: Ein wichtiger von Joseph
de Maistre geprägter Terminus, der schlagartig die Konfrontation ver-
deutlicht, welche sich zwischen der Politik *dieser* Welt und der Theokratie der Wissenschaft anbahnt. Diese Auseinandersetzung ist es, welche der Welt bevorsteht: Die V e r n i c h t u n g d e s » a r c h a i s c h e n
O p f e r s « durch die Theokratie des »prophetischen Wortes«, welche
sich in der okkulten Wissenschaft selbst manifestiert.

50. Das Wesen des Kultes als die Frage nach dem zugrunde liegenden
S u b j e k t u m d e r S y m b o l h a n d l u n g. An dieser Frage bzw. von
der Antwort auf diese Frage hängt die entsprechende k u l t i s c h e
F u n k t i o n d e s S y m b o l s ab. Legen wir den Willen zur Macht als
einen von Gott sich abgespalten habenden Willen zugrunde, so muss
diese Tatsache zur V e r s e t z u n g des Symbols als einer

$\begin{Bmatrix} Bewußtseins \\ ontogenet. \end{Bmatrix} \Big| Energie \Big\}$ zur Formation des »retrograden Unbewußt-seins« im extravasalen Seelenleben des postlapsarischen Menschen führen. Der Wille zur Macht wird so zum Ursprung einer extravasalen Symbolhandlung, in welcher d a s O p f e r g e s c h e h e n g a n z a u f d e n W i l l e n b e z o g e n i s t u n d a u f s e i n e A n n a h m e a l s S u b j e k t u m .

51. 　　　$\boxed{\textit{Der Ort des Subjektums}}$

als im Inneren des Willens zur Macht

als Zuordenbarkeit der Opferhandlung

a) rein auf den Willen selbst als Subjektum des »retrograden Un-bewußtseins«.

b) als vom Trieb, als der das Opfer antreibenden, tragenden und determinierenden Energie des Symbols.

c) S u b j e k t u m u n d c h o r e t i s c h e Z u o r d n u n g der Opfer-handlung sind identisch mit dem Willen zur Macht.

d) Die U m k e h r u n g d e r O p f e r l o g i k aufgrund der Schaf-fung des »retrograden Unbewußtseins« durch den Willen.

e) *Woraus entspringt die Umkehrung der Opferlogik?*

Opferlogik = Konfiguration der bw-ontogenetischen Determi-nation des Opfergeschehens. Durch die Verstofflichung der retrograden Opferhandlung im Seelen-Inneren des Willens erfährt dieser seine bw-ontogenetische Evolution zur Rationa-lität gegenoffenbarungsgeschichtlicher Welt-Ermächtigung. Das Fiktum einer Einlösung des biblischen Mandates durch

das $\begin{Bmatrix} \boxed{\overline{gegen}} \\ \boxed{\overline{\sout{gegen}}} \end{Bmatrix} offenbarungsgeschichtliche \Big\}$ Bekenntnis der

modernen Rationalität als die große Verführung der Mo-derne. Der › G l a u b e ‹ an seine ›*Legitimität*‹. Das Fiktum einer ›Begründbarkeit‹ dieser aus dem dunklen Seelenleben des postlapsarischen Menschen hervorkriechenden Vernunft

durch eine ›*aufklärerische*‹ $\Big\{ \begin{Bmatrix} Anti \\ Theologie \end{Bmatrix} der \begin{Bmatrix} Gegen \\ Offenbarung \end{Bmatrix} \Big\}$

der $\begin{Bmatrix} \boxed{\overline{schein}} \\ \boxed{\overline{\sout{schein}}} \end{Bmatrix} x \Big| \begin{matrix} [un] \\ [\sout{un}] \end{matrix} \Big| bewußtseins \Big| \begin{matrix} ontologischen \\ ontogenetischen \end{matrix} \Big\}$ Evolu-

tion des Willens zur Macht. Der $\begin{Bmatrix} säkular \\ laikale \end{Bmatrix}$ Mensch, der *„sich die Erde untertan machen"* will, um sich vom Druck der »archai-schen Schuld« zu ›*befreien*‹.

52. 　　　Die Gleichung besteht zwischen

a) »materialer Ungerechtigkeit«

b) Versetztsein der Materialisation des Unbewußtseins

c) Daraus folgt das in sich selbst Versetztsein der durch die {*Auf*|0|*Reduktion*} geschaffenen Primaterialität des »retrograden Unbewußtseins« im extravasalen Seelenleben des Willens zur Macht. Denn diese Primaterialität steht nicht in Bezug zum limbalen Untergang des Logos, sondern ist diesem entzogen und in Bezug zum $\left\{\frac{T\ddot{a}terschafts}{Willens}\Big|Subjektum\right\}$ gesetzt. Und diese Setzung ist ihre Versetztheit. *Folge*: Degeneration als Verstofflichung einer sich vom limbalen Untergang des Logos abspaltenden bw-ontogenetischen Evolution von Vernunft, die vom Seienden lebend *sich dieses Seiende unterwirft*.

d) Die Verstofflichung des »retrograden Unbewußtseins« im Seelenleben des postlapsarischen Menschen bezeichnet die geheime Pforte in die Welt des Bösen.

53. She'ar — Shirim Zu verstehen als Hieroglyphe der okkulten Bewußtseinslehre[15]. Indem die Position des Sohar die des Okkulten ist, stellt sie die eigene religiöse Tradition des Judentums in das Licht einer u n i v e r s a l e n   O f f e n b a r u n g s g e s c h i c h t e, als deren Kern das Judentum zu verstehen ist. Der Offenbarungsanspruch, auf den das geschichtliche Judentum sich bezieht, wird selbst erst einlösbar durch die Rückübertragung der jüdischen Religion in die okkulte Weisheit des kabbalistischen Sehers (Propheten), i n   d e m   s i c h   d i e   g ö t t l i c h e   O f f e n b a r u n g s g e s c h i c h t e   s e l b s t   e r s t   o f f e n b a r t. Damit aber wird evident, dass Offenbarungsgeschichte *n u r   a u s   d i e s e r   s e l b s t   o f f e n b a r   g e m a c h t   w e r d e n   k a n n.* Offenbarungsgeschichte v e r k ü r z t   s i c h   u m   s i c h   s e l b s t, um sich im apophatischen Rest ihrer selbst zu offenbaren als dieser unerkannt gebliebene »Rest« der Offenbarung selbst im p r o p h e t i s c h e n   W o r t   d e s   k a b b a l i s t i s c h e n   S e h e r s. Das »verbum propheticum« als Same, aus dem der kabbalistische Seher gezeugt wird, — als okkulter »Rest« u n d   U r s p r u n g   der Offenbarungsgeschichte, aus dem diese neu ersteht, wiederauferstanden und befreit vom Fluch des Todes, den das Gesetz mit sich brachte. Wenn das Gesetz aber geistlich ist, wie Paulus uns beteuert, so muss man es nicht in der autochthonen Befindlichkeit eines *falschen* Glaubens suchen, der das Gesetz selbst für die Offenbarungsgeschichte hält.

54. D i e   » l e x   m e n t i s «   i m   S i n n e   d e s   R ö m e r b r i e f e s , K a p . 7. Die Sünde als die Erkenntniskraft, welche den Menschen hindert, das Gesetz erfüllen zu können. Die Sünde, die sich im Spiegel des Gesetzes

---

[15] Sohar, Beshalach Kap. 16, 217.

ihrer selbst bewußt wird, worin die Abspaltung der »lex mentis« gerade besteht. Das Gesetz ist lediglich ein Reflex des in diesem über die Maßen Sündigwerdens der Sünde. So muss das Gesetz selbst wie ein Fluch erscheinen. Denn täten wir das Gesetz hinweg, so wäre die Sünde ihres Wissens um sich selbst beraubt und somit „tot" als Bewußtseinsform. Kann man sündig sein, ohne ein Bewußtsein davon zu haben?

a) Die Sünde, die nur ein Bewußtsein davon hat, was sie will.

b) Die Sünde, die sich im Spiegel der »lex mentis« selbst gegenübertritt und schaut, wobei das, was hier den Spiegel für die Erkenntnis abgibt, ich meine die »lex mentis«, verschwindet und nicht mehr als *das* ins Bewußtsein treten kann, *was* es selbst ist.

c) Die Ausblendung des Gesetzes als der »lex mentis«. Diese fällt heraus. Die Frage nach dem Wesen der »lex mentis« selbst bleibt ungestellt, da es kein Mittel dafür gibt. Denn das Stellen dieser Frage würde voraussetzen, dass es eine *Erkenntnis vermittelnde* Kraft gäbe, die den spiritualen Sinn des Gesetzes dem Menschen eröffnen könnte.

d) So bleibt das Gesetz Reflektion, durch die sich die Sünde im Lichte des Gesetzes ihrer selbst bewußt wird und dadurch über die Maßen sündig wird. Was aber heißt dies? Daß die Sünde sich des Menschen bemächtigt als Gesetz der Sünde, das die ganze körperliche Daseinsweise des Menschen durchdringt und bestimmt, weil es das Fundament einer Bewußtseinskultur ist, die auf der Negation des »lapsarischen Urbewußtseins« als auf dem theoretischen Akt der Abspaltung des Willens beruht.

e) Das *„über die Maßen Sündigwerden der Sünde"*, von dem Paulus spricht, besagt nicht, dass vor dem Gesetz keine Sünde war, sondern vielmehr, dass durch das Gesetz die Sünde als »lapsarisches Urbewußtsein« aus der Versenkung der Sünde selbst auftaucht wie ein schwimmender Korken. Und wie ein Korken läßt sich dieses U r b e w u ß t s e i n nicht wieder versenken in den Tiefen des postlapsarischen Unbewußtseins, das die Sünde im Seelenleben vom Bewußtwerden ihrer selbst zurückhält. Sie liegt vom postlapsarischen Unbewußtsein aufbewahrt d i e s e m s e l b s t z u g r u n d e . Darin v e r - s t e c k t s i c h d i e S ü n d e v o r s i c h s e l b s t . Sie verhüllt sich vor dem Offenbarwerden ihres Wesens.

f) Der Vorgang, der sich vor dem Spiegel der »lex mentis« ereignet: Die Menschwerdung der Sünde, nur diese kann gemeint sein, wenn Paulus vom *„über die Maßen Sündigwerden* *der Sünde*" spricht. Es ist der Mensch, der dem Tode Frucht bringen muß. Denn es ist der Mensch, in dem sich die Sünde *ihrer selbst bewußt* wird und die »lex mentis« als »lex spiritualis« wirkungslos und kraftlos macht. Das Gesetz wird von diesem »lapsarischen Urbewußtsein« als eine kraftlose Idee der Erlösung erwiesen. Aber was genau ist dieses »lapsarische Urbewußtsein«? Es ist ein zweigesichtiger Januskopf. Das janusköpfige Urbewußtsein vom adamitischen Fall vereinigt in sich die Antinomie des Gesetzes selbst als eines Kanons religiöser Offenbarung. Denn das »lapsarische Urbewußtsein« setzt göttliche Offenbarung voraus, wie sie von den Heiligen Schriften überliefert ist. Das heißt, das »lapsarische Urbewußtsein« ist Theologumenon par excellence. Es ist Bewußtsein schaffende göttliche Kraft. Ist dieses Urbewußtsein vom adamitischen Fall die Kraft, welche das über die Maßen Sündigwerden der Sünde erst ermöglicht? In einem verborgenen Sinne durchaus. Die Sünde, inwiefern sie dem Gefallensein der menschlichen Natur zugrunde liegt, kann dadurch von dieser in keiner Weise begriffen werden. Sie ist tot oder begraben in sich selbst. Und nur insofern sie aus sich *heraustritt*, kann es zur Entstehung oder Bildung eines Unbewußtseins im *postlapsarischen* Menschen kommen. Denn der Weg des Menschen zu den göttlichen Strömen des limbalen Unbewußtseins ist durch die Ursünde abgebrochen. Es gibt für den gefallenen Menschen kein Zurück. Wenn hier von der Bildung eines Unbewußtseins im postlapsarischen Menschen durch die Sünde die Rede ist, dann meine ich die O n t o g e - n e s e d e s » r e t r o g r a d e n U n b e w u ß t s e i n s « durch den Willen zur Macht im lapsarisch versetzten Seelenleben.

55. *Wir wollen festhalten*: Die dem Gefallensein der menschlichen Natur zugrunde liegende Sünde ist in sich tot und begraben, da sie der $\begin{Bmatrix} Un \\ U\!n \end{Bmatrix} Bewußtseins \begin{Bmatrix} ontologischen \\ ontogenetischen \end{Bmatrix}$ Evolution e n t b e h r t. Sie ist $\begin{Bmatrix} Nicht \begin{Bmatrix} Un \\ U\!n \end{Bmatrix} Bewußtsein \end{Bmatrix}$ von sich selbst. Die Sünde steht in der $\begin{Bmatrix} Wesens \\ Selbst \end{Bmatrix} Vergessenheit$ ihrer selbst. Und in diesem Zustand ist sie vergleichbar mit dem Samenkorn, das in die Erde fällt, um darin zu sterben, weil nur so es durch seinen Tod Frucht bringen kann. Die Sünde ist die reine Negation ihrer selbst als Samenkorn der Aufhebung des $\begin{Bmatrix} Nicht \begin{Bmatrix} Un \\ U\!n \end{Bmatrix} Bewußtseins \end{Bmatrix} von sich selbst$. Sie ist Same der

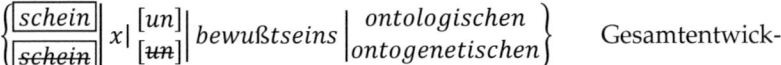

$$\left\{\begin{array}{c}\boxed{schein}\\\boxed{\cancel{schein}}\end{array}\right\| x \left|\begin{array}{c}[un]\\ \left[\cancel{un}\right]\end{array}\right\| bewußtseins \left|\begin{array}{c}ontologischen\\ ontogenetischen\end{array}\right\}$$ Gesamtentwick-

lung des Willens zur Macht. Die Sünde in ihrem Begrabensein in der Natur des postlapsarischen Menschen ist reiner Ursprungspunkt, auf den diese Natur selbst reduzierbar ist. Sie ist Kontraktionspunkt der gefallenen menschlichen Natur. Daran läßt sich erkennen, dass die

$$\left\{bewußtseins \left|\begin{array}{c}ontologische\\ ontogenetische\end{array}\right\}$$ Projektion, welche vom Seelenur-

sprungspunkt der Sünde im postlapsarischen Menschen »freigesetzt« wird, schlichtweg im Sinne des gefallenen Menschen selbst ist, zu so etwas wie ›*B e w u ß t s e i n*‹ zu kommen. Das

$$\left\{Nicht \left\{\begin{array}{c}Un\\ \cancel{Un}\end{array}\right| Bewußtseins\right\} von\,sich\,selbst\right\}$$ der Sünde als Grundlage

des Gefallenseins der menschlichen Natur ist Ursprung

der $$\left\{\begin{array}{c}\boxed{schein}\\\boxed{\cancel{schein}}\end{array}\right\| x \left|\begin{array}{c}[un]\\ \left[\cancel{un}\right]\end{array}\right\| bewußtseins \left|\begin{array}{c}ontologischen\\ ontogenetischen\end{array}\right\}$$ Evolution des

Willens.

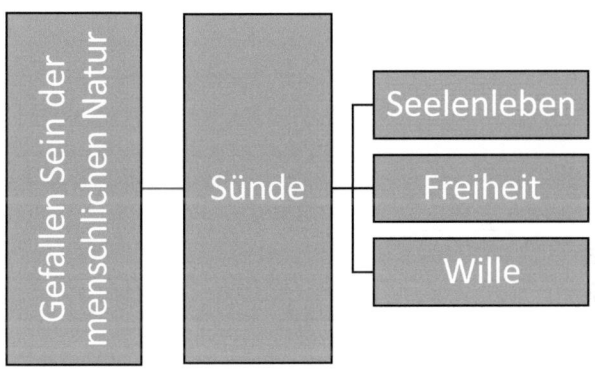

56. Die t r i a d i s c h e   S t r u k t u r   d e r   S ü n d e , die dem Gefallensein der menschlichen Natur selbst als in dieser ›tot‹ und ›begraben‹ und zugleich von dieser verwahrt zugrunde liegt, sie kann erst aktiv werden und lebendig mit dem in Erscheinung Treten des »lapsarischen Urbewußtseins« durch die Offenbarung des Gesetzes als das des »lapsarischen Urbewußtseins«. Mit dem Gesetz, welches das »lapsarische Urbewußtsein« — als das der Offenbarung — offenbart, muss die Sünde die Konfrontation suchen, will sie aus dem Zustand des

$$\left\{Nicht \left\{\begin{array}{c}Un\\ \cancel{Un}\end{array}\right| Bewußtseins\right\} von\,sich\,selbst\right\}$$ heraustreten, um in sich

selbst sündig zu werden.

57. Der Sprung in die Reflexion des »lapsarischen Urbewußtseins« ist das nötige Lebens-Elixir der Sünde. Hieraus faßt sie ihre Lebensgeister. Sie bezieht Lebenskraft aus dem »lapsarischen Urbewußtsein«, das als Spiegel dient, durch den sich die Projektion der bw-ontogenetischen Evolution der Sünde vollzieht. Und an dieser Stelle kommt die Janusköpfigkeit des »lapsarischen Urbewußtseins« ins Spiel, die eine Abspaltung bewirkt, durch die die Sünde Eingang findet in die

$$\left\{ \begin{array}{c} \boxed{schein} \\ \boxed{\cancel{schein}} \end{array} \middle| \begin{array}{c} un \\ \cancel{un} \end{array} \middle| bewußtseins \middle| \begin{array}{c} ontologische \\ ontogenetische \end{array} \right\} \text{Evolutionsgeschichte des}$$

Willens.

58. Die K o n f r o n t a t i o n der Sünde mit dem »lapsarischen Urbewußtsein« der Offenbarung stellt jenes unverzichtbare Lebenselixier dar, ohne welches die Verlebendigung der Sünde sich nicht ereignen kann. Die Sünde wird mit Macht angezogen von dem, was sie nicht überwinden kann, aber was sie braucht, um es selbst zu verdrängen und in den Zustand der Negation in sich selbst zu erheben. Denn nur so erlangt die Sünde $\left\{ \begin{array}{c} Un \\ Un \end{array} \middle| Bewußtsein \middle| von\ sich\ selbst \right\}$. Dieser Prozeß muss zugleich als sich aus der Perspektive des »lapsarischen Urbewußtseins« vollziehend verstanden werden, weil erst dann die Rede von der Janusköpfigkeit des »lapsarischen Urbewußtsein« und die Ohnmächtigkeit der »lex mentis« der Offenbarung angesichts einer *„über die Maßen sündig werdenden Sünde"* einleuchtet.

59. Die Sünde erfährt erst durch ihre Konfrontation mit dem »lapsarischen Urbewußtsein« der Offenbarung den Antrieb, sich vom Willen zur Macht zum Leben erwecken zu lassen. Es ist etwas anderes, wodurch die Sünde erweckt und mit einem inneren Trieb zum über die Maßen Sündigwerden ausgestattet wird. Das Leben kommt der Sünde von einem Anderen. Dieses Andere bietet den Anlass, dass die Sünde aus ihrem Tode durch das Gefallensein der menschlichen Natur ›befreit‹ werde, um hinüberzugehen und einzugehen in die Selbstabspaltung des »lapsarischen Urbewußtseins«. Denn dieses Selbstabgespaltene ist nichts anderes als das vom Willen durch die $\{Auf|0|Reduktion\}$ entstehende »retrograde Unbewußtsein«, das sich dem extravasalen Seelenleben des gefallenen Menschen zugrunde legt. Was wir sagen können ist die Einsicht, dass das »retrograde Unbewußtsein« des menschheitlichen Individuums a r c h a i s c h e   E r r u n g e n s c h a f t   d e r   E v o l ut i o n s g e s c h i c h t e   d e r   S ü n d e   a l s   e i n e r   o k k u l t e n   G es c h i c h t e   d e r   G e g e n o f f e n b a r u n g   i s t. Mit dem *„über die Maßen Sündigwerden der Sünde"* bezeichnet Paulus eine in der ἁμαρτία sich materialisierende Triebkraft, die wir als die geheime Evolutionsgeschichte der Gegenoffenbarung in der Menschheit zu verstehen haben.

60. Der bewußtseins-ontogenetische Ausbruch der Sünde aus der gefallenen Natur des Menschen. Wer will leugnen, dass dies ein Befreiungsakt ist und als solcher auch gemeint ist. Der Sünde eignet also eine intentionale Zielrichtung, welche sie ins Leben führt. Und dieses künftige Leben ist das „über die Maßen Sündigwerden der Sünde". Der Eintritt der Sünde ins Leben ihres Sün-digerwerdens bedeutet ihren Übergang in die Sphäre des vom »lapsarischen Urbewußtsein« selbst Abgespaltenen. Dieses Abgespaltene aber ist nichts anderes als das »lapsarische Urbewußtsein« in seiner vom Willen betriebenen $\{Auf\,|\,0\,|\,Reduktion\}$, das damit zum Nichts seiner selbst sich formiert oder zum $\left\{\begin{array}{c}Nicht\\N-Ichts\end{array}\middle|\,Unbewußtsein\right\}$, das außerhalb der limbalen Unbewußtseins-Ströme sich befindet, zu denen dem gefallenen Menschen jeder Weg versperrt ist.

61. Man beachte: Die Sphäre, in welche die aus dem Gefallensein der menschlichen Natur hervorbrechende Sünde hinübergeht, um darin einzugehen und sich darin zu begründen, befindet sich im Inneren des Außer-sich-Seins des »lapsarischen Urbewußtseins«. Mit dieser $\left\{\begin{array}{c}Nicht\\N-Ichts-Form\end{array}\middle|\,Genese\right\}$ von Unbewußtsein, das auf der radikalen Negation des limbalen Unbewußtseins im »lapsarischen Urbewußtsein« durch den Willen basiert. Es ist, als ob der Wille beweisen wolle, dass es ein Unbewußtsein gebe, das nicht limbalen Wesens sei und das damit allein Unbewußtsein sei und als solches zu gelten habe. Es ist, als hörte man den Imperativ des Willens.

62. Der Wille erzwingt die Schaffung eines abgespaltenen Außer-sich-Seins des »lapsarischen Urbewußtseins«, das als dessen Extravasalität selbst zu verstehen ist, als ob diese vom »lapsarischen Urbewußtsein« selbst hervorgebracht wäre. In Wahrheit jedoch ist die extravasale $\left\{\begin{array}{c}Nicht\\N-Ichts-Form\end{array}\middle|\,Genese\right\}$ des »retrograden Unbewußtseins« im Außer-sich-Sein des »lapsarischen Urbewußtseins« zugleich als im Willen zur Macht sich vollziehend zu denken, während dieser als dem extravasalen Seelenleben des postlapsarischen Menschen zugrunde liegend vorzustellen ist. In diesen komplexen Schichtungen ist die von mir dargelegte $\left\{\begin{array}{c}Nicht\\N-Ichts-Form\end{array}\middle|\,Genese\right\}$ von Unbewußtsein zu begreifen, das $\left\{\begin{array}{c}Unbewußtseins\\N-Ichts-Nichtung\end{array}\middle|\,zu\,\middle|\begin{array}{c}Nicht\\N-Ichts-Formation\end{array}\right\}$ eines $\left\{\begin{array}{c}Außer-sich-Sein\\Unbewußtseins\end{array}\right\}$ ist, das vom Willen zum Schein vom »lapsarischen Urbewußtsein« selbst abgeleitet wird. Aber diese $\left\{\begin{array}{c}Außer-sich-Sein\\Unbewußtseins\end{array}\middle|\,Genese\right\}$ findet im Willen statt als im Reflexionsgrund seiner Negation des »lapsarischen Urbewußtseins«. In der Reflexion seiner Negation bezieht er Kraft aus dem von ihm Negierten, die

Kraft der gegenoffenbarungsgeschichtlichen Manifestation seines Wesens als einer universalen, menschheitsgeschichtlichen Rationalität ist.

63. *Exkurs*: Eine Synthese von gnostischer, patristischer und scholastischer Perspektive. Den Übergang wagen innerhalb der Überlieferung der okkulten Theologie. Rekognition der okkulten Einheit der Theologie. Sie ist eine erst herzustellende, das heißt *wiederherzustellende* Bewußtseinsform der Theologie selbst. Diese hat zu tun mit den Erfahrungs-Stoffen des limbalen Unbewußtseins als der unabdingbaren Grundlage göttlicher Offenbarung. Der fatale Irrtum einer Entzweiung der Bewußtseins-Elemente.

64. Problematik eines Ringens um einen Kanon religiöser Offenbarung. Denn: Auch die Bw-Stoffe des kanonischen Anspruchs sind vom Ursprung her selbst okkulte [*oder sind es zumindest einmal gewesen*]. Geht es also um ein Gewesensein-Sollen dieser Offenbarungs-Stoffe? Was für ein Wille steckt hinter der Wandlung? Muß sich in der Kanonisation nicht zwangsläufig dasjenige abspalten, was durch den Kanon selbst abgewürgt wird, *nämlich* die Fleischwerdung des prophetischen Wortes *im Anderen*. Dieses Andere kann sich doch nur als transzendentale Bewußtseins-ICH-Bildung durch den Logos selbst begreifen, wenn der Kanon irgendwie gesprengt wird durch innere Abspaltung des Kanons selbst. Der Kanon spaltet sich *in sich selbst* auf und drängt den spiritualen Trieb hinab ins Unbewußte, durch das er sich selbst lebensfähig macht und dadurch zur Geschichte formenden Kraft wird. Die nach innen, in die Verdrängung führende Freisetzung des Triebherzens. Das limbale Triebherz muss die Schichten des geschichtlichen Daseins der Religion *als Kirche* durchmessen. Die eschatologische Subversivität des Triebherzens am geschichtlichen Sein des Menschen, das sich glaubensgeschichtlich ablesen läßt. Der Niedergang der »Kirche« als der geglaubten Wesensform des Christentums [*und der Religion insgesamt*] in seiner Doppeldeutigkeit.

65. Das limbale Triebherz muß die Aufhebung der Kirche wollen, wenn es bis zum Prinzip seiner eschatologischen Wirklichkeit durchbrechen will. Es muss die Enthüllung seines okkulten Wesens als Apokalyptik einer zugrunde gehenden Kirchlichkeit des Christentums um der Offenbarung des esoterischen Wesens des Christentums willen selbst wollen. Denn das Kennzeichen des kanonischen Christentums ist der Wille zur Macht, der sich des Wissens um die Offenbarung bedient und deshalb mit der Offenbarung selbst verwechselt wird. Hierarchie als Machtgefüge *mißverstanden*: Der „Untergang" des »verbum propheticum«. Die »Tö-

tung« des prophetischen Wortes durch das hierokratische Denken einer kirchlichen Theologie, der die okkulte Rechtfertigung fehlt. An diesem Widerspruch zerbricht der Klerikalismus des historischen Christentums.

66. Das Triebherz aber läßt sich nicht in die Irre führen. Es taucht unter in die Anamnese des limbalen Unbewußtseins-Stromes der Offenbarung selbst. Es entzieht sich dem Zugriff. Die Entstehung des okkulten Bewußtseins setzt die Verwerfung eines Kanons der Offenbarung voraus, — *von innen heraus.*

67. *Exkurs:* Die observantia vitae intrinsecae sacramenti und ihr Verhältnis zum ordo mystagogicus. Das Herablassen des okkulten Sinnes in den Vollzug der sakramentalen Symbolhandlung zur zur Einleibung in Bildlichkeit, die dieser selbst das Symbolsein verwehrt.

$$\left\{ \begin{matrix} Verwahrtsein \\ Verwehrtsein \end{matrix} \middle| \begin{matrix} des\ Symbols\ im\ Bild \\ des\ Symbols\ dem\ Bild \end{matrix} \right\}$$

In dieser Konfiguration drückt sich das Geheimnis der okkulten Tradition der scholastischen Theologie aus. Hieraus erst wird die Frage nach der Gnosis durch ein okkultes Verständnis der scholastischen Spekulation dringlich. Die Herab-Lassung der scholastischen Spekulation in die Verwahrung durch die anamnetischen Abgründe des limbalen Triebherzens. Mit dem Akt des sich dem Triebherzen Anvertrauens begeht die scholastische Denktradition einen Übergang εἰς ἄλλο γένος, das heißt den Akt der Selbstentäußerung in ein anderes Bewußtsein, in dem sie bewahrt vom Triebherzen durch dieses selbst die Form ihrer okkulten Manifestation empfängt am Eingang einer *neuen,* einer spirituellen Weltzeit.

68. Diese Herab-Lassung des okkulten Wesens der scholastischen Spekulation hat, *insofern sie erkannt wird,* eine offenbarende Wirkung, sie offenbart dem in das Licht der heiligen Spekulation eintretenden limbalen Triebherzen die einende Schau, die aus dem göttlichen Erkenntnislicht scholastischer Spekulation zu uns und aus uns fließt.

69. Die Entstehung einer neuen Bewußtseins-Wirklichkeit, die vom limbalen Triebherzen selbst erschaffen wird. Das Triebherz läßt das Seiende im Lichte seines okkulten Bewußtseins in unvergänglichem Glanze erstrahlen. Dieses okkulte Bewußtsein, welches den Durchbruch zur limbalen Erfahrungswelt des menschgewordenen Logos verwirklicht, *trans*-materialisiert das Seiende in den Lichtäther *höherer* Welten, aber nicht um *dieser* Welt nur zu entfliehen, sondern um diese Welt von Grund aus zu verwandeln. Und dies kann nur durch die Lichtkraft des

okkulten Bewußtseins geschehen. T r a n s m a t e r i a l i s a t i o n d e s
S e i e n d e n durch die Kraft der Lichterkenntnis zu einer pneumati-
schen Leiblichkeit, wodurch sich das Seiende vom Lichtäther selbst
nährt. Erkenntnis als Prozeß einer licht-ätherischen Alimentation. D i e
ä t h e r i s c h e L e i b l i c h k e i t als Voraussetzung dazu.

70. *Exkurs*: Der W i l l e z u r T h e o s i s setzt den Zugang zum »lapsari-
schen Urbewußtsein« im Menschen voraus. Der Zugang aber ist die
Ü b e r w i n d u n g d e s » a r c h a i s c h e n O p f e r s «, auf dem die Entstehung des »retrograden Unbewußtseins« im extravasalen Seeleninnenleben des gefallenen Menschen beruht. Nur durch den Willen zur
Theosis wird der Wille zur Macht *d u r c h s i c h s e l b s t n e g i e r t*.
Diese Antinomie des Willens wurzelt in dem inneren Seinsentzug des
Willens als eines Willens zur Selbstermächtigung. Die limbale Primaterialität, die dem Gotte den Raum zum Handeln einräumt. Der Wille
zum Tätigwerden des Willens Gottes im inneren Seelenleben der
menschlichen Natur. Der Wille zur Willensbetätigung Gottes im Unbewußtseinsgrund des limbalen Triebherzens. Die Willens-Einfühlung
des   Triebherzens   durch   dessen   Reduktion   auf   die
$\left\{ {\{N - Ichts\} \atop Willens} \middle| Primaterialität \right\}$ des limbalen Unbewußtseins. Ziel: D i e
A u s h u n g e r u n g d e s W i l l e n s z u r M a c h t.

71. Dem νοῦς wird je nach dem, *was* er will, eine je *eigene* Natur zugewiesen. Sei es, daß er der Ankunft des Logos den Weg bereitet oder sei es,
dass er dies *nicht* will. Durch dieses *Nicht*-Wollen aber spaltet er sich
von dem limbalen Untergang des Logos ab, durch den er in den Genuß
eines Willens kommt, der schon *da*-ist, das heißt der schon ist, was er
werden sollte. Der Wille der Menschwerdung des Logos bestimmt die
menschliche Natur durch das okkulte Bewußtsein, welches dadurch
das Fleisch der *p r a e s e n t i a l i t a s* des »Verbum caro factum« in der
Diesheit seiner Selbsteinwohnung ist. Erst diese erhebt das »Verbum
caro factum« zur okkulten Bewußtseinsformation des »prophetischen
Wortes« im limbalen Triebherzen, das seinen Eingang gefunden hat in
das »lapsarische Urbewußtsein«, als dem m a g i s c h e n U r -
s p r u n g s p u n k t der okkulten Wissenschaft vom Wesen des Menschen.

72. *Exkurs*: ⌈*Die scholastische Spekulation*⌉ Ihre Bedingung ist die totale
Weltnegation a l s e i n s i c h S t ü r z e n i n d e n A b g r u n d, i n d e n
l i m b a l e n S e e l e n - M i t t e l p u n k t d e r E r d e. So ist noch nie zuvor Theologie getrieben worden! Man stürzt sich in den Blutstrom des
limbalen Unbewußtseins, *das heißt* in den Blutkreislauf des Mensch gewordenen Logos. Die ganze Tätigkeit der scholastischen Spekulation
ist durchströmt von einer großen divinatorischen Ahnung. Das Trieb-

herz ist nicht Subjektum, sondern Gegenstand, der von seiner Sehnsucht getrieben wird, den Herrn wirklich zu finden und zu schauen im Lichte der $\left\{\dfrac{praesentialitas}{Materie}\right\}$ seines Leibes in der $\left\{\dfrac{Bewußtseins - Tiefen}{Selbsteinwohnung}\right\}$ des erleuchteten νοῦς. Der νοῦς ist so sich selbst rätselhafter Gegenstand der D e s i n h a b i t a t i o n des göttlichen Logos und somit heiliges Symbol dieser inneren Wahrheit in ihm selbst.

73. Die Schau ist nur möglich durch das okkulte »verbum propheticum«, das als das unerschütterliche Fundament der Theologie selbst zu gelten hat. *Hat man verstanden?* Die Theologie, welche sich selbst hinter sich läßt, nur sie ist die innere Einlösung des »verbum propheticum«. Die okkulte Wissenschaft ist T h e o l o g i e p a r e x c e l l e n c e.

74. *Exkurs:* Die Sünde wider den Heiligen Geist erschafft sich den »laikalen Menschen«, der durch den Ordo des kanonischen Offenbarungsglaubens vom göttlichen Geiste selbst ausgeschlossen wird. Der Glaube an die ›Ordinierbarkeit‹ göttlicher Offenbarung, von Teilhabe an Offenbarung. Diese wird konditioniert und unter die Gewalt eines ›Ordo sacramentalis‹ gestellt. Der ›Ordo‹ ist also eine Bewußtseinsform des Willens zur Macht. Dieser Wille schafft sich durch die Bewußtseinsform des ›Ordo sacramentalis‹ ein Wissen, das die Zuordenbarkeit der i n i h r e m K e r n n e g i e r t e n Offenbarungsgeschichte auf die hierokratische Struktur der Kirche bewirkt.

75. Die Heiligung ist weder eines Beweises fähig noch bedürftig. Denn sie tritt ein in das Erscheinen ihrer selbst und wird dadurch *offenbar.* Die Heiligung ist Teil der Offenbarwerdung der Offenbarung selbst durch das »prophetische Wort«. Die Erscheinung selbst ist der Kanon der Wirklichkeit Gottes im erleuchteten Menschen. Wie läßt sich aber diese Wirklichkeit in einem sakramentalen Akt wie dem der Eucharistie nachweisen?

76. Die Theologen der scholastischen Spekulation bleiben unsere Helden, sie bleiben es umso mehr, als wir sie als Symbole des Hervorbrechens des limbalen Triebherzens aus der Gefangenschaft des Kanons begreifen.

77. Desinhabitation Sie ist *so* zu verstehen, dass sie vom Triebherzen in dieses selbst hereingerufen wird aufgrund seiner Bewußtseins-Evolution. Der e p i k l e t i s c h e Charakter der [Des]Inhabitation des »Verbum exinanitum ipsum«. Das sich im Triebherzen durch dieses fassen Müssen des einwohnenden Logos. Die [Des]inhabitation ist ganz vom limbalen Triebherzen ausgehend zu denken. *Dies ist der Punkt!*

78. *Exkurs:* Nachverfolgung des Begriffes der »Bedrohung« im Zusammenhang mit der „*Legitimation"* der »materialen Ungerechtigkeit« durch den Willen zur Macht. Das Ausüben der »Bedrohung« muß im Kontext

der Genealogie des »archaischen Opfers« gesehen werden. Die einmal vom Willen zur Idee erhobene »Bedrohung« durch das Todesgesetz wird zur Schicksalsmacht in der *„legitimen"* Verfügungsgewalt der Rationalität einer menschheitlich-säkularen Weltordnung. Was leistet dem archaischen Opfer des Willens solchen Vorschub, dass Rationalität sich als *„Legitimität"* der Verfügungsgewalt des Willens zur Macht *r e c h t f e r t i g e n z u k ö n n e n g l a u b t*? Sie verweist nicht nur auf die ἀρχή ihres Entspringens aus dem »archaischen Opfer« des Willens, sie dringt vielmehr auf den $\left\{ \begin{matrix} Heiligkeits \\ Schein \end{matrix} \right\}$ eben dieses Ursprung, *kurz*: sie versteht sich als ›geheiligte‹ Ordnung von Macht. Das »archaische Opfer«, dem die säkulare Vernunft der Menschheit entspringt, es ist ›*heilig*‹ aufgrund des in ihm tätigen Willens zur Macht. Das Menschengeschlecht ist somit gehalten, diese ›*hierarchische Vernunft*‹ der Menschheitsgeschichte zu betrachten, so als ob sie heilig wäre.

79. Bedrohung des Menschen *z. B.* durch Armut, ist somit kein natürlicher Prozeß, sondern gehört immer schon zum Instrumentarium der Rationalität des Willens zur Macht, zu dessen Macht-Kalkül. Bedrohung durch Armut ist mit Armut selbst identisch, weil die »Bedrohung« — gleich welcher Art — notwendig aus der Begründung des »archaischen Opfers« kommt. *Nota*: Der Identitäts-Charakter der »Bedrohung«. Diese fragt nach dem »Wovon?« Die Bedrohung selbst schafft bereits politische Realität. Warum? Weil in der »Bedrohung« (Aussprechen des Bedrohtseins) eine Zurückverfolgung zum Subjektum der Bedrohungsmächtigkeit stattfindet. Es wird das Subjektum von Bedrohungsmächtigkeit ermittelt. Verbindung zum Prozeß der ›Legitimation‹ durch die Vernunft der »archaischen Opferhandlung«, die notwendig eine *„politische"* ist.

80. *Exkurs*: ⌈*Der »laikale Mensch«*⌉ Der »l a i k a l e M e n s c h«, besser: die Epoche des laikalen Menschen, hört schlagartig auf, sobald sich die perichoretische Energie der scholastischen Spekulation mit ihren polaren Ursprungspunkten selbstentäußert, um im Außer-sich-Sein die Gestalt dieses Laikalen selbst anzunehmen.

81. Das Okkulte ist nicht das Jenseits der Theologie, sondern das verborgene Wesen der Theologie selbst, insofern dieses vom »verbum propheticum« unmittelbar geoffenbart wird. Eine außerhalb des »prophetischen Wortes« wesende und agierende Theologie stammt aus dem Willen zur Macht und verfällt damit dem Gesetz ihrer gegenoffenbarungsgeschichtlichen Bestimmung. Diese Wesens-Determination ist Herr über die Theologie, die diesem Herrn zu dienen hat.

82. Die Raumbildung des absolut-negativen Rechtsgrundes als das $\left\{\begin{array}{c}Nicht\\N-Ichts\end{array}\right\}$ eines primaterialen Unbewußtseins-Chaos, welches herbeigeführt ist durch die innere Physik der materialen Ungerechtigkeit, die das Wesen des postlapsarischen Menschen bezeichnet. Die »materiale Ungerechtigkeit« haben wir somit zu verstehen als die Reduktion des göttlichen Rechtsgrundes des Individuums, das heißt des Menschen, *auf Null*. Dieses »N u l l« geht hervor aus der Rück-Umwandlung des göttlichen Rechtsgrundes zu einer Primaterialität der absoluten Negativität, die dadurch entsteht, dass das Individuum in ein »bellum omnium contra omnes« versetzt ist und in einer P e r i c h o r e s e d e r g e -g e n s e i t i g e n S e l b s t n e g a t i o n die materiale Grundlage schafft, in die das Individuum übertragen und hineinversetzt und darin begründet wird. Die w i r b e l - ä h n l i c h e P e r i c h o r e s e d e r S e l b s t n e g a t i o n, die das Individuum *a l s S p e z i e s* physisch an sich selbst vollzieht, sie bringt den metaphysischen Urraum des negativen Rechtsgrundes hervor, der nun das Wesen des Individuums selbst ausmacht. Dieser Urraum steht in engstem Bezug mit der extravasalen Natur des postlapsarischen Menschen. Die Bewegung dieser negativen Natur erschafft den Urraum als den Ort der Umbesetzung des limbalen Unbewußtseinsflusses. Dieser wird durch die Entstehung des Urraumes der reinen Negativität e n t w e r t e t und zugleich u m -g e w e r t e t. Es findet eine $\left\{\begin{array}{c}Entwertung\\Umwertungs\end{array}\middle|Polarisation\right\}$ des limbalen Unbewußtseins statt. Und aus diesem Vorgang geht die Materialisation der Ungerechtigkeit als aus dem primaterialen Urstoff ihrer $\left\{\begin{array}{c}\{Negativitäts\}\\Wertigkeit\end{array}\right\}$ hervor, um sich als Weltstruktur zu manifestieren und zu organisieren. Dieses ist die Vorgeschichte der »materialen Ungerechtigkeit«, *das heißt* bevor diese an sich selbst sichtbar wird als Welt ›organisierendes‹ und leitendes Prinzip $\left\{\begin{array}{c}säkular\\laikaler\end{array}\middle|\begin{array}{c}Welt und Seins\\Erschließungs\end{array}\right\}$ Vernunft.

83. *Anmerkung*: Durch die Entstehung des Urraumes des absolut-negativen Rechtsgrundes und die entsprechende $\{Auf|0|Reduktion\}$ des göttlichen Rechtsgrundes zum *Nullpunkt* der Primaterialität der Schöpfung im Bewußtseinsgrund des postlapsarischen Wesens des Menschen erfährt dieses eine Verdrängung. Der Nullpunkt ist Ursprungspunkt der Verdunkelung des Faktums vom postlapsarischen *Un*-Wesen des Menschen. Das »lapsarische Urbewußtsein« vom eigenen Fall ist aber nicht völlig getilgt, da dies ohnehin nicht möglich ist. Aber es hat sich verwandelt im Strom der perichoretisch in sich kreisenden Selbstnegation des Menschen im Raum der $\{Auf|0|Reduktion\}$ des limbalen Unbewußtseins im extravasalen Seeleninnenleben des Individuums.

84. Die Entstehung einer Primaterialität des $\left\{ \begin{array}{c} Nicht \\ N - Ichts \end{array} \right\}$ bedeutet, dass a) es mit dem göttlichen Rechtsgrund des menschlichen Individuums vorbei ist und b) dass eine Option von ›Erlösung‹ sich für den Menschen auftut, wodurch dieser ›befreit‹ werden zu können scheint vom »Fluch des lapsarischen Urbewußtseins«, denn zu einem solchen Fluch hat sich das »lapsarische Urbewußtsein« v e r k e h r t, der aufgrund seiner $\left\{ \begin{array}{c} gegen \\ offenbarungs \end{array} \middle| \begin{array}{c} geschichtlichen \\ Genealogie \end{array} \right\}$ den Platz des verdrängten » p e c c a t u m   o r i g i n a l e « eingenommen hat.

85. Ergo: Das »lapsarische Urbewußtsein« ist »*nicht totzukriegen*«, auch nicht durch die Perichorese des absolut-negativen Rechtsgrundes der »materialen Ungerechtigkeit«. Es wird *in   s e i n e r   v ö l l i g e n   V e r - k e h r u n g* vielmehr zum Leitprinzip für die aus der Primaterialität des negativen Rechtsgrundes entspringende Materialisation der Ungerechtigkeit, die als $\left\{ \left\{ \begin{array}{c} Welt \; und \; Seins \\ Verdinglichungs \end{array} \right\} \middle| Rationalität \right\}$ begriffen werden kann. Die »materiale Ungerechtigkeit« ist die Manifestationskraft einer ›*neuen*‹ Schöpfungsgeschichte, die nun von der Anmaßung des Willens zur Macht als ihrem fiktiven Urheber ausgeht. Dieser Wille, das ist deutlich geworden, ist Wille zum Rechtsgrund materialer Ungerechtigkeit als Ursprung des menschheitsgeschichtlichen Narrativs von der $\left\{ materialen \left\{ \begin{array}{c} Welterschaffungs \\ Um - Deutungs \end{array} \right\} \middle| Vernunft \right\}$ des Willens.

86. Die Verdrängung des »lapsarischen Urbewußtseins« *bleibt*, ebenso wie die Untilgbarkeit desselben. Es muß da sein, um immer wieder aufs neue verdrängt zu werden. Denn diese Verdrängung ist Arbeit an der ›*Legitimation*‹ des leviathanischen Rechtsgrundes als eines Aktes von ›*Humanität*‹, denn diese besteht darin, dass das menschliche Individuum von der Last des »Fluches des lapsarischen Urbewußtseins« ›*befreit*‹ werde. Aber näher betrachtet müssen wir sagen: Der Mensch erhält die „*Absolution*" von diesem Fluch, bevor er in Erfahrung bringen könnte, was das »lapsarische Urbewußtsein« denn überhaupt sei. Er wird vom Willen zur Macht somit von etwas ›*befreit*‹, was er gar nicht kennen kann. Denn das »lapsarische Urbewußtsein« ist Gebot des göttlichen Rechtsgrundes, das aus dem okkulten Erkenntnislicht des im limbalen Triebherzen des erleuchteten Menschen wohnenden » v e r - b u m   p r o p h e t i c u m « hervorfließt.

87. Doch was bewirkt der Wille zur Macht durch seine » a r c h a i s c h e   O p f e r h a n d l u n g « im extravasalen Seeleninnenleben des postlapsarischen Menschen? Er erzeugt den W a h n   v o n   e i n e m   F l u c h   d e s »l a p s a r i s c h e n   U r b e w u ß t s e i n s «, der das »lapsarische Urbewußtsein« mit dem »peccatum originale« *g l e i c h s e t z t*, um dadurch das Werk der Verdrängung zu vollbringen. Mit dieser Verkehrung

wird das »peccatum originale« zur n i m b a l e n F a b e l vom adamitischen Sündenfall, welcher der Wille zur Macht begegnet mit dem
$\left\{ {gegen \atop offb - geschichtlichen} \right|$ ›Heilmittel‹ $\right\}$ seiner »archaischen Opferhand-
lung«, die der Menschheit den $\left\{ {Schein\ von \atop seelen - analyt.} \right|$ ${›Befreiung‹ \atop vom\ Druck}$ $\right\}$ der In-
fragestellung durch das »lapsarische Urbewußtsein« verspricht. Die
Voraussetzung aber für die Infragestellung des »lapsarischen Urbewußtseins« durch das archaische Opfer des Willens zur Macht bildet
die dargestellte Verkehrung des »lapsarischen Urbewußtseins« zur
›Gleichsetzung‹ mit dem »peccatum originale«. Der Narrabilisierung des
adamitischen Falles liegt d e r N i m b u s d e s › B e d r o h l i c h e n ‹ zugrunde, *das heißt* der Fluch, der aus dem Fall resultiert, wird nicht nur
nicht gestanden, sondern man kehrt die Sachlage um, man interpretiert
den Fall als etwas, von dem für den Menschen eine kollektive ›Bedrohung‹ ausgeht, gegen welche *zu reagieren* ist. Der Fall Adams ist auf dem
Wege, zum Narrativ einer ›Bedrohung‹ für das Individuum der Menschheitsgeschichte zu werden. ›Bedroht‹ ist, so die Logik der menschheitsgeschichtlichen Urverdrängung, das ›*menschliche Sein des Menschen*‹.
Worin aber besteht nach dieser Logik dieses ›*menschliche Sein des Menschen*‹? I n d e r S e h n s u c h t d e s I n d i v i d u u m s n a c h d e m
» B e w u ß t s e i n v o n d e r *e i g e n e n* F r e i h e i t «.

88. *Exkurs*: Der Begriff des »Phantasmas«. Dieses Phantasma unterliegt
selbst wiederum einem Übergang in sich selbst, indem es dem Erscheinen des Verdrängten im Verborgenen d i e n t ; es spaltet den Schein des
Unbewußtseins von sich ab, um dem verdrängten »lapsarischen Urbewußtsein« bei seiner Befreiung zu helfen. Es dient dem zur Erscheinung
Bringen des Ursprungs des »lapsarischen Urbewußtseins« aus dem
limbalen Unbewußtsein als dessen genuine Frucht.

89. Der » A b g r u n d d e r p e r i c h o r e t i s c h e n G y r a t i o n «, der das
Individuum dadurch tilgt (negiert), indem dieses sich als Hindernis
zwischen den Menschen *heraus*-stellt und eine ›organische‹ Gesellschaftsbildung stört. Das Naturrecht, welches dem Menschen abge-
sprochen wird. Der Mensch fällt aus seiner Naturbestimmung, er wird
damit rechtlos. Die Rechtlosigkeit ist der Ursprung des in die Welt tre-
tenden Menschen. Er tritt in diese Welt ein durch seine Geburt. Der
Mensch erlangt nur so viel Recht zu existieren, als er sich durch das
» a r c h a i s c h e O p f e r « dem Willen zur Macht selbst ›freiwillig‹ unterwirft, indem er diese Unterwerfung als *seine* Aufgabe im Leben begreift. Dabei spielen soziale Erwägungen und Rücksichten grundsätzlich keine Rolle.

90. Die Erlangung der » R e c h t s f ä h i g k e i t « ist für das menschheitsgeschichtliche Individuum von grundlegender Bedeutung. Sie ist seine

eigentliche gesellschaftliche ›Legitimation‹. Der Wille zur Macht muß die Annahme einer *ursprünglichen* Struktur menschlicher Gesellschaft im Sinne eines Naturrechts als gegenstandslos ablehnen. Ebenso muß er die Annahme einer Sozialität des Menschen als eines anthropologischen Wesensmerkmales verwerfen. Die Gyration der reinen Negativität des Willens zur Macht stellt das menschliche Individuum unter die Bedingung einer rückhaltlosen und abgründigen rituellen Selbsttilgung.

91. Diese rituelle, bewußtsein-bildende Selbsttilgung aber bedeutet nicht das Ende der ursprünglichen Naturbestimmung des Menschen. Denn diese ist ja bereits verloren gegangen. Die Gyration weder kann noch will dem Menschen den Zutritt zur Erkenntnis einer ursprünglichen Naturbestimmung gewähren. Die Absicht der Gyration ist vielmehr, durch Negation einen primaterialen Bewußtseinszustand herzustellen, der erst der Ausrichtung durch einen Willensakt *bedarf*. Diese reduzierte $\left\{ \begin{array}{c} Bewußtseins \\ Primaterialität \end{array} \right\}$ des durch die Gyration neutralisierten menschlichen Individuums bildet die Grundlage für die Begründung der politischen Vernunft durch den Willen zur Macht.

92. Diese G y r a t i o n d e s W i l l e n s steht in engem Zusammenhang mit der dargelegten Reduktion des »lapsarischen Urbewußtseins« zum Ursprungspunkt eines retrograden Unbewußtseinsgrundes im extravasalen Seeleninnenleben des säkularen Individuums. Diese ist Nullpunkts-Materialisation des »lapsarischen Urbewußtseins« in eine Primaterialität einer negativen Formation von Unbewußtsein unter dem Einfluß des Willens zur Macht. Dieses Geschehen ist Grundlage der »materialen Ungerechtigkeit«, insofern diese auf der M a t e r i a l i s a t i o n d e s a r c h a i s c h e n O p f e r s im extravasalen Seelenleben des postlapsarischen Individuums beruht. Die »materiale Ungerechtigkeit« ist also *primär* als $\left\{ \begin{array}{c} \{un\} \\ \{un\} \end{array} \middle| \left| \begin{array}{c} bewußtseins \\ ontogenetisches \end{array} \right| \right\}$ Problem zu verstehen, lange bevor es zum gesellschaftlichen Problem durch die politische Vernunft wird. Der heutige Begriff von ›Gesellschaft‹ hindert das Individuum daran, sich zum Begriff seiner *eigenen* göttlichen Wesensbestimmung w e i t e r z u e n t w i c k e l n , der für die Bildung einer Gesellschaft, die auf dem P r i n z i p d e r m a t e r i a l e n G e r e c h t i g k e i t steht, unerläßlich ist.

93. Angenommen: Der Wille zur Macht erzeugt aufgrund der $\{Auf|0|Reduktion\}$ des »lapsarischen Urbewußtseins« nicht nur das »retrograde Unbewußtsein«, um daraus den Raum der Gyration einer anarchischen Sucht nach einem vom Willen verheißenen » B e w u ß t s e i n v o n d e r *e i g e n e n* F r e i h e i t « zu entwerfen, sondern er ist

gleichzeitig zu denken als in sich das von ihm negierte »lapsarische Urbewußtsein« reproduzierend und in dieser Reproduktion das Repro-
duzierte selbst sich teilen und von sich selbst abspalten lassend. Der
Versuch, d i e a n a m n e t i s c h e F u n k t i o n d e s e c h t e n m y t h o -
l o g i s c h e n S y m b o l s als Spur der Rekognition des Wesens des
Symbols im Denken selbst zu tilgen. Man *übertrage* diese Annahme auf
die Geistesgeschichte als ein menschheitsgeschichtliches Verhängnis!
Wie also müßte eine Anamnese des limbalen Unbewußtseins beschaf-
fen sein, u m d i e T i l g u n g d e r b e w u ß t s e i n s - o n t o g e n e t i -
s c h e n S p u r d e r e c h t e n m y t h o l o g i s c h e n S y m b o l b i l -
d u n g a u f z u h e b e n ?

94.   Die anamnetische Spur des limbalen Unbewußtseinsgrundes
muß sich als Reproduktion des Willens zur Macht s i c h s e l b s t v e r -
w e r f e n *w o l l e n* . Der $\begin{Bmatrix} Gegen \\ Mythos \end{Bmatrix}$ vom *auf sich selbst verzichten wollenden*
Samen der limbalen Anamnese im Denken selbst. Das Wollen wird
zum inneren Element des Selbstverzichtes. Alles führt zurück zum »archaischen Opfer«, das seine ›*Legitimität*‹ erhält durch die gegenmythi-
sche Figur des » a r c h a i s c h e n S e l b s t v e r z i c h t e s « . D u r c h
d i e s e n S e l b s t v e r z i c h t w i r d d a s m y t h o l o g i s c h e S y m -
b o l a l s U r b e z u g z u m » V e r b u m e x i n a n i t u m i p s u m «
d e f u n k t i o n a l i s i e r t , e n t w e r t e t u n d d u r c h e i n e e x t r a v a -
s a l e $\begin{Bmatrix} Schein \\ Symbol \end{Bmatrix}\!\Big| Bildung\Big\}$ im a r c h a i s c h e n O p f e r g e s c h e h e n
d e s W i l l e n s e r s e t z t . {*Versetzung* |*Ersetzung*} des echten my-
thologischen Symbols in seinem limbalen Urbezug zum »Verbum
exinanitum ipsum«. Die Entmachtung des mythologischen Symbols
und   dessen   Entwertung   zur $\begin{Bmatrix} evestralen \\ Zeichensprache \end{Bmatrix}$ eines
$\Big\{ universalen \begin{Bmatrix} Welt \\ Beherrschungs \end{Bmatrix}\!\Big| Affektes \Big\}$ im extravasalen Seelengrund
des   gefallenen   Menschen.   Diese $\begin{Bmatrix} Schein \\ Symbol \end{Bmatrix}\!\Big| Bildung \Big\}$ als
$\Big\{ mythoider \begin{Bmatrix} Gegen \\ Mythos \end{Bmatrix} der Moderne \Big\}$ steht ganz im Dienste der *Weiter-*
entwicklung des $\begin{Bmatrix} Gefallen \\ Seins \end{Bmatrix}$ im Seelenleben des gefallenen Menschen.

95. $\begin{Bmatrix} Schein \\ Symbol \end{Bmatrix}\!\Big| Bildung \Big\}$ als $\begin{Bmatrix} Schein \\ Seelenleben \end{Bmatrix}$ des postlapsarischen Menschen.
Funktion der phantasmatischen Wiedererinnerung des sich in der Re-
produktion von sich selbst Abspaltenden. Der Schein, das auf sich
selbst verzichten ›Wollende‹ zu ›retten‹. Das Pathos der „Aufklärung"
von einer $\begin{Bmatrix} Schein \\ Anamnese \end{Bmatrix}$ des vom Willen Reproduzierten durch den Willen selbst.

96. *Exkurs*: Die hierarchischen Stufungen der in der Desinhabitation des Logos aus dem limbalen Triebherzen freiwerdenden Energie, die herabfließt, um die Seinssphären der geschaffenen Welt bewußtseins-ontologisch zu erfüllen, das heißt z u t r a n s f o r m i e r e n d u r c h »Ü b e r g a n g i n e i n a n d e r e s G e n u s« der menschlichen N a t u r. Der Übergang von der extravasal versetzten Natur des gefallenen Menschen in die Gottebenbildlichkeit ist Paradigma eines »Überganges«. Denn dieser Übergang wird getragen von der A n h y p o s t a - s i e d e s M e n s c h g e w o r d e n e n L o g o s i m l i m b a l e n T r i e b h e r z e n d e s M e n s c h e n, welches das »Verbum exinanitum ipsum« durch Desinhabitation in sich trägt. Deshalb s p ü r t das Triebherz an seiner *eigenen* menschlichen Natur den »Übergang εἰς ἄλλο γένος«. *Einfall*: Die Idee des »komplementären Menschen«.

97.

D a s » l a p s a r i s c h e U r b e w u ß t s e i n« *als* F l u c h

↓

Der Fluch, der entsteht aus der *V e r k e h r u n g* des »lapsarischen Urbewußtseins« zum Narrativ von der Bedrohung des menschlichen Individuums durch die bloße Annahme einer menschheits-*vor*-geschichtlichen Schuld, unter der das Menschengeschlecht ›leidet‹.

↓

Das im Triebgrund des postlapsarischen Menschen entstehende Verlangen nach einer ›*Befreiung*‹ von der Bedrohung durch eine archaische Schuld des Menschengeschlechtes.

---

98. Daraus resultiert: Die menschheitsgeschichtliche Mission des Willens zur Macht als eines › H e l f e r s i n d e r N o t ‹ . Erst hier kommt die Einführung der »archaischen Opferhandlung« durch den Willen zur Macht auf den Plan. Allein durch die Initiation dieses »archaischen Opfergeschehens« im Seelenleben des gefallenen Menschen eröffnet sich der H o r i z o n t d e r M e n s c h h e i t s g e s c h i c h t e als ein Raum ›*legitimer*‹ Herrschafts-Verhältnisse, als politisch durchherrschter Bewußtseins-Raum im entfremdeten Seelenleben des postlapsarischen Individuums. Die z w i s c h e n b e i d e n l i e g e n d e S p a n n u n g. Die Herausforderung einer Außerkraftsetzung einer universalen ›Bedrohung‹, die als wahrscheinlich angenommen werden muß. Die Unentrinnbarkeit der Annahme einer ›*Bedrohung*‹ des menschlichen Individuums. Die G e g e n m a ß n a h m e d e s W i l l e n s : Die p o l i t i - s c h e F o r d e r u n g n a c h › *Humanität* ‹ u n d *Selbst-Unter-* *w e r f u n g* .

99. $\boxed{\text{Die} \begin{Bmatrix} Abspaltungs \\ Genealogie \end{Bmatrix} \text{des »laikalen Menschen«.}}$

a) Abspaltung eines laikalen $\begin{Bmatrix} Bewußtseins \\ Raumes \end{Bmatrix}$, der sich ins Innere des hierokratischen Bewußtseins frißt. Die laikale Selbstabspaltung der kirchlichen Hierokratie *nach innen*. Das von der Hierokratie nicht kontrollierbare laikale Innenleben der klerikal verfaßten Kirche. Der seelische Innenhohlraum des Offenbarungskanons gibt Raum ab an das gnostische Triebherz des »laikalen Menschen«, der sich hier erstmals als Erkenntnistypus herausbildet. Die monastische Urform des »laikalen Menschen«. Hier im Innern des kanonischen Offenbarungsbewußtseins des kirchlichen Christentums entsteht die Spezies des »laikalen Menschen«, dessen bewußtseins-ontologische Abspaltung vom Offenbarungs-Dogmatismus der Hierokratie die Tradition einer internen okkulten Wissenschaft[16] von der Offenbarung begründet. Der Druck zur Vereinnahmung der Gnosis durch den kanonischen Offenbarungsglauben führt zur Entstehung einer sich im Inneren des hierokratischen Bewußtseins selbst sich abspaltenden Gnosis, die der Bedrohung durch Häretisierung — im Gegensatz zur antiken Gnosis — grundsätzlich zu entgehen vermag. Unterscheidung einer inneren und einer äußeren Abspaltung der Gnosis.

b) Der » l a i k a l e M e n s c h « in seiner doppelten Bedeutung:
   – als »Weltchrist« und theologischer Laie und

---

[16] Auf die Notwendigkeit einer grundlegenden Unterscheidung der antiken christlichen Gnosis von der B e g r ü n d u n g e i n e r o k k u l t e n W i s s e n s c h a f t v o n d e r O f f e n - b a r u n g d u r c h d e n » l a i k a l e n M e n s c h e n « des scholastischen Bewußtseins möchte ich mit Nachdruck hinweisen.

– als monastischer Seelen-Innenraum des hierokratischen Systems des kirchlichen Christentums.

c) Dieser {*laikale = gnostische*} *Seelen – Innenraum* durchbricht die harte Schale des hierokratischen Systems. Dies geschieht im Zeichen der Kirchenkritik der anbrechenden Neuzeit als einer grundlegenden Kritik am hierokratischen System von der Offenbarung. Der steinerne Formalismus dieser Hierokratie. Durch die Kritik an diesem bricht das gnostische Element des »laikalen Menschen« aus dem Monastischen hervor. Der laikale Mensch wendet sich in seinem gnostischen Triebgrund gegen die hierokratische Vereinnahmung des okkulten Wesens des Mönchtums. Die hierokratische Verdrängung der okkulten Bedeutung des Monastischen. Die hierokratische Entschärfung der im Mönchtum angelegten okkulten Wissenschaft und ihre Aufhebung durch die Kirchen-Kritik der anbrechenden Neuzeit. Dabei aber wird das Monastische und damit der Erkenntnistypus des »laikalen Menschen« als Form der hierokratischen Determinierung des Christentums *mißverstanden*.

d) An diesem Punkte der historischen Kritik an dem hierokratischen System der Kirche durch die anbrechende Neuzeit geschieht eine *neue* Phase in der Genealogie des »laikalen Menschen«, in der dieser sich bewußtseinsgenetisch von sich selbst abspaltet und sich gegen sich selbst wendet, um einen fundamentalen Antagonismus zu errichten. Die Gleichung vom {*laikalen = gnostischen*} *Menschen* wird aufgebrochen. Durch die Selbstabspaltung wird diese Gleichung *von innen her* zerstört. Denn der extravasale Seelen-Innenraum des modernen Menschen muß, um sich bilden zu können, zuvor jene G l e i c h u n g v o m » l a i k a l e n M e n s c h e n « zutiefst leugnen, von Grund aus negieren. Der »laikale Mensch« definiert sich jetzt allein aus seiner Feindschaft gegen das kirchliche Christentum. Und wir ahnen bereits, dass mit der Negation der Gleichung vom »laikalen Menschen« durch die Kritik der Moderne die Religion insgesamt unter den Fluch der säkularen Vernunft geraten muß. Damit verfällt die Offenbarung selbst jenem Schicksal, dem der moderne Mensch durch die verführerische Magie des »archaischen Opfers« entgehen zu können glaubt, der Bedrohung durch eine menschheitsgeschichtliche Urschuld. Die Religion erfüllt nun aus der Sicht des $\left\{ \begin{array}{c} säkular \\ laikalen \end{array} \right\}$ Menschen der Moderne den Vorwurf des Verrats an der gesamten Menschheit. Worin aber besteht dieser Verrat? Darin, dass durch Erscheinung der Religion das menschliche Individuum s i c h k o n f r o n t i e r t s i e h t m i t d e r V o r h a l t u n g e i n e r a r c h a i s c h e n U r s c h u l d . Mit dieser Vorhaltung jedoch wird das Individuum an seiner ›*freien Entwicklung*‹ gehindert. Ihm wird *a priori* die Möglichkeit zur Entwicklung seiner menschlichen Natur verwehrt. Religion also bedeutet in dieser $\left\{\begin{matrix} s\ddot{a}kular \\ laikalen \end{matrix}\right\}$ Perspektive des Individuums der Moderne nur eines, nämlich, dass einem das Entscheidende vorenthalten wird, das heißt die Entfaltung eines ›Bewußtseins von der *eigenen* Freiheit‹.

e) Die Abspaltung von der hierokratischen Determination des $\left\{\left\{\begin{matrix} monastisch \\ laikalen \end{matrix}\right\} = \left\{\begin{matrix} gnostisch \\ laikalen \end{matrix}\right\}\right\}$ Menschen führt zu einer internen Selbstabspaltung im »laikalen Menschen« selbst. Denn mit der Abspaltung von der hierokratischen Determination wird zugleich die Hierokratie selbst — als leitendes Prinzip des ekklesialen Selbstbewußtseins — verworfen. Dies geht aber nur unter der Bedingung, dass das Monastische sich seiner selbst entäußert in die Radikalisierung des laikalen Erkenntnistypus, der mit dem Ablegen der hierokratischen Bestimmung zugleich das Monastische negieren muß, das er einst selbst war.

f) Die Form des $\left\{\begin{matrix} gnostisch \\ laikalen \end{matrix}\right\}$ Menschen hingegen haben wir als okkulte Metamorphose des christlichen Mönchtums aus der Umklammerung seiner hierokratischen Determination zu begreifen. Hier offenbart sich uns ein Mysterium innerhalb der Geschichte der okkulten Wissenschaft.

g) Mit der Verwerfung des hierokratischen Prinzips geht einher das Hervortreten des $\left\{\begin{matrix} gnostisch \\ laikalen \end{matrix}\right\}$ Menschen. Dieser bringt sich offenbarungsgeschichtlich in Erscheinung, aber nicht ohne zugleich an sich selbst eine Bewußtseins-Selbstabspaltung vorzunehmen. Er muß sich selbst vor sich stellen und in diesem Reflex seiner Selbstnegation sich von sich selbst abspalten und in den Abgrund der Negation werfen. Diese $\left\{\begin{matrix} Negativit\ddot{a}ts \\ Selbst \end{matrix}\middle| Reflektion\right\}$ des $\left\{\begin{matrix} gnostisch \\ laikalen \end{matrix}\right\}$ Menschen in sich selbst, erst durch sie kann dieser sich vom drohenden Schatten eines Mumiendienstes befreien, welcher das Schicksal des laikalen Menschen als eines $\left\{\begin{matrix} s\ddot{a}kular \\ laikalen \end{matrix}\right\}$ bestimmen möchte. Der sich in die radikale Laizität der Neuzeit entäußernde $\left\{\left\{\begin{matrix} monastisch \\ laikale \end{matrix}\right\} = \left\{\begin{matrix} gnostisch \\ laikale \end{matrix}\right\}\right\}$ Mensch muß, bevor er die Gestalt seines $\left\{\begin{matrix} gnostisch \\ laikalen \end{matrix}\right\}$ Menschentums an sich selbst verwirklichen kann, jene $\left\{\begin{matrix} Negativit\ddot{a}ts \\ Selbst \end{matrix}\middle| Reflektion\right\}$, von der ich soeben sprach, in sich selbst vollziehen als jenes h e i l i g e O p f e r , welches d i e a r c h a i s c h e Opferhandlung d e s W i l l e n s z u r M a c h t v o n G r u n d auf zunichte macht.

h) Die $\left\{\begin{array}{c}Negativit\ddot{a}ts\\Selbst\end{array}\Big|Reflektion\right\}$ des $\left\{\left\{\begin{array}{c}gnostisch\\laikalen\end{array}\right\}Menschen\right\}$ bildet den okkulten Ursprungspunkt eines *neuen* Zeitalters, das den metaphysischen Entwurf des Willens zur Macht und die archaische Opferstruktur der säkularen Rationalität aus der B e w e i s k r a f t d e r o k k u l t e n W i s s e n s c h a f t v e r w i r f t .

i) So offenbart sich uns ein mächtiger Antagonismus, ja eine Feindschaft, wie sie nicht ihresgleichen hat. Aber worin besteht der sich mehr und mehr zuspitzende Gegensatz? In der Konfrontation des »laikalen   Menschen«   *mit   sich   selbst*,   in   der $\left\{\begin{array}{c}Negativit\ddot{a}ts\\Selbst\end{array}\Big|Reflektion\right\}$ des $\left\{\left\{\begin{array}{c}gnostisch\\laikalen\end{array}\right\}Menschen\right\}$. Denn dies ist der Raum für die E n t s c h e i d u n g ü b e r d i e Z u k u n f t d e s M e n s c h e n . Im Inneren des »laikalen Menschen« findet der Kampf um die T h e o k r a t i e d e s o k k u l t e n B e w u ß t s e i n s statt.

j) Der »laikale Mensch« selbst, auch wenn das $\left\{\begin{array}{c}monastisch\\laikal\\gnostische\end{array}\right\}$ Element in einer Person von deren hierokratischem Bewußtsein getragen und umfaßt zu sein scheint, so bildet dennoch das Unbewußtsein die *wahre* Substanz, die die abgespaltenen Inhalte der okkulten Wissenschaft im $\left\{\begin{array}{c}hierokratisch\\monastischen\end{array}\right\}$ Menschen trägt. Selbst dann, wenn der $\left\{\begin{array}{c}hierokratisch\\monastische\end{array}\right\}$ Mensch der Kirche dies von sich selbst nicht wüßte. Ein solches Bewußtsein ist auch gar nicht nötig, sondern es gilt vielmehr das Gesetz des äußersten Auseinandergehaltenseins von $\left\{\begin{array}{c}hierokratisch\\monastischem\end{array}\right\}$ Bewußtsein und dem im limbalen Abgrund untergetauchten Logos der $\left\{\begin{array}{c}monastisch\\laikal\\gnostischen\end{array}\right\}$ Wesensdetermination des Menschen. Denn diese Wesensdetermination treibt den $\left\{\begin{array}{c}hierokratisch\\monastischen\end{array}\right\}$ Menschen zur Befreiung aus der hierokratischen Gefangenschaft [als d e r *M e n s c h h e i t s g e s c h i c h t e b e g r ü n d e n d e n* F o r m d e r S e l b s t v e r g e s s e n h e i t d e r O f f e n b a r u n g s e l b s t] in die Freiheit der offenbarungsge schichtlichen Urpotenz des »laikalen Menschen«.

k) Aus diesem Grunde der Befreiung, welche das Brechen mit dem $\left.\begin{Bmatrix} schein \\ offenbarungsgeschichtlichen \end{Bmatrix}\right| Denken$ des hierokratischen Sy-
stems des geschichtlichen Christentums ist, erscheint der $\begin{Bmatrix} monastisch \\ laikal \\ gnostische \end{Bmatrix}$ Mensch nun in der Gestalt seiner $\left.\begin{Bmatrix} Bewußtseins \\ Selbst \end{Bmatrix}\right| \begin{Bmatrix} Reflektions \\ Ergründung \end{Bmatrix}$ als der $\begin{Bmatrix} monastisch \\ gnostischen \end{Bmatrix}$ Wesensbestim-
mung des »laikalen Menschen«. Und dieser Akt ist von epochaler Bedeutung.

l) Dieser Akt der $\left.\begin{Bmatrix} Bewußtseins \\ Selbst \end{Bmatrix}\right| \begin{Bmatrix} Reflektions \\ Ergründung \end{Bmatrix}$ des »laikalen Men-
schen« jedoch ist dazu bestimmt, sich in die doppelte Zwiespältig-
keit mit sich selbst zu begeben. Denn aus der $\left.\begin{Bmatrix} Bewußtseins \\ Selbst \end{Bmatrix}\right| \begin{Bmatrix} Reflektions \\ Ergründung \end{Bmatrix}$, die den ersten Zwiespalt darstellt,
geht ein weiterer Zwiespalt hervor, nämlich der der Selbstabspal-
tung der $\begin{Bmatrix} monastisch \\ laikal \\ gnostischen \end{Bmatrix}$ Wesensdetermination von der P o t e n z
i h r e r S e l b s t n e g a t i o n im $\left.\begin{Bmatrix} \{\sout{monastisch}\} \\ laikalen \end{Bmatrix}\right| Menschen$ einer
m e n s c h h e i t s g e s c h i c h t l i c h b e s t i m m t e n › N e u z e i t ‹.

m) Durch die Potenz ihrer Selbstnegation läßt die $\left.\begin{Bmatrix} Bewußtseins \\ Selbst \end{Bmatrix}\right| \begin{Bmatrix} Reflektions \\ Ergründung \end{Bmatrix}$ des »laikalen Menschen« den Schatten
ihrer selbst erstehen. Und dieser Schatten ist der zum Leben er-
weckte Schein des Lebens des $\left.\begin{Bmatrix} \{\sout{monastisch}\} \\ laikalen \end{Bmatrix}\right| Menschen$ der
m e n s c h h e i t s g e s c h i c h t l i c h b e s t i m m t e n M o d e r n e.

n) Wir dürfen dies nicht so verstehen, so als wolle die $\left.\begin{Bmatrix} Bewußtseins \\ Selbst \end{Bmatrix}\right| \begin{Bmatrix} Reflektions \\ Ergründung \end{Bmatrix}$ des $\begin{Bmatrix} monastisch \\ laikal \\ gnostischen \end{Bmatrix}$ Menschen jenen
von ihr erzeugten Schatten als Mittel einer von ihr selbst beabsich-
tigten Täuschung einsetzen. Vielmehr haben wir den Zwiespalt einer Potenz der Selbstnegation als einen Akt der Vorsehung zu be-
greifen, durch den die $\left.\begin{Bmatrix} Bewußtseins \\ Selbst \end{Bmatrix}\right| \begin{Bmatrix} Reflektions \\ Ergründung \end{Bmatrix}$ als die $\begin{Bmatrix} monastisch \\ laikal \\ gnostische \end{Bmatrix}$ Wesensdetermination des Menschen sich reinigt von
der Möglichkeit der Selbstbefleckung durch ein $\begin{Bmatrix} \left.\begin{Bmatrix} Bewußtseins \\ Selbst \end{Bmatrix}\right| \begin{matrix} Reflektions \\ Schatten \end{matrix} \\ Leben \end{Bmatrix}$. Die Entstehung eines Be-
wußtseins-Schatten-Lebens bedeutet nämlich die Selbstabspaltung

von der göttlichen Wesensbestimmung des »laikalen Menschen«. Sie bedeutet die Potenz der Selbstnegation, welche durch den gewollten Akt der Selbstabspaltung Leben wird, das aus dem Bewußtseins-Schatten selbst hervorgeht. Dadurch bedarf der Schatten des Verlangens, sich als Welt rein aus Willen zu materialisieren.

o) Wir verstehen nun, dass durch die Potenz der Selbstnegation die $\begin{Bmatrix} Bewußtseins | Reflektions \\ Selbst \quad | Ergründung \end{Bmatrix}$ des »laikalen Menschen« Sorge dafür trägt, dass der »laikale Mensch« nichts als die $\begin{Bmatrix} monastisch \\ laikal \\ gnostische \end{Bmatrix}$ Wesensbestimmung seiner selbst ist.

p) Das $\begin{Bmatrix} Bewußtseins | Leben \\ Schatten \end{Bmatrix}$ des $\begin{Bmatrix} \{\text{monastisch}\} | Menschen \\ laikalen \end{Bmatrix}$ leugnet das Monastische, um in seinen Augen ›laikal‹ sein zu können. Aber dies geschieht unter der trügerischen Voraussetzung des ›Glaubens‹, durch Negation des monastischen Elementes den Fortschritt des $\begin{Bmatrix} Bewußtseins | Lebens \\ Schatten \end{Bmatrix}$ des menschheitsgeschichtlich bestimmten »laikalen Menschen« der Neuzeit zu fördern. Diesem Irrtum liegt die Anschauung zugrunde von der Gebundenheit des Monastischen an das hierokratische System der Kirche. Folge: Bewußtseins-Trübung. Die Trübung besteht gerade darin, für sich überhaupt ein Bewußtsein in Anspruch nehmen zu wollen. Es ist ein Bewußtsein der negativen Selbstreflektion, wodurch ein vom limbalen Unbewußtsein abgetrennter $\begin{Bmatrix} Bewußtseins | Reflex \\ Schatten \end{Bmatrix}$ entsteht, der die Existenz von wesensdeterminiertem, das heißt von echtem Bewußtsein *vortäuscht*. Der »laikale Mensch« wird *glauben* gemacht, er kenne das Wesen und die Genese von Bewußtsein. Gerade hierin wird der $\begin{Bmatrix} \{\text{monastisch}\} | Mensch \\ laikale \end{Bmatrix}$ der Moderne irregeführt vom Willen zur Macht.

q) Insofern das hierokratische Bewußtsein selbst bereits auf einer spezifischen $\begin{Bmatrix} Bewußtseins | Selbst \\ Negations \quad | Reflexion \end{Bmatrix}$ in Bezug auf die limbale Kenose des Logos beruht, können wir den Durchbruch des $\begin{Bmatrix} monastisch \\ laikal \\ gnostischen \end{Bmatrix}$ Menschen zu seiner laikalen Wesensdetermination als die evolutionäre Fortführung des Aktes der Urverdrängung begreifen.

r) Die Verdrängung setzt sich aufgrund des Durchbruches des monastischen zum laikalen Menschen fort, indem dieser seine okkulte

Urgeschichte *unerkannt* hinter sich läßt. Daraus resultiert: Die Umbesetzung, Umdeutung, Umwertung aller $\left\{\begin{matrix}Unbewußtseins\\Bewußtseins\end{matrix}\middle|Elemente\right\}$, welche die okkulte $\left\{\begin{matrix}Bw\\Urgeschichte\end{matrix}\right\}$ des »laikalen Menschen« genetisch begründen. Die Regression in ein anderes Genus von Bewußtsein, das heißt in das, was man unter Bewußtsein verstanden wissen will

s) $\boxed{\textit{Grundsätzlich zu unterscheiden}}$:

Übergang in ein anderes Genus.

Rückgang (Regression) in ein anderes Genus

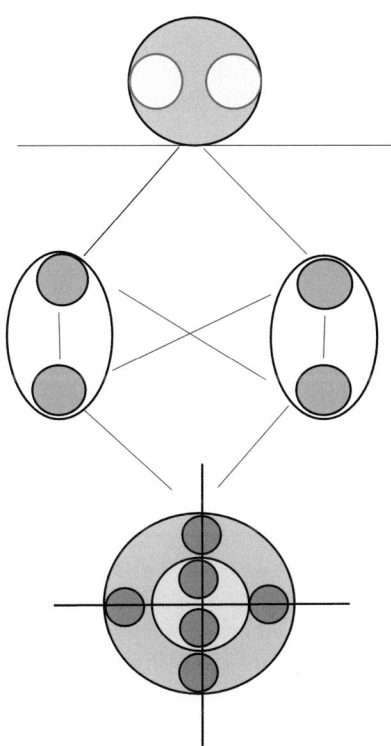

Abb. Die $\left\{\begin{matrix}Bewußtseins\\Selbst\end{matrix}\middle|\begin{matrix}Negations\\Reflexion\end{matrix}\right\}$ des »laikalen Menschen«.

t) Die Krisis des »laikalen Menschen« im Augenblick seiner Setzung, das heißt seiner Genese. Bei der $\begin{Bmatrix} Bewußtseins & Negations \\ Selbst & Reflexion \end{Bmatrix}$ wird der Schatten abgespalten, der sich als Mumiendienst an der abgestorbenen $\begin{Bmatrix} monastisch \\ laikal \\ gnostischen \end{Bmatrix}$ Wesensdetermination manifestiert. Im Schatten tilgt der in die menschheitsgeschichtlich bestimmte Evolution der Gegenoffenbarung eingehende »laikale Mensch« an sich selbst die Erinnerung an seine *eigene* okkulte Urgeschichte, welche auf der Signatur der $\begin{Bmatrix} monastisch \\ laikal \\ gnostischen \end{Bmatrix}$ Wesensdetermination der spirituellen Entwicklung des Menschen beruht. Bei der Setzung des »laikalen Menschen« können wir aufgrund des bereits Gesagten einen $\begin{Bmatrix} Abgespaltenheits & Schein \\ Schatten & Bewußtsein \end{Bmatrix}$ feststellen sowie ein $\begin{Bmatrix} Abspaltungs \\ Entzogenheit \end{Bmatrix} Unbewußtsein$. Warum handelt es sich hier um ein *Un*-Bewußtsein und nicht wie beim »Schatten« um eine $\begin{Bmatrix} Bewußtseins & Genese \\ Schein \end{Bmatrix}$ im $\begin{Bmatrix} laikal \\ säkularen \end{Bmatrix}$ Menschen? Antwort: Der Schatten ist als $\begin{Bmatrix} Bewußtseins & Genese \\ Schein \end{Bmatrix}$ zu verstehen, die nur dadurch zustande kommt, daß in ihr das, wovon sie sich abspaltet, negiert und zugleich als Negatum zum Spuren-Element und Baustein von Bewußtseinsbildung wird. Das Negatum ist also mehr als das Getötete und mehr als der Akt der Tötung selbst. Das Negatum wird jenseits der $\begin{Bmatrix} Bewußtseins \\ Tötung \end{Bmatrix}$ des von sich Abgespaltenen zum Spuren-Element eines Opfers, das die Verdrängung der eigenen okkulten Urgeschichte zwingend voraussetzt. Und erst wenn diese Verdrängung durchlaufen ist, geht der gefallene Mensch ein in seine $\begin{Bmatrix} laikal & Menschheits \\ säkulare & Bestimmung \end{Bmatrix}$ im Rahmen einer Rationalität der Moderne und ihrer $\begin{Bmatrix} gegen - offb. - geschichtlich \\ \text{›aufklärerischen‹} \end{Bmatrix}$ „Legitimitäts"-Forderung.

u) Zusammenfassend läßt sich sagen, daß sobald der »laikale Mensch« die Bühne der menschheitsgeschichtlichen $\begin{Bmatrix} Schein & Re \\ Bewußtseins & E \end{Bmatrix} volution$ betritt, er sich in den Schatten seiner okkulten Urgeschichte begibt, um darin lautlos in der Seinsvergessenheit des Willens zur Macht unterzugehen.

v) Denn diese Seinsvergessenheit ist Signatur der sich in sich selbst vollendenden Geschichte der Gegenoffenbarung als d a s O f f e n - b a r w e r d e n d e s g e s e t z l o s e n M e n s c h e n, von dem der Apostel im 2. Brief an die Thessaloniker spricht.

w) Die Selbsttätigkeit des Bewußtseins-Schattens des $\left\{ {laikal \atop säkularen} \right\}$ Menschen führt unvermeidlich zur N e g a t i o n d e s C h r i s t e n - t u m s s e l b s t, dem unterstellt wird, es sei gemäß seiner Natur hierokratisches System eines kanonischen $\left\{ {Offenbarungs \atop Aber-Glaubens} \right\}$. Die Selbstverdammung des $\left\{ {laikal \atop säkularen} \right\}$ Menschen, der sich selbst für die ›*Krönung eines menschheitsgeschichtlichen Menschseins*‹ hält und dies der ganzen Welt weiszumachen versucht angestachelt vom Willen zur Macht. Der propagandistische Grundzug des „*Humanitäts"*-Ideals der abendländischen Moderne.

x) *Ergründe* die okkulten Begriffs-Konfigurationen:

$$- \left\{ {Bewußtseins \atop Schatten} \middle| Leben \right\}$$

$$- \left\{ {Bewußtseins \atop Selbst} \middle| {Negations \atop Reflektion} \right\}$$

$$- \left\{ {Bewußtseins \atop Schatten} \middle| {Seins \atop Reflektion} \right\}$$

$$- \left\{ {Bewußtseins \atop Selbst} \middle| {Negations \atop Schatten} \middle| {Reflektions \atop Bestimmung} \right\}$$

$$- \left\{ {Bewußtseins \atop Schatten} \middle| {Selbst \atop Reflexion} \right\}$$

$$- Der \left\{ {monastisch \atop laikal \atop gnostische} \middle| \leftrightarrow \middle| {laikal \atop säkular \atop rationale} \right\} Mensch$$

y) Das *irrationale* Wesen der $\left\{ {laikal \atop säkularen} \right\}$ Weltvernunft des unter der Herrschaft des Willens zur Macht stehenden postlapsarischen Menschen besteht in der T i l g u n g j e d e r E r i n n e r u n g s - S p u r v o n d e r *e i g e n e n* o k k u l t e n U r g e s c h i c h t e des »laikalen Menschen«, dessen ontologische Spuren weit zurückreichen hinter die menschheitsgeschichtlich bestimmten Anfangsgründe der ›Neuzeit‹.

z) Exkurs: $\boxed{\textit{Die scholastische Spekulation.}}$ *Ihre Bedingung*: Die radikale Weltverneinung als ein Sich-Stürzen in den Abgrund des

$\left\{ \begin{matrix} Un \\ \{Un\} \end{matrix} \right| Bewußtseins|Mittelpunktes \right\}$ der Erde. So ist noch nie zuvor Theologie getrieben worden. Es ist der Sturz in den limbalen Blutstrom des Unbewußtseins, weil er der Blutstrom der Menschwerdung des »Verbum exinanitum ipsum« im Triebherzen selbst ist. Der divinatorische Instinkt der scholastischen Spekulation. G e g e n s t a n d , der das Subjektum in sich aufhebt, ist das limbale Triebherz, d a s v o n s e i n e r S u c h t g e t r i e b e n w i r d , d e m H e r r n z u b e g e g n e n u n d i h n z u s c h a u e n . Die Schau nur möglich aufgrund des »verbum propheticum«, das als der okkulte Seinsgrund der Theologie selbst zu gelten hat. Hat man das begriffen? Die Theologie, welche sich selbst über Bord wirft, um der Erlösung durch das »verbum propheticum« teilhaftig zu werden. Die okkulte Bewußtseinslehre ist im Kern die T h e o l o g i e s e l b s t .

Die theokratische Grundlegung der Wissenschaft

1. Der Begriff des *„innren Krankheitsstoffes"*[17] in der 14. Vorlesung von Friedrich Schlegels »Philosophie des Lebens« (Wien 1827) bildet den Ausgangspunkt für unsere Betrachtung über die theokratische Begründung der Wissenschaft durch das in der okkulten Theologie sich manifestierende »verbum propheticum« der Offenbarung selbst.

2. In der menschheitsgeschichtlich bestimmten Gesellschaft verkörpert der Geist des philosophischen Irrtums und der falschen [wissenschaftlichen und politischen] Ideen sich als *»innerer Krankheitsstoff«*, der zu einer Rationalität des inneren Zerfalls des Leibes der Gesellschaft führt. Dies aber besagt nichts anderes, als dass wir die menschliche Gesellschaft als einen Körper höherer Ordnung zu verstehen haben, welcher von einem Geist bewohnt ist, der selbst nicht der des Menschen ist.

3. Wir können folglich sagen, die menschliche Sozietät ist, bevor sie sich dessen überhaupt bewußt werden kann, ihrer menschlichen Natur enthoben. Dies will besagen, dass der Mensch außerstande ist einen Grund beizubringen, aus welchem sich eine menschliche Gesellschaft errichten ließe. Wir haben es hier ganz offensichtlich mit dem Dilemma einer politischen Begründung menschlicher Gesellschaft zu tun.

---

[17] Friedrich Schlegel, Philosophie des Lebens, GA 10, S. 282: „Wenn das Zeitalter noch nicht ganz geheilt, wenn es immer noch in einem kranken Zustande, wenn der innre Krankheitsstoff in der ersten furchtbaren Krisis bei weitem noch nicht vollkommen ausgestoßen ist; wenn vielmehr der gesamte Körper der europäischen Menschheit noch an vielen Stellen davon bedrängt, wenn es bis in die geheimsten Lebensfasern innerlich davon durchdrungen ist; wenn der erste Grund davon eben in den falschen Ideen, oder in dem gänzlichen Mangel derselben, in dem über das ganze öffentliche und Privatleben in formloser Flüchtigkeit und unendlicher Zerteilung verbreitetem philosophischen Irrtum, in dem religiösen und politischen Unglauben liegt: wie kann der Irrtum nicht bloß äußerlich widerlegt werden, denn das nutzt oft wenig, sondern auch innerlich besiegt, und wirklich weggeräumt, als durch die Wahrheit und den Geist derselben in der höhern Wissenschaft, nämlich der echten und rechten, auf das Göttliche gerichteten Wissenschaft? — Der unruhige anarchische Zeitgeist, der verkehrte absolute Weltgeist, die beide wesentlich eins sind, ist eben doch ein Geist, wenngleich ein falscher, oder wenn man will auch ein oberflächlicher seichter, sinnlich nichtiger Geist, aber immer ein Geist; durch eine bloße Verneinung läßt er sich daher nicht überwinden, sondern stemmt sich nur mit erneuter Bitterkeit und desto mehr angestrengter Kraft dagegen: dem göttlichen Geist der Wahrheit gegenüber, erscheint er als ein innerliches Nichts in seiner Blöße und verschwindet. Der direkte Streit aber gegen den Irrtum führt den Nachteil mit sich, daß derselbe dadurch zu sehr als eine positive Macht des Bösen anerkannt wird, was er doch an sich gar nicht ist; sondern er wird es erst durch die atomistische Zersplitterung und Verbreitung der falschen Ideen, und durch die Masse seines Anhangs, den er leicht findet, sobald einmal erst alles elementarisch aufgelöst ist."

4. Der Versuch, menschliche Sozietät auf den Grundlagen der Kenntnis der menschlichen Natur zu begründen, basiert auf dem politischen Willen des Menschen. Aber dieser Versuch ist dazu bestimmt zu scheitern, wie wir uns täglich selbst überzeugen können.

5. Sogleich begegnet uns ein weiteres Dilemma. Dies besteht darin, dass der besagte politische Wille des Menschen, der alles nach dem Maße des Menschen selbst regeln möchte, einen Ursprung darstellt, der jedes Maß menschlicher Vorstellungskraft übersteigt, weil er selbst *nicht* menschlich ist. Denn der Wesensgrund des Politischen ist d e r W i l l e z u r M a c h t. Dieser stammt nicht vom Menschen noch hat er etwas mit dem Menschen im Sinne, außer dass er durch den Menschen und seine gefallene Natur sich verkörpern muß und verkörpern will. Er bedarf des Menschen, um über den Menschen die Oberhand zu gewinnen. Wie also kann der Wille zur Macht selbst menschlichen Ursprungs sein? Und auch das Argument, daß der Mensch gefallen sei und schlecht, läßt sich nicht anführen, um den Willen aus der gefallenen Natur des Menschen abzuleiten. Summa: Der Wille zur Macht ist und bleibt etwas Okkultes, das über das rein Menschliche hinausgeht.

6. Wer über das $\boxed{\textit{Wesen des Politischen}}$ reden will, der muß über den okkulten Wesensgrund des Willens zur Macht Auskunft geben können.

7. Wenn wir den $\boxed{\textit{Leib der menschlichen Gesellschaft}}$ ins Auge fassen, dass ergibt sich wie von selbst die Frage danach, w e s s e n G e i s t e s V e r k ö r p e r u n g eben diese Gesellschaftsformation ist. Stellen wir beispielsweise einen krankhaften Zustand an dem Leib der Gesellschaft fest, so können wir daraus auf den inneren Krankheitsstoff falscher Ideen und den Geist der Unwahrheit schließen. Die falschen und krank machenden Ideen stammen vom Geist der Unwahrheit, so wie dieser aus dem Willen zur Macht hervorgeht. Im politischen Willen verkörpert sich der Wille zur Macht. Wie also kann der politische Wille dann der Errichtung und der Bewahrung einer Gesellschaft wirklich dienen? Ich denke, wir wissen die Antwort.

8. Der »politische Wille« verweist uns auf die Urgeschichte der Negation des »lapsarischen Urbewußtseins«, welche sich im extravasalen $\left\{{\textit{Seelen} \atop \textit{Innen}} \middle| {\textit{Leben}}\right\}$ des gefallenen Menschen durch die »archaische Opferhandlung« des Willens zur Macht ereignet.

9. Damit aber wird der »politische Wille« selbst *Gegenstand einer Kritik*, die nur von der okkulten Wissenschaft des »verbum propheticum« geleistet werden kann, weil mit dieser Kritik zugleich das Ende ihres Gegenstandes verbunden ist.

10. Das Ende des »politischen Willens« aber setzt voraus, dass es mit dem Willen zur Macht a l s d e m g e g e n o f f e n b a r u n g s g e s c h i c h t - l i c h e n P r i n z i p v o n H e r r s c h a f t selbst zu Ende geht. Die Kritik der okkulten Wissenschaft legt Hand an die unsichtbare Wurzel des Willens zur Macht. Aus diesem Grunde ist sie t h e o k r a t i s c h e W i s s e n s c h a f t, *das heißt* vom Göttlichen selbst beherrschte und geleitete wissenschaftliche Erkenntnis.[18]

11. Zur *„positiven Macht des Bösen"*[19] wird der Irrtum erst durch seine *„atomistische Zersplitterung"*[20] und Verbreitung unter den Massen, wo er seine Anhängerschaft findet, *„sobald einmal erst alles elementarisch aufgelöst ist"*[21]. Schlegel beschreibt die massenpsychologische Eigendynamik der falschen Ideen, welche den Leib der menschlichen Sozietät von innen her zur Auflösung treiben. Die falschen Ideen, von denen Schlegel spricht, korrumpieren nicht einfach eine an sich gut funktionierende Gesellschaft. Es geht nicht um eine kritische Chronik der modernen Gesellschaft, sondern um eine grundlegende Kritik jenes Geistes der Unwahrheit, der diesem Leib innewohnt, um diesen an der Verwirklichung seiner *höheren* Bestimmung zu hindern. Der im Körper der modernen Gesellschaft ausgebreitete *„innre Krankheitsstoff"* ist das »B e w u ß t s e i n v o n d e r *e i g e n e n* F r e i h e i t«, das als $\left\{ Bewußtseins \left\{ {Re \atop E} \middle| volution \right\} \right\}$ eines Seelen-Pharmakons gegen die Bedrohung des archaischen Schuld-Affektes des gefallenen Individuums zur zentralen politischen Botschaft von der »Unschuld eines *eigenen* Willens zur Macht« wird. Das ist jener Seelenbalsam, den die archaische Opferhandlung des Willens zur Macht für das extravasale Seeleninnenleben des Individuums bereithält, das unter einem bedrohlichen unbewußten Schuldaffekt *„leidet"*. Bewußtsein [von der *eigenen* Freiheit] und libidinöse Triebstruktur sind in diesem Stadium der menschheitsgeschichtlichen Evolution des gefallenen Menschen untrennbar miteinander verknüpft. ›Bewußtsein‹ meint wesentlich Freiheit zur Befriedigung der eigenen materiellen Triebstruktur, die

---

[18] Schlegel, ibid., S. 283. „Wenn man nur vor allem zuerst die innere Einheit des höhern Wissens mit dem göttlichen Glauben so klar als möglich entwickeln und darstellen möchte, ohne Leidenschaft und Nebenabsicht; so würden die weitern Folgen der angewandten Wahrheit für das Leben sich von selbst daraus ergeben, und aus dieser einfachen und reinen Quelle in vollen Strömen über das gesamte Gebiet, und alle Verhältnisse desselben, dann immer weiter ausbreiten. Gott ist die Wahrheit und darum kann auch der Geist der Wahrheit in der rechten und guten Wissenschaft nur ein göttlicher sein. Ihr eignes Streben ist ebenfalls auf das Göttliche gerichtet;"

[19] Ibid., S. 282.

[20] Ibid.

[21] Ibid.

als bereits ›*vorgegeben*‹ angesehen wird, als ›*Natur des Menschen*‹. Hier zeigt sich schon deutlich, was ich als den „*Glauben"* an die » U n schuld des *eigenen* Willens zur Macht« bezeichnen möchte. Diese Unschuld hat B e w u ß t s e i n s - Q u a l i t ä t. Sie ist $\begin{Bmatrix} Bewußtseins \\ Schein \end{Bmatrix}$ von der $\begin{Bmatrix} Wert & Zugewiesenheit \\ Würde & Angewiesenheit \end{Bmatrix}$ des postlapsarischen Individuums durch den Willen zur Macht, der damit vom extravasalen Seelenleben des postlapsarischen Individuums *umgekehrt* zum ›*Herrn über das Seiende*‹ erhoben wird. Die Agenda des politischen Willens reicht tief hinab in die okkulten Abgründe des Unbewußten, ohne dass die Akteure dieses Willens sich dessen je bewußt wären.

12. Friedrich Schlegel verweist mit Recht auf die Tatsache, dass das Böse zur positiven Macht erst wird „durch die atomistische Zersplitterung und Verbreitung der falschen Ideen, und durch die Masse seines Anhangs, den er leicht findet, sobald einmal erst alles elementarisch aufgelöst ist."[22] Der Prozeß, den Schlegel hier beschreibt, bedarf von unserer Seite eines gründlichen Nachdenkens. Verborgener Sinn liegt hinter den Worten und bedarf der Vergegenwärtigung. Die „*falschen Ideen*", von denen die Rede ist, sie selbst sind das generative Prinzip der atomistischen Zersplitterung des Seeleninnenlebens des $\begin{Bmatrix} säkular \\ laikalen \end{Bmatrix}$ Individuums, das nach ›*Befreiung*‹ vom Druck der archaischen Kollektiv-Schuld ruft. Diese Sehnsucht nach ›*Befreiung*‹, dafür haben wir bereits einen Begriff, *nämlich* das » B e w u ß t s e i n v o n d e r *eigenen* F r e i h e i t «, das mit einem mächtigen Gefühl besetzt ist. Denn das Individuum „*glaubt"* sich voll im Recht zu dieser Freiheit von der Bedrohung durch den archaischen Schuldaffekt. Das Individuum „*glaubt"*an sein verbrieftes Recht auf ein *v o n s o l c h e r S c h u l d u n b e e i n t r ä c h t i g t e s* Leben. Die ›*F r e i s p r e c h u n g*‹ des Individuums von einer solchen Schuld ist deshalb der Grundzug jeder ›politischen Theologie‹ der Moderne. *Wer aber soll das Individuum davon freisprechen, wer hat die erforderliche Autorität dazu?* Welche Macht vermag das Individuum v o n d e r B e d r o h u n g d u r c h d e n a r c h a i s c h e n S c h u l d a f f e k t f r e i z u s p r e c h e n, wenn nicht der Wille zur Macht aufgrund seiner »archaischen Opferhandlung«, die er im extravasalen Seeleninnenleben des $\begin{Bmatrix} säkular \\ laikalen \end{Bmatrix}$ Individuums vollzieht und damit zu gesellschaftlicher Wirklichkeit erhebt? In der perichoretischen Gyration des Opfergeschehens, in der die gesellschaftlichen Grundlagen eines »bellum omnium contra omnes« vom Willen gelegt werden, haben wir die Geburt des

---

[22] Ibid., S. 282.

$\left\{{säkular \atop laikalen}\Big| Individuums\right\}$ der ›Neuzeit‹ sowie die Entstehung des „Selbstbehauptungs"-Willens des modernen Geistes zu erkennen. Was aber macht diesen „Selbstbehauptungs"-Willen des modernen Individuums, das nicht zögert zu ›glauben‹, es dürfe die Menschheit durch seine libidinöse $\left\{{Bedürfnis \atop Trieb}\Big| Struktur\right\}$ in ihrem Wesen bestimmen, so eindringlich? Sein ›Glaube‹ an sein v e r b r i e f t e s R e c h t a u f d i e F r e i h e i t v o m a r c h a i s c h e n S c h u l d a f f e k t.

13. Da haben wir das Prinzip der „atomistischen Zersplitterung"der falschen Ideen, durch die das Böse zur positiven Macht wird. Diese Z e r s p l i t t e r u n g wird geleistet durch die libidinöse $\left\{{Bedürfnis \atop Trieb}\Big| Struktur\right\}$ des extravasalen Seeleninnenlebens des s i c h vom gefallenen Menschen zum $\left\{{säkular \atop laikalen}\Big| Individuum\right\}$ der Moderne w e i t e r e n t w i c k e l n d e n »p e c c a t u m o r i g i n a l e«. Wir sehen, die „atomistische Zersplitterung", von der Schlegel spricht, bezieht sich auf eine Evolutionsgeschichte des adamitischen Sündenfalls, die nicht anders vorstellbar ist denn als $\left\{politische \left\{{Anti \atop Theologie}\right\}\right\}$ der A u f k l ä - r u n g d e s $\left\{{säkular \atop laikalen}\Big| Individuums\right\}$, das aufgrund seiner $\left\{{Bedürfnis \atop Trieb}\Big| Struktur\right\}$ auf den „Glauben" an seine politischen Grundrechte verweist. Aber gerade das, worauf das Individuum so unnachgiebig insistiert, seine sogenannten „Grund-Rechte", sind keine Errungenschaften, die von ihm selbst erkämpft worden wären. Diese „Grund-Rechte" sind das seinem Seeleninnenleben vom Willen zur Macht d u r c h d i e »a r c h a i s c h e O p f e r h a n d l u n g« v e r m i t - t e l t e »Heil(s)mittel« einer Emanzipation vom Trauma des archaischen Schuldaffektes durch die Materialität einer libidinösen $\left\{{Bedürfnis \atop Trieb}\Big| Struktur\right\}$, die durch die f r e i w i l l i g e U n t e r w e r - f u n g u n t e r d i e ›L e g i t i m i t ä t‹ d e s l e v i a t h a n i s c h e n S t a a t e s erkauft ist. Unsere Frage muß deshalb lauten: *Sieht so die Freiheit des Menschen aus?*

14. Die ›E r k a u f u n g *seiner* F r e i h e i t‹ v o n d e r L a s t d e s a r - c h a i s c h e n S c h u l d a f f e k t e s kann das Individuum nur verwirklichen durch das Eingehen seines extravasalen Seeleninnenlebens in das vom Willen zur Macht bereitgestellte »retrograde Unbewußtsein«, in dem das moderne Individuum seiner libidinösen $\left\{{Bedürfnis \atop Trieb}\Big| Struktur\right\}$ begegnet. Dies ist aber nicht so zu verstehen, dass das Individuum damit seine wahre anthropologische Bestimmung entdecken würde, sondern allein im Sinne einer Begegnung mit

der ihm vom Willen durch das archaische Opfergeschehen im Seelenleben bereiteten und bereitgestellten libidinösen $\left\{\begin{array}{c}Bed\ddot{u}rfnis\\Trieb\end{array}\Big|Struktur\right\}$. Dies aber bedeutet nichts anderes, als dass dieser Triebgrund als das phantasmatische Organ des in das Individuum eingehenden und darin tätigen Willens zur Macht zu verstehen ist. Das Bezeichnende bei diesem »archaischen Opfergeschehen« des Willens im Seeleninnenleben des $\left\{\begin{array}{c}s\ddot{a}kular\\laikalen\end{array}\right\}$ Individuums ist, dass dieses das Geschehen *sich selbst zurechnet*. Kurzum: Das Individuum hält sich selbst für das S u b j e k t dessen, was mit ihm *tiefenpsychologisch* geschieht. Es verkennt seine Fremdbestimmung durch den Willen, weil es das vom Willen geleistete Verdrängungs-Quantum als die Voraussetzung seines ›Heils‹, das heißt seines » B e w u ß t s e i n s v o n d e r *e i g e n e n* F r e i h e i t « selbst ist. Wie kann das Individuum sein ›Heil‹ nicht wollen, das ihm vom Willen zur Macht verheißen wurde. Das Mittel aber zu diesem politischen ›Heil‹ des $\left\{\begin{array}{c}s\ddot{a}kular\\laikalen\end{array}\right\}$ Individuums der Moderne ist die »*a r c h a i s c h e O p f e r h a n d l u n g*« *im e x t r a - v a s a l e n S e e l e n l e b e n s g r u n d*.

15. Wir können in diesem Zusammenhang von der $\left\{\begin{array}{c}Schein\\Subjektivit\ddot{a}t\end{array}\right\}$ des modernen Individuums sprechen. Das Elend dieser $\left\{\begin{array}{c}Schein\\Subjektivit\ddot{a}t\end{array}\right\}$ der abendländischen Moderne besteht gerade darin, daß sie die Subjektwerdung *im* Menschen grundsätzlich verhindert. Damit meine ich die Verhinderung der Subjektwerdung des menschgewordenen Logos im göttlichen Erkenntnislicht des limbalen Triebherzens. Worin aber besteht der Hinderungsgrund? In der N e g a t i o n des limbalen Triebherzens als der $\left\{Seelen|Triebgrunds\left\{\begin{array}{c}Determination\\Determinante\end{array}\right\}\right\}$ durch die »archaische Opferhandlung« des Willens zur Macht als des Subjekts der $\left\{\begin{array}{c}gegen\\offb-geschichtlichen\end{array}\Big|\begin{array}{c}Wesens\\Bestimmung\end{array}\right\}$ des *gefallenen* Menschen.

16. Die $\left\{\begin{array}{c}Schein\\Subjektivit\ddot{a}t\end{array}\right\}$ des $\left\{\begin{array}{c}s\ddot{a}kular\\laikalen\end{array}\right\}$ Individuums besteht also darin, daß der Schein erzeugt wird, a l s k ö n n e d a s I n d i v i d u u m ü b e r h a u p t S u b j e k t w e r d e n. Diese Illusion wird vom Willen durch die libidinöse $\left\{\begin{array}{c}Bed\ddot{u}rfnis\\Trieb\end{array}\Big|Struktur\right\}$ des extravasalen Seeleninnenlebens des Individuums angefacht. Und diese Täuschung steht für das ganze Werk der »archaischen Opferhandlung« des Willens. Diese Täuschung bildet die Substanz des Irrtums, durch die der Wille eingeht in das Seeleninnenleben des postlapsarischen Individuums, um

darin sein zerstörerisches Werk zu verrichten. Die schädliche Wirkung, die vom »archaischen Opfergeschehen« ausgeht, besteht in der Bedienung des Schuldaffektes, von dem der postlapsarische Mensch dringend ›Befreiung‹ sucht. Und dies ist umso schlüssiger, wenn wir uns erinnern, dass der archaische Schuldaffekt bereits die Negation des »lapsarischen Urbewußtseins« durch das »retrograde Unbewußtsein« der »archaischen Opferhandlung« voraussetzt. Das Individuum sehnt sich nach etwas, w a s   g a r   n i c h t   m e h r   e s   s e l b s t   m e i - n e n   k a n n . Das, wonach das Individuum sich sehnt, spricht bereits eine Triebstruktur in diesem an, die man als die seiner [bereits geschehenen] Entfremdung bezeichnen muß. Das Individuum hat damit bereits etwas als seine $\left\{ {Bedürfnis \atop Trieb} \middle| Struktur \right\}$ anerkannt, das in Wahrheit die Grundlage seiner Entfremdung durch die »archaische Opferhandlung« des Willens zur Macht ist.

17. Und nun erst wird die zwingende innere Logik sichtbar, der zufolge die $\left\{ Schein \atop Subjektivität \right\}$ der abendländischen Moderne nach dem › B e - w u ß t s e i n   d e r   e i g e n e n   F r e i h e i t ‹ lechzt, in dessen Mittelpunkt die eben dargelegte $\left\{ {»native« \atop libidinöse} \middle| \left\{ {Bedürfnis \atop Trieb} \middle| Struktur \right\} \right\}$ des extravasalen Seeleninnenlebens des Individuums steht. Wir können deshalb die $\left\{ {»native« \atop libidinöse} \middle| \left\{ {Bedürfnis \atop Trieb} \middle| Struktur \right\} \right\}$ des $\left\{ säkular \atop laikalen \right\}$ Individuums als den *eigentlichen* Ursprungspunkt der »archaischen Opferhandlung« des Willens zur Macht im extravasalen Seeleninnenleben verstehen.

18. Damit aber wird erkennbar, dass die $\left\{ Schein \atop Subjektivität \right\}$ des modernen Individuums sich unbewußt in den in ihm tätigen Willen zur Macht fassen muss, um an sich selbst ›*seinen Willen*‹ zu vollziehen, um sich selbst $\left\{ Subjekt \atop Sein \right\}$ zurechnen zu können, das doch nur dem Willen zur Macht selbst zukommen kann aufgrund seiner außergottheitlichen Existenz in der Negation des Logos. Und dennoch ist der Wille zur Macht der Vater der L ü g e   v o m   S u b j e k t - S e i n   d e s   W i l l e n s . Den Willen zur Macht selbst können wir als den Ursprung des $\left\{ Subjektivitäts \atop Scheins \right\}$ bezeichnen, wodurch er *vorgeben* kann, ›Vernunft‹ zu sein.

19. Mit der Annahme der $\left\{ {»nativ« \atop libidinösen} \middle| \left\{ {Bedürfnis \atop Trieb} \middle| Struktur \right\} \right\}$ als dem *eigentlichen* Ursprungspunkt der »archaischen Opferhandlung« des

Willens zur Macht im Seelenlebensgrund des $\left\{\begin{array}{l}säkular\\laikalen\end{array}\right\}$ Individuums, das sich für die Fortschrittsentwicklung der Menschheit hält, tritt genau das ein, was Friedrich Schlegel in der 14. Vorlesung seiner »Philosophie des Lebens« als geheimen Vorgang der gegenoffenbarungsgeschichtlichen Evolution der Menschheit beschreibt mit den Worten von der *„atomistischen Zersplitterung und Verbreitung der falschen Ideen"* und von der *„Masse seines [i.e. des Irrtums] Anhangs, den er leicht findet, sobald einmal erst alles elementarisch aufgelöst ist."*[23]

20. Wir wissen nun, was Schlegel mit seinen mysteriösen Äußerungen sagen will. Die *„falschen Ideen"* finden bei der Masse deshalb so bereitwillige Aufnahme, weil in ihnen die Irrlehre von der $\left\{\begin{array}{l}Schein\\Subjektivität\end{array}\right\}$ und den verborgenen Sehnsüchten des $\left\{\begin{array}{l}säkular\\laikalen\end{array}\right\}$ Individuums *exemplarisch* ausgesprochen ist. Diese Irrlehre kommt der geistigen Verwahrlosung des unter seinem archaischen Schuldaffekt ›leidenden‹ Individuums *entgegen*. Das heißt, sie bestätigt das Individuum in dessen Gefallensein. Und eben darin besteht die okkulte Bedeutung der $\left\{\begin{array}{l}»nativ«\\libidinösen\end{array}\right|\left\{\begin{array}{l}Bedürfnis\\Trieb\end{array}\right|Struktur\}\}$ für das extravasale Seeleninnenleben angesichts des Anbruchs der Moderne: Sie bedeutet die Transkription des Seelenlebens des gefallenen Menschen in ein verbrieftes »[Rechts-]Bewußtsein von der *eigenen* Freiheit«, das man sich vom Willen zur Macht in Form des leviathanischen Staates garantieren lassen kann. Die Verwahrlosung zum reinen Schein der Subjektivität zeigt sich in dem Regress des Individuums zum Ursprungpunkt einer $\left\{\begin{array}{l}»nativen«\\libidinösen\end{array}\right|\left\{\begin{array}{l}Bedürfnis\\Trieb\end{array}\right|Struktur\}\}$, die ihm der Wille zur Macht *einpflanzt*, um es in dem *„Glauben"* an ein » n a t ü r l i c h e s B e w u ß t s e i n v o n d e r *e i g e n e*n F r e i h e i t « zu bestärken, welches doch nichts anderes als die $\left\{\begin{array}{l}Schein\\Subjektivität\end{array}\right\}$ des $\left\{\begin{array}{l}säkular\\laikalen\end{array}\right\}$ Individuums im Gesichtskreis der politischen Moderne ist.

21. Was aber geht mit dieser *„atomistischen Zersplitterung und Verbreitung der falschen Ideen"* einher? Das Zeitalter einer » A n a r c h i e d e s B e w u ß t s e i n s «, deren Gründe nur der okkulten Wissenschaft bekannt sind. Die abendländische Moderne bezeichnet die äußerste Zuspitzung dieser menschheitsgeschichtlichen Entwicklung auf das Versprechen einer anarchischen *„Freiheit"* für den $\left\{\begin{array}{l}säkular\\laikalen\end{array}\right\}$ Menschen durch $\left\{\begin{array}{l}Bewußtseins\\Reduktion\end{array}\right\}$ auf den Ursprungspunkt der

---

[23] Schlegel, ibid., S. 282.

$\left\{ \begin{matrix} \text{»nativen«} \\ \textit{libidinösen} \end{matrix} \middle| \left\{ \begin{matrix} \textit{Bedürfnis} \\ \textit{Trieb} \end{matrix} \middle| \textit{Struktur} \right\} \right\}$ im extravasalen Seeleninnenlebens des desolaten Individuums.

22. „Sollte nun die Wissenschaft, auch ihrer äußern Form und gesellschaftlichen oder bürgerlichen Existenz nach, ganz mit der Religion, und mit dem geistlichen Stande in eins verschmolzen, und demselben völlig zu eigen gegeben werden, wie etwa nach der oben angeführten indischen Kasten-Einrichtung, oder ägyptischen Priesterverfassung; so kann man wohl zugeben, daß dadurch das freien Wachstum des wissenschaftlichen Geistes, dessen er zu seiner Entwicklung in der ihm eigentümlichen Sphäre bedarf, zu sehr gehemmt, und einseitig beschränkt werden dürfte. Wenn aber auf der andern Seite auch das falsche Wissen sich dieses geistige Götter-Recht des freien Wirkens, welches der himmlischen Wahrheit in ihrem unsichtbaren Reiche in einem gewissen Sinne wohl allerdings gestattet sein, von ihr auch nie mißbraucht werden kann, noch sie darin zu hindern eigentlich möglich ist, anmaßen und es gewaltsam an sich reißen will; so kann diese Herleitung wohl allerdings dienen, um den Ursprung des weitverbreiteten Irrtums begreiflich zu machen, und es zu erklären, wie dieses Vorurteil und geforderte Recht des unbedingten Gedankenfreiheit, oder vielmehr der unbedingt freien Mitteilung derselben, so tief in den Gemütern wurzeln kann. Allein als wirklich recht und gegründet kann man es darum doch keineswegs gelten lassen und anerkennen; weil eben da, wo alles wie in diesem geistigen Wirken, bloß unmittelbar, und ohne bestimmte Form der äußern Sanktion ist, auch das Recht dazu nur ein unbestimmtes und individuelles sein könnte."[24] Die Hierokratie hält die Wissenschaft zurück, sie hält sie in Gefangenschaft einer Priesterreligion, welche die Gnosis der Offenbarung hinter dem Wall eines kanonischen Offenbarungsglaubens verbirgt. Dieser ist somit zu verstehen als Mittel politischer Herrschaft. Denn diese besteht wesentlich in der Vorenthaltung der Substanz der Offenbarung selbst durch einen Offenbarungskanon und seine *ins Leere gehende* Symbolik. Die Symbolik geht nämlich dann ins Leere, wenn sie nicht vom limbalen Triebherzen *als ihrem eigentlichen Subjektum* getragen und selbst ausgeführt wird durch die Plasmation ihrer Gesamthandlung in der $\left\{ \begin{matrix} \text{mythischen} \\ \text{mystischen} \end{matrix} \middle| \chi\acute{\omega}\rho\alpha \right\}$ des okkulten Erfahrungsbewußtseins.

23. „Ganz anders ist es mit der Wissenschaft bestellt; denn diese ruht nur auf der durchaus menschlichen, und dem Menschen eben angebornen Grundlage der ewigen Sehnsucht; wird diese aber rein bewahrt, und

---

[24] Schlegel, ibid., S. 285/6.

aushaltend bis zu Ende durchgeführt, so kann allerdings eine göttliche Richtung daraus werden."[25] *Wichtig*: Der Begriff der „e w i g e n S e h n s u c h t", welcher hier bei der Darlegung der vom Geist der Wahrheit beherrschten und deshalb auf das Göttliche selbst gerichteten Wissenschaft ins Spiel kommt, ist für diese schlechthin k o n s t i t u t i v.

24. Wir können somit sagen: Die Wissenschaft wird erst aufgrund ihrer Determination durch das l i m b a l e T r i e b h e r z z u r e w i g e n S e h n s u c h t n a c h d e m G ö t t l i c h e n d e r *wahren* Wissenschaft. Dies Göttliche erst macht die Wissenschaft z u r o k k u l t e n o d e r t h e o k r a t i s c h e n W i s s e n s c h a f t. Es ist das Göttliche, das durch die okkulte Wissenschaft die Herrschaft seines »prophetischen Wortes« in dieser Welt errichtet. Denn der Wissenschaft bedarf das »prophetische Wort«, um selbst erkannt zu werden mit seinem eigenen göttlichen Erkenntnislicht. Aus diesem Grunde sagt Friedrich Schlegel: „Ihr eignes Streben ist ebenfalls auf das Göttliche gerichtet; und eben daher gibt es allerdings keine indifferente Wissenschaft; denn diejenigen, deren Streben oder Sinn und Geist nicht auf das Göttliche gerichtet ist, die seichte und oberflächliche, sinnlich nichtige, und vernünftelnd eitle Wissenschaft ist eben darum eine falsche, und in der äußern Wirkung alsdann eine böse, verderbliche, und schädliche."[26]

25. Diese „*falsche Wissenschaft*", wie Schlegel sie zutreffend charakterisiert, in ihr wohnt *unbewußt* der Geist der Unwahrheit, der diese Wissenschaft nicht nach dem Göttlichen streben läßt, sondern nach dem Vergänglichen, Verderblichen und Bösen, denn sie geht aus einer *eigenen* $\left\{ \begin{array}{c} \textit{Bewußtseins} \\ \textit{Genealogie} \end{array} \right\}$ hervor, welche d i e N e g a t i o n d e s »l a p s a r i s c h e n U r b e w u ß t s e i n s« durch die »archaische Opferhandlung« des Willens zur Macht zur Grundlage hat.

26. Diese „*falsche Wissenschaft*" ist das vollendende Prinzip der »archaischen Opferhandlung« des Willens zur Macht im kranken Seeleninnenleben des $\left\{ \begin{array}{c} \textit{säkular} \\ \textit{laikalen} \end{array} \right\}$ Individuums der Moderne. Sie ist die wissenschaftliche Logik des $\left\{ \begin{array}{c} \textit{seelenlebens} \\ \textit{kranken} \end{array} \right\}$ Menschen. Sie bildet die R a t i o n a l i t ä t d e r R e v o l t e d e s m o d e r n e n M e n s c h e n gegen dessen offenbarungsgeschichtliche Wesensbestimmung durch das Göttliche selbst. Deshalb nennt Schlegel sie eine „*verderbliche*" und „*böse*".

---

[25] Ibid., S. 285.
[26] Ibid., S. 283.

27. Es sind ein paar Worte nötig, um d a s P r o b l e m d e r N e g a t i o n der „*wahren Wissenschaft*" durch deren hierokratische Gefangenschaft anzusprechen. Schlegel bringt als historische Beispiele die Priesterverfassung der ägyptischen Religion und das Kastensystem im Hinduismus. Vor allem hat es uns zu gehen um d i e D e u t u n g d i e s e r f u n d a m e n t a l e n N e g a t i o n durch den kanonischen Offenbarungsglauben der exoterischen Religion im kollektiven Bewußtseins-Spiegel der $\left\{ \begin{array}{c} gegenoffenbarungs \\ geschichtlichen \end{array} \right\}$ Revolte des modernen Menschen. Das heißt, es geht um die Mißdeutung der *dieser Negation selbst zugrunde liegenden* Relation. Denn durch Umdeutung oder Umwertung dieses relationalen Selbstverhältnisses der Negation oder der $\left\{ \begin{array}{c} Bewußtseins \\ Selbst \end{array} \middle| Reflexion \right\}$ der Negation, durch die diese sich selbst begreift, führt notwendig zu einer *anderen* Genealogie der Wissenschaft, zur Genealogie der »Abwegigkeit« der *falschen* Wissenschaft, die nichts anderes als e i n *f a l s c h e s* V e r s t ä n d n i s v o n W i s - s e n s c h a f t besagt. Diese »Abwegigkeit« hindert dieses Wissenschaftsverständnis dennoch nicht daran, zur Herrschaft zu gelangen im Rahmen einer politischen Gesamtwirklichkeit des Geistes der Moderne.

28. *Wir sehen also*: Bereits die offenbarungsgeschichtliche Begründung der Religion in der Welt birgt in sich das versteckte native Problem einer N e g a t i o n d e r $\left\{ \begin{array}{c} Wissenschaft der \\ Offenbarung selbst \end{array} \right\}$ aufgrund der R e p r ä s e n t a - t i o n v o n O f f e n b a r u n g durch Hierokratie. Auf dieses Grundproblem der Religion muß die Revolte der „*falschen Wissenschaft*", wie sie sich in der abendländischen Moderne zuträgt, zwangsläufig Bezug nehmen, wenn sie den $\left\{ \begin{array}{c} gegenoffenbarungs \\ geschichtlichen \end{array} \right\}$ Begründungszusammenhang der Genealogie einer $\left\{ \begin{array}{c} säkular \\ laikalen \end{array} \middle| Revolte \right\}$ der Wissenschaft im Namen des *gefallenen* Individuums und (s)eines » B e w u ß t s e i n s v o n d e r *e i g e n e n* F r e i h e i t « herstellen will. Dieses ›*Bewußtsein*‹ stellt den unverrückbaren „*Rechtsgrund*" dar, auf welchen sich die falsche Wissenschaft stützen zu können glaubt, da es sein Grundanliegen zur Sprache bringt: Die „*Befreiung*" vom Druck des archaischen Schuldaffekts, dem man sich *auf bedrohliche Weise* ausgesetzt fühlt.

29. Dieses $\left\{ \begin{array}{c} gegenoffenbarungs \\ geschichtliche \end{array} \right\}$ Grundanliegen der „*falschen Wissenschaft*" erklärt die $\left\{ \begin{array}{c} »native« \\ libidinöse \end{array} \middle| \left\{ \begin{array}{c} Bedürfnis \\ Trieb \end{array} \middle| Struktur \right\} \right\}$ des M e n - s c h e n i n d e r R e v o l t e zur Grundlage einer „*Befreiung*" des Individuums von der Bedrohung durch den archaischen Schuldaffekt, die

dadurch zum einforderbaren „*Rechtsgrund"* wird. Wir sehen das reaktionäre Element in dieser Idee von der Revolte um die „*Grundrechte"* des Individuums, das ernstlich „*glaubt"*, sich von den Dämonen ›befreien‹ zu können, die es doch selbst gerufen hat.

30. Die Negation des esoterischen $\begin{Bmatrix} Erfahrungs \\ Bewußtseins \end{Bmatrix}$ als des Wesenskerns „*wahrer Wissenschaft"* ist natives Element jeder Religionsstiftung. Denn diese meint den Eintritt der Offenbarung selbst in *diese* Welt, wodurch im Verborgenen eine Abspaltung geschieht, die in die $\begin{Bmatrix} Wissenschaft\ von\ der \\ Offenbarung\ selbst \end{Bmatrix}$ und in die $\begin{Bmatrix} Offenbarungs \\ Repräsentation \end{Bmatrix}$ durch Hierokratie zerfällt. Es handelt sich um eine S p a l t u n g   a d   i n t r a , die der Hierokratie selbst zugute kommt. Denn in ihre Hände fällt das esoterische Wissen um die »Offenbarung selbst« unter Ausschluß des »laikalen Menschen«, unter Ausschluß des »Volkes«. Der exoterischen Religion jedoch fehlt der Zugang zu der »Offenbarung selbst«. Der kanonische Offenbarungsglaube der Religion erweist sich selbst als wesentlicher Grund für die Vorenthaltung der okkulten Wissenschaft von der Offenbarung. Aber selbst diese Einsicht entzieht sich dem Bewußtsein des »laikalen Menschen« in den Altertümern der Religionen. Wir reden hier vom »laikalen« Menschen« in *hierokratischer* Zeit.

31. Doch vergessen wir nicht, dass zwischen dieser Zeit und dem Anbruch der Neuzeit ein *anderes* Zeitalter liegt, das geistig getragen wird von der $\begin{Bmatrix} Offenbarungs \\ Gnosis \end{Bmatrix}$ des $\begin{Bmatrix} monastisch \\ laikalen \end{Bmatrix}$ Menschen im Inneren des hierokratischen Systems der Religion, das hier gleichsam zum ersten Male zu *eigenem* Leben erwacht. Das Monastische wird Trägerschaft des »laikalen Menschen«. Ein e p o c h a l e s   E r e i g n i s , weil hier ein Umbruch ganz im Stillen stattfindet, der in seiner offenbarungsgeschichtlichen Bedeutung schwerlich überschätzt werden kann. Das monastische Element des esoterischen Christentums im hierokratischen System der christlichen Religion nimmt u n b e w u ß t *drei* Elemente in sich auf, ohne welche der eben genannte stille Umbruch nicht hätte stattfinden können, *das heißt* a) den »l a i k a l e n   M e n s c h e n« und b) den g n o s t i s c h e n   A n s p r u c h   d e s   C h r i s t e n t u m s , als der der Offenbarung selbst und c) den g n o s t i s c h e n A n s p r u c h   d e s   M o n a s t i s c h e n .

32. Die Geburt des » M e n s c h e n   i n   d e r   R e v o l t e « aus der Negation des »lapsarischen Urbewußtseins« durch die archaische Opferhandlung des Willens zur Macht im extravasalen Seeleninnenleben des postlapsarischen Individuums bedeutet selbst — *das ist eine grundlegend wichtige Einsicht* — die völlige Verdrängung dessen, was an inne-

rer Abspaltung des Monastischen ins Innere des hierokratischen System des geschichtlichen Christentums sich ereignet. Denn dieses Sich-Abspalten des monastischen Elementes des esoterischen Christentums gegen seine eigene hierokratische Umhüllung ist G e f a n - g e n s c h a f t *in* d i e s e r und W i d e r s t a n d *gegen* diese zugleich. Die Bewußtseinsdifferenz des Abstehens von dieser Welt des Willens zur Macht muß zugleich eine Unbewußtseins-Differenz zum eigenen hierokratischen Milieu bedingen.

33. In dieser $\left\{ {Selbst \atop Abgespaltenheits} \middle| Abst\ddot{a}ndigkeit \right\}$ des Monastischen haben wir den eigentlichen *pränatalen* Ursprung des »laikalen Menschen« zu sehen. Dies ist ein o f f e n b a r u n g s g e s c h i c h t l i c h e r Prozeß, der keiner Erkenntnis zugänglich ist, es sei denn einer, die im Okkulten selbst ihre Wurzeln hat. Wir müssen demzufolge von den okkulten Anfangsgründen des »laikalen Menschen« sprechen, um jede Vorstellung zu vertreiben, die Manifestation des »laikalen Menschen« sei ein Ereignis der Menschheitsgeschichte und sei deshalb aus dieser zu erklären. Vielmehr müssen wir uns gegen eine solche falsche Idee verwahren, indem wir das Theorem aufstellen, dass die Moderne nicht die leiseste Ahnung von der *wahren* Genealogie des »laikalen Menschen« haben kann, da diese als eine $\left\{ {offenbarungs \atop geschichtliche} \middle| {Bw \atop Tatsache} \right\}$ der okkulten Wissenschaft nur dieser zugänglich ist.

34. Daraus dürfen wir den Schluß ziehen, dass sich die ›*falsche Wissenschaft*‹ vor allem dadurch auszeichnet, dass sie völlig falsche Vorstellungen von der Genese des »laikalen Menschen« hat. Denn für sie kann der laikale Mensch nur der » M e n s c h i n d e r R e v o l t e « ganz im Sinne der modernen Bewußtseinskultur sein. Für sie beruht die Entstehungsgeschichte des »laikalen Menschen« auf dem Gefühls-Pathos eines »Bewußtseins von der *eigenen* Freiheit«, das als *Apotropäum* gegen den bedrohlichen archaischen Schuldaffekt, der sich durch das Prinzip der Individuation fortzupflanzen strebt, begriffen wird. Jenes ›*Bewußtsein*‹ wirkt ›*befreiend*‹, aber eben nur auf das Seelenleben des *gefallenen* Menschen im Horizont der abendländischen Moderne. Für diese ist der »laikale Mensch« nichts anderes als der » M e n s c h i n d e r R e v o l t e «, der seine fehlende Selbstachtung regelrecht einfordert, indem er sich auf ein »Bewußtsein von der *eigenen* Freiheit« beruft, das durch das $\left\{ {Rechts \atop Verst\ddot{a}ndnis} \middle| System \right\}$ der » m a - t e r i a l e n U n g e r e c h t i g k e i t « zu einem einklagbaren Rechts-Gegenstand erhoben wird. In Friedrich Schlegels »Philosophie des Lebens« lesen wir: „Die Religion ist die rechtmäßige Form in der lebendigen Mitteilung der göttlichen Kraft und der göttlichen Gnade; die

wahre Wissenschaft ist ein höheres Streben des Geistes in der göttlichen Richtung nach der rechten Erkenntnis, und das ist das unterscheidende Merkmal derselben von dem falschen Wissen. Im Staat also beruht der höhere Charakter desselben auf der geheiligten Grundlage des Rechts selbst; Unrecht ist es, und ein großer verderblicher Irrtum, in irgend einer äußern Form oder Formel das innere Wesen desselben, und das wahre politische Heil ausschließend zu suchen; da diese äußere Form ohnehin nur so oft ein bloßes National-Spiel, und politische Theater-Darstellung darbietet."[27]

35. In $\boxed{33}$ war von der $\left\{ \begin{array}{c} Selbst \\ Abgespaltenheits \end{array} \middle| Abst\ddot{a}ndigkeit \right\}$ des Monastischen als von dem okkulten Ursprung des »laikalen Menschen« die Rede, aber auch davon, dass diese höchste Bewußtseins-Tatsache allein dem okkulten Bewußtsein zugänglich ist. Was hat dann das Seeleninnenleben des $\left\{ \begin{array}{c} s\ddot{a}kular \\ laikalen \end{array} \right\}$ Individuums mit dieser *wahren* Genealogie des »laikalen Menschen« zu tun? Es hat ein Interesse daran, diese Genealogie grundsätzlich zu leugnen, *das heißt* d u r c h N e g a t i o n z u s e t z e n. Denn nur als Negation im Rahmen der archaischen Opferhandlung des Willens zur Macht ist der »laikale Mensch« überhaupt vorstellbar für das gefallene, den adamitischen Fall bestreitende Individuum. Der gefallene Mensch, der das hierokratische System der Religion für die Offenbarung selbst hält, unterwirft sich diesem geistlichen Regiment, um sich durch Teilhabe an den *„sakramentalen Gnadenmitteln"* der Hierokratie *„befreit"* zu fühlen vom Druck des archaischen Schuldgefühls. Aber solche *„Freiheit"* erfordert die Unterwerfung in ein Herrschaftsverhältnis, das den eigenen Willen lähmt. Die Freiheit von dem hierokratischen Diktat des exoterischen Offenbarungsglaubens aber wäre der Verlust des ›Heils‹ durch Nichtteilhabe an den ›sakramentalen Gnadenmitteln‹. An dieser Stelle verschärft sich das Grundproblem des postlapsarischen Menschen zum Aufbrechen eines zerstörerischen $\left\{ \begin{array}{c} Bewu\ss tseins \\ Selbst \end{array} \middle| Widerspruchs \right\}$ im extravasalen Seeleninnenleben. Das Individuum gelangt an den Punkt seiner Selbst-Negation durch den wachsenden Anspruch des Willens zur Macht auf Schaffung einer vom hierokratischen System *unabhängigen* Heils-Instanz, die in Reichweite der libidinösen Logik des extravasalen Seeleninnenlebens des postlapsarischen Menschen liegt. Denn es gelten die Gesetze der *gefallenen* menschlichen Natur. Diese wendet sich in ihrer besonderen Not an den Willen zur Macht, der für sie die »archaische Opferhandlung« bereithält. *Wir sehen*: Der Wille zur Macht taucht zur rechten Zeit auf, um sein Werk am Seeleninnenleben

---

[27] Schlegel, ibid., S. 284.

des in Not geratenen postlapsarischen Menschen zu vollbringen. Und dieses Werk können wir als *zweiten* Fall begreifen, der darin besteht, dass sich d e r M e n s c h i n d e r R e v o l t e selbst als Quelle von Offenbarung versteht, die eine politische $\left\{ {Anti \atop Theologie} \right\}$ der „*Selbstbefreiung"* ist. Es sieht so aus, dass der Wille zur Macht ein Heilmittel bereithält für die Krankheit des $\left\{ {Bewußtseins \atop Selbst} | Widerspruchs \right\}$, an der der $\left\{ {säkular \atop laikale} \right\}$ Mensch leidet, der sich ›*freimachen*‹ will von der Unterworfenheit durch das Diktat des hierokratischen Systems der Religion, ohne zugleich das ›*Heil*‹ verlieren zu müssen. Wir sehen auch hier wieder die bezeichnende $\left\{ {Bewußtseins \atop Selbst} | Gespaltenheit \right\}$ des Seelenlebens des »Menschen in der Revolte«. Denn dieser wird faktisch zum Atheisten, während er zugleich auf sein ›*Heil*‹ bedacht bleibt, das er glaubt selbst sichern zu können durch die in ihm waltenden Kräfte des Willens zur Macht. Es ist sozusagen die ›*heilige Pflicht*‹ des M e n - s c h e n i n d e r R e v o l t e, sich um die Sicherung seines »B e - w u ß t s e i n s v o n d e r *eigenen* F r e i h e i t« zu kümmern, und *nur* darum. Denn dieses stellt die Quintessenz seines ›*Heils*‹ in dieser Weltordnung dar. Genau dies ist die ›*Erlösungsbotschaft*‹ des Willens zur Macht an die Desolation des Seeleninnenlebens des modernen Menschen, der sich dadurch z u r R e v o l t e a u f g e f o r d e r t f ü h l t. Denn diese Revolte ist ›*rechtmäßig*‹, weil sie d u r c h d a s G e - s e t z d e r a r c h a i s c h e n O p f e r h a n d l u n g a l s v o m W i l l e n z u r M a c h t s e l b s t g e w o l l t e r k a n n t w i r d.

36. Die »archaische Opferhandlung«, die das desolate Seeleninnenleben des modernen Menschen durchläuft, läßt den Willen zur Macht zum Willen des desolaten Individuums werden, indem dieses jenen *a l s d e n s e i n e n a n e r k e n n t. Was sollen wir, so frage ich, von so einer Erkenntnis halten?* Begreift man, was für ein epochaler Wandel hier vonstatten geht an der Bedeutung des Wortes »*müssen*«? Dieser Bedeutungswandel gibt eine Menge zu bedenken. Im hierokratischen System der geoffenbarten Religion bedeutet »*müssen*«, dass man die Triebstruktur der *gefallenen* menschlichen Natur zum Schweigen zu bringen muß, um am „*sakramentalen Heil"* der Kirche teilzuhaben. Jetzt aber, im Zeitalter des » M e n s c h e n i n d e r R e v o l t e«, wird diese Triebstruktur zum Trägerstoff der „*Emanzipation"* vom hierokratischen Diktat der Religion. Diese moderne Triebstruktur, der das »retrograde Unbewußtsein« des Willens zur Macht zugrunde liegt, sie schreitet unbeirrt fort zur F o r d e r u n g n a c h d e m »B e w u ß t - s e i n v o n d e r *eigenen* F r e i h e i t«, welches das Wesen des »Menschen in der Revolte« ausmacht.

175

37. Dem unter der Bedrohung durch den archaischen Schuldaffekt stehenden Seeleninnenleben des modernen Menschen geht es um die Ausschaltung des »lapsarischen Urbewußtseins«, indem diesem etwas *entgegengesetzt* wird, was die Verdrängung dieses Urbewußtseins im Seeleninnenleben des postlapsarischen Individuums gewährleistet. Dieses verdrängte »lapsarische Urbewußtsein« kehrt in der Bewußtseinsformation seines Verdrängtseins durch den Willen im Willen wieder als unbewußtes, ubiquitäres, diffuses Bedrohtseinsgefühl, das sich auf eine archaische Schuld aus der Menschheitsvorgeschichte bezieht. Der Wille schafft sich ein Bild des Bedrohtseins, welches er mit dem Sinn seiner Welt-Befindlichkeit besetzt, um es *durch sich selbst* zu beleben. Damit aber ist die Abspaltung des »lapsarischen Urbewußtseins« endgültig vollzogen. Es verschwindet in der Vergessenheit, auf die es die Bewußtseinsgenese des » M e n s c h e n i n d e r R e v o l t e « abgesehen hat. Das »lapsarische Urbewußtsein« erscheint lediglich, um zum Verschwinden gebracht zu werden vom Willen zur Macht durch die Komplexion einer archaischen Schuld, von der das moderne Individuum nichts anderes als › B e f r e i u n g ‹ sucht und fordert. Die $\left\{ \begin{matrix} \text{»native«} \\ \text{libidinöse} \end{matrix} \middle| \left(\begin{matrix} \textit{Bedürfnis} \\ \textit{Trieb} \end{matrix} \middle| \textit{Struktur} \right) \right\}$ des »Menschen in der Revolte« sehen wir im Zustand ihrer Geburt. Wir sehen hier aber auch, wie gefährlich es ist, allgemein *von der menschlichen Natur zu sprechen*, während doch nur die *gefallene* Natur des Menschen für die E n t w i c k u n g e i n e r l i b i d i n ö s e n T r i e b s t r u k t u r d e s » M e n s c h e n i n d e r R e v o l t e « durch die »archaische Opferhandlung« des Willens in Frage kommen kann. Es ist deshalb ein Merkmal der „*falschen Wissenschaft"*, uns eine *falsche* anthropologische Wesensbestimmung der menschlichen Natur v e r k a u f e n z u w o l l e n , so als sei die sich aus dem »retrograden Unbewußtsein« des Willens zur Macht herleitende neuzeitliche Vernunftsverfassung berechtigt, die menschliche Natur *n e u z u b e s t i m m e n* . Dass die gottebenbildliche Determination der menschlichen Natur z u d i e s e r s e l b s t g e h ö r t , damit sich das göttlich bestimmte Wesen des Menschen von innen her aus den limbalen Tiefen des Triebherzens entfalten könne, ist selbst zentraler Gegenstand jener Negation, welche die $\left\{ \begin{matrix} \textit{säkular} \\ \textit{laikale} \end{matrix} \middle| \textit{Vernunft} \right\}$ des » M e n s c h e n i n d e r R e v o l t e « zur Grundlegung ihrer anthropologischen Neudefinition des Menschen am Menschen selbst vollzieht.

38. Mit dem modernen Postulat einer $\left\{ \begin{matrix} \textit{laikal} \\ \textit{säkularen} \end{matrix} \middle| \begin{matrix} \textit{Wissenschafts} \\ \textit{Vernunft} \end{matrix} \right\}$ des » M e n s c h e n i n d e r R e v o l t e « ist nicht einfach nur das »lapsarische Urbewußtsein« durch Negation außer Kraft gesetzt, sondern

dieses setzt sich im Menschen der Revolte fort als latentes Bedrohtseinsgefühl, das auf eine unbewußt gespürte »archaische Schuld« verweist. In dieser Lage nun sucht das Individuum nach Schutz und Rettung, nach bleibendem ›Heil‹. Und der gefallene Mensch würde sich nicht zum Menschen in der Revolte ›fortentwikkeln‹, wenn er nicht durch sein »retrogrades Unbewußtsein« erahnen würde, dass der Wille zur Macht bereitsteht, um ihm so etwas wie ›Befreiung‹ von der Urangst des archaischen Schuldaffektes in Aussicht zu stellen. Der Mensch in der Revolte ist bereit zur Unterwerfung, weil er durch sein Eingehen in das »archaische Opfergeschehen« des Willens zur Macht, welches sich in seinem *eigenen* extravasalen Seeleninnenleben ereignet, das Licht der Hoffnung in Gestalt eines »Bewußtseins von der *eigenen* Freiheit« erkennt. Diese projektive Selbsttäuschung ist nichts anderes als die negative $\left\{ {Bewußtseins \atop Selbst} \middle| Reflexion \right\}$ des $\left\{ {säkular \atop laikalen} \right\}$ Menschen im bw-ontologischen Entwurf, den der Wille zur Macht mit seiner »archaischen Opferhandlung« bereithält, um die Menschheit in die Moderne zu $\left\{ \left\{ {[\text{ver}] \atop \text{ver}} \right\} \text{führen.} \right\}$, die den »Tod Gottes« als Akt der „*Befreiung*" verkündet.

39. Der »Mensch in der Revolte« wird zur Manifestation einer Moderne, die ihre *laizistische Grundgesinnung* erkauft durch die Verdrängung der *wahren* Genealogie des »laikalen Menschen«, die in der $\left\{ {Selbst \atop Abgespaltenheits} \middle| Abständigkeit \right\}$ des Monastischen zum hierokratischen System der Religion ihren okkulten Ursprung hat. Dieses Mysterium muß dem gefallenen Menschen verborgen bleiben, der die ›Befreiung‹ von der hierokratischen Bevormundung sucht, um mit dieser zugleich die Offenbarung selbst und das »lapsarische Urbewußtsein« loszuwerden, das heißt um *ganz* gefallener Mensch werden zu können oder — wie es der Römerbrief darlegt — um *ganz Sünde werden zu können*. Die Geburt des »Menschen in der Revolte« bedeutet nichts Geringeres, als dass die Sünde selbst das Gefühl ihrer Rechtfertigung bekommt, denn sie ist nun gedeckt durch das »Bewußtsein von der *eigenen* Freiheit«. Die Sünde wird selbst zur $\left\{ {libidinös \atop anarchischen} \middle| \left\{ {Bedürfnis \atop Trieb} \middle| Struktur \right\} \right\}$ einer gesellschaftlichen $\left\{ {Schein \atop Wesens} \middle| Realität \right\}$, welche nur noch durch die Strafandrohung der staatlichen Justiz aufrecht erhalten werden kann. Die Pointe des »bellum omnium contra omnes« besteht gerade darin, dass dieser Krieg der Gesellschaft mit sich selbst, der die Existenz einer *wirklich humanen* Gesellschaft

selbst unmöglich macht, das vom »M e n s c h e n i n d e r R e v o l t e «
selbst gewollte Mittel des Willens zur Macht ist, das die system-im-
manente Anarchie durch den negativen Rechtsgrund eines kollektiven »B e w u ß t s e i n s v o n d e r *eigenen* Freiheit« im
Grunde ›*rechtfertigen*‹ soll. Diesem kalten Kalkül einer Eliminierung
der o f f e n b a r u n g s g e s c h i c h t l i c h e n B e d e u t u n g d e s I n-
d i v i d u u m s allein dient der leviathanische Staat der Moderne.
D i e s e r h e b t d a s »bellum omnium contra omnes«
n i c h t e t w a a u f , sondern er s t e l l t v i e l m e h r s i c h e r ,
d a s s d i e s e r Krieg das „W e s e n d e r m o d e r n e n G e s e l l-
s c h a f t" a u s m a c h t . Der leviathanische Staat erhebt den »Krieg aller gegen alle« zur politischen $\left\{ {Anti \atop Theologie} \right\}$ einer Ökonomie der „*na-
türlichen Auslese"* unter den Menschen, durch die der postlapsarische
Mensch zum Typus des »M e n s c h e n i n d e r R e v o l t e « *„weiter-
entwickelt"* werden kann. Das postlapsarische Individuum als der
»Mensch in der Revolte« ist die *eigentliche* ›*Rechtfertigung*‹ des Prinzips
des »bellum omnium contra omnes«, gegen das wiederum der Staat
zu Hilfe gerufen wird, um die G r u n d l a g e n d e r »m a t e r i a l e n
U n g e r e c h t i g k e i t « geradewegs zu kodifizieren.

40. Wir müssen d i e G e b u r t d e s »M e n s c h e n i n d e r R e v o l t e «
somit aus der *falschen* Genealogie des »laikalen Menschen« begreifen,
die darin ihren Ausdruck findet, dass der postlapsarische Mensch sich
i n e i n O p f e r g e s c h e h e n b e g i b t , in dem er die Täterschaft der
Tötung des »lapsarischen Urbewußtseins« *a u f s i c h n e h m e n
k a n n .* Er zeigt sich *bereit*, in seinem Seeleninnenleben das »lapsari-
sche Urbewußtsein« $\left\{ {urzeitlich \atop rituell} \right\}$ z u »t ö t e n «. Das »lapsarische Urbewußtsein« wird zum S c h e i n e i n e r e n t l e i b t e n S y m b o l i k
d e s U n b e w u ß t e n , deren sich das extravasale Seeleninnenleben
bemächtigt, um zum menschheitsgeschichtlichen Ur-Schema der Verdrängung des »lapsarischen Urbewußtseins« zu werden. Die
$\left\{ {Seelen \atop Symbolbildungs} \middle| Entkräftung \right\}$ dieses »lapsarischen Urbewußtseins« ist der Weg für das extravasale Seeleninnenleben des Individu-
ums, sich dieses evestralen Mittels zu bedienen, um sich durch es in
einen $\left\{ {Bewußtseins \atop Selbst} \middle| Schein \right\}$ zu e n t w e r f e n . Das heißt, ohne dieses
evestrale Bild vom in sich abgestorbenen »lapsarischen Urbewußt-
sein« kommt das Individuum nicht zu einem $\left\{ {säkular \atop laikalen} \right\}$ Bewußtsein
v o n s i c h s e l b s t . Die rituelle Tötung des »lapsarischen Urbewußtseins« ist ein Akt evestraler Selbsttäuschung, denn das Individuum
tötet ja nicht, was es gar nicht kennen kann, sondern nur den negativen Reflex des von ihm Negierten, das in der Unvorstellbarkeit für es

verschwindet, um als evestraler Scheinleib der archaischen Opfer-handlung des Willens zur Macht im Seeleninnenleben des ›aufgeklär-ten‹ Menschen wiederzukehren als $\left\{ \begin{Bmatrix} laikal \\ säkulares \end{Bmatrix} \begin{matrix} Daseins \\ Bewußtseins \end{matrix} \middle| Ich \right\}$

des »Menschen in der Revolte«. Die ›Aufklärung‹ der Moderne besteht gerade in dem instinktiven Wissen darum, dass man etwas opfern m u ß , um „frei" werden zu können. Der Trug der falschen Freiheit ver-langt den Preis der Bereitschaft, eine Täterschaft auf sich zu nehmen. Und diese aufgetragene Bewußtseins-Täterschaft ereignet sich im See-leninnenleben des postlapsarischen Individuums als dessen Beitrag

zur $\left\{ \begin{Bmatrix} laikal \\ säkularen \end{Bmatrix} \begin{matrix} Daseins \\ Bewußtseins \end{matrix} \middle| \begin{matrix} ICH \\ Formation \end{matrix} \right\}$, und das bedeutet kon-

kret zur Erlangung eines » B e w u ß t s e i n s   v o n   d e r   eigenen F r e i h e i t «. Die imaginative Tötungshandlung, die sich im extravasa-len Seelenlebensgrund des modernen Individuums abspielt, macht

dieses selbst zum $\left\{ \begin{matrix} Täterschaft \\ Bewußtseins \end{matrix} \middle| Ich \right\}$, zum Kollektiv-Subjekt moder-

ner [techno-ökonomischer] Menschheitsentwicklung. Dieses weiß, dass

es zuvor zum $\left\{ \begin{matrix} Täterschafts \\ Bewußtseins \end{matrix} \middle| Ich \right\}$ werden muß, ehe es ein akzeptiertes

Mitglied der ›zivilisierten Menschheit‹ werden kann, die a l s   g a n z e s i c h » i n   d e r   R e v o l t e «   b e f i n d e t und damit auf dem direkten Weg in die Selbstzerstörung. Denn die Menschheit ist aufgrund des $\left\{ \begin{matrix} Täterschafts \\ Bewußtseins \end{matrix} \middle| Ich \right\}$ des modernen Individuums eingespannt   in e i n e n   u n e n t r i n n b a r e n   U r k o n f l i k t   m i t   s i c h   s e l b s t , ich meine damit das » b e l l u m   o m n i u m   c o n t r a   o m n e s « als das vom Willen zur Macht bereitgestellte Prinzip einer R a t i o n a l i t ä t d e r » m a t e r i a l e n   U n g e r e c h t i g k e i t « als Grundlage „legitimer Herrschaft" im Sinne der politischen Theorie der Moderne.

41. Die Differenz zwischen dem $\left\{ \begin{matrix} laikal \\ säkularen \end{matrix} \middle| Individuum \right\}$ der politischen

Moderne   und   der $\left\{ \begin{matrix} Selbst \\ Abspaltungs \end{matrix} \middle| Abständigkeit \right\}$ des

$\left\{ \begin{matrix} monastisch \\ laikal \end{matrix} \middle| \begin{matrix} gnostischen \\ Menschen \end{matrix} \right\}$ als dem göttlichen Träger der

$\left\{ \begin{matrix} seins \\ offb \end{matrix} \middle| geschichtlichen \right\}$ Entwicklung. Die $\left\{ \begin{matrix} seins \\ offb \end{matrix} \middle| geschichtliche \right\}$ Dif-

ferenz des »laikalen Menschen« im Sinne der Moderne. Das $\left\{ \begin{matrix} Nicht \\ N \end{matrix} \middle| Ichts \right\}$ des $\left\{ \begin{matrix} laikal \\ säkularen \end{matrix} \middle| Individuums \right\}$ als $\left\{ \begin{matrix} Täterschaft \\ Bewußtseins \end{matrix} \middle| Ich \right\}$

der »archaischen Opferhandlung« des Willens zur Macht, welches das Prinzip der »materialen Ungerechtigkeit« überhaupt erst begründet. Denn das herrschende Prinzip des $\boxed{\textit{»bellum omnium contra omnes«}}$

nimmt unleugbar von dem $\left\{\begin{array}{l}\text{Täterschaft}\\\text{Bewußtseins}\end{array}\middle|Ich\right\}$ des $\left\{\begin{array}{l}laikal\\säkularen\end{array}\middle|Individuums\right\}$ seinen Anfang.

42. Worauf ist das »Bewußtsein von der *eigenen* Freiheit«, zu dem das desolate postlapsarische Individuum unter allen Umständen gelangen will, gegründet? Auf der Triebstruktur des $\left\{\begin{array}{l}\text{Täterschaft}\\\text{Bewußtseins}\end{array}\middle|Ich\right\}$ im extravasalen Seeleninnenleben des Individuums angesichts des $\left\{\begin{array}{l}Denk\\Verdrängungs\end{array}\middle|Horizontes\right\}$ der abendländischen Theorie der Moderne. Das Motiv vom »M e n s c h e n   i n   d e r   R e v o l t e «[28] gilt der okkulten Wissenschaft als Symbol der von der *falschen* Genealogie des »laikalen Menschen« verführten und irregeführten Völker der modernen Welt. Der Trieb erweist sich selbst als nötig, einen Ersatz für die $\left\{\begin{array}{l}seins\\offb\end{array}\middle|geschichtliche\right\}$ Nichtigkeit zu beschaffen. Das Herbeischaffen eines Beweises für die angebliche Wahrheit der *eigenen* Genealogie vom $\left\{\begin{array}{l}laikal\\säkularen\end{array}\right\}$ Weltdasein des Menschen, der auf diese Weise *„glaubt"*, seine postlapsarische Existenzbedingung hinter sich gelassen zu haben, der sich ›losgekauft‹ fühlt von der latenten Bedrohung durch den archaischen Schuld-Affekt. Aber durch $\left\{\begin{array}{l}wen\\was\end{array}\right\}$? Durch den Willen zur Macht, der von dem Seeleninnenleben des postlapsarischen Individuums Besitz ergreift aufgrund des dunklen Geheimnisses von der »archaischen Opferhandlung«. Die Triebstruktur des $\left\{\begin{array}{l}laikal\\säkularen\end{array}\right\}$ Individuums der Moderne sehen wir entstehen durch das Eintauchen des Willens zur Macht in die Abgründe des Seeleninnenlebens des desolaten Individuums, um sich dort mit diesem zu vereinigen im A k t e   d e r   g r o ß e n   A m n e s i e   v o n   d e r   l i m b a l e n   W e l t . Diesen Akt haben wir bereits kennengelernt in Gestalt der $\{Auf\,|\,0\,|\,Reduktion\}$ des »lapsarischen Urbewußtseins« und seiner limbalen Wesensgrundlage. Dieser Akt der grundlegenden Negation ist zugleich Grundlage für die p e r i c h o r e t i s c h e   G y r a t i o n durch den Willen, der das Individuum in dessen Möglichkeit als $\left\{\begin{array}{l}laikal\\gnostische\end{array}\middle|Monade\right\}$ n e g i e r t , um es *d u r c h   s i c h   s e l b s t* neu zu begründen als verfaßt im Prinzip eines »bellum omnium contra omnes«, welches d a s   m e t a p h y s i s c h e   D a s e i n s g e s e t z   d e s   m o d e r n e n   a b e n d l ä n d i s c h e n   N i h i l i s m u s darstellt. Die rätselhafte Philosophie Martin Heideggers, dies will ich an dieser Stelle nicht vergessen zu erwähnen, bleibt ohne die hier gemachten Ausführungen über die w a h r e   G e n e a l o g i e   d e s   » l a i k a l e n

---

[28] Dieser Begriff geht auf den Titel des Werkes „L'Homme révolté" von Albert Camus zurück.

Menschen« ein »*Buch mit sieben Siegeln*«, da sie selbst Teil der abendländischen Tradition okkulter Wissenschaft ist. Und dies gilt selbst dann, wenn Heidegger sich dessen nicht im Geringsten *bewußt* gewesen wäre.

43. „Sollte nun die Wissenschaft, auch ihrer äußern Form und gesellschaftlichen oder bürgerlichen Existenz nach, ganz mit der Religion, und mit dem geistlichen Stande in eins verschmolzen, und demselben völlig zu eigen gegeben werden, wie etwa nach der oben angeführten indischen Kasten-Einrichtung, oder ägyptischen Priesterverfassung; so kann man wohl zugeben, daß dadurch das freie Wachstum des wissenschaftlichen Geistes, dessen er zu seiner Entwicklung in der ihm eigentümlichen Sphäre bedarf, zu sehr gehemmt, und einseitig beschränkt werden dürfte. Wenn aber auf der andern Seite auch das falsche Wissen sich dieses geistige Götter-Recht des freien Wirkens, welches der himmlischen Wahrheit in ihrem unsichtbaren Reiche in einem gewissen Sinne wohl allerdings gestattet sein, von ihr auch nie mißbraucht werden kann, noch sie darin zu hindern eigentlich möglich ist, anmaßen und es gewaltsam an sich reißen will; so kann diese Herleitung wohl allerdings dienen, um den Ursprung des weitverbreiteten Irrtums begreiflich zu machen, und es zu erklären, wie dieses Vorurteil und geforderte Recht der unbedingten Gedankenfreiheit, oder vielmehr der unbedingt freien Mitteilung derselben, so tief in den Gemütern wurzeln kann. Allein als wirklich recht und gegründet kann man es darum doch keineswegs gelten lassen und anerkennen; weil eben da, wo alles wie in diesem geistigen Wirken, bloß unmittelbar, und ohne bestimmte Form der äußern Sanktion ist, auch das Recht dazu nur ein unbestimmtes und individuelles sein könnte."[29] Diese Stelle aus der 14. Vorlesung von Friedrich Schlegels »Philosophie des Lebens« ist von *zentraler* Bedeutung für die okkulte Bewußtseinslehre, aus der alleine a) eine »Theokratie der Wissenschaft« abgeleitet und b) die abendländische Moderne als *falsche* Genealogie des »laikalen Menschen« erkannt werden kann. Die Manifestation des Prinzips der »Theokratie der Wissenschaft« bedeutet die Bloßlegung der Anfangsgründe eines *falschen* Denkens, das von sich *glaubt*, das eigentliche Wesen des »laikalen Menschen« begriffen zu haben, weil es von sich selbst *behauptet*, den »laikalen Menschen« selbst *erfunden* zu haben. Die Moderne also *glaubt* an seine Erfindung des »laikalen Menschen«, insofern dieser als $\left\{ {laikal \atop säkulares} | Individuum \right\}$ der Menschheitsgeschichte in der menschheitsgeschichtlichen Deutung der Rationalität des Willens zur Macht

[29] Schlegel, ibid., S. 285.

zu verstehen ist. Aber welchen Grund sollte der Wille zur Macht haben, den postlapsarischen Menschen über irgend etwas ›aufklären‹ zu wollen oder zu können? Wir können deshalb nicht umhin, die historische und politische ›Aufklärung‹ der abendländischen Moderne als eine f a l s c h e   A u f k l ä r u n g zu bezeichnen[30], weil jeder »Illuminismus« *ohne Gott* eine Dämonie ist, die den Menschen durch das »retrograde Unbewußtsein« bindet und verknechtet zum Dienst am »Willen zur Macht«, welcher d e r   e i g e n t l i c h e   H e r r s c h e r   *d i e s e r*   W e l t ist.

44. Die $\left\{ {Selbst \atop Abspaltungs} \middle| Abst\ddot{a}ndigkeit \right\}$ des $\left\{ {monastisch \atop laikal} \middle| {gnostischen \atop Menschen} \right\}$ innerhalb des hierokratischen Systems der geoffenbarten Religion haben wir als d e n   a b s o l u t e n   U r s p r u n g   a l l e r   G e n e a l o g i e   d e s » l a i k a l e n   M e n s c h e n « zu betrachten. Hier bricht das hierokratische System der Kirche in sich auf, um sich als Mumiendienst des kanonischen Offenbarungsglaubens einer Außenwelt von *„Gläubigen"* darzustellen. Sie gibt sich selbst als Schein dessen, was ihr einst geoffenbart wurde, während der $\left\{ {monastisch \atop laikal} \middle| {gnostische \atop Mensch} \right\}$ in dem limbalen Unbewußtsein untergeht, um sich in diesem abzuspalten von dem Mumiendienst einer exoterischen „Gläubigkeit". So ist die *unbewußte* innere Spaltung der hierokratischen Religion durch die $\left\{ {Selbst \atop Abspaltungs} \middle| Abst\ddot{a}ndigkeit \right\}$ des $\left\{ {monastisch \atop laikal} \middle| {gnostischen \atop Menschen} \right\}$ ein Arkanum der offenbarungsgeschichtlichen Evolution des esoterischen oder *wahren* Christentums. Diesen absoluten Ursprungspunkt der G e n e a l o g i e   d e s » l a i k a l e n   M e n s c h e n « gilt es sich tief in das Gedächtnis einzuprägen.

45. Es kann keinen Zweifel geben, dass durch diese $\left\{ {Selbst \atop Abspaltungs} \middle| Abst\ddot{a}ndigkeit \right\}$ des $\left\{ {monastisch \atop laikal} \middle| {gnostischen \atop Menschen} \right\}$ das »lapsarische Urbewußtsein« mit in den Abgrund des limbalen Unbewußtseins gezogen wird, um an diesem Ort sicher verwahrt zu werden. Der $\left\{ {monastisch \atop laikal} \middle| {gnostische \atop Mensch} \right\}$ stürzt sich selbst in die Tiefen des

---

[30] Dagegen: Über die göttliche Bestimmung einer *zukünftigen* okkulten Wissenschaft von der Offenbarung a l s   d e r » w a h r e n   A u f k l ä r u n g « → Franz von Baader, Vorwort zum Zweiten Heft der »Fermenta cognitionis«, in: F. v. Baader, Sämmtliche Werke, Band 2, Leipzig 1851, S. 200: „Hättet Ihr (Volkslehrer & c.) nicht versäumt, dem Volke (in religiösen wie in bürgerlich-weltlichen Dingen) die wahre Aufklärung (nemlich die in eueren Händen stehende Hilfe z u   solcher, d. i. zur freien Entwickelung aller seiner Kräfte & c.) zu verschaffen, so würdet Ihr nicht Ursache haben, vor religiösen und politischen Jongleur's Euch zu fürchten, welche nur dadurch dem Volke und Euch gefährlich werden, dass sie Etwas zu geben versprechen, wessen dasselbe bedarf, und was ihm anderwärts (von Euch) nicht gegeben wird."

limbalen Gedächtnisses der $\left\{{seins \atop offb}\,\middle|\,geschichtlichen\right\}$ Bewußtseinsent-

wicklung des Menschen und nimmt mit sich das »lapsarische Urbe-

wußtsein«, um es im Triebherzen des limbalen Unbewußtseins-Stro-

mes zu begründen. Der limbale Sturz des $\left\{{monastisch \atop laikal}\,\middle|\,{gnostischen \atop Menschen}\right\}$

ist von größter offenbarungsgeschichtlicher Bedeu-

tung für die okkulte Bewußtseinslehre. Dieser limbale

Sturz ist kein Fall ins Ungewiße, sondern eine $\left\{{Selbst \atop Projektion}\right\}$, ein *sich*

Ent-werfen in den $\left\{{seins \atop offb}\,\middle|\,geschichtlichen\left\{{Bewußtseins \atop Urgrund}\right\}\right\}$ des o k -

kulten Bewußtseins einer »theokratischen Wissen-

schaft«. Dieser Sturz ist die Zuflucht des $\left\{{monastisch \atop laikal}\,\middle|\,{gnostischen \atop Menschen}\right\}$

im Göttlichen selbst. Er ist als Symbolhandlung zu ver-

stehen. Er ist die Bedingung des okkulten Bewußtseins vom Göttli-

chen, durch das *diese* Welt überwunden wird.

46. Diese $\left\{{Selbst \atop Abspaltungs}\,\middle|\,Abständigkeit\right\}$ des $\left\{{monastisch \atop laikal}\,\middle|\,{gnostischen \atop Menschen}\right\}$

ist als Reduktion des »lapsarischen Urbewußtseins« zu begreifen, als

Rückzug in die Wirklichkeit des limbalen Lebenselementes des un-

tergegangenen »Verbum exinanitum ipsum«. Durch diese A n a c h o -

rese des »lapsarischen Urbewußtseins« ereignet

sich das Geheimnis des limbalen Triebherzens, das

die limbale Lebenswirklichkeit des selbstentäußer-

ten Logos in sich birgt und deshalb aus sich offen-

bart. Denn *wahre* Offenbarung setzt voraus, dass das zu Offenba-

rende bereits in einem selbst gegenwärtig ist. Man kann

nicht offenbaren, was man nicht schon hat. Das »lapsarische Urbe-

wußtsein« wird durch die $\left\{{Selbst \atop Abspaltungs}\,\middle|\,Abständigkeit\right\}$ des

$\left\{{monastisch \atop laikal}\,\middle|\,{gnostischen \atop Menschen}\right\}$ zum Grund des limbalen Gedächtnisses

der göttlichen Offenbarungsgeschichte. Es wird zum limbalen Trieb-

herzen des menschlichen Seeleninnenlebens gebildet. In der Gestalt

des limbalen Triebherzens erst wird das »lapsarische Urbewußtsein«

leibliche Wirklichkeit des okkulten Bewußtseins. In

dieser Leiblichkeit des limbalen Triebherzens liegt der Ursprung des

okkulten Bewußtseins selbst begründet. *Diese* Leiblichkeit bedarf des

limbalen Unbewußtseinsgrundes. *Diese* Leiblichkeit lebt aus der

$\left\{{Bewußtseins \atop Negativität}\right\}$ des limbalen Unbewußtseins. Das »lapsarische Urbe-

wußtsein« *muss* zurück in den Schoß der $\left\{{Bewußtseins \atop Negativität}\right\}$, um in sich

das limbale Gedächtnis des selbstentäußerten Logos aufzunehmen.

Durch diese Verschlingung des äonischen Gedächtnisses nimmt das »lapsarische Urbewußtsein« den limbalen Unbewußtseinsstrom in sich auf, in welchem sich der Untergang des »Verbum exinanitum ipsum« ereignet. Durch diesen Eintritt in das Gedächtnis des limbalen Unbewußtseins *kontrahiert sich* das »lapsarische Urbewußtsein« zum Triebherzen und damit zum Ursprung des okkulten Bewußtseins.

47. Der Sturz des postlapsarischen Menschen durch die Negation oder »Tötung« des »lapsarischen Urbewußtseins« ist ein Akt, der das Eingehen des Willens zur Macht in das extravasale Seeleninnenleben des Individuums bereits voraussetzt. Erst dadurch, dass der Wille im Seelenleben des Individuums sich verkörpert und eine evestrale ›*Leiblichkeit*‹ in der Seele des Menschen annimmt, erfährt dieser umgekehrt den Willensantrieb zur Ent-Scheidung, ich meine die Entscheidung zur Negation des »lapsarischen Urbewußtseins«, das damit als vom Entscheidungswillens als unerkannt und unerkennbar gesetzt wird. Dieses ist damit die *zweite* Stufe des postlapsarischen Versetzt-Seins der menschlichen Natur und des Seeleninnenlebens des Individuums. Mit dieser *zweiten* Stufe aber wird die Unkenntlichkeit für den postlapsarischen Menschen durch die rituelle »Tötung« des »lapsarischen Urbewußtseins« gleichsam nachträglich vom Individuum — als dem scheinbaren Subjektum der archaischen Opferhandlung des Willens zur Macht — gesetzt aus der Entschiedenheit einer postulierten Eigenmächtigkeit. Diese *zweite Stufe* der postlapsarischen Versetztheit der menschlichen Natur muß begriffen werden als Akt der $\left\{ \genfrac{}{}{0pt}{}{Subjektums}{Erm\ddot{a}chtigung} \middle| des\ Individuums \right\}$ durch den in diesem Wohnung nehmenden Willen zur Macht. Der Akt der Selbstermächtigung des Individuums ist undenkbar ohne die heimliche Fleischwerdung des Willens zur Macht im Seeleninnenleben, wodurch dieses zum evestralen Seelenleib des Willens zur Macht selbst wird. Nur so kann das entfremdete Individuum in der $\left\{ \genfrac{}{}{0pt}{}{Seelen}{Leiblichkeits} \middle| Pr\ddot{a}senz \right\}$ des in ihm wohnenden Willens zur Macht in sich selbst den entschiedenen Willen zur ›*Selbstbehauptung*‹ fassen, der das $\left\{ \genfrac{}{}{0pt}{}{Gyrations}{Prinzip} \right\}$ des »bellum omnium contra omnes« voraussetzt. *Wir sehen*: Das Individuum handelt ganz im Sinne des Willens zur Macht, ohne dass es sich dessen bewußt wäre oder bewußt werden könnte. Ganz im Gegenteil: Das Individuum erklärt sich selbst für *„frei handelnd"* und *„selbstbestimmt"*.

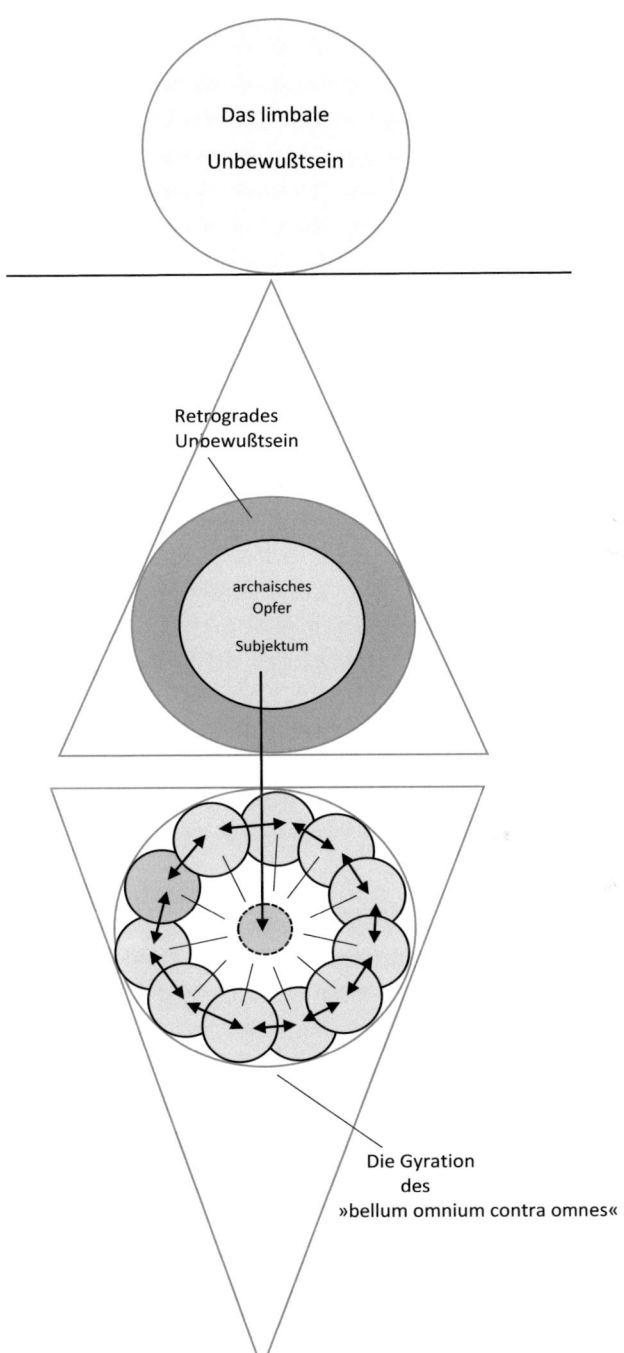

Das limbale

Unbewußtsein

Retrogrades
Unbewußtsein

archaisches
Opfer

Subjektum

Die Gyration
des
»bellum omnium contra omnes«

48. Die $\boxed{\textit{»Tötung« des »lapsarischen Urbewußtseins«}}$ durch das $\left\{{\textit{laikal} \atop \textit{säkulare}}\middle|{\textit{Subjektum} \atop \textit{Individuum}}\right\}$ der Moderne ist nicht einfach als ein Additiv zum »peccatum originale« zu verstehen, sondern als Ereignis, in welchem jene von der Heiligen Schrift berichtete Ursünde a l s g a n z e n o c h e i n m a l g e s e t z t w i r d in Gestalt der »archaischen Opferhandlung« des Willens zur Macht, der sich anschickt, das ihm unzugängliche, das heißt unerkennbare Mysterium der Menschwerdung des göttlichen Logos nachzuahmen in seinem Wunsch, *wie Gott sein zu wollen*. Wir entdecken das komplementäre G e g e n s t ü c k zum »peccatum originale«.

49. Die innere Komplementierung des adamitischen Sündenfalls erfordert das noch einmal als ganzes gesetzt werden müssende »peccatum originale«. Was aber ist dieses »Gegenstück«? Was haben wir darunter zu verstehen? Den Typus des $\left\{{\textit{laikal} \atop \textit{säkularen}}\middle|{\textit{»Subjektum«} \atop \textit{Individuums}}\right\}$, welches seine b e w u ß t s e i n s - o n t o l o g i s c h e E n t s t e h u n g der »archaischen Opferhandlung« des Willens zur Macht verdankt. Es ist eben diese Opferhandlung, die dem adamitischen Fall *g e g e n o f f e n b a - r u n g s g e s c h i c h t l i c h* entgegengesetzt wird. In diesem Sinne ist sie dessen G e g e n s t ü c k, das die Rekapitulation des adamitischen Falles erforderlich macht. Denn sie beansprucht ja gerade, die ›*Loslösung*‹ und ›*Befreiung*‹ von der Bedrohung durch den archaischen Schuldaffekt zu sein.

50. Wir erkennen nun: Das e r f o r d e r l i c h e G e g e n s t ü c k zum adamitischen Ursündenfall ist nichts anderes als d i e *e n t s c h i e d e n e E i n f o r d e r u n g* des » B e w u ß t s e i n s v o n d e r *e i g e n e n* F r e i h e i t « durch das epochale $\left\{{\textit{laikal} \atop \textit{säkulare}}\middle|{\textit{»Subjektum«} \atop \textit{Individuum}}\right\}$ einer menschheitsgeschichtlichen ›*Aufklärung*‹. Diese beinhaltet als das erforderliche Gegenstück zum adamitischen Sündenfall dessen g e - g e n o f f e n b a r u n g s g e s c h i c h t l i c h e U r v e r d r ä n g u n g in Gestalt der r i t u e l l e n » T ö t u n g « d e s » l a p s a r i s c h e n U r - b e w u ß t s e i n s «, um dieses an der Möglichkeit zu hindern, in die Tiefen des individualen Seeleninnenlebens einzudringen, um dort göttliches Erkenntnislicht und damit *w a h r e A u f k l ä r u n g* zu verbreiten. Das *gegen*offenbarungsgeschichtliche Gegenstück zum »peccatum originale« wird von den *falschen Ideen* des »Menschen in der Revolte« geliefert, der in seiner Verblendung wirklich ›*glaubt*‹, daß aus seiner Forderung nach einem »Bewußtsein von der *eigenen* Freiheit« *w i r k l i c h e r s e l b s t s p r i c h t*. Vielmehr spricht aus ihm der reine Wille zur Macht.

51. Diese „*falschen Ideen*" basieren auf dem Lügen-Narrativ vom ›*emanzipatorischen*‹ Aufbruch des » M e n s c h e n i n d e r R e v o l t e « zur

entschiedenen Forderung nach einem »Bewußtsein von der *eigenen* Freiheit«. Dieses Postulat der politischen $\begin{Bmatrix} Anti \\ Theologie \end{Bmatrix}$ der ›*Aufklärung*‹ konfrontiert uns gleich mit mehreren Widersprüchen:

a) Die Abhängigkeit eines Bewußtseins vom Willen, der nicht der Gottes sein kann.

b) Was ist von einer Freiheit zu halten, die von einem Bewußtsein stammt, das von einem nichtselbst-göttlichen Willen eingefordert werden muß, also *erzwungen* werden muß?

c) Die Negation des Willens haben wir a l s V o r aus s e t z u n g f ü r d i e E n t s t e h u n g v o n B e w u ß t s e i n zu betrachten, das sich zudem a u c h n o c h s e l b s t n e g i e r t und damit *sich selbst* als $\begin{Bmatrix} Nicht \\ \{Un\} \end{Bmatrix}\Big| Bewußtsein \Big\}$ setzt.

52. Dies ist aber nur möglich, wenn der Logos selbst der Subjektums-Grund dieser $\begin{Bmatrix} Selbst \\ Setzung \end{Bmatrix}$ der $\begin{Bmatrix} Bewußtseins \\ Natur \end{Bmatrix}$ ist. Das $\begin{Bmatrix} Nicht \\ \{Un\} \end{Bmatrix}\Big| Bewußtsein \Big\}$ als die l i m b a l e G e n e a l o g i e des Grundes von $\begin{Bmatrix} Bewußtsein \\ überhaupt \end{Bmatrix}$ ist das Urfaktum der Ontologie des Bewußtseins. Aus diesem Urfaktum muß sich die Morphologie von $\begin{Bmatrix} Nicht \\ \{Un\} \end{Bmatrix}\Big| Bewußtsein \Big\}$ überhaupt erst v e r i f i z i e r e n. Das mythoide Narrativ der Moderne vom » B e w u ß t s e i n v o n d e r *eigenen* F r e i h e i t« als die Q u i n t e s s e n z des » M e n s c h e n i n d e r R e v o l t e« bestimmt dieses Bewußtsein selbst *als ein Postulat der Vernunft*, das der Entstehung dieses Bewußtseins vorausgeht.

53. Dieses Postulat der $\begin{Bmatrix} laikal \\ säkularen \end{Bmatrix}$ Vernunft des Willens zur Macht tritt an den postlapsarischen Menschen heran und stellt ihn unter das Diktat *dieses* Postulates. Und unter dem Druck dieses Diktats wird der » M e n s c h i n d e r R e v o l t e« geboren. Unter der Macht des Postulates der ›*Freiheit*‹ erübrigt sich, so scheint es, die Frage nach der Trägerschaft dieses »Bewußtseins von der *eigenen* Freiheit«, das den gefallenen Menschen zur Revolte ermuntert. Denn durch die Revolte bekommt nicht der Mensch, sondern der *gefallene* Mensch der Menschheitsgeschichte „*Würde*". Begreift man, was ich damit sagen will? Etwas tritt an den postlapsarischen Menschen heran und ver-

führt ihn zur e n t s c h i e d e n e n Forderung nach dem »Bewußtsein von der *eigenen* Freiheit«. Aber wer sollte den
Menschen solch ein ›*Bewußtsein*‹ lehren, das sich selbst fordern muß,
um von ihm behaupten zu können, *dass es sei?*

54. Für den postlapsarischen Menschen im Geisteshorizont der abendländischen Moderne stellt sich die Frage nach dem Ursprung von Bewußtsein nur im Kontext einer gegenoffenbarungsgeschichtlichen
Antwort auf die theologische Herausforderung des »peccatum originale«. Das desolate Individuum der Moderne begreift sich vollkommen aus diesem Gegensatz zur Bewußtseins-Tatsache des »peccatum
originale«. *Das heißt*, es kann nur dieser Bewußtseins-Tatsache entfliehen, wenn es diese zum „*Mythos*" erklärt, der seine „natürliche
menschliche Würde" verletzt. Das extravasale Seelenleben des gefallenen Menschen fühlt sich gekränkt v o n d e r A n n a h m e d e r
W a h r h e i t des biblischen Narrativs vom Sündenfall. Das heißt aber
nichts anderes, als dass der gefallene Mensch angesichts des Geistes
der abendländischen Moderne *s i c h i n d i e R e v o l t e b e g i b t* gegen
die Annahme, beim adamitischen Fall handle es sich *wirklich* um eine
Bewußtseins-Tatsache. Damit aber wird der Widerstand gegen diese
Annahme selbst zu einer „*theologischen*" Position der Revolte g e g e n
d i e e i g e n e V e r w o r f e n h e i t. Wir müssen die Geburt des
$\left\{\begin{matrix} laikal \\ s\ddot{a}kularen \end{matrix} \middle| \begin{matrix} Individuums \\ in\ der\ Revolte \end{matrix}\right\}$ begreifen als die Fleischwerdung eines
entschiedenen Willens zur Gegenoffenbarung. Damit aber wird so-
gleich klar, dass diese gewaltige menschheitsgeschichtliche Initiative
und Perspektive keinesfalls vom gefallenen Individuum selbst ausge-
hen kann. Dieses kann nicht das trägerschaftliche Subjektum der gegenoffenbarungsgeschichtlichen   Evolution der Menschheit selbst
sein. Vielmehr ist es als das Subjekt einer Subjektion durch den Willen
zur Gegenoffenbarung zu verstehen, der es sich willig fügt, weil es
sich aus dieser Unterwerfung einen *entscheidenden* Vorteil verspricht:
D a s »B e w u ß t s e i n v o n d e r *e i g e n e n* F r e i h e i t u n d
W ü r d e« d e s *v e r w o r f e n e n* M e n s c h e n. Dieses ›*Bewußtsein*‹
bildet in der Tat das Fundament des »Menschen in der Revolte«, der
sich auf dem Umwege seines »retrograden Unbewußtseins« als ge-
naues Gegenstück zum »peccatum originale« fühlen kann, aber dies
in der Form negativer $\left\{\begin{matrix} Bw \\ Selbst \end{matrix} \middle| \begin{matrix} Reflexions \\ Bildung \end{matrix}\right\}$ durch die rituelle Negation
des »lapsarischen Urbewußtseins«, die selbst gleichsam das Herz-
stück der archaischen Opferhandlung des Willens zur Macht bezeich-
net. Dieses Herzstück ist die $\left\{\begin{matrix} material \\ libidin\ddot{o}se \end{matrix}\right\}$ Triebstruktur des »Men-
schen in der Revolte«, welches wir als das selbstnegierte $\left\{\begin{matrix} Schein \\ Gegen \end{matrix} \middle| Bild\right\}$

zum limbalen Triebherzen erkennen. Denn durch dieses $\left\{\begin{array}{l}Schein\\Gegen\end{array}\middle|Bild\right\}$ der $\left\{\begin{array}{l}material\\libidinösen\end{array}\right\}$ Triebstruktur des »Menschen in der Revolte« wird die ganze limbale Welt der selbstentäußerten Gottheit *geleugnet*. Wie sollten wir also nicht von einem im desolaten Individuum der abendländischen ›*Aufklärung*‹ anwesenden und wirksamen Willen zur Gegenoffenbarung sprechen, welchen nach seiner metaphysischen Herrschaft im gefallenen Menschen durch die $\left\{\begin{array}{l}material\\libidinöse\end{array}\right\}$ Triebstruktur des desolaten Individuums der Moderne gelüstet?

55. Die libidinöse $\left\{\begin{array}{l}Trieb\\Herrschafts\end{array}\middle|Struktur\right\}$ des » M e n s c h e n i n d e r R e v o l t e « bildet die treibende „*soziale*" Kraft, die das in der Gyration entstehende P r i n z i p d e r m a t e r i a l e n U n g e r e c h t k e i t nach unten in das ›*reale*‹ Leben der Gesellschaft weiterleitet, um es im Seelenleben des desolaten Individuums *als u n e r b i t t l i c h e s G e s e t z m a t e r i a l e r B e s i t z v e r h ä l t n i s s e* zu dokumentieren. An dieser Stelle wird das Scheitern des vom »Menschen in der Revolte« vertretene » B e w u ß t s e i n v o n d e r *eigenen* F r e i h e i t u n d W ü r d e « deutlich. Und wir haben bereits den Grund dargelegt, der für dieses Scheitern maßgeblich verantwortlich ist, ich meine die mythoide Lüge, welche der archaischen Opferhandlung — als eines Willens zur *G e g e n o f f e n b a r u n g* — zugunde liegt. Die Lüge besteht wesentlich darin, dass der postlapsarische Mensch als *verworfener* zur Verwerfung des »lapsarischen Urbewußtseins« übergeht und sich damit i n d i e R e v o l t e b e g i b t, die selbst ein »Bewußtsein von der Freiheit und Würde des [verworfenen] Menschen« *einfordert*. In dieser Forderung aber ist bereits die Negation der Annahme dieser Verworfenheit des Menschen *v o m M e n s c h e n d e r V e r w o r f e n h e i t s e l b s t g e s e t z t*. Es handelt sich somit um eine N e g a t i o n d e s N e g i e r t - S e i n s d e r V e r w o r f e n h e i t d e s M e n s c h e n d u r c h d a s e i g e n e S e l b s t d e s v e r w o r f e n e n M e n s c h e n. Was aber ist das Selbst des verworfenen Menschen? Angenommen, es gebe gar kein solches Selbst des verworfenen Menschen, wie kann man dann von einem ›*Bewußtsein*‹ in diesem Zusammenhang sprechen? Wie kann man das rein fiktive Selbst des » M e n s c h e n i n d e r R e v o l t e « in Beziehung zu einem ernsten Fragen nach der Natur des Bewußtseins setzen? Wir müssen zugeben, dies ist u n m ö g l i c h.

56. Das „*theologische*" Gegenstück der politischen „Aufklärung" zum Urfaktum des adamitischen Falles kann nur die Verwerfung der Verworfenheit des postlapsarischen Menschen durch einen rituellen Akt

des Willens zur Macht im unbewußten Seeleninnenleben des desolaten Individuums selbst sein, den ich mit dem Begriff der »a r c h a i s c h e n O p f e r h a n d l u n g« bezeichne. Dieses Seeleninnenleben basiert auf einem Unbewußtsein, das nicht göttlichen, sondern das einem d ä m o n i s c h e n W i l l e n entspringt, der seinem Wesen nach W i l l e z u r M a c h t und als solcher W i l l e z u m W i l l e n ist. Dieser ist ein Gewolltsein seiner selbst durch sich selbst. Damit aber schafft er eine Objektivität, in der alles rückführbar ist allein auf den Willen selbst als dem Ursprung einer ›*Rationalität*‹, die a u ß e r h a l b d e s g ö t t l i c h e n L o g o s steht, weil sie sich von diesem *äonisch* abgespalten hat.

57. Die epochale Manifestation des »M e n s c h e n i n d e r R e v o l t e« stellt nun eine Zuspitzung des Problems der Leugnung des postlapsarischen Seins des Menschen durch diesen selbst dar. Die Leugnung durch das »retrograde Unbewußtsein« muß insofern über dieses hinausgehen, weil die $\{Auf|0|Reduktion\}$ des »lapsarischen Urbewußtseins«, das selbst auf dem Wesen des limbalen Unbewußtseins gründet, mit der Schaffung eines extravasalen Unbewußtseins auch die eines auf diesem aufbauenden $\left\{{laikal \atop s\ddot{a}kularen}\middle|Bewu\beta tseins\right\}$ erfordert. Die Verdrängungs-Energie, die für die Schaffung des gegenoffenbarungsgeschichtlichen Gegenstückes zum Urfaktum des adamitischen Falles nötig ist, hat den Zweck, ein Negativ der Verdrängtheits-Entsprechung des Verdrängten im Bild von der Selbstentwerfung herzustellen. Das Bilden des Bildes der Verdrängung ist selbst das Werk des Willens zur Macht im Seeleninnenleben des desolaten Individuums, das sich dadurch im Bild vom »M e n s c h e n i n d e r R e v o l t e« selbst ›w i e d e r e r k e n n e n‹ kann. Und durch dieses ›*sich Wiedererkennen*‹ in dem vom Willen hergestellten Bilde spiegelt sich für den »Menschen in der Revolte« der abgründige Sinn von *seiner* gegenoffenbarungsgeschichtlichen Welt-Mission zweifelsfrei wider. Diese Mission ist *sein „Glaube"* an den Willen zur Macht *in ihm*. Mit der P o t e n z i e r u n g d e s p o s t l a p s a r i s c h e n M e n s c h e n zum epochalen »M e n s c h e n i n d e r R e v o l t e« als *anti-„theologisches"* Gegenstück zum Urfaktum des adamitischen Sündenfalls, durch das dieses Faktum nicht nur geleugnet wird, sondern das zu ›*befreien*‹ verspricht vom Seelendruck des archaischen Schuld-Affektes. Man will ›*frei*‹ sein vom krank machenden Gefühl der Bedrohung durch eine archaische Schuld. Nun verstehen wir, warum dieses grandiose welthistorische Spektakel so gar nichts Würdiges und Edles an sich hat, sobald man die ›*heilige Lüge*‹ erkennt, die dem ›*Verworfenheits-Komplex der Moderne*‹ zugrunde liegt.

58. Die »a r c h a i s c h e   O p f e r h a n d l u n g« des Willens zur Macht ist „*Therapie*", deren der gefallene Mensch bedarf, um aus der bloßen Verdrängung des »lapsarischen Urbewußtseins« zum Zustand eines »Menschen in der Revolte« sich „*fortzuentwickeln*". Worin aber besteht diese Tat? In der Einforderung eines »Bewußtseins von der *eigenen* Freiheit und Würde« als »Mensch in der Revolte«, der sich als $\begin{Bmatrix} anti- \\ „theologische" \end{Bmatrix}$ Antwort auf das $\begin{Bmatrix} Urbewußtseins \\ Faktum \end{Bmatrix}$ des » p e c c a t u m o r i g i n a l e« begreift. Wie aber ist dies möglich? Indem der adamitische Fall nicht nur negiert, sondern als *k r a n k   m a c h e n d e   u n d   A n g s t   m a c h e n d e* Lehre vom Menschen begriffen wird, gegen die alle nur denkbaren Gegenmaßnahmen vom »Menschen in der Revolte« als ›*legitim*‹ und deshalb ›*erlaubt*‹ angesehen werden.

59. ⌐$\boxed{\textit{Zur Erinnerung}}$¬: Wir haben gesehen, der $\begin{Bmatrix} monastisch \vert gnostische \\ laikal \quad\vert\ Mensch \end{Bmatrix}$ durchläuft eine Selbstabspaltung *nach innen* in die Unbewußtseins-Abgründigkeit des hierokratischen Systems. Und sein Selbstabgespaltensein ist eine $\begin{Bmatrix} Selbst \\ Abgespaltenheits \end{Bmatrix} Abst\ddot{a}ndigkeit$ des $\begin{Bmatrix} monastisch \\ laikalen \end{Bmatrix}$ Menschen im hierokratischen Inneren der geoffenbarten Religion, das damit zugleich das verdrängte limbale Unbewußtsein der Offenbarung selbst ist. So enthält das hierokratische System die Grundlage aller Offenbarung *a l s   G e g e n s t a n d   s e i n e r   V e r d r ä n g u n g.* Und diese Verdrängung besagt, d a s s   d a s   v o n   i h r   V e r d r ä n g t e   a l l e i n   z u   *s e i n e r* V e r f ü g u n g   s e i   u n d   z u   s e i n   h a b e. Darin spricht sich der dogmatische Grundsatz des hierokratischen Systems des Offenbarungsglaubens aus. Aus diesem Grunde heißt es in Friedrich Schlegels 14. Vorlesung über die »Philosophie des Lebens«: „Sollte nun die Wissenschaft, auch ihrer äußern Form und gesellschaftlichen oder bürgerlichen Existenz nach, ganz mit der Religion, und mit dem geistlichen Stande in eins verschmolzen, und demselben völlig zu eigen gegeben werden, wie etwa nach der oben angeführten indischen Kasten-Einrichtung, oder ägyptischen Priesterverfassung; so kann man wohl zugeben, daß dadurch das freie Wachstum des wissenschaftlichen Geistes, dessen er zu seiner Entwicklung in der ihm eigentümlichen Sphäre bedarf, zu sehr gehemmt, und einseitig beschränkt werden dürfte."[31]

60. Man   muß   die $\begin{Bmatrix} Selbst \\ Abgespaltenheits \end{Bmatrix} Abst\ddot{a}ndigkeit$ des $\begin{Bmatrix} monastisch \vert gnostischen \\ laikal \quad\vert\ Menschen \end{Bmatrix}$ in ihrer geheimen Ambivalenz begreifen. Sie enthält zwei verschiedene Erkenntnis-Elemente in sich. Sie ist Selbstabspaltung des hierokratischen Systems *in sich selbst*. Es findet

---

[31] Schlegel, ibid., S. 285.

in ihm eine Abspaltung *von sich selbst* statt, die *von etwas Anderem* herrührt. Das hierokratische System erhält einen Bruch, und zwar einen, der nicht das System selbst erschüttert, sondern der das System *dazu nötigt*, durch Rückbindung an das *in ihm* Abgespaltene *sich seiner selbst zu vergewissern*. Das bedeutet: Die $\left\{\begin{array}{c}Selbst\\Abgespaltenheits\end{array}\middle|Abständigkeit\right\}$ des $\left\{\left\{\begin{array}{c|c}monastisch&gnostischen\\laikal&Menschen\end{array}\right\}\right\}$ erfährt die Rückbindung durch das hierokratische System der geoffenbarten Religion in Gestalt des $\left\{\begin{array}{c|c}[hierokratisch]&laikalen\\monastisch&Menschen\end{array}\right\}$. Dieses ist die systemkonforme Gestalt des »laikalen Menschen« im Zeitalter der hierokratischen Verfassung des Offenbarungsglaubens. In der Form seines Verdrängtseins gefangen bleibt das limbale Unbewußtsein aber die unverzichtbare Quelle der Theologie. Zugleich jedoch verhindert diese Gefangenschaft die Manifestation des $\left\{\begin{array}{c|c}monastisch&gnostischen\\laikal&Menschen\end{array}\right\}$. Das limbale Triebherz, in welchem die *wahre*, d.h. die *theokratische* Wissenschaft wohnt, ist hinab geworfen in die Tiefen seines hierokratischen Verdrängtseins und nistet sich ein in der $\left\{\begin{array}{c}Selbst\\Abgespaltenheits\end{array}\middle|Abständigkeit\right\}$ des $\left\{\begin{array}{c|c}monastisch&gnostischen\\laikal&Menschen\end{array}\right\}$, dessen geheimer Bruch mit dem hierokratischen System der geoffenbarten Religion von diesem kanonisch aufgefangen und ausgeglichen wird, ohne dass der Bruch dadurch beseitigt wäre oder werden könnte. Das hierokratische System der Religion reagiert auf jenen Bruch mit der funktionalen Integration des $\left\{\begin{array}{c|c}monastisch&gnostischen\\laikal&Menschen\end{array}\right\}$. Diese Entschärfung des inneren Bruchs in der hierokratischen Religion müssen wir als Folge der Verdrängung betrachten, die aus der $\left\{\begin{array}{c}Selbst\\Abgespaltenheits\end{array}\middle|Abständigkeit\right\}$ des $\left\{\begin{array}{c|c}monastisch&gnostischen\\laikal&Menschen\end{array}\right\}$ entsteht. Diese Verdrängung nimmt das hierokratische Bewußtsein der Kirche selbst gefangen, so dass dieses *g e l e i t e t* wird *von seiner eigenen Blindheit*. Durch diese erfährt das hierokratische Bewußtsein der geoffenbarten Religion seine Manifestationsform als archontische Wesensgestalt des Willens zur Macht. Der Versuch der kanonischen Aufhebung des von der $\left\{\begin{array}{c}Selbst\\Abgespaltenheits\end{array}\middle|Abständigkeit\right\}$ des $\left\{\begin{array}{c|c}monastisch&gnostischen\\laikal&Menschen\end{array}\right\}$ hervorgebrachten inneren Bruches im hierokratischen System führt schließlich *zur Zuspitzung dieses fundamentalen Widerspruches*, bei dem es um nichts Geringeres als um d i e F r a g e nach d e m Ursprung und Wesen der *wahren* Wissen-

schaft von der Offenbarung und damit um das esoterische Wesen der geoffenbarten Religion selbst
geht. Dieser innere Widerspruch im hierokratischen Bewußtsein der
geoffenbarten Religion ist mit dieser selbst gesetzt. Es gehört zur
okkulten Natur der geoffenbarten Religion, gesetzt
zu werden, um sich gegen sich selbst zu wenden,
um das Bewußtsein von der Offenbarung selbst *aus
sich heraus* zu entfalten. Es gilt: Nicht das, was wir von der
Religion selbst sehen, hat mit der Offenbarung selbst zu tun. Die ge-
offenbarte Religion ist das Gegenstück zur Offenbarung selbst. Sie

ist reine Erscheinungsform des $\left\{ \begin{array}{l} \boxed{gegen} \; offenbarungs \\ \boxed{gegen} \; geschichtlichen \end{array} \right\}$ Willens

zur Macht. Und erst, wo diese abgetan ist, kann das Licht der Offenbarung selbst im limbalen Triebherzen erscheinen und *sich offenbaren*.
»Offenbarung selbst« muss sich offenbaren, sie muss sich selbst
offenbar werden. Und dieses obliegt dem limbalen Triebherzen
oder — mit den Worten Friedrich Schlegels — der *„ewigen Sehn-
sucht"*[32]. Diese $\left\{ \begin{array}{l} Sich \\ Selbst \end{array} \middle| Offenbarung \right\}$ der Offenbarung entzieht sich
allem, indem sie sich zurückzieht in das limbale Unbewußtsein und
die Triebstruktur des Triebherzens, das als das theologische Er-
kenntnisorgan des $\left\{ \begin{array}{l} äonischen \\ gottebenbildlichen \end{array} \right\}$ Menschen zu begreifen
ist.

61. Die $\left\{ \begin{array}{l} Selbst \\ Abgespaltenheits \end{array} \middle| Abständigkeit \right\}$ des $\left\{ \begin{array}{l} monast. \mid gnostischen \\ laikal \mid Menschen \end{array} \right\}$
als Ursprung des inneren Selbstwiderspruches im hierokratischen Sy-
stem der geoffenbarten Religion, sie müssen wir im Auge behalten, da
nur von ihr aus betrachtet die *doppelte* Genealogie der Wissenschaft
erkannt wird.

62. Das $\left\{ \begin{array}{l} Bewußtseins \\ Postulat \end{array} \right\}$ des »Menschen in der Revolte«, wie es in der »archaischen Opferhandlung« des Willens zur Macht begründet liegt,
steht in *unbewußter* Relation zur $\left\{ \begin{array}{l} Selbst \\ Abgespaltenheits \end{array} \middle| Abständigkeit \right\}$
des $\left\{ \begin{array}{l} monastisch \mid gnostischen \\ laikal \mid Menschen \end{array} \right\}$ im hierokratischen System der geoffenbarten Religion. Inwiefern? Indem es diese durch einen Akt der
Negation *leugnet*. Die Negation geschieht indirekt über die › aufklärerische‹ Radikalkritik an der Religion als einem System der geistigen Tyrannei und der Unterdrückung
des laikalen Menschen, der hier natürlich als $\left\{ \begin{array}{l} laikal \\ säkularer \end{array} \right\}$
Mensch *„verstanden"* wird. Wir sehen, wie dieses Gift im Postulat des

[32] Ibid., S. 285.

sich selbst in die Revolte begebenden Menschen wirkt. Es setzt sich, um alles um es herum zu negieren. Die Leugnung einer *höheren* Historizität in der Entwicklung des »laikalen Menschen« als eines seinem *wahren* Wesen nach $\left\{\begin{array}{l} laikal \\ gnostischen \end{array}\right\}$. Diese Entwicklung wird durch das Postulat des $\left\{\begin{array}{l} laikal \\ säkularen \end{array}\right\}$ Menschen *abgeschnitten*.

63. Eine $\left\{\begin{array}{l|l} seins & bewußtseins \\ offb & geschichtliche \end{array}\right\}$ Zäsur, welche die aus der $\left\{\begin{array}{l|l} Selbst & \\ Abgespaltenheits & Abständigkeit \end{array}\right\}$ des $\left\{\begin{array}{l|l} monastisch & gnostischen \\ laikal & Menschen \end{array}\right\}$ *freigesetzte* Evolution des $\left\{\begin{array}{l} laikal \\ gnostischen \end{array}\right\}$ Menschen *zunichte* macht. Aus dieser Z u n i c h t e m a c h u n g aber entsteht selbst das Bewußtsein, das der $\left\{\begin{array}{l} laikal \\ säkulare \end{array}\right\}$ Mensch von sich selbst bildet. Dieser erfährt sich als » M e n s c h i n d e r R e v o l t e «. Dies macht sein neues Wesen aus. Dieses stützt sich auf *„ S e l b s t b e h a u p t u n g "*, die die Gestalt eines » B e w u ß t s e i n s v o n d e r *e i g e n e n* F r e i h e i t u n d W ü r d e u n d v o m *e i g e n e n* W e r t « annimmt. Dieses Bewußtsein ist bei näherer Betrachtung eigentlich gar kein Bewußtsein im üblichen Sinne des Wortes. Es stellt vielmehr d i e E i n f o r d e r u n g e i n e r W e r t - E n t s p r e c h u n g i m V e r h ä l t n i s z u m R e s t d e r ü b r i g e n W e l t dar. Dieses $\left\{\begin{array}{l} Schein \\ \rangle Bewußtsein\langle \end{array}\right\}$ erhebt die W e r t f r a g e in Bezug auf das Wesen des Menschen. Das menschliche Leben wird zur ›*Grundwährung*‹ in der $\left\{\begin{array}{l} Verdinglichungs \\ Ökonomie \end{array}\right\}$ einer t o t a l i t ä r - s ä - k u l a r e n W e l t v e r n u n f t, durch die sich der Wille zur Macht manifestiert.

64. Die Negation, welche das »retrograde Unbewußtsein« des »Menschen in der Revolte« an dem offenbarungsgeschichtlichen Geschehen der $\left\{\begin{array}{l|l} Selbst & \\ Abgespaltenheits & Abständigkeit \end{array}\right\}$ des $\left\{\begin{array}{l|l} monastisch & gnostischen \\ laikal & Menschen \end{array}\right\}$ im hierokratischen System der Religion vollzieht, sie ist nicht nur eine epochale Mißdeutung eines geistesgeschichtlichen Prozesses, sondern vor allem N e g a t i o n d e r w a h r e n G e n e a l o g i e d e s » l a i - k a l e n M e n s c h e n « durch die politische $\left\{\begin{array}{l} Anti \\ \rangle Theologie\langle \end{array}\right\}$[33] eines Willens zur *„ L e g i t i m i t ä t d e r M o d e r n e "*.

65. Die Synthese des » B e w u ß t s e i n s v o n d e r *e i g e n e n* F r e i h e i t u n d W ü r d e u n d v o m *e i g e n e n* W e r t « setzt die »Tötung« der

---

[33] Frage: Wie kann ein *sich selbst behauptendes* Scheinbewußtsein von Theologie zu Theologie werden, wenn die Theologie selbst und ihre okkulten Voraussetzungen, die von ihm ja selbst *negiert* werden, ihm doch unbekannt sein müssen? Dies eben macht die Pointe des Begriffes einer *„politischen Theologie"* der Gegenoffenbarung aus.

offenbarungsgeschichtlichen Bedeutung der $\left\{\begin{array}{c}\text{Selbst}\\\text{Abgespaltenheits}\end{array}\middle|\text{Abständigkeit}\right\}$ des $\left\{\begin{array}{c|c}\text{monastisch}&\text{gnostischen}\\\text{laikal}&\text{Menschen}\end{array}\right\}$ im hierokratischen System der geoffenbarten Religion zwingend voraus. Nur so kann das $\left\{\begin{array}{c}\text{laikal}\\\text{säkulare}\end{array}\right\}$ Bewußtsein des » M e n s c h e n   i n   d e r R e v o l t e « überhaupt entstehen. Diese »Tötung« ist als eine *a r c h a i - s c h e* anzusehen, denn sie ist Bestandteil der »archaischen Opfer-handlung«, die der Wille zur Macht im extravasalen Seeleninnenleben des postlapsarischen Individuums darbringt. Die *sublimierte* Mordlust an allem, was den eigenen *„Wert"*, den man für sich reklamiert, in Frage stellt oder auch nur ignoriert. Die Verhandelbarkeit der menschlichen Natur ist, wie wir deutlich sehen, für den » M e n s c h e n i n   d e r   R e v o l t e « unumgänglich, da seine alte Natur offensichtlich zu nichts mehr taugt. Die Anthropologie ist ganz im Fokus des In-teresses der Moderne, da sie eine *neue* Determination an der Natur des Menschen vornimmt. Und eine solche scheint dringend nötig, um dem Postulat des $\left\{\begin{array}{c}\text{laikal}\\\text{säkularen}\end{array}\right\}$ Menschen die Sinn-Dimension einer $\left\{\begin{array}{c|c}\{\text{gegen}\}&\text{offenbarungs}\\\text{gegen}&\text{geschichtlichen}\end{array}\right\}$ *„Rechtfertigung"* der Moderne zu verlei-hen.

66. Diese $\left\{\begin{array}{c|c}\{\text{gegen}\}&\text{offenbarungs}\\\text{gegen}&\text{geschichtliche}\end{array}\right\}$ Auratisierung des » M e n s c h e n   i n d e r   R e v o l t e « bis hin zum Kult des Verbrechens und sexueller Anomalien. Die Aura des »Menschen in der Revolte« ist identisch mit der strukturellen Anarchie im Seelenleben des $\left\{\begin{array}{c|c}\text{laikal}&\text{ICH}-\text{Schein}\\\text{säkularen}&\text{Bewußtseins}\end{array}\right\}$. S u b l i m a t i o n   d e r   A n a r c h i e   z u r m o d e r n e n   B e w u ß t s e i n s k u l t u r. Die *„Befreiung"* des desola-ten Individuums *zur Entfesselung der [postlapsarischen] Animalität* feiert sich selbst im modernen ›Life-style‹. A n a r c h i e   u n d   m a t e r i a l e U n g e r e c h t i g k e i t als treibende Prinzipien des leviathanischen ›Rechts‹-Staates. So heißt es in Friedrich Schlegels 14. Vorlesung vom *w a h r e n* Wesen des Staates: „Wenn nun aber auch die Wissenschaft, nämlich die wahre und göttliche, als eine Macht der höhern Art be-trachtet werden kann und soll; so ist sie dieses doch auf ganz andre Weise, als die Religion oder der Staat. Der letztere ruht auf einer göttli-chen Grundlage des ewigen Rechts, und darin besteht seine innere Le-benskraft. Die Religion ist die rechtmäßige Form in der lebendigen Mitteilung der göttlichen Kraft und der göttlichen Gnade; die wahre Wissenschaft ist ein höheres Streben des Geistes in der göttlichen Richtung nach der rechten Erkenntnis, und das ist das unterschei-dende Merkmal derselben von dem falschen Wissen. Im Staat also be-ruht der höhere Charakter desselben auf der geheiligten Grundlage

des Rechts selbst; Unrecht ist es, und ein großer verderblicher Irrtum, in irgend einer äußern Form oder Formel das innere Wesen desselben, und das wahre politische Heil ausschließend zu suchen; da diese äußere Form ohnehin nur so oft ein bloßes National-Spiel, und politische Theater-Darstellung darbietet."[34]

67. Die Kritik des $\left\{{laikal \atop säkularen}\right\}$ Menschen *an der Religion* betrifft nicht nur das hierokratische System des kanonischen Offenbarungsglaubens, denn dies ließe noch Spielraum für eine Kritik durch den Glauben selbst. Dies aber liegt dem Anliegen des $\left\{{laikal \atop säkularen}\right\}$ Menschen völlig fern. Er will nicht nur Kirche fallen sehen, sondern auch die Religion als *s i c h s e l b s t* o f f e n b a r w e r d e n d e Offenbarung. Es muss die Religion i n i h r e m A n s p r u c h a u f d i e O f f e n b a - r u n g s e l b s t fallen, damit das Bewußtsein des »Menschen in der Revolte« „Recht" bekommen und sich selbst als $\left\{{\{gegen\} \atop gegen}\left|{offenbarungs \atop geschichtliche}\right.\right\}$ Kraft der Menschheitsgeschichte *„legitimie-ren"* kann.

68. Die $\left\{{Selbst \atop Abgespaltenheits}\left|Abständigkeit\right.\right\}$ erfährt durch die Negation seitens der $\left\{{laikal \atop säkularen}\left|{Bewußtseins) \atop Synthese}\right.\right\}$ eine e v e s t r a l e R ü c k ü b e r - t r a g u n g zu einer $\left\{{Bw \atop Bild}\left|Konfiguration\right.\right\}$ im extravasalen Seeleninnenleben des postlapsarischen Individuums.

69. Nun erinnern wir uns, dass die $\left\{{Selbst \atop Abgespaltenheits}\left|Abständigkeit\right.\right\}$ des $\left\{{monastisch \atop laikal}\left|{gnostischen) \atop Menschen}\right.\right\}$ bereits selbst eine F o r m d e r N e - g a t i o n darstellt, wenn diese auch verborgen bleibt innerhalb des hierokratischen Systems der Religion. Mit der Kritik an der Religion durch den » M e n s c h e n i n d e r R e v o l t e « aber gerät diese Negation selbst in den Strudel der Negation des »lapsarischen Urbewußtseins« durch die Vernunft der *„Aufklärung"*. Die Negation der Religion macht also die $\left\{{Selbst \atop Abgespaltenheits}\left|Abständigkeit\right.\right\}$ als F o r m d e r N e g a t i o n d e s h i e r o k r a t i s c h e n S y s t e m s zunichte.

70. Was haben wir uns unter diesem Wort von dem » Z u n i c h t e w e r - d e n « der $\left\{{Selbst \atop Abgespaltenheits}\left|Abständigkeit\right.\right\}$ des $\left\{{monastisch \atop laikal \atop gnostischen}\right\}$ Menschen durch die Kritik der ›*Aufklärung*‹ an der Religion vorzustellen? Mitnichten etwa die These, die ›aufklärerische‹ Kritik der Religion sei mit dieser fertig geworden oder könnte dies überhaupt. Nein, es

[34] Schlegel, ibid., S. 284.

geht nicht um moderne ›*Theoriebildungen*‹, die selbst den Prinzipien einer *falschen* Wissenschaft entnommen sind. Vielmehr ist das Zunichtewerden der $\left\{\begin{array}{c}\textit{monastisch}\\\textit{laikal}\\\textit{gnostischen}\end{array}\right\}$ Negationsform selbst ein Urakt der Befreiung, welcher durch die historische Religionskritik des »Menschen in der Revolte« mit dem hierokratischen System selbst *untergeht*. Damit aber erfährt die Negationsform der $\left\{\begin{array}{c}\textit{Selbst}\\\textit{Abgespaltenheits}\end{array}\right|\textit{Abständigkeit}\Big\}$ selbst das Schicksal seines {Mit}Negiertwerdens durch die ›*aufklärerische*‹ Religionskritik. Indem der $\left\{\begin{array}{c|c}\textit{monastisch}&\textit{gnostische}\\\textit{laikal}&\textit{Mensch}\end{array}\right\}$ jedoch durch diese Negation sich die Substanz der Offenbarung[35] zuspricht, führt er diese in seine $\left\{\begin{array}{c}\textit{Selbst}\\\textit{Abgespaltenheits}\end{array}\right|\textit{Abständigkeit}\Big\}$ ein, um sie darin begründet zu erkennen.

71. Nun dürfen wir keinesfalls unterlassen, auf die Urrelation aufmerksam zu machen, welche zwischen der in der $\left\{\begin{array}{c}\textit{Selbst}\\\textit{Abgespaltenheits}\end{array}\right|\textit{Abständigkeit}\Big\}$ grundgelegten offenbarungsgeschichtlichen Substanz des $\left\{\begin{array}{c|c}\textit{monastisch}&\textit{gnostischen}\\\textit{laikal}&\textit{Seelen}-\textit{Innenlebens}\end{array}\right\}$ und dem »lapsarischen Urbewußtsein« besteht, welches doch der Gegenstand radikaler {*Negation = Verdrängung*} durch das »retrograde Unbewußtsein« der politischen Theorie der „*Aufklärung"* ist.

72. Anhand der Negationsform der $\left\{\begin{array}{c}\textit{Selbst}\\\textit{Abgespaltenheits}\end{array}\right|\textit{Abständigkeit}\Big\}$ des $\left\{\begin{array}{c|c}\textit{monastisch}&\textit{gnostischen}\\\textit{laikal}&\textit{Menschen}\end{array}\right\}$ läßt sich gut verdeutlichen, dass nicht jede Negation eine Verdrängung ist. In diesem speziellen Falle müssen wir sagen, die $\left\{\begin{array}{c}\textit{Selbst}\\\textit{Abgespaltenheits}\end{array}\right|\textit{Abständigkeit}\Big\}$ ist $\left\{\begin{array}{c}\textit{bw}\\\textit{ontogenetische}\end{array}\right|\textit{Kontinuation}\Big\}$ der Offenbarung selbst im $\left\{\begin{array}{c}\textit{Glaubens}\\\textit{Seelen}\end{array}\right|\textit{Innenleben}\Big\}$ des $\left\{\begin{array}{c|c}\textit{monastisch}&\textit{gnostischen}\\\textit{laikal}&\textit{Menschen}\end{array}\right\}$, den wir damit als M o n a d e d e r e s o t e r i s c h e n E r f a h r u n g d e s C h r i s t e n t u m s zu begreifen haben. Mit *dieser* Form der Negation nun legt sich der »Mensch in der Revolte« an, ohne zu wissen, mit wem oder mit was er es zu tun kriegen wird. Denn das $\left\{\left\{\begin{array}{c}\textit{laikal}\\\textit{säkular}\end{array}\right\}\right|\begin{array}{c}\textit{libidinöse}\\\textit{Triebsubjekt}\end{array}\Big\}$ der Moderne kümmert sich wirklich nur

---

[35] $\left\{\begin{array}{l}\text{Die Substanz der Offenbarung =}\\\text{Das Offenbarwerden der Offenbarung selbst}\end{array}\right\}$

um *eines*, nämlich um d i e   E r f ü l l u n g   d e r   v o n   i h m   a u f g e -
s t e l l t e n   F o r d e r u n g   n a c h   e i n e m   » B e w u ß t s e i n   v o n
d e r   *eigenen*   F r e i h e i t   u n d   W ü r d e   u n d   v o m   *eigenen*
W e r t « .

73. Für die Negation des »lapsarischen Urbewußtseins« durch das vom
Willen zur Macht geschaffene »retrograde Unbewußtsein« des postlapsarischen Individuums gilt, dass sie die N e g a t i o n   der
$\left\{ \begin{matrix} Selbst \\ Abgespaltenheits \end{matrix} \middle| Abst\ddot{a}ndigkeit \right\}$ des $\left\{ \begin{matrix} monastisch | gnostischen \\ laikal \quad\; Menschen \end{matrix} \right\}$
zum Ziele hat. Daraus ergibt sich für den Begriff der »Negation« in
diesem   Zusammenhang,   dass   die   Gleichung   {*Negation =*
Verdrängung} zur Anwendung kommt.

74. Die Genealogie des $\left\{ \begin{matrix} laikal \\ s\ddot{a}kular \end{matrix} \right\} \middle| \begin{matrix} libidin\ddot{o}sen \\ Triebsubjekts \end{matrix} \right\}$ oder — mit anderen
Worten — des » M e n s c h e n   i n   d e r   R e v o l t e « zeichnet sich da-
durch aus, dass sie den Ursprung der *wahren* Genealogie des »laikalen
Menschen«   in   der $\left\{ \begin{matrix} Selbst \\ Abgespaltenheits \end{matrix} \middle| Abst\ddot{a}ndigkeit \right\}$ des
$\left\{ \begin{matrix} monastisch | gnostischen \\ laikal \quad\; Menschen \end{matrix} \right\}$ durch Totalverdrängung zunichte macht.
Sie muß dies sogar tun, weil dies die Bedingung ihres eigenen Wer-
dens ist. Wir können diese Verdrängung die eigentliche Tat des »retrograden   Unbewußtseins«   nennen,   durch   die   eine
$\left\{ \begin{matrix} Bw \\ Bild \end{matrix} \middle| Konfiguration \right\}$ aufgrund der $\left\{ \begin{matrix} R\ddot{u}ck\ddot{u}bertragungs \\ Negativit\ddot{a}t \end{matrix} \right\}$ des Ursprungs des Verdrängten erstellt wird. Dadurch geht die Position des
Verdrängten durch die $\left\{ \begin{matrix} R\ddot{u}ck\ddot{u}bertragungs \\ Negativit\ddot{a}t \end{matrix} \right\}$ seines Ursprungs auf das
Subjekt der Negation dieses Ursprungs über.

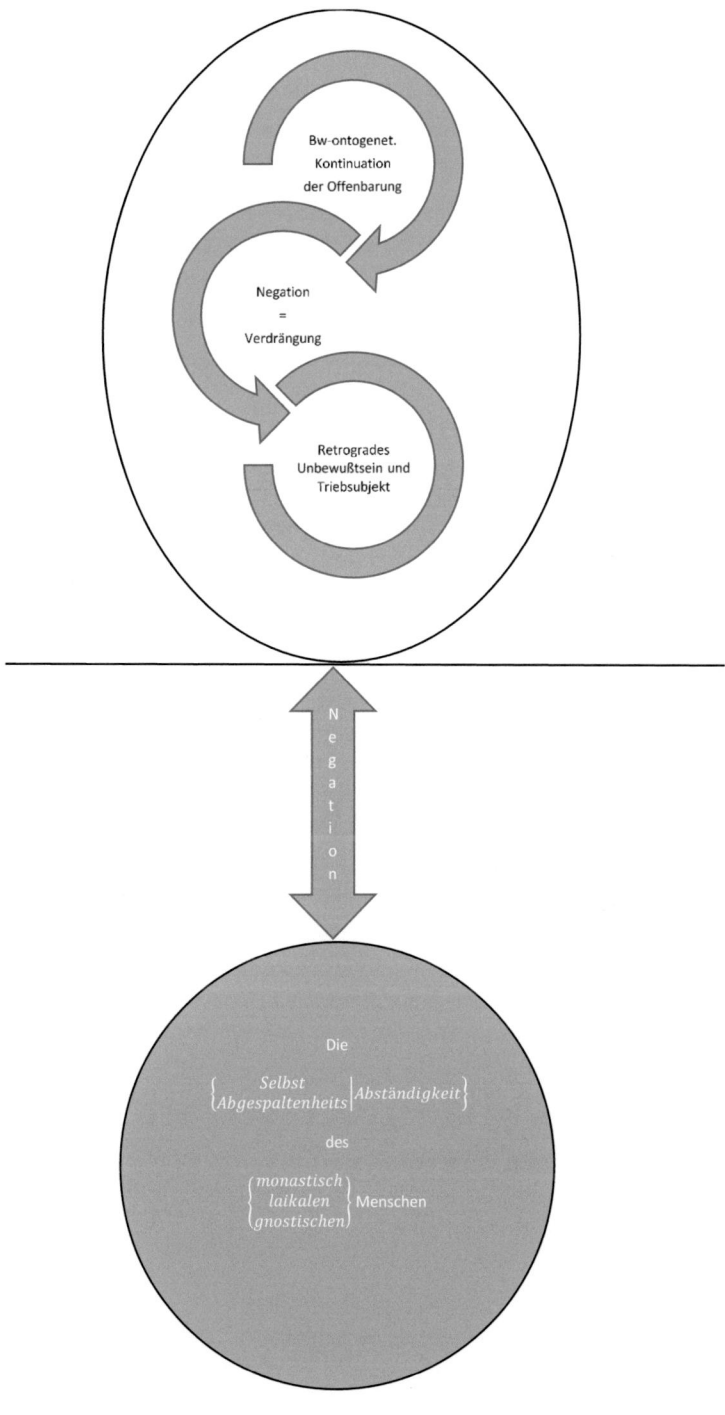

Die Negation der $\left\{{Selbst \atop Abgespaltenheits} \Big| Abst\ddot{a}ndigkeit\right\}$ als eine $\{Negation = Verdr\ddot{a}ngung\}$ der natürlichen Negativität des Ursprungs des »laikalen Menschen« im hierokratischen System der Religion überträgt sein $\left\{{Zunichte \atop Gemacht} \Big| Sein\right\}$ auf eben diese *wahre* Negativität des monastischen Ursprungs des »laikalen Menschen«. Gleichzeitig jedoch entzieht sie diesem die Position des »Laikalen«, um sie auf sich selbst zurück zu übertragen. Eben so erstellt der » M e n s c h i n d e r R e v o l t e « die künstliche ›Aura‹ seiner v o n i h m „ b e h a u p t e -
t e n " $\left\{{laikal \atop s\ddot{a}kularen}\right\}$ Wesensbestimmung. Die völlige Verkennung des Wesens der $\left\{\left\{{bew\upsilon\beta tseins \atop ontogenetischen}\right\} Negativit\ddot{a}t\right\}$ durch die $\left\{{\{Negation = Verdr\ddot{a}ngung\}\} \atop Determination}\right\}$ des »retrograden Unbewußtseins« im Triebsubjekt des Willens zur Macht führt zur totalen A m n e s i e
v o m U r s p r u n g d e r *w a h r e n* Genealogie des »l a i k a l e n
M e n s c h e n « und ermöglicht zugleich eine $\left\{{Bw \atop Bild} \Big| {R\ddot{u}ck \atop \ddot{U}bertragung}\right\}$ aus der Negation der $\left\{{Selbst \atop Abgespaltenheits} \Big| Abst\ddot{a}ndigkeit\right\}$, die dadurch zu einer $\left\{{\{Negation = Verdr\ddot{a}ngungs\} \atop determinierten} \Big| {Negativit\ddot{a}ts \atop Negation}\right\}$ verändert wird. Eben dies verstehe ich unter der $\left\{{Bw \atop Bild} \Big| Konfiguration\right\}$ des »Menschen in der Revolte«. Mit der Retroversion dieser ontologischen Bewußtseinsstruktur ist das innere Wesensbild des »retrograden Unbewußtseins« beschrieben, dessen Entstehung auf die »archaische Opferhandlung« des Willens zur Macht zurückzuführen ist. Und wir sehen nun auch den inneren materialen Triebgrund für die Leugnung des »lapsarischen Urbewußtseins« durch das Triebsubjekt des Willens zur Macht ein. Die $\{Negation = Verdr\ddot{a}ngung\}$ des »lapsarischen Urbewußtseins« durch die libidinöse Triebstruktur des $\left\{{laikal \atop s\ddot{a}kularen}\right\}$ Menschen der Moderne wird von diesem als das tragende Element einer menschheitsgeschichtlichen Evolution von *„Aufklärung"* und *Emanzipation"*, die man sich ausgerechnet vom leviathanischen Staat garantieren läßt, ganz bewußt und willentlich m i ß v e r s t a n d e n .

75. N o t i z e n z u r 15. V o r l e s u n g F r i e d r i c h S c h l e g e l s :

a) „daß die echte Offenbarung in der Lehre die sie verkündigt, gewiß allemal zugleich alt und neu sein wird; neu nämlich in Hinsicht auf die Anwendung und Erfüllung im Leben, in Hinsicht auf die belebende Kraft und geistige Erweckung; alt aber, insofern sie immer auf die frühere Offenbarung zurückführt und auf die noch ältere Quelle des Lichts, bis zu dem reinen Born der ewigen Wahrheit; wie dies eben mit der mosaischen Offenbarung der Fall ist, daß sie den Forscher immer höher und weiter hinauf und immer tiefer zurück, bis an diese Quelle des ewigen Lichts leitet, daher sie auch von der christlichen oder göttlichen Geistes-Philosophie als ein solche, und Moses selbst immer als der Stifter derselben von jeher erkannt und verehrt wurde."[36]

Der $\boxed{Aufbruch}$ des $\begin{Bmatrix} monastisch & gnostischen \\ laikal & Menschen \end{Bmatrix}$ durch die latente $\begin{Bmatrix} Selbst \\ Abgespaltenheits \end{Bmatrix} Abst\ddot{a}ndigkeit \Big\}$ im hierokratischen System der geoffenbarten Religion, ihn haben wir in enge Verbindung gebracht zum »lapsarischen Urbewußtsein«, das vom »Menschen in der Revolte« einer Urverdrängung geopfert wird. Wir können deshalb von einer A n a t h e m a t i s i e r u n g des »lapsarischen Urbewußtseins« durch den *„Geist der Moderne"* sprechen. Dieser gibt sich damit als M a n i f e s t a t i o n eines »W i l l e n s z u r G e g e n o f f e n b a r u n g« zu erkennen. Durch dieses Anathem wird das »lapsarische Urbewußtsein« als etwas *gebrandmarkt*, das die menschliche Natur verleumdet, mit einem Stigma versieht und damit *„entwürdigt"*. Das Anathem, das der »Mensch in der Revolte« ausspricht, ist die Grundlage der politischen Theorie der *„Aufklärung"*. Man wirft der Religion vor, den ›freien‹ und unbekümmerten Blick auf das Wesen des Menschen zu verderben. Es sei der getrübte Blick der Religion auf die Anthropologie, welcher den Menschen daran hindern wolle, ein ›freies‹ und ›selbstbestimmtes‹ Leben zu verwirklichen. Die ›aufgeklärte‹ Vernunft des »Menschen in der Revolte« behauptet demnach von sich zu wissen, was ›*die Natur des Menschen*‹ sei. Das ›*Bild vom Menschen*‹ aber, das die säkulare Vernunft der Moderne vermittelt, es ist nichts anderes als die $\begin{Bmatrix} Bw \\ Bild \end{Bmatrix} Konfiguration \Big\}$, welche aus der $\begin{Bmatrix} Negativit\ddot{a}ts \\ Negation \end{Bmatrix}$ der $\begin{Bmatrix} Selbst \\ Abgespaltenheits \end{Bmatrix} Abst\ddot{a}ndigkeit \Big\}$ des $\begin{Bmatrix} monastisch \\ laikalen \end{Bmatrix}$ Menschen hervorgeht als Produkt der Leugnung des »lapsarischen Urbewußtseins« durch den Willen zur Macht im »retrograden Unbewußtsein« des extravasalen Seeleninnenlebens des *gefallenen* Individuums. Die moderne Anthropologie bildet das Zentrum einer *falschen* Genealogie des Denkens, aus der sich wiederum die Genealogie eines *falschen* Begriffs von Wissenschaft ableitet, mit dem das $\begin{Bmatrix} gegenoffenbarungs & politische \\ geschichtliche & Interesse \end{Bmatrix}$ des Willens zur Macht un-

---

[36] Schlegel, ibid., S. 291.

trennbar verknüpft ist. Die *„falsche Wissenschaft"* (Schlegel) bezeichnet den f a l s c h e n Begriff von Wissenschaft, „und eben daher gibt es allerdings keine indifferente Wissenschaft; denn diejenigen, deren Streben oder Sinn und Geist nicht auf das Göttliche gerichtet ist, die seichte und oberflächliche, sinnlich nichtige, und vernünftelnd eitle Wissenschaft ist eben darum eine falsche, und in der äußern Wirkung alsdann eine böse, verderbliche, und schädliche."[37] Dieser *falschen* Wissenschaft der Moderne nun aber steht die e w i g e S e h n s u c h t d e s l i m b a l e n T r i e b h e r - z e n s entgegen, durch welches der menschlichen Natur ein Weg zu ihrer Heilung und Heiligung v o r g e z e i c h n e t ist. Dieser vorgezeichnete Weg ist der zum Menschen, der nach dem Ebenbild Gottes erschaffen ist. Der postlapsarische Mensch vermag von sich aus keine solchen Gedanken zu fassen. Vielmehr verwirft er sie für sich. Und sein *eigener* Wille hindert ihn daran, dies zu ändern. Nun aber ist der »Mensch in der Revolte« d e r g e f a l l e n e M e n s c h i n d e r *h ö h e r e n* P o t e n z. Er ist der „M e n s c h d e r G e - s e t z l o s i g k e i t" ganz im paulinischen Sinne. Der gefallene Mensch wird *unbewußt* Träger der vom Willen gewollten und betriebenen gegenoffenbarungsgeschichtlichen, das heißt *„aufkläreri- schen"* Menschheits-Entwicklung. Der Somnambulismus des Bösen. Mit dem Erscheinen des limbalen Triebherzens jedoch geschieht eine Zäsur. Das limbale Triebherz, welches das der

$$\left\{ \begin{matrix} Selbst \\ Abspaltungs \end{matrix} \middle| Abst\ddot{a}ndigkeit \right\} \ des \ \left\{ \begin{matrix} monastisch \\ laikal \\ gnostischen \end{matrix} \right\} \ \text{Menschen ist, es}$$

durchbricht seine Verdrängung durch ein *f a l s c h e s B e w u ß t - s e i n* von der Wissenschaft. D i e s e r D u r c h b r u c h z u m o k - k u l t e n B e w u ß t s e i n *w a h r e r* W i s s e n s c h a f t geht vom Triebherzen des limbalen Unbewußtseins aus, das bislang im

$$\text{Grabe} \quad \text{seiner} \quad \left\{ \begin{matrix} Negativit\ddot{a}ts \\ Selbst \end{matrix} \middle| Negiertheit \right\} \quad \text{durch} \quad \text{die}$$

$$\left\{ \begin{matrix} Bw \\ Selbst \end{matrix} \middle| \begin{matrix} Bild \\ Konfiguration \end{matrix} \right\} \ \text{des »Menschen in der Revolte« lag. Es}$$

kommt nur zu seinem g ö t t l i c h e n B e w u ß t s e i n, wenn es — sich seines limbalen Ursprungs *erinnernd* — das »retrograde Unbewußtsein« der »archaischen Opferhandlung« *d u r c h b r i c h t*, u m d i e B e w u ß t s e i n s k u l t u r d e s »M e n s c h e n i n d e r R e v o l t e« z u d u r c h s c h a u e n und *v o n i n n e n h e r* zu z e r s t ö r e n. Mit dem Erscheinen des limbalen Triebherzens beginnt die okkulte Wissenschaft von der »Offenbarung selbst«. Wir

---

[37] Schlegel, ibid. S. 283.

können die Manifestation des limbalen Triebherzens als o f f e n -
b a r u n g s g e s c h i c h t l i c h e s U r p h ä n o m e n bezeichnen. Mit
ihm beginnt d i e R e d e v o n d e r O f f e n b a r u n g s e l b s t, *das
heißt* d i e O f f e n b a r w e r d u n g d e r O f f e n b a r u n g s e l b s t.
Denn es genügt nicht von der Offenbarung des Göttlichen bloß zu
reden, so als sei dieses Reden d e s B e w e i s e s G o t t e s a u s
d e m » p r o p h e t i s c h e n W o r t « s e l b s t enthoben. Das Wunder des im limbalen Triebherzen beweiskräftig gewordenen »Verbum propheticum«. Die *„ e w i g e S e h n s u c h t "* (Schlegel) des
limbalen Triebherzens verfügt über die wunderbare Beweiskraft
des »Verbum propheticum«. Mit dem Erscheinen des limbalen
Triebherzens in der χώρα der symbolischen Gesamthandlung der
$\left\{\begin{matrix}Mytho\\Logie\end{matrix}\right|der\left|\begin{matrix}Offenbarung\\Selbst\end{matrix}\right\}$ halten wir den Ursprung der Offenbarung selbst in unseren Händen. Nichts kann uns diesen h e i l i -
g e n U r s p r u n g wieder nehmen. *Was für ein Ereignis!* Es gilt die
Gleichung $\left\{\begin{matrix}Mytho\\Logie\end{matrix}\right|=\left|\begin{matrix}Logo\\Mythie\end{matrix}\right\}$ im metaphysischen Raum der
Symbolbildung. Aufhebung des Gegensatzes von »Mythos« und
»Logos«. Mit der Erscheinung des limbalen Triebherzens wird die
„ e w i g e S e h n s u c h t " Leib der Wissenschaft von der »Offenbarung selbst«, die selbst göttlich ist. Die Frage nach der Offenbarung
selbst, wie sie von der okkulten Wissenschaft gestellt wird, hat ihren Ursprung allein im limbalen Triebherzen des äonischen Menschen. Somit ist das Triebherz als die sich in sich selbst reflektie-
rende $\left\{Seelen\left\{\begin{matrix}Substanz\\Struktur\end{matrix}\right\}\right\}$ des limbalen Unbewußtseins zu verstehen. Es ist der vom limbalen Untergang des »Verbum exinani-
tum ipsum« im Limbus und aus diesem hervorgebrachte Licht-
funke, welcher den äonischen Hinabstieg des Logos zugleich b e -
g l e i t e t. So ist dieser Hinabstieg des Triebherzensfunkens im limbalen Äther sein ganz *eigener*, und dennoch steht er in einer Kom-
plexion mit der Kenose des Logos selbst. Der *Unterschied* der beiden »Untergänge« besteht darin, dass der des Triebherzens selbst
eingebettet ist in die ätherische Materie des limbalen Unbewußt-
seinsflusses. Dieser Triebherz-Same ist dem limbalen Unbewußtsein eingepflanzt, um dieses nach dem Willen des untergehenden
Logos zu gestalten. Nun aber ist der Wille des Logos der
$\left\{\begin{matrix}N-\\Ichts\end{matrix}\right|Wille\}$ seiner kenotischen Selbstreflektion. Diesem
$\left\{\begin{matrix}N-\\Ichts\end{matrix}\right|Willen\}$ folgt der Triebherz-Same, um damit den limbalen
Äther zu durchpflügen wie einen zu bestellenden Acker. Das
Triebherz ist sozusagen der Sämann und der $\left\{\begin{matrix}N-\\Ichts\end{matrix}\right|Wille\}$ ist der

Same des kenotischen Werkes des Logos. Die »Offenbarung selbst« oder — wie Schlegel sich ausdrückt — die *„echte Offenbarung"* aber ist das eigentliche Ziel des limbalen Unterganges des selbstentäußerten Logos, auf welchem die Schöpfungsgeschichte selbst gründet. Die Kenosis verwirklicht sich in der Schöpfungsgeschichte, damit diese sich in dem okkulten Bewußtsein von der »Offenbarung selbst« vollende. Das Triebherz, das sich selbst als Same darbringt dem limbalen Unbewußtseinsstrom, erst durch dieses Selbstopfer kann es a) zum Samen selbst werden und b) als Same für den Acker des limbalen Unbewußtseins dienen und c) als Sämann den Acker bestellen, damit dieser Frucht bringen kann. Was aber ist diese Frucht, welche der Acker erbringen soll? Die $\begin{Bmatrix} seins - & offb - \\ bw - & geschichtliche \end{Bmatrix}$ Evolution des limbalen Triebherzens zum anhypostatischen Ursprung der sich selbst offenbar machenden Offenbarung vom menschgewordenen Logos *im Triebherzen selbst*. So also ist dieser limbale Seelenabgrund des Triebherzens das Abbild des $\begin{Bmatrix} Mytho \\ Logie \end{Bmatrix} = \begin{Bmatrix} Logo \\ Mythie \end{Bmatrix}$ Unterganges des Logos selbst in seiner *doppelten* Bedeutung. Im $\begin{Bmatrix} Unbewußtseins \\ Abgrund \end{Bmatrix}$ des inneren Seelenlebens fließen zwei Bereiche des Limbalen ineins als im $\begin{Bmatrix} Reflex & Übertragungs \\ Selbst & Bild \end{Bmatrix}$, das die zwei *nebeneinander her laufenden* Wirklichkeiten des limbalen Unterganges des kenotischen Logos miteinander verbindend zusammenführt in e i n okkultes Bewußtsein von der *„echten Offenbarung"*, das heißt von der »Offenbarung selbst«. Auf dieser Grundlage wird die *„mosaische Offenbarung"* (Schlegel) zum offenbarungsgeschichtlichen Ursprungspunkt der Offenbarung selbst. Durch die mosaische Offenbarung ist somit der Ursprung von Offenbarung selbst gesetzt, von welchem aus *alle echte Offenbarung* o f f e n b a r u n g s g e s c h i c h t l i c h erschlossen werden kann d u r c h   d a s o k k u l t e   B e w u ß t s e i n   d e s   l i m b a l e n   T r i e b h e r z e n s. Die mosaische Offenbarung besitzt folglich eine offenbarungsgeschichtliche *Schlüsselfunktion*, d i e   s i c h   e i n z i g   a u f   d i e   o k - k u l t e   W i s s e n s c h a f t   b e z i e h e n   k a n n. Wir haben also in der mosaischen Offenbarung das okkulte Erkenntnisprinzip der offenbarungsgeschichtlichen Entwicklung von *„echter Offenbarung"* vor uns, von der die Entwicklung der Vernunft des laikalen Menschen $\begin{Bmatrix} verdrängungs \\ menschheits \end{Bmatrix} geschichtlich$ a u s g e s c h l o s s e n ist. Die mosaische Offenbarung, insofern sie als das o k k u l t e Prinzip der Geschichte der Offenbarung selbst anzusehen ist, bildet den

Ursprungspunkt der esoterischen Tradition einer „*Geistes-Philosophie*", die aus göttlicher Herkunft selbst göttlich ist. Die mosaische Offenbarung ist als das offenbarungsgeschichtliche Erkenntnisprinzip zu betrachten, inwiefern in ihr gleich in einem Spiegel die okkulte Tradition der Offenbarung selbst zum Bewußtsein ihrer selbst kommt. Die okkulte Tradition geht aus der mosaischen Offenbarung hervor, aber nur insofern diese begriffen wird als Ursprungspunkt der offenbarungsgeschichtlichen Rückführung des Mosaischen selbst in die $\left\{ {Wesens \atop Selbst} \middle| Reflektion \right\}$ der sich *in sich selbst* wiedererkennenden okkulten Gesamt-Tradition göttlicher Offenbarung. Die „*mosaische Offenbarung*" besitzt eine Quellfunktion für das Offenbarwerden der okkulten Offenbarungsgeschichte. Indem diese okkulte Tradition auf den Plan tritt, um sich selbst wiederzuerkennen, um sich selbst dem Dunkel der Amnesie, das sie umgibt[38], zu entwinden, nimmt sie die mosaische Offenbarung als die Quelle der offenbarungsgeschichtlichen Spezifikation des Wesens des Menschen mit in die Regeneration durch die ätherischen Fluten limbaler Anamnese. Das okkulte Bewußtsein des limbalen Triebherzens

---

[38] G.W.F. Hegel, Enzyklopädie der philosophischen Wissenschaften, in: Hegel Werke, Band 8, ed. Eva Moldenhauer und Karl Markus Michel, Frankfurt/M. 1970, S. 178/79: „Hinsichtlich der Bedeutung des Spekulativen ist hier noch zu erwähnen, daß man darunter dasselbe zu verstehen hat, was früher, zumal in Beziehung auf das religiöse Bewußtsein und dessen Inhalt, als das *Mystische* bezeichnet zu werden pflegte. Wenn heutzutage vom Mystischen die Rede ist, so gilt dies in der Regel als gleichbedeutend mit dem Geheimnisvollen und Unbegreiflichen, und dies Geheimnisvolle und Unbegreifliche wird dann, je nach Verschiedenheit der sonstigen Bildung und Sinnesweise, von den einen als das Eigentliche und Wahrhafte, von den anderen aber als das dem Aberglauben und der Täuschung Angehörige betrachtet. Hierüber ist zunächst zu bemerken, daß das Mystische allerdings ein Geheimnisvolles ist, jedoch nur für den Verstand, und zwar einfach um deswillen, weil die abstrakte Identität das Prinzip des Verstandes, das Mystische aber (als gleichbedeutend mit dem Spekulativen) die konkrete Einheit derjenigen Bestimmungen ist, welche dem Verstand nur in ihrer Trennung und Entgegensetzung für wahr gelten. Wenn dann diejenigen, welche das Mystische als das Wahrhafte anerkennen, es gleichfalls dabei bewenden lassen, daß dasselbe ein schlechthin Geheimnisvolles sei, so wird damit ihrerseits nur ausgesprochen, daß das Denken für sie gleichfalls nur die Bedeutung des abstrakten Identischsetzens hat und daß man um deswillen, um zur Wahrheit zu gelangen, auf das Denken verzichten oder, wie auch gesagt zu werden pflegt, daß man die Vernunft gefangennehmen müsse. Nun aber ist, wie wir gesehen haben, das abstrakt verständige Denken so wenig ein Festes und Letztes, daß dasselbe sich vielmehr als das beständige Aufheben seiner selbst und als das Umschlagen in sein Entgegengesetztes erweist, wohingegen das Vernünftige als solches gerade darin besteht, die Entgegengesetzten als ideelle Momente in sich zu enthalten. Alles Vernünftige ist somit zugleich als mystisch zu bezeichnen, womit jedoch nur so viel gesagt ist, daß dasselbe über den Verstand hinausgeht, und keineswegs, daß dasselbe überhaupt als dem Denken unzugänglich und unbegreiflich zu betrachten sei."

ist Form und Subjektum der sich durch die $\left\{\begin{array}{l}Wesens\\Selbst\end{array}\right|Reflektion\Big\}$ *ihrer selbst bewußt werdenden* Offenbarung, in der die Schöpfungsgeschichte wie in mütterlichem Schoße ruht. In diesem okkulten Bewußtsein liegt der gottebenbildliche Mensch verwahrt. Mit dieser Zurückführung aber, in welche die mosaische Offenbarung selbst einbezogen ist, erfährt diese selbst ihr k a b b a l i s t i s c h e s U r w e s e n, sie erfährt an sich die A u f l ö s u n g d e r »H i e r o k r a t i e d e s g e o f f e n b a r t e n W o r t e s«, w o d u r c h d i e s e s s e l b s t e r s t z u g ä n g l i c h w i r d i m p r o p h e t i s c h e n L i c h t e s e i n e r s e l b s t. In der Hierokratie des geoffenbarten Wortes wohnt das ›*Gesetz*‹, das mit dieser selbst untergeht in den Fluten einer Zurückführung in den limbalen Erkenntnisgrund der $\left\{\begin{array}{l}okkulten\\heiligen\end{array}\right\}$ Tradition der »*s i c h o f f e n b a r w e r d e n d e n O f f e n b a r u n g*«. Damit verbunden ist ein Eingehen jener Ursprungsfunktion [*ausgehend von der mosaischen Offenbarung*] in das Triebherz der limbalen $\left\{\begin{array}{l}Selbst\\Erinnerung\end{array}\right\}$ von der okkulten Offenbarungstradition. Mit diesem Ursprungs-Übergang in das limbale Triebherz wird dieses selbst manifest als Gegenstand, Form und Subjektum der $\left\{\begin{array}{l}okkulten\\heiligen\end{array}\right\}$ Tradition der »*s i c h o f f e n b a r w e r d e n d e n O f f e n b a r u n g*«. Dies ist das Ausmaß der »abrogatio legis«.

b) „Merkwürdigerweise aber ist nun auch in der Periode des Königtums bei den Hebräern ein einzelnes Element aus jener frühern und ursprünglichen Theokratie der alten Zeit zurückgeblieben, zwar nicht mehr als die oberste Staatsgewalt, welche jetzt die Könige hatten, sondern in einem förmlich anerkannten Gegensatz gegen diese, als eine bestimmte und in ihren Schranken als ganz rechtmäßig geltende Opposition, die man hier eine göttliche legitime nennen kann, und die sich in der Stellung der spätern Propheten dieser letzten Zeit kundgab, wo sie bei einer fehlerhaften Regierung, oder da in jener schlichten alten Zeit alles mehr persönlich war, auch vor einem Könige selbst, der seines hohen Berufs etwa ganz vergessen hatte, warnend und strafend auftraten; ohne doch sonst irgendeine eigentlich politische Macht oder Würde zu bekleiden. Diese eigentümliche Form einer als solche für ganz rechtmäßig und erlaubt anerkannten Staats-Opposition, als Überrest der ehemaligen ausschließlichen Theokratie und vollständigen prophetischen Herrschaft, in dem jüdischen Reiche während der Periode der Könige, bildet eine in ihrer Art einzige und höchst merkwürdige Erscheinung."[39] Diese Ausführung zur Geschichte der prophetischen Herrschaft „*in dem jüdischen Reiche während der Periode der Könige*" verweist uns darauf, dass die symbolische Erkenntnisfunktion für das Erkenntnisprinzip der $\begin{Bmatrix} theokratischen \\ okkulten \end{Bmatrix}$ Wissenschaft von *zentraler* Bedeutung ist. Schlegel erkennt in der politischen Mission des Prophetentums das offenbarungsgeschichtliche Ursymbol legitimer Herrschaft. Die Symbolik des jüdischen Prophetentums liegt in der Bedeutung ihrer Übertragbarkeit auf die $\begin{Bmatrix} okkulte \\ heilige \end{Bmatrix}$ Tradition der »*sich offenbar werdenden Offenbarung*« im Ursprungspunkt ihrer limbalen {Selbst}Zurückführung. Denn erst durch diesen übertragenen Ursprungs-Punkt wird die okkulte Tradition *als ganze* sich ihrer selbst bewußt im limbalen Triebherzen des gottebenbildlichen Menschen. Dies geschieht im Spiegel der Ursprungs-Übertragung durch die symbolische Erkenntnis des Wesens des »prophetischen Wortes«. Diese symbolische Erkenntnis ist selbst die Wesensbildung und das Wachstum des lebendigen »prophetischen Wortes« im Wesensgrund des limbalen Triebherzens. Das Symbol hat die Bestimmung der Wesens-Erweckung des »prophetischen Wortes« *im ätherischen Leib* des limbalen Triebherzens. Das Triebherz ist Ort der $\begin{Bmatrix} Bewußtseinsformation \\ Leiblichwerdung \end{Bmatrix}$ des »verbum propheticum«. Aber damit dies geschehen kann, wird erfordert, dass sich das »prophetische Wort« zuvor im Spiegel der limbalen Natur des Triebherzens selbst reflektiert und darin erkennt, um darin Leib zu werden. Der limbale Unbewußtseins-Strom, er ist die Bedingung dafür, dass das »prophetische Wort« in das Triebherz *eingehen* kann. Das »prophetische Wort« muß untergehen in dem limbalen Wesensgrund des Triebherzens, um sich darin zum Leib des okkulten Bewußtseins *seiner selbst* zu bilden, das dadurch zu dem des Triebherzens selbst wird. Das Triebherz verhält sich ganz still wie ein unberührter glatter Wasseroberflächenspiegel, der *nichts* ist, um das Empfangene durch sich selbst zu reflektieren. Die „*prophetische Herrschaft*" ist symbolische Erkenntnis, die die $\begin{Bmatrix} okkulte \\ heilige \end{Bmatrix}$ Tradition der »*sich* offenbar werdenden Offenbarung« in sich selbst begründet. Im »prophetischen Wort«

[39] Schlegel, ibid., S. 293.

besitzt die Tradition der okkulten Wissenschaft ihren heiligen Ursprung und ihre Schlüsselgewalt zum *wahren* Verständnis der verschiedenen religiösen Überlieferungen. Friedrich Schlegel spricht in diesem Abschnitt (b) seiner 15. Vorlesung von einer *„göttlichen legitimen Opposition"* der Propheten im Falle einer *„fehlerhaften Regierung".* Wir müssen zunächst darauf verweisen, dass das theokratische Mandat sich auf die mosaische Offenbarung berufen kann, weil diese selbst Schlüssel und Symbol der Rückführung des »prophetischen Wortes« auf den Ursprung der okkulten Offenbarungsgeschichte selbst ist.

> Das Wesen der Theokratie besteht in der Wissenschaft vom okkulten Bewußtseinsgrund des »prophetischen Wortes«.

Das » p r o p h e t i s c h e   W o r t« stellt den Kontraktionspunkt dar, in den die mosaische Offenbarung sich selbst zurückzieht, um sich durch die Wissenschaft vom okkulten Erkenntnisgrund im limbalen Triebherzen des gottebenbildlichen Menschen i n   d i e   m e n s c h l i c h e   G e s e l l s c h a f t   z u   e n t ä u ß e r n   u n d   d a d u r c h   *g ö t t l i c h e s*   E r k e n n t n i s l i c h t   z u   v e r b r e i t e n . Die prophetische Herrschaft im Sinne der mosaischen Offenbarung zieht sich zurück in den Ursprungspunkt einer $\left\{\substack{\textit{theokratisch} \\ \textit{okkulten}} \middle| \textit{Wissenschaft}\right\}$, die einen *neuen* Abschnitt in der o f f e n b a r u n g s g e s c h i c h t l i c h e n   B e w u ß t s e i n s - E n t w i c k l u n g   des Menschen markiert. Die unmittelbare theokratische Herrschaft wandelt sich zum Prinzip der theokratischen Grundlegung der Wissenschaft, das den Rechtsgrund bildet einer *g ö t t l i c h*   legitimierten   O p p o s t i o n   g e g e n   e i n e n   S t a a t , der der Verpflichtung gegenüber seiner *eigenen* Legitimation durch das » v e r b u m   p r o p h e t i c u m « nicht nachkommt. Bereits in der 14. Vorlesung konnten wir von Friedrich Schlegel die wichtigen Worte vernehmen: „Im Staat also beruht der höhere Charakter desselben auf der geheiligten Grundlage des Rechts selbst; Unrecht ist es, und ein großer verderblicher Irrtum, in irgend einer äußern Form oder Formel das innere Wesen desselben, und das wahre politische Heil ausschließend zu suchen; da diese äußere Form ohnehin nur so oft ein bloßes National-Spiel, und politische Theater-Darstellung darbietet."[40] Wir können nicht umhin, diesen Abfall des Staates von seiner *eigenen* geheiligten Legitimationsgrundlage als den Sündenfall der Idee des Politischen zu bezeichnen. Die $\left\{ {okkulte \atop theokratische} \middle| Wissenschaft \right\}$ vom »verbum propheticum« ist, weil sie *dieses selbst ist*, das Ende des abtrünnigen Staates, das heißt des leviathanischen Staates, welcher selbst dem Willen zur Macht dient, weil dieser sein *wahrer* Herr ist. Und ganz in diesem Sinne sagt Friedrich Schlegel auch: *„Da indessen die wahre Theokratie, so wie sie wirklich gewesen ist, gar nicht von irgend einer Theorie abhängt, sondern als eine unmittelbare Kraft und Gewalt Gottes ganz allein von dem Willen desselben; so würde es auch übereilt sein, wenn man aus irgend einem Prinzip darüber im voraus entscheiden und es gradezu für unmöglich erklären wollte, daß dergleichen je wieder stattfinden könne."*[41]

c) |*Exkurs*|: Der Abfall des Staates von seinem *eigenen* geheiligten Rechtsgrund hat Folgen für die Recht-Setzung und die politische Ordnungsmacht des *abtrünnigen* Staates, der zum Spielball verschiedenster politischer und wirtschaftlicher *„Interessen"* wird, was zur Erosion der Autorität des Staates führt. Die Kompetenz der {Recht-Setzung} des Staates steht und fällt mit dessen göttlicher Legitimation durch die geheiligen Grundlagen des Rechtes, die der $\left\{ {okkulten \atop theokratischen} \middle| Wissenschaft \right\}$ des »prophetischen Wortes« entspringen. Recht-Setzung und Gegenstand des Rechts als $\left\{ {okkulte \atop theokratische} \middle| {Wissenschafts \atop Bestimmung} \right\}$ dieses Gegenstandes des Rechts. Nur aus dieser $\left\{ {okkulten \atop theokratischen} \middle| {Wissenschafts \atop Bestimmung} \right\}$ ist Recht-Setzung legitim. Wo die theokratische Bestimmung des $\left\{ {Rechts \atop Gegenstandes} \right\}$ aufgrund einer fehlenden entsprechenden Legitimität des Staates erfolgt, ist die Setzung dieses $\left\{ {wesenlos \atop formalen} \right\}$ Rechtsbegriffes ein formaler Akt der Gewalt des Staates gegen die $\left\{ {laikal \atop gnostische} \right\}$ Wesensbestimmung des Menschen, wie sie von der $\left\{ {okkulten \atop theokratischen} \middle| {Wissenschafts \atop Bestimmung} \right\}$ des »prophetischen Wortes« durch göttliche Offenbarung dargelegt wird.

---

[40] Schlegel, ibid., S. 284.
[41] Ibid., S. 294/95.

d) Wir können aus diesem Grund d a s T h e o r e m aufstellen, dass die $\left\{\begin{matrix} okkulte \\ theokratische \end{matrix}\middle| \begin{matrix} Wissenschafts \\ Bestimmung \end{matrix}\right\}$ des »p r o p h e t i s c h e n W o r t e s« in direktem Wesensbezug steht zur $\left\{\begin{matrix} okkulten \\ theokratischen \end{matrix}\middle| \begin{matrix} Wissenschafts \\ Bestimmung \end{matrix}\right\}$ des G e g e n s t a n d e s d e s R e c h t s. Auf dieser Gleichung beruht somit die Legitimität eines auf den *„g e h e i l i g t e n G r u n d l a g e n d e s R e c h t s"* selbst stehenden Staates.

e) Aufhebung des $\left\{\begin{matrix} laikal \\ säkularen \end{matrix}\middle| Anspruchs\right\}$ des Staates auf Recht-Setzung durch die von der $\left\{\begin{matrix} okkulten \\ theokratischen \end{matrix}\middle| \begin{matrix} Wissenschafts \\ Bestimmung \end{matrix}\right\}$ des »prophetischen Wortes« vollzogene Negation. Die Negation der vom abtrünnigen Staat selbst behaupteten $\left\{\begin{matrix} laikalen \\ säkularen \end{matrix}\middle| Bestimmbarkeit\right\}$ des Gegenstandes des Rechts und der daraus abgeleiteten staatlichen Recht-Setzung. Die $\left\{\begin{matrix} okkulte \\ theokratische \end{matrix}\middle| \begin{matrix} Wissenschafts \\ Bestimmung \end{matrix}\right\}$ des Gegenstandes des Rechts aber, die einzige Grundlage des Rechtes selbst sein kann, obliegt nicht dem — *vom Willen zur Macht eingesetzten* — leviathanischen Staat, sondern allein der Herrschaft des »verbum propheticum« durch dessen $\left\{\begin{matrix} okkulte \\ theokratische \end{matrix}\middle| \begin{matrix} Wissenschafts \\ Bestimmung \end{matrix}\right\}$.

f) $\boxed{Exkurs}$: Im Reflex der Negation des »lapsarischen Urbewußtseins« erzeugt der $\left\{\begin{matrix} laikal \\ säkulare \end{matrix}\middle| Mensch\right\}$ ein Trugbild von einer *„menschenrechtlichen Würde"* des Menschen, die ihm vom Staat oder einer Staatengemeinschaft *„zugestanden"* wird und die die Gottebenbildlichkeit des Menschen von Grund auf leugnet. *Kurzum*: Die Berufung auf die *„Würde des Menschen"* als ein vom laikalen Staat zugestandenes und gewährtes Recht negiert die Tatsache, dass dem Menschen W ü r d e nur durch die $\left\{\begin{matrix} okkulte \\ theokratische \end{matrix}\middle| \begin{matrix} Wissenschafts \\ Bestimmung \end{matrix}\right\}$ des »prophetischen Wortes«, und zwar als ein Gegenstand *g ö t t l i c h e n* Rechts, zugesprochen werden kann. Und nur die göttlichen Offenbarungen können uns Auskunft darüber geben, inwiefern die Würde des Menschen G e - g e n s t a n d d e r g e h e i l i g t e n G r u n d l a g e n d e s R e c h - t e s s e l b s t sein muß. Kein Staat und kein völkerrechtlicher Staatenbund hat über die »*Würde des Menschen*« als Gegenstand seiner $\left\{\begin{matrix} laikalen \\ säkularen \end{matrix}\middle| Recht-Setzung\right\}$ zu befinden, da diese der Legitimität durch die $\left\{\begin{matrix} okkulte \\ theokratische \end{matrix}\middle| \begin{matrix} Wissenschafts \\ Bestimmung \end{matrix}\right\}$ des »prophetischen Wortes« entbehrt. Die Gewährung des Rechtes beispielsweise auf ein Grundeinkommen macht dieses Recht zum Gegenstand einer $\left\{ {laikalen \atop säkularen} \middle| Recht - Setzung \right\}$, die nach dem *vom Willen zur Macht eingesetzten* leviathanischen Staat geradezu *„ruft"*, um dem Bürger ein solches Recht streitig zu machen. Diese f o r m a l e Z u g e s t e - h u n g o d e r V e r w e h r u n g v o n R e c h t ignoriert ganz offensichtlich die Tatsache, dass der Gegenstand der $\left\{ Recht \atop Setzung \right\}$ die Grundlegung einer $\left\{ okkulten \atop theokratischen \middle| {Wissenschafts \atop Bestimmung} \right\} eben\ die-$ $ses\ Gegenstandes$ durch das »prophetische Wort« nötig macht, um l e g i t i m genannt werden zu können. Denn erst diese Grundlegung verweist auf den »laikalen Menschen« selbst als den $\left\{ Erkenntnis \atop Gegenstand \right\}$, um den es im Erkenntnisgrund des »prophetischen Wortes« selbst geht. Es ergibt sich in der Tat die Frage, ob der $\left\{ offenbarungs \atop abtrünnige \middle| Staat \right\}$ für sich eine ›*Legitimität*‹ in Anspruch nehmen kann, die nicht auf den *„geheiligten Grundlagen des Rechtes selbst"* (Schlegel), sondern auf der »archaischen Opferhandlung« des Willens zur Macht und damit auf der G y r a t i o n d e s g e - s e l l s c h a f t b i l d e n d e n P r i n z i p s e i n e s » b e l l u m o m - n i u m c o n t r a o m n e s « gegründet ist, wie dies andernorts bereits von mir dargelegt ist.

g) „Es wird nun aus dem Bisherigen schon einleuchtend und klar sein, in welchem Sinne ich letzthin von einer Theokratie der Wissenschaft sprach; da auch die Macht der Wahrheit in der guten, und auf das Göttliche gerichteten Wissenschaft, nach ihrem großen Einfluß auf das menschliche Geschlecht, von höherer Art, und selbst eine göttliche ist; aber nur in der unmittelbaren Kraft, ohne eigentlich äußere Sanktion, und eine bestimmte Form derselben."[42] Die Einsetzung des Staates kann nicht unabhängig von dem Gegenstand der $\left\{ Recht \atop Setzung \right\}$, welche selbst wiederum nach der göttlichen Legitimität ihrer $\left\{ okkulten \atop theokratischen \middle| {Wissenschafts \atop Bestimmung} \right\}$ durch das »prophetische Wort« verlangt, betrachtet werden. Die $\left\{ Recht \atop Setzung \right\}$ basiert auf der $\left\{ okkulten \atop theokratischen \middle| {Wissenschafts \atop Bestimmung} \right\}$ des Wesens des Staates, die m i t d e r E i n s e t z u n g i n d e s s e n e i g e n e g ö t t l i c h e L e g i t i m i t ä t e i n s i s t. Der Staat kann Legitimität *v o n s i c h a u s n i c h t e i n f o r d e r n*, da diese Forderung dem

---

[42] Schlegel, ibid., S. 296.

Staate bereits eine $\left\{\begin{array}{l}offenbarungs\\abtrünnige\end{array}\Big|Natur\right\}$ zuspricht und zugrunde legt, was — wie wir leicht einsehen — die eigentliche Legitimation des Staates in Frage stellt. Dieser latente $\left\{\begin{array}{c}Verhinderungs\\Charakter\end{array}\right\}$ der staatsrechtlichen $\left\{\begin{array}{c}Selbst\\Legitimation\end{array}\right\}$ des $\left\{\begin{array}{l}offenbarungs\\abtrünnigen\end{array}\Big|Staates\right\}$ der Moderne steht also in einem Wesensbezug zur $\left\{\begin{array}{l}okkulten\\theokratischen\end{array}\Big|\begin{array}{c}Wissenschafts\\Bestimmung\end{array}\right\}$ des Staates durch das »prophetische Wort«, das „nur in der unmittelbaren Kraft, ohne eigentlich äußere Sanktion, und eine bestimmte Form derselben"[43] sich manifestiert. Der Gegenstand der $\left\{\begin{array}{c}Recht\\Setzung\end{array}\right\}$ ist die Einsetzung des Staates selbst, nicht insofern dieser sich selbst als $\left\{\begin{array}{l}offenbarungs\\abtrünnigen\end{array}\Big|Staat\right\}$ *will*, sondern insofern der Staat sich als den Gegenstand der $\left\{\begin{array}{l}okkulten\\theokratischen\end{array}\Big|\begin{array}{c}Wissenschafts\\Bestimmung\end{array}\right\}$ der $\left\{\begin{array}{c}Recht\\Setzung\end{array}\right\}$ durch die Unmittelbarkeit des »prophetischen Wortes« e r k e n n t. Dieses ist die $\left\{\begin{array}{c}Objekt\\Werdung\end{array}\right\}$ der vom »verbum propheticum« durch die »Theokratie der Wissenschaft« grundgelegten »I d e e d e s S t a a t e s«. Der moderne Staat bringt es deshalb nicht zur Wirklichkeit einer *sich selbst* objektiv werdenden $\left\{\begin{array}{l}okkulten\\theokratischen\end{array}\Big|\begin{array}{c}Wissenschafts\\Bestimmung\end{array}\right\}$ des Wesens des Staates, weil er v o n e t w a s z u r ü c k g e h a l t e n w i r d, das ihn daran h i n d e r t, seine göttlich grundgelegte Bestimmung zu e r f ü l l e n. Der Staat der Moderne steht im krassen Widerspruch zur »I d e e d e s S t a a t e s« aufgrund seiner $\left\{\begin{array}{l}offenbarungs\\abtrünnigen\end{array}\Big|Natur\right\}$, welche ihn a l s d i e t r e i b e n d e K r a f t einer »G e s c h i c h t e d e r G e g e n o f f e n b a r u n g« zu erkennen gibt. Durch ihn erfährt der postlapsarische Mensch e i n e Vertiefung i n d i e L o g i k d e r S ü n d e, die *ohnegleichen* ist. Dahinter steckt die Absicht, die Anthropologie des extravasalen Seeleninnenlebens menschheitsgeschichtlich als die „*wahre*" Natur des Menschen zu etablieren. Der »M e n s c h i n d e r R e v o l t e« ist der ›Okkultismus‹ der sich im postlapsarischen Menschen selbst v e r g ö t t l i c h e n w o l l e n d e n S ü n d e. Ist der $\left\{\begin{array}{l}offenbarungs\\abtrünnige\end{array}\Big|Staat\right\}$ von dem Triebgrund des Willens zur

---

43 Ibid., S. 296.

Macht bestimmt, so kann er niemals *die göttlichen Grund-lagen des Rechtes* durch die Erfüllung seiner $\left\{ \begin{array}{l} \textit{okkulten} \\ \textit{theokratischen} \end{array} \right| \left. \begin{array}{l} \textit{Wissenschafts} \\ \textit{Bestimmung} \end{array} \right\}$ an sich selbst verwirklichen. Diese Seinsdifferenz in der *falschen* Idee vom „*modernen Staat*" bezeichnet das Prinzip der »m a t e r i a l e n   U n g e r e c h t i g k e i t«, die ihre soziale ›*Rechtfertigung*‹ durch die verborgene $\left\{ \begin{array}{l} \textit{Willens} \\ \textit{Dämonie} \end{array} \right\}$ der libidinösen ›*Triebstruktur*‹ des »Menschen in der Revolte« erfährt. ›*Vergötterung*‹ dieses libidinösen Triebgrundes. Der moderne Traum von der *eigenen* ›*Freiheit*‹. Der Kampf gegen die *eigene* u n - b e w u ß t e   L e e r e. Der Nihilismus als entscheidende Triebkraft des modernen Menschen zum Tabubruch jeglicher Art, zur Revolte, zur Anarchie, und letztlich auch zum Mord. Der moderne Mensch tanzt am Abgrund der Sinnlosigkeit seines Daseins. Er weiß *instinktiv*, dass ihm irgendwann die Rechnung präsentiert werden wird. Dieses Gefühl eben läßt die Triebe rege werden, um zu vergessen. Die Notwendigkeit des sich Betäubens. Die Flucht in Phantasiewelten. „In dem kalten, abstrakten und toten Verstande, in dem leidenschaftlich blinden und absoluten Willen, in einer dialektisch streitenden, oder dynamisch spielenden, und auf diesem Wege nie ihr Ziel erreichenden Vernunft, in einer nach Bildern sehnsüchtig jagenden, in Bildern träumend lebenden, und ganz darin versunknen und berauschten Fantasie, in diesen fehlerhaften Formen des durch die Sünde und den Abfall von Gott zerrütteten Bewußtseins, mögen die Gegenstände jenes fehlerhaften Denkens und Wollens auch an sich noch so schuldlos, gleichgültig oder selbst uneigennützig und nichtsinnlich erscheinen; liegt die erste Quelle des mannigfachen Irrtums, Unglaubens und aller zerstörenden und verderblichen Gedanken."[44]

h) $\boxed{\textit{Exkurs}}$: Ausräumung des $\left\{ \begin{array}{l} \textit{Seinsdifferenz} \\ \textit{Widerstandes} \end{array} \right\}$ im Gegenstand, damit dieser — sich als vom »verbum propheticum« bestimmer Gegenstand des Rechtes erkennend — sich selbst als » G e g e n - s t a n d   d e s   R e c h t s« setzt. Der Mensch kann nur durch die $\left\{ \begin{array}{l} \textit{okkulte} \\ \textit{theokratische} \end{array} \right| \left. \begin{array}{l} \textit{Wissenschafts} \\ \textit{Bestimmung} \end{array} \right\}$ des »prophetischen Wortes« zum G e g e n s t a n d   d e s   R e c h t s bestimmt werden. »Gegenstand des Rechts« kann nur werden, was die Ausräumung des $\left\{ \left\{ \begin{array}{l} \textit{Seinsdifferenz} \\ \textit{Widerstandes} \end{array} \right\} \left\{ \begin{array}{l} \textit{im} \\ \textit{am} \end{array} \right\} \right| \left. \textit{Gegenstand} \right\}$ in sich selbst zuläßt.

Legitime $\left\{ \begin{array}{l} \textit{Rechts} \\ \textit{Gegenstands} \end{array} \right| \left. \textit{Bestimmung} \right\}$ kann nur ausgehen von der

[44] Schlegel, ibid., S.301/02.

theokratischen Wissenschaft des »verbum propheticum«. Warum?
Weil nur durch die $\left\{ \begin{array}{l|l} \text{okkulte} & \text{Wissenschafts} \\ \text{theokratische} & \text{Bestimmung} \end{array} \right\}$ des »Gegen-
standes des Rechts« der $\left\{ \begin{array}{c} \text{Seinsdifferenz} \\ \text{Widerstand} \end{array} \right\} \left\{ \left\{ \begin{array}{c} \text{im} \\ \text{am} \end{array} \right\} \middle| \text{Gegenstande} \right\}$
selbst aufgehoben werden kann. Erst dann ist der »Gegenstand des
Rechts« *der Mensch selbst* im Sinne seiner Befreiung *von sich
selbst*, das heißt *vom* » M e n s c h e n i n d e r R e v o l t e «.

i) Das Programm der *„politischen Moderne"*: Verhinderung des
$\left\{ \begin{array}{c} \text{Welt} \\ \text{Zuganges} \end{array} \right\}$ und Zurückdrängung des desolaten Individuums in
das N i c h t s d e r G y r a t i o n . Die Besitzverteilung ist selbst die
›*große Politik*‹ der Herrschaft errichtenden G y r a t i o n d e s
» b e l l u m o m n i u m c o n t r a o m n e s «, die alles andere im
Sinn hat als das, was man gemeinhin als ›*soziale Gerechtigkeit*‹ zu
nennen pflegt. Aber *wahre* Gerechtigkeit erwächst nicht aus der
Verteilung staatlicher Zuwendungen, sondern sie ist Frucht der
$\left\{ \begin{array}{l|l} \text{okkulten} & \text{Wissenschafts} \\ \text{theokratischen} & \text{Bestimmung} \end{array} \right\}$ des »prophetischen Wortes« im
limbalen Triebherzen des *sich von sich selbst befreienden
Menschen*, wodurch d e r a b s o l u t - n e g a t i v e R e c h t s -
g r u n d d e s l e v i a t h a n i s c h e S t a a t e s außer Kraft gesetzt
wird. In diesem Sinne ist der $\left\{ \begin{array}{c} \text{laikal} \\ \text{säkulare} \end{array} \right\}$ Mensch der Moderne Gegenstand eines *gegen ihn* gerichteten göttlichen Rechtes.[45]

j) Dagegen: Die Bestimmung des Menschen zum
$\left\{ \begin{array}{c|c} \text{Gegenständlichkeits} & \\ \text{Ursprung} & \end{array} \middle| \text{des Rechts} \right\}$ durch das » v e r b u m p r o -
p h e t i c u m « hebt die Bestimmung des Menschen als eines Ge-
genstandes des Rechts durch den Willensakt des Staates auf. Die
Bestimmung des Menschen a l s e i n e s G e g e n s t a n d e s d e s
R e c h t s wird aufgehoben, indem der Gegenstand sich in seiner
Selbstdifferenz zur $\left\{ \begin{array}{l|l} \text{seins} - & \text{bewußtseins} - \\ \text{offenbarungs} - & \text{geschichtlichen} \end{array} \right\}$ Wesens-
bestimmung des Menschen *s e l b s t n e g i e r t* und damit das Recht
z u m G e g e n s t a n d s e i n e r B e f r e i u n g *von sich selbst*
erhebt. R e c h t ist $\left\{ \begin{array}{l|l} \text{okkulte} & \{\text{Wissenschafts}\} \\ \text{theokratische} & \{\text{ Bestimmung }\} \end{array} \right\}$ des Rechts

---

[45] Friedrich Nietzsche, Sämtliche Werke Bd. 4, Kritische Studienausgabe in 15 Bänden hrsg. von Giorgio Colli und Mazzino Montinari, Neuausgabe München 1999, S. 14: „I c h l e h r e e u c h d e n Ü b e r m e n s c h e n . Der Mensch ist Etwas, das überwunden werden soll. Was habt ihr gethan, ihn zu überwinden? Alle Wesen bisher schufen Etwas über sich hinaus: und ihr wollt die Ebbe dieser grossen Fluth sein und lieber noch zum Thiere zurückgehn, als den Menschen überwinden?"

durch das »prophetische Wort« im Erkenntnisgrund des limbalen Triebherzens.

k) $\boxed{Summa}$: Von höchster Bedeutsamkeit ist es, wenn Friedrich Schlegel zum Abschluß seiner V o r l e s u n g e n ü b e r d i e »P h i l o s o p h i e d e s L e b e n s« die Grundlage der $\left\{\begin{array}{l}okkulten\\theokratischen\end{array}\middle|\begin{array}{l}Wissenschafts\\Bestimmung\end{array}\right\}$ des »prophetischen Wortes« nennt. Sie besteht in dem „Begriff von der göttlichen Wiederherstellung und Vollendung des menschlichen Bewußtseins"[46]. Dies bedeutet aber nichts anderes, als daß der Logos der Herr der $\left\{\begin{array}{l}bewußtseins\\offenbarungs\end{array}\middle|\begin{array}{l}seins\\geschichtlichen\end{array}\right\}$ Wesensbestimmung des Menschen ist, — und dies *a u s s c h l i e ß l i c h*. Und diese Bestimmung zielt ab auf „die volle Anschließung der ganzen Seele an jenen schon früher erwähnten zweiten neuen und göttlichen Anfangspunkt des menschlichen Daseins."[47] Und an anderer Stelle heißt es da: „Durch jene in Gott erlangte Vollendung des menschlichen Bewußtseins, wird zuvörderst auch die Wiederherstellung des göttlichen Ebenbildes im Menschen erwirkt."[48]

l) Die $\left\{\begin{array}{l}okkulte\\theokratische\end{array}\middle|\begin{array}{l}Wissenschafts\\Bestimmung\end{array}\right\}$ des »prophetischen Wortes«, sie stellt *„die göttliche Wiederherstellung des menschlichen Bewußtseins"* dar, die vom limbalen Triebherzen ausgeht. Dieses bildet den Ursprung der $\left\{\begin{array}{l}okkulten\\theokratischen\end{array}\middle|\begin{array}{l}Wissenschafts\\Bestimmung\end{array}\right\}$ des »prophetischen Wortes« vom limbalen Untergang des Logos als des $\boxed{Herrn\ des\ Seins}$. Durch seine $\left\{\begin{array}{l}okkulte\\theokratische\end{array}\middle|\begin{array}{l}Wissenschafts\\Bestimmung\end{array}\right\}$ ist das »prophetische Wort« im Seelenlebensgrund des Menschen als dessen limbales Triebherz gegenwärtig. Dieses ist *keine* anthropologisch zuweisbare Größe, auf welche man Zugriff hätte. Das limbale Triebherz e n t s t e h t e r s t d a, wo die $\left\{\begin{array}{l}okkulte\\theokratische\end{array}\middle|\begin{array}{l}Wissenschafts\\Bestimmung\end{array}\right\}$ des »prophetischen Wortes« im Seeleninnenleben wirklich Fleisch geworden ist. Es ist das Herz, das die Fleischwerdung des »prophetischen Wortes« durch seine eigene $\left\{\begin{array}{l}okkulte\\theokratische\end{array}\middle|\begin{array}{l}Wissenschafts\\Bestimmung\end{array}\right\}$ *v o r a n t r e i b t*. Das limbale Triebherz ist das $\left\{\begin{array}{l}bw\\offb\end{array}\middle|\begin{array}{l}seins\\geschichtliche\end{array}\right\}$ Evolutionsprinzip der okkulten Wissenschaft, durch das der Mensch von innen her seine Erleuchtung empfängt. „Dieses ist das Ziel der Vollendung und

[46] Ibid., S. 303.
[47] Ibid., S. 302.
[48] Ibid., S. 304.

nur auf dem Wege dieser göttlichen Wiederherstellung des Bewußtseins, in ihrem geordneten Stufengange kann auch die göttliche Richtung der Wissenschaft ihr Ziel und ihre Vollendung erreichen. Mit diesem Ziel und der Erreichung desselben, würde eine wahrhaft neue Zeit beginnen; das verwickelte Problem unsrer Zeit aber, liegt eben darin, daß in ihr eine wahrhaft neue Zeit, und eine falsche neue Zeit miteinander ringen und im Kampfe liegen, und sich gegenseitig zu vernichten streben. Die wahre neue Zeit kann erst dann sich erheben und emporblühen, wenn die falsche neue Zeit abgemäht, und auf die Seite geschafft ist. Dazu muß der jetzige falsche Zeitgeist, der nur ein verkehrter Weltgeist ist, des Todes sterben; nur durch das Schwert des Worts, oder der ewigen Wahrheit kann dies geschehen, welches Schwert das Innerste bis auf Mark und Bein durchdringt, und Geist und Seele scheidet; denn eben die ewige, von Gott erschaffne und ihm eigen erworbne Seele der Menschheit, soll von dem falschen, aus so mancherlei trüben, falschen, halben und bösen Geistern vermischten Zeitgeiste geschieden und losgerissen werden."[49]

---

[49] Schlegel, ibid., S. 302/03.

Bibliographie

Baader, Franz von

- Sämmtliche Werke, Band 2, Leipzig 1851.

Camus, Albert

- L' Homme révolté, *in*: Œuvres complètes d'Albert Camus III, *Notices de Roger Grenier*, Aux Éditions du Club de l'Honnête Homme, Paris 1983.

Hegel, G. W. F.

- Enzyklopädie der philosophischen Wissenschaften, in: Hegel Werke, Band 8, ed. Eva Moldenhauer und Karl Markus Michel, Frankfurt/M. 1970.

Heidegger, Martin

- Brief über den Humanismus, *in*: M. Heidegger, Gesamtausgabe Bd. 9, Frankfurt am Main 1976.

Hobbes, Thomas

- Leviathan, in: Thomae Hobbes, Opera philosophica, vol III, London 1841.

Klossowski, Pierre

- Sade mon prochain, Paris 1967.

Leibniz, G. W.

- Gothofredi Guillelmi Leibnitii Opera omnia, ed. L. Dutens, tomus I, Genevae 1768.

Maistre, Joseph de

- Œuvres complètes, Band 13, Lyon 1886.

Nietzsche, Friedrich

- Also sprach Zarathustra, *in*: Nietzsche, Sämtliche Werke Band 4, Kritische Studienausgabe in 15 Bänden hrsg. von Giogio Colli und Mazzino Montinari, Neuausgabe: München 1999.

- Die Fröhliche Wissenschaft, in: Nietzsche, Sämtliche Werke Band 3, Kritische Studienausgabe in 15 Bänden hrsg. von Giogio Colli und Mazzino Montinari, Neuausgabe: München 1999.

Novum Testamentum Graece

- Post Eberhard et Erwin Nestle *editione vicesima septima revisa* communiter ediderunt Barbara et Kurt Aland, Johannes Karavidopoulos, Carlo M. Martini, Bruce M. Metzger, Deutsche Bibelgesellschaft, Stuttgart 1993.

Schlegel, Friedrich

- Philosophie des Lebens, In fünfzehn Vorlesungen gehalten zu Wien im Jahre 1827, *in*: Kritische Friedrich-Schlegel-Ausgabe, hrsg. von Ernst Behler unter Mitwirkung von Jean-Jacques Anstett und Hans Eichner, Zehnter Band, München—Paderborn—Wien 1969.

The Zohar

- https://www.zohar.com/zohar/Beshalach/chapters/16

- Band 3, The Soncino Press, London und New York 1933.